So lernen Kinder erfolgreich Deutsch

International erprobte Konzepte für den DaF/DaZ-Unterricht

Herausgegeben vom
Goethe-Institut e.V.

Redaktion
Beate Widlok

In Zusammenarbeit mit
Luiza Ciepielewska-Kaczmarek
Ernst Endt
Angelika Kubanek
Beate Müller-Karpe
Holger Wendlandt

ERICH SCHMIDT VERLAG

Bibliografische Information der Deutschen Nationalbibliothek
Die Deutsche Nationalbibliothek verzeichnet diese Publikation in der Deutschen Nationalbibliografie; detaillierte bibliografische Daten sind im Internet über http://dnb.d-nb.de abrufbar.

Weitere Informationen zu diesem Titel finden Sie im Internet unter ESV.info/978 3 503 16638 1

Herausgeber
Goethe-Institut e.V. München, Dachauer Straße 122, D-80637 München
www.goethe.de

Redaktion
Beate Widlok, Goethe-Institut, München

In Zusammenarbeit mit

Dr. Luiza Ciepielewska-Kaczmarek, Adam-Mickiewicz-Universität Poznan, Institut für Angewandte Linguistik

Ernst Endt, Lehrbuchautor, Fortbildner und Berater, Eichstätt

Prof. Dr. Angelika Kubanek, Technische Universität Braunschweig, Geistes- und Erziehungswissenschaftliche Fakultät

Beate Müller-Karpe, Fortbildnerin und Autorin, Rodenbach

Holger Wendlandt, Käthe-Kollwitz-Schule und Christian-Albrecht-Universität Kiel

Gedrucktes Werk: ISBN 978 3 503 16638 1
eBook: ISBN 978 3 503 16639 8

Alle Rechte vorbehalten
© Erich Schmidt Verlag GmbH & Co. KG, Berlin 2016
www.ESV.info

Dieses Papier erfüllt die Frankfurter Forderungen der Deutschen Nationalbibliothek und der Gesellschaft für das Buch bezüglich der Alterungsbeständigkeit und entspricht sowohl den strengen Bestimmungen der US Norm Ansi/Niso Z 39.48-1992 als auch der ISO-Norm 9706.

Druck und Bindung: Hubert & Co., Göttingen

Vorwort

Liebe Leserinnen und Leser,

die Zeitschrift „Frühes Deutsch" hat zusammen mit ihrer Vorgängerversion „PrimaR" über 25 Jahre hindurch mit ihren praxisorientierten Beiträgen vielen Lehrerinnen und Lehrern weltweit im frühen Deutsch-als-Fremdsprache-Unterricht als wertvolle Unterstützung gedient.

Es hat sich gezeigt, dass sich die Inhalte der Beiträge auch sehr gut für den Unterricht mit Kindern eignen, die Deutsch als Zweitsprache (DaZ) in Deutschland lernen.

Die vorliegende Ausgabe bündelt einige Beiträge aus den Ausgaben der letzten zehn Jahre. Wir haben bei der Auswahl darauf geachtet, sowohl methodisch-didaktische Ansätze als auch kurze theoretische Hintergrundaspekte und praktische Tipps zu berücksichtigen. Die breite Palette von Inhalten verhilft auch beruflichen Einsteigern und Einsteigerinnen zu einem allgemeinen Überblick für die Praxis. Die Beiträge spiegeln sowohl den wissenschaftlichen Erkenntnisstand als auch die praktischen Anwendungsmöglichkeiten in ganz unterschiedlichen Lehr- und Lernsituationen wider.

Das frühe Fremdsprachenlernen findet inzwischen in den Augen von Eltern, Erziehern und Erzieherinnen und auch von Lehrkräften viel Zuspruch; die Frage, ob ich mein Kind mit dem Frühbeginn überfordern könnte, ist heute nicht mehr von so zentraler Bedeutung wie noch vor wenigen Jahren. Möglichkeiten und Chancen der frühen Sprachbegegnung stehen im Fokus der aktuellen Diskussion. Aber natürlich sind das „Wie" und das „Was" einer solchen Begegnung entscheidend. Kinder bringen andere Lernvoraussetzungen mit als Jugendliche oder Erwachsene. Ihre Interessen, ihre Aufmerksamkeitsspanne, das Vorwissen und vor allem ihre Motivation, eine fremde Sprache zu lernen, sind grundverschieden.

Die Themen dieses Bandes sind langfristig aktuell. Die vorliegenden Texte wurden nicht überarbeitet. Einzelne Quellenangaben, Textpassagen oder Verweise auf das Internet können deshalb gegebenfalls veraltet sein.

Das Redaktionsteam, Januar 2016

Inhaltsverzeichnis

Vorwort 5

Inhaltsverzeichnis 7

1　Früh anfangen

Kathrin Plautz, jetzt Sokolowski: Deutsch als Zweitsprache in der Frühförderung 12

Angelika Kubanek: Die UN-Kinderrechtskonvention. Das Ursprungsdokument und Versuche der Veranschaulichung 16

Antje Bostelmann, Michael Fink: Spielerisch Sprachen lernen – ja! Kindern mit kultureller Offenheit begegnen 18

Martina Schäfer: Deutsch nach Englisch – Sprachen entdecken und vergleichen 21

2　Hören – Sprechen – Schreiben

Angelika Speck-Hamdan: Wie Kinder zur Schrift finden – Vom Zusammenhang zwischen Mündlichem und Schriftlichem 28

Jutta Douvitsas, Sigrid Xanthos: Was Hören mit Lesen zu tun hat – Voraussetzungen zum Lesenlernen in einem fremden Schriftsystem 32

Andreas Fischer: Integrierte Ausspracheschulung: Hörst du den Rhythmus? 36

Alexandra Obradovic: Sprich dich aus! Aufgaben zur Förderung des freien Sprechens 39

Tünde Sárvári: Zwei Fliegen mit einer Klappe schlagen – Überlegungen zur Rolle der Ausspracheschulung im frühen Deutsch-als-Fremdsprache-Unterricht 43

3　Was tun mit Grammatik?

Werner Bleyhl: Grammatik im Sprachunterricht? Oder: Hilft die Bewusstmachung der sprachlichen Formen und Strukturen beim Sprachenlernen? ... 52

Werner Bleyhl: Argumente für einen anderen Umgang mit Grammatik 57

Luiza Ciepielewska-Kaczmarek: Auch Grammatik will und kann erlebt werden – Implizite Vermittlung von sprachlichen Strukturen im frühen DaF .. 60

Beate Müller-Karpe: Grammatik kann „tierisch" Spaß machen – Spielideen für die Primarschule 66

Annette Meyer: Grammatik kinderleicht? Musikalische und szenische Dialoge zur Übung und Festigung sprachlicher Strukturen 73

Norbert Hausberg, Werner Nowitzki: Rumpelstilzchen goes Hip-Hop – mehr als nur ein Märchen 76

Werner Nowitzki: Grammati-Kuss – Grammatiklernen kreativ mit Rap-Musik 79

Edit Morvai: Was haben wir heute gelernt? Wie Kinder darüber denken 81

4 Spielen, Spielen, Spielen

Christina Gentzik: Auf die Plätze, fertig, los! Kreatives Stationenlernen bei Sport und Freizeit 84

Sonja Lemke: Raus aus dem Klassenzimmer, rein ins Grüne – eine spielerische Führung durch den botanischen Garten 89

Beate Müller-Karpe: Arcimboldo wurde weltbekannt – wir sind zumindest schulbekannt! 95

Alexandra Obradovic: Was man alles wissen kann – Lernort Bauernhof 96

Luiza Ciepielewska-Kaczmarek: Tierischer Spaß im Deutschunterricht – über Spiele die Welt der Zwei- und Vierbeiner entdecken 103

5 Puppen, Geschichten, Bücher

David Fermer, Till Nachtmann: Warum Geschichten ideal zum Sprachenlernen sind und wie eine kleine Puppe dabei helfen kann 106

Beate Widlok: Mit Puppen auf Reisen – wie alles begann und wie es gewachsen ist 112

Edit Morvai: Puppen aus dem Koffer – ein pädagogisches Konzept 113

Hildegard Kirchner: „Jeder ist anders" – ein Musical für Kinder mit Hans Hase .. 115

Ia Zeinabishvili: „Ein Mann geht in die Welt" – Literatur für den frühen Fremdsprachenunterricht 119

Anna Rossié, Gabriela Bracklo: Literatur interkulturell erfahren und szenisch erleben – mit dem Kamishibai-Theater 121

6 Strategien und Methoden

Ernst Endt: Das Lernen lernen – einige Anmerkungen zur Entwicklung lernstrategischer Kompetenzen 128

Angelika Kubanek, Peter Edelenbos: Die Neuinterpretation von Differenzierung 131

Angelika Kubanek: Eine Übung zu Monatsnamen – viele Ideen zur Differenzierung 135

Simone Schümmelfeder: Wortschatzarbeit – Vokabellernen so spannend wie eine Schatzsuche! 136

Heidi Walz: Reformpädagogik an einer amerikanischen Schule und neue Wege des Deutschlernens 139

Ute Terbeck-Müller: Von Potsdam nach Portland und zurück – ein funktionierendes Austauschprojekt zwischen zwei Montessori-Schulen 142

Annika Takala: Singend Wortschatz lernen – Deutsche Klassen in der Tammela Schule 144

Tünde Sárvári: Sprache und Bewegung – Dramapädagogik für Sprachanfänger in der Grundschule 147

Tünde Sárvári: *„Fantasie und Fantadu, schließe deine Augen zu!"* – Überlegungen zur Rolle der Fantasiereisen im frühen DaF-Unterricht 151

7   Sachfachunterricht: Sprachlernen und Sachkunde verbinden – CLIL

Ernst Endt: CLIL – einige Anmerkungen zum Gewinn integrierten Sprach- und Sachfachlernens 156

Beate Müller-Karpe: Fächerübergreifend lernen – Ideen, wie Sachfächer den Deutschunterricht beim Thema Kleidung bereichern können 159

Stefan Johann Schatz, Wilhelm Linder: Interkulturell Umweltschutz erfahren – eine Sommerschule arbeitet über drei Ländergrenzen hinweg zusammen 163

Holger Wendlandt: Wie viel größer ist eine Giraffe als ein Mensch? Mit Themenkarten Wissen und Sprache fördern 168

Roma Schultz: Inspiration Landkarte – Geografie erfahrbar machen Reisen – Verreisen – Urlaubsreise – Urlaubsort – Ortskenntnisse – Landeskunde – Landkarte 171

8   Medien für Kinder

Stephanie Müller: Chancen und Potenziale der neuen Medien. Mit Medien unsere Kinder fordern und fördern 176

Ernst Endt: Jeopardy – Deutschlandquiz für Kinder. Wie man mit PowerPoint Computerrätsel für den Unterricht erstellt 180

Michael Priesteroth: Spielen an interaktiven Whiteboards 185

Thomas Röhlinger: Kinderrechte on air und online – weltweit 187

Andreas Kotz: Planetenreise – ein Online-Spiel für Kinder 190

Victoria Voll, jetzt Simons: Ich bin so bunt wie die Welt! Ein Stop-Motion-Film als Unterrichtsprojekt in einer mehrsprachigen Lernergruppe 193

Beate Widlok: Die Sendung mit dem Elefanten lädt zum Mitmachen ein – Kurzfilme im frühen Fremdsprachenunterricht 196

Inhaltsverzeichnis

9 Projekte weltweit

Herbert Gudjons: Projektunterricht – was ist das? Wie macht man das? 204

Stefania Kosmidou: Mehrsprachigkeit in der Klasse durch Kurzprojekte fördern .208

Ewa Andrzejewska: Vom Bayreuth des Nordens zum Drachenfels –
eine musikalische Reise mit den Helden der Nibelungensage 211

Inna Culebeachina: Ein Thema für viele Lernanlässe –
Kinder entfalten ihre Fantasie 215

Elke Drosson: Wettbewerbe machen Spaß und beleben den Deutschunterricht 217

Ralf Gotsche: Viel Getue rund ums Ei – physikalische Experimente mit
Alltagsgegenständen 221

1 Früh anfangen

Kathrin Plautz

Deutsch als Zweitsprache in der Frühförderung

Kinder wachsen heute in einer multikulturell und multilingual geprägten Welt auf – eine Ressource, die in Bildungsinstitutionen Wertschätzung und Förderung finden sollte. Die sprachliche Vorbereitung auf die Schule verläuft eingleisig, wenn sie nur die deutschsprachigen Kenntnisse einbezieht. Doch auch das Deutsche als Zweitsprache für Kinder nichtdeutscher Herkunftssprachen bedarf einer systematischen Förderung. Der folgende Beitrag fokussiert die DaZ-Frühförderung. Seine Schwerpunkte lassen sich jedoch auch auf andere Sprachen und Länder mit ausgeprägten Migrationsgeschichten übertragen.

DaZ-Frühförderung in der Grundschule
©Model-Foto: www.colourbox.com

Kinder können in einem sprachlich aktiven Umfeld in erstaunlich kurzer Zeit mündliche Sprachfertigkeiten erwerben. Lange Zeit nahm man in der Bundesrepublik an, dass sich in Deutschland geborene und aufwachsende Kinder bis zum Eintritt in Bildungsinstitutionen sprachlich quasi von selbst integrieren würden. Dass diese Annahme viel zu häufig nicht die gewünschten Erfolge verspricht, wissen Erzieher/-innen und Lehrer/-innen[1] nicht erst seit internationalen Schulleistungsstudien zu berichten. Als Folge des PISA-Schocks 2000 entschied die Kultusministerkonferenz, dass die Sprachkompetenzen „bildungsbenachteiligter Kinder, insbesondere auch der Kinder und Jugendlichen mit Migrationshintergrund" bereits im Vorschulalter wirksam gefördert werden müssen (KMK 2002). Seitdem haben sich bundesweit zahlreiche Projekte zur frühen DaZ-Förderung von Kindern nichtdeutscher Herkunftssprache entwickelt.

Die „DaZ-Frühförderung" umfasst den Bereich der Elementarerziehung, den Übergang zur Grundschule und die Schuleingangsphase (vgl. Kniffka/Siebert-Ott 2007: 128).

1 Warum ist eine spezifische DaZ-Frühförderung nötig?

Die Leseleistungen deutscher Grundschüler fielen zwar im internationalen Vergleich von IGLU 2006 insgesamt erfolgreicher aus als die der Sekundarschüler der PISA-Studien. Doch auch hier erzielten Kinder, deren Eltern beide im Inland geboren sind, deutlich bessere Leseleistungen als Kinder mit Migrationshintergrund. Ein großer Anteil des Leistungsrückstands erklärt sich aus ihrer sozialen Lage und den Bildungshintergründen der Eltern (vgl. Bos/Lankes/Prenzel/Schwippert/Valtin/Walter 2007: 24). Die institutionalisierte DaZ-Förderung kann zwar nichts an sozioökonomischen Situationen der Familien ändern, an den sprachlichen Fertigkeiten und somit bildungsbiografischen Voraussetzungen der Kinder aber schon. Bildungsinstitutionen müssen (auch) Kinder nichtdeutscher Herkunftssprachen auf ihrem Weg zu erfolgreichen Bildungsbiografien begleiten.

Die mündlichen Sprachfertigkeiten können Kinder in einem sprachlich aktiven Umfeld in sehr kurzer Zeit erwerben. Untersuchungen zeigen, dass sie sich bspw. die Satzstrukturen auf gleiche Weise wie muttersprachliche Kinder aneignen können, wenn sie im Alter von drei bis vier Jahren intensiv mit der Zweitsprache in Kontakt treten (vgl. Tracy 2007: 22). Doch Sprache stellt nicht nur ein Medium alltäglicher Kommunikation dar, sondern ist auch grundlegendes Werkzeug für die Lernprozesse innerhalb und außerhalb von Kindergarten und Schule. Defizite in der Sprachbeherrschung wirken sich auf die meisten anderen Lernprozesse hemmend aus. Wenn ein Kind zum Schuleintritt nur unzureichende Sprachfertigkeiten besitzt, wird es in allen Schulfächern schwer folgen können: Zum Bearbeiten einer Mathematikaufgabe, zum Erarbeiten eines historischen Textes oder zum Erlernen einer neuen Fremdsprache benötigt es Basiskenntnisse der Unterrichtssprache. Diese schriftsprachlichen Kompetenzen der Bildungssprache treten nicht einfach durch den natürlichen Spracherwerb ein. Vielmehr müssen sie gezielt entwickelt und gefördert werden.

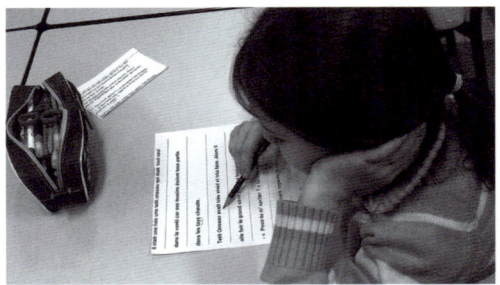

Schriftsprachliche Kompetenzen müssen gezielt gefördert werden
©Model-Foto: www.colourbox.com

---

[1] Im Weiteren werden weibliche und männliche Formen zusammengefasst.

2 Worin unterscheidet sich DaZ-Frühförderung von DaF für Kinder?

Das Fach DaZ grenzt sich über folgende Aspekte vom Fach DaF ab:
Der Kontext des Spracherwerbs liegt innerhalb des deutschsprachigen Raumes, wo das Deutsche vorrangiges Medium sozialer, kultureller, politischer und wirtschaftlicher Lebensbereiche ist. Daher sind wichtige Motive für das Erlernen des Deutschen als Zweitsprache Mitsprache und Teilhabe am gesellschaftlichen Leben (vgl. Rösler 1994: 7).
Kinder mit Migrationsgeschichte eignen sich das Deutsche häufig erst bei Eintritt in eine Bildungsinstitution an. Sie müssen folglich in einer extrem kurzen Zeitspanne ausreichend Grundkenntnisse der Bildungssprache erwerben, um vom Inhaltlichen des Unterrichts profitieren zu können.
Der Spracherwerb hat einen starken Einfluss auf die Entwicklung und Veränderung der Identität der Lernenden (vgl. Rösler 1994: 8). Er sollte jedoch „als Erweiterung, nicht als Bedrohung ihrer sprachlichen Identität angelegt werden" (vgl. Krumm 2007: 14). Kinder mit Migrationshintergrund stehen vor einer zu vereinbarenden Kluft zwischen Familiensprache und Landessprache.

3 Welche spezifischen Lernziele liegen in der DaZ-Frühförderung?

Wie diese Ausführungen zeigen, kommt der DaZ-Frühförderung keine geringere Aufgabe zu, als Lernumgebungen zu schaffen, in denen Kinder ein für sie altersentsprechendes Sprachwissen und damit Schulfähigkeit aufbauen. Die DaZ-Sprachförderung setzt sich aus mehreren Faktoren zusammen, die sich z. T. gegenseitig bedingen und beeinflussen. Drei wichtige Grundpfeiler stellen die folgenden Förderbereiche dar:

3.1 Wortschatz

Alle Sprachfördermaßnahmen sehen als grundlegende Zielsetzung die Vermittlung eines umfangreichen Wortschatzes im Deutschen. Während einsprachige Schulanfänger aktiv ca. 4000–6000 Wörter beherrschen, können ihre zweisprachigen Altersgenossen oft lediglich einen Bruchteil dieses lexikalischen Repertoires anwenden (Kaltenbacher/Klages 2006: 93). Der Wortschatz stellt einerseits eine treibende Kraft im Sprachaneignungsprozess dar, ist aber eben auch Voraussetzung für erfolgreiches schulisches Lernen. Vermittelt werden müssen wesentliche Substantive, Verben und Adjektive, aber auch erste Kenntnisse in Wortbildung (Komposita oder Wortableitungen) in relevanten Themenbereichen[2]. Bei der systematischen Wortschatzförderung sollten die Erfahrungen der Kinder, ihr bereits entwickeltes Weltwissen und ihre Erstsprache berücksichtigt werden.

3.2 Sensibilisierung für Schriftlichkeit – Early Literacy

Literale Kompetenz umfasst „die sozialen, emotionalen, kognitiven und sprachlichen Fertigkeiten, die zur Kommunikation mit Texten benötigt werden. Ihr Erwerb verändert das Verhältnis des Menschen zur Sprache, zu sich selbst und zur Gesellschaft." (Feilke 2001: 34) In der frühen Literalitätsförderung begegnen Kinder in einem vielseitigen und interaktiven Angebot verschiedenen Schriftformen mit den ihnen eigenen Strukturen. Die Kinder bauen dabei ein Bewusstsein für den Unterschied zwischen Mündlichem und Schriftlichem auf; sie lernen die Funktion von Schrift zu erfassen und können bei der Auseinandersetzung mit Texten positive Einstellungen zur Schriftsprache entwickeln.

Zu literalitätsentwickelnden Aktivitäten zählen einerseits Formen der traditionellen Buchkultur, wie Vorlesen, kindliches Lese-Imitieren, gemeinsames (Nach-)Erzählen und erste Schreibversuche. Aber auch Kontakte mit neuen Medien, z. B. in Form von Spiel- und Lernsoftware, sollten zu ihrer Erfahrungswelt gehören.

Vorlesen fördert die *Early Literacy*
©Model-Foto: www.colourbox.com

3.3 Zusammenarbeit mit den Eltern – Family Literacy

Diese vorschulischen Kontakte zur Schriftsprache beeinflussen nicht nur den Spracherwerb insgesamt, sondern auch das Weltwissen, Interaktionsstile und die weitere Literatursozialisation. Kinder in Migrantenfamilien machen häufig nur sehr bedingt Literalitätserfahrungen, wie Gespräche mit Eltern von Vorschulkindern zeigen. Nur wenige der Kinder seien in Besitz eigener Bücher und erlebten auch kaum, dass ihre Eltern lesen. Das Thema Bildung werde hier häufig als Aufgabe der betreuenden Institutionen gesehen (vgl. Kuyumcu 2006: 36). Wir wissen jedoch, dass die Eltern die einflussreichsten Bindungspersonen des Kindes sind. Insbesondere die Mutter

---

2 Themen sind z. B. in den Bildungsplänen für die Elementarstufe verankert.

beeinflusst das Leseverhalten der Kinder, ihre Leseinteressen und Lesemotivation stark. Die Lesesozialisation vollzieht sich zu einem großen Teil über die lektürebezogene Kommunikation innerhalb einer Familie. Diese Kommunikation über etwas Gelesenes ist ein Bestandteil der allgemeinen Interaktion und Kommunikation in der Familie (Hurrelmann/Hammer/Nieß 1993: 46). Zu einem wichtigen Pfeiler der literalen Entwicklung gehört folglich das Einbeziehen der Eltern bildungsferner oder eher oral geprägter Kulturen in die DaZ-Frühförderung. Sogenannte Familienbildungsprogramme für Migrantenfamilien (z. B. Rucksack oder HIPPY) sollen dazu beitragen, die Mitwirkungsbereitschaft der Eltern und unzureichende Kenntnisse in der Bildungslaufbahn ihrer Kinder auszugleichen. Grundlage für den Erfolg dieser Projekte stellt eine partnerschaftliche Kooperation zwischen Kita und Eltern dar. Die Wertschätzung und Nutzung der multilingualen Kompetenzen der Familien müssen vorausgesetzt werden können (vgl. Dirim 2006: 258). Hier setzt die Idee des Empowerment in Bildungsprogrammen an, nach der die „Potentiale, über die Migranteneltern verfügen, zu mobilisieren" sind (Sánchez Otero 2006: 93). So können Eltern eingeladen werden, kleine Vorleserunden in den Herkunftssprachen zu übernehmen. Pädagoginnen können die Eltern als Lernpartner gewinnen, indem sie ihnen kleine Texte, Reime, Lieder zum Lesen und Lernen zum Einüben mitgeben.

Die Pädagogin als Lernberaterin. © Fotolia

4 Inwiefern ist die DaZ-Frühförderung auf bildungspolitischer Ebene verankert?

4.1 Bildungs- und Erziehungspläne für die Elementarstufe

Die Zeit vor dem Schuleintritt stellt in der Bildungsbiografie eines Menschen bereits wichtige Bildungszeit dar. Einen ersten wichtigen Schritt für die Elementarstufenförderung macht daher der „Gemeinsame Rahmen der Länder für die frühe Bildung in Kindertageseinrichtungen" (vgl. Jugendministerkonferenz & Kultusministerkonferenz 2004). Alle Bundesländer entwickelten eigene Bildungspläne[5] und verankerten hierin auch den Bildungsbereich „Sprachförderung" in Familie und Kindertageseinrichtungen zur Entwicklung und Stärkung früher Sprachkompetenz.

Im länderübergreifenden Rahmenplan werden Kinder mit Deutsch als Zweitsprache nicht gesondert betrachtet, vielmehr appelliert er daran, „individuelle Unterschiede in Bezug auf Geschlecht, Herkunft, Religion, Lebensweise, Alter und Entwicklungsstand, Stärken und Schwächen" (S. 7) wahrzunehmen und anzuerkennen und so jedes Kind optimal zu fördern. Einzelne Bundesländer präzisieren jedoch auch die Sprachförderung von Kindern mit Migrationshintergrund[6].

4.2 Sprachstandserhebungen vor Schuleintritt

Als Folge des eingangs erwähnten Beschlusses der Kultusministerkonferenz, die Sprachkompetenzen „bildungsbenachteiligter Kinder, insbesondere auch der Kinder und Jugendlichen mit Migrationshintergrund" bereits im Vorschulalter wirksam zu fördern (KMK 2002), haben fast alle Bundesländer Verfahren zur Sprachstandserhebung und Sprachförderungen eingeführt. In Berlin bspw. durchlaufen seit diesem Jahr alle Kinder mit und ohne Migrationshintergrund, die nicht in einer Kita sind, das Testverfahren Deutsch-Plus Vier. Wenn ein Kind für eine Einschulung ungenügende Sprachkenntnisse aufweist, erhalten die Eltern eine Empfehlung, das in Berlin kostenlose letzte Kita-Jahr für ihr Kind in Anspruch zu nehmen. Alternativ hierzu erhalten die Kinder eine verpflichtende einjährige Sprachförderung von täglich drei Stunden in einer Kita.

Die Sprachstandsdiagnose bei Kita-Kindern basiert auf einem Sprachlerntagebuch, herausgegeben von der Berliner Senatsverwaltung für Bildung, Jugend und Sport. Seit Sommer 2006 begleitet das Sprachlerntagebuch jedes Berliner Kita-Kind. Es

---

5   Siehe z. B. „Das Berliner Bildungsprogramm für die Bildung, Erziehung und Betreuung von Kindern in Tageseinrichtungen bis zu ihrem Schuleintritt": http://www.berlin.de/imperia/md/content/sen-bildung/bildungswege/vorschulische_bildung/berliner_bildungsprogramm_2004.pdf oder „Bildungs- und Erziehungsplan für Kinder von 0 bis 10 Jahren in Hessen": http://www.kultusministerium.hessen.de/irj/HKM_Internet?uid=422503e0-cf26-2901-be59-2697ccf4e69f

6   Siehe z.B. Bildungs- und Erziehungsplan Bayern: http://www.stmas.bayern.de/kinderbetreuung/bep/index.htm

füllt sich mit Zeichnungen und ersten Schreibversuchen des Kindes, Eintragungen der Erzieherin und der Eltern. „Durch die Auswertungen, die die Erzieherinnen gemeinsam mit Kolleginnen und eventuell mit den Eltern vornehmen, werden die Bereiche deutlich, in denen das Kind Fortschritte gemacht und Kompetenzen entwickelt hat, aber auch diejenigen Aspekte werden sichtbar, in denen es mehr Aufmerksamkeit durch die Erzieherinnen und/oder die Eltern und gezielte Anregungen und Unterstützung braucht." (Senatsverwaltung für Bildung, Jugend und Sport Berlin 2006: 5)

Das vollständige Sprachlerntagebuch zum Download gibt es unter http://www.daks-berlin.de/downloads/meinsprachlerntagebuch.pdf; die dazugehörigen Handreichungen für Erzieherinnen unter http://www.daks-berlin.de/downloads/handreichungfuererzieherinnenunderzieher.pdf.

In Bayern wird flächendeckend der Test SISMIK „Sprachverhalten und Interesse an Sprache bei Migrantenkindern in Kindertageseinrichtungen" eingesetzt. Die Sprachstandsdiagnose wird hier bereits eineinhalb Jahre vor Schuleintritt durchgeführt und beobachtet auch die Zweitsprachentwicklung des Kindes.[7/8] Der Test erfasst die Bereiche:
- Sprachkompetenz (Artikulation, Wortschatz, Sprachverständnis u. a.),
- Literacy-Entwicklung,
- Motivation für sprachbasierte Aktivitäten,
- Umgang mit der Familiensprache und
- Daten zur familiären Situation.

Kinder, die als besonders förderungsbedürftig gelten, erhalten im Rahmen des Projekts „Deutsch 160" eine Förderung. Bis zum Jahre 2011 will Bayern dafür 200 sogenannte Sprachberaterinnen ausbilden und einsetzen. Diese Zahl ist sicher nicht ausreichend, wirft aber einen Blick auf einen weiteren, wichtigen Schritt gewinnbringender DaZ-Frühförderung: Ein wichtiges Kapitel in der Bildungspolitik muss der Aus- und Fortbildung von Pädagoginnen in der DaZ-Frühförderung gewidmet werden.

---

[7] Bei deutschsprachig aufwachsenden Kindern wird das Verfahren SELDAK durchgeführt.
[8] Einen bundesweiten Überblick zu Sprachstandsdiagnosen bei Kindern geben Lüdtke/Kallmeyer 2007.

5 Literatur

Bos, Wilfried; Lankes, Eva-Maria; Prenzel, Manfred; Schwippert, Knut; Valtin, Renate; Walter, Gerd (Hg.) (2007): *IGLU 2006. Lesekompetenzen von Grundschulkindern in Deutschland im internationalen Vergleich.* http://www.iglu.ifs-dortmund.de/aktuelles.html

Dirim, İnci (2006): Eine andere Perspektive auf Migrantenfamilien. In: Mecheril, Paul; Quehl, Thomas (Hg.): *Die Macht der Sprachen. Englische Perspektiven auf die mehrsprachige Schule,* Münster.

Feilke, Helmuth (2001): Was ist und wie entsteht Literalität? In: *Pädagogik 6,* Weinheim.

Hurrelmann, Bettina; Hammer, Michael; Nieß, Ferdinand (1993): *Lesesozialisation. Band 1. Leseklima in der Familie,* Gütersloh.

Jugendministerkonferenz & Kultusministerkonferenz (2004): *Gemeinsamer Rahmen der Länder für die frühe Bildung in Kindertageseinrichtungen.* Beschluss vom 13./14.05.2004 und 03./04.06.2004. (http://www.kultusministerkonferenz.de/aktuell/Gemeinsamer_Rahmen_Kindertageseinrich_BSJMK_KMK.pdf)

Kniffka, Gabriele; Siebert-Ott, Gesa (2007): *Deutsch als Zweitsprache. Lehren und lernen,* Paderborn.

Kaltenbacher, Erika; Klages, Hana (2006): Sprachprofil und Sprachförderung bei Vorschulkindern mit Migrationshintergrund. In: Ahrenholz, Bernt (Hg.): *Kinder mit Migrationshintergrund. Spracherwerb und Fördermöglichkeiten,* Freiburg.

Kultusministerkonferenz (2002): *PISA 2000 – zentrale Handlungsfelder. Zusammenfassende Darstellung der laufenden und geplanten Maßnahmen in den Ländern.* Beschluss der 299. Kultusministerkonferenz vom 17./18.10.2002. (http://www.kmk.org./schul/pisa/massnahmen.pdf)

Krumm, Hans-Jürgen (2007): Das Projekt „Die Macht der Sprache". In: *Deutsch als Fremdsprache Informationen 28/2007,* Wien.

Kuyumcu, Reyhan (2006): Literalitätserfahrungen von (türkischen) Migrantenkindern im Vorschulalter. In: Ahrenholz, Bernt (Hg.): *Kinder mit Migrationshintergrund. Spracherwerb und Fördermöglichkeiten,* Freiburg.

Lüdtke, Ulrike M.; Kallmeyer, Kirsten (2007): Sprachenvielfalt in deutschen Kindergärten: Chance oder Hindernis? In: *Zeitschrift Hörgeschädigte Kinder Band 44, 3/2007,* Hamburg.

Rösler, Dietmar (1994): *Deutsch als Fremdsprache,* Stuttgart & Weimar.

Sánchez Otero, José (2006): Der anerkennende Umgang mit Vielfalt. In: Mecheril, Paul; Quehl, Thomas (Hg.): *Die Macht der Sprachen. Englische Perspektiven auf die mehrsprachige Schule,* Münster.

Senatsverwaltung für Bildung, Jugend und Sport Berlin (2006): *Sprachlerntagebuch für Kindertagesstätten. Handreichung für Erzieherinnen und Erzieher.* (http://www.daks-berlin.de/downloads/handreichungfuererzieherinnenunderzieher.pdf)

Tracy, Rosemarie (2007): Zweitspracherwerb und Diagnostik. Linguistische Grundlagen der Sprachförderung: Wieviel Theorie braucht (und verlangt) die Praxis? In: Ahrenholz, Bernt (Hg.): *Deutsch als Zweitsprache. Voraussetzungen und Konzepte für die Förderung von Kindern und Jugendlichen mit Migrationshintergrund,* Freiburg.

Angelika Kubanek

Die UN-Kinderrechtskonvention

Das Ursprungsdokument und Versuche der Veranschaulichung

Bei der Internetrecherche einschlägiger Angebote zum Thema der UN-Kinderrechte (z. B. von Curriculum-Instituten und politischen Nichtregierungsorganisationen) fällt auf, dass es unterschiedliche Zusammenstellungen der Kinderrechte gibt. Was man in einem bestimmten Schulbuch findet oder was in Projekten zum Tragen kommt, das sind also Varianten, die auf das Originaldokument der UN-Charta zurückgehen und nur Auszüge widerspiegeln (unter **www.national-coalition.de/index.php?id1=3&id2=3&id3=0** ist der Text im Wortlaut der amtlichen Übersetzung zu finden. Das Originaldokument umfasst 54 Artikel auf 31 Seiten) (auch: vgl. **www.national-coalition.de/pdf/UN-Kinderrechts konvention.pdf**).

Auf der Website des Bundesministeriums für Familie, Senioren, Frauen und Jugend findet sich eine Broschüre für Kinder ab etwa 10 Jahren, bestellbar und als PDF herunterzuladen. Dies ist eine Fassung, die in den Augen der Autoren Kinder besonders anspricht und öfter neu aufgelegt wurde: **www.bmfsfj.de/Kategorien/Publikationen/Publikationen,did=3844.html**.

UNICEF wiederum hat auf ihrer Website eine besonders kurze Liste, die im Nominalstil kurz einige Kinderrechte aufzählt (siehe Abbildung unten).

30-Sekunden-Animationen von UNICEF, die aus einem internationalen Wettbewerb hervorgingen und auf zum Teil sehr deutliche und auch schockierende Weise Kinderrechte thematisieren, eignen sich eventuell zur Diskussion im Unterricht: **www.unicef.de/kinderrechte_02.html**. Im Abspann wird hier jeweils das angesprochene Kinderrecht genannt (z. B. Recht auf Schulbesuch), schließlich folgt in Großbuchstaben der Satz: „Children have the right."

Eine ganze Organisation steckt hinter der Adresse **www.younicef.de**. Hier erfährt man nicht nur etwas über die Rechte von Kindern zu verschiedenen Themen, sondern auch über die neuesten Nachrichten zum Thema Kinderrechte. Des Weiteren informiert die Seite über viele Aktionen, die von der UNICEF initiiert wurden. Neben Charity-Aktionen wie „Laufen für UNICEF" oder „Schwimmen für UNICEF" bietet die Seite auch Informationen zu einem Projekttag „Kinderrechte in der Schule" oder zur „mission sustainability", einem Projekt, das die Nachhaltigkeit auf der Erde fördern soll.

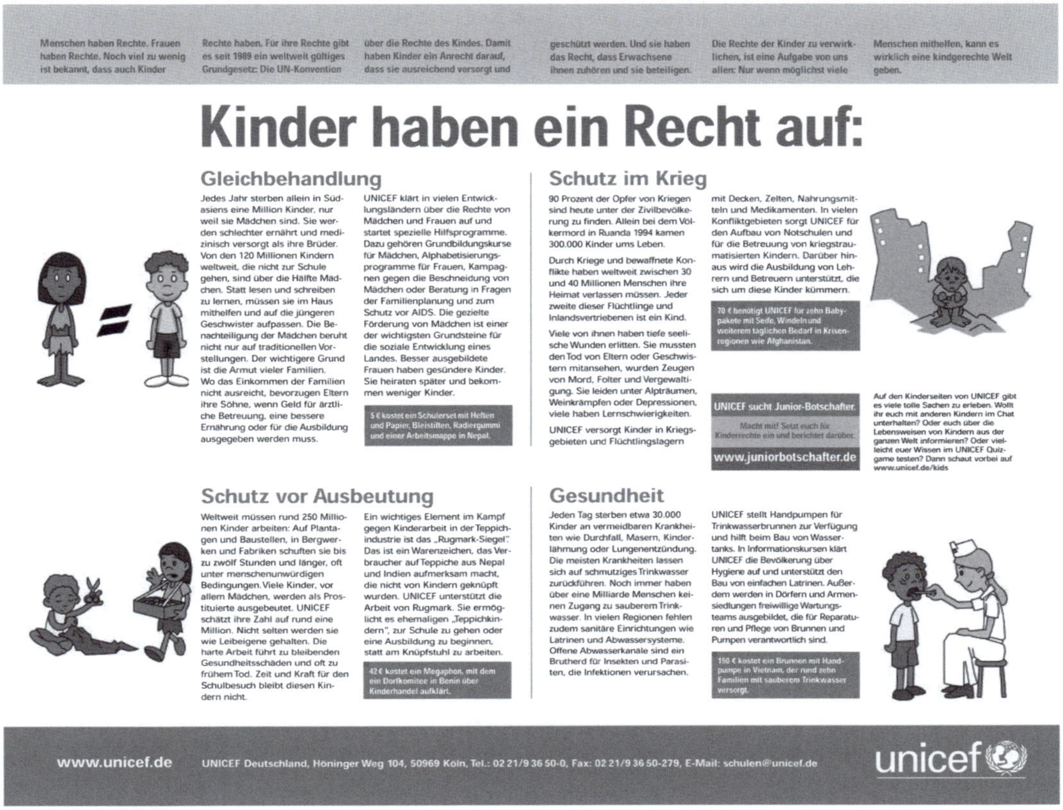

Kinder haben ein Recht auf:

Gleichbehandlung

Jedes Jahr sterben allein in Südasiens eine Million Kinder, nur weil sie Mädchen sind. Sie werden schlechter ernährt und medizinisch versorgt als ihre Brüder. Von den 120 Millionen Kindern weltweit, die nicht zur Schule gehen, sind über die Hälfte Mädchen. Statt lesen und schreiben zu lernen, müssen sie im Haus mithelfen und auf die jüngeren Geschwister aufpassen. Die Benachteiligung der Mädchen beruht nicht nur auf traditionellen Vorstellungen. Der wichtigere Grund ist die Armut vieler Familien. Wo das Einkommen der Familien nicht ausreicht, bevorzugen Eltern ihre Söhne, wenn Geld für ärztliche Betreuung, eine bessere Ernährung oder für die Ausbildung ausgegeben werden muss.

UNICEF klärt in vielen Entwicklungsländern über die Rechte von Mädchen und Frauen auf und startet spezielle Hilfsprogramme. Dazu gehören Grundbildungskurse für Mädchen, Alphabetisierungsprogramme für Frauen, Kampagnen gegen die Beschneidung von Mädchen oder Beratung in Fragen der Familienplanung und zum Schutz vor AIDS. Die gezielte Förderung von Mädchen ist einer der wichtigsten Grundsteine für die soziale Entwicklung eines Landes. Besser ausgebildete Frauen haben ausgesündere Kinder. Sie heiraten später und bekommen weniger Kinder.

Schutz im Krieg

90 Prozent der Opfer von Kriegen sind heute unter der Zivilbevölkerung zu finden. Allein bei dem Völkermord in Ruanda 1994 kamen 300.000 Kinder ums Leben.

Durch Kriege und bewaffnete Konflikte haben weltweit zwischen 30 und 40 Millionen Menschen ihre Heimat verlassen müssen. Jeder zweite dieser Flüchtlinge und Inlandsvertriebenen ist ein Kind.

Viele von ihnen haben tiefe seelische Wunden erlitten. Sie mussten den Tod von Eltern oder Geschwistern mitansehen, wurden Zeugen von Mord, Folter und Vergewaltigung. Sie leiden unter Alpträumen, Weinkrämpfen oder Depressionen, viele haben Lernschwierigkeiten.

UNICEF versorgt Kinder in Kriegsgebieten und Flüchtlingslagern

mit Decken, Zelten, Nahrungsmitteln und Medikamenten. In vielen Konfliktgebieten sorgt UNICEF für den Aufbau von Notschulen und für die Betreuung von kriegstraumatisierten Kindern. Darüber hinaus wird die Ausbildung von Lehrern und Betreuern unterstützt, die sich um diese Kinder kümmern.

Schutz vor Ausbeutung

Weltweit müssen rund 250 Millionen Kinder arbeiten: Auf Plantagen und Baustellen, in Bergwerken und Fabriken schuften sie bis zu zwölf Stunden und länger, oft unter menschenunwürdigen Bedingungen. Viele Kinder, vor allem Mädchen, werden als Prostituierte ausgebeutet. UNICEF schätzt ihre Zahl auf rund eine Million. Nicht selten werden sie wie Leibeigene gehalten. Die harte Arbeit führt zu bleibenden Gesundheitsschäden und oft zu frühem Tod. Zeit und Kraft für den Schulbesuch bleibt diesen Kindern nicht.

Ein wichtiges Element im Kampf gegen Kinderarbeit in der Teppichindustrie ist das „Rugmark-Siegel". Das ist ein Warenzeichen, das Verbraucher auf Teppiche aus Nepal und Indien aufmerksam macht, die nicht von Kindern geknüpft wurden. UNICEF unterstützt die Arbeit von Rugmark. Sie ermöglicht es ehemaligen „Teppichkindern", zur Schule zu gehen oder eine Ausbildung zu beginnen, statt am Knüpfstuhl zu arbeiten.

Gesundheit

Jeden Tag sterben 30.000 Kinder an vermeidbaren Krankheiten wie Durchfall, Masern, Kinderlähmung oder Lungenentzündung. Die meisten Krankheiten lassen sich auf schmutziges Trinkwasser zurückführen. Noch immer haben über eine Milliarde Menschen keinen Zugang zu sauberem Trinkwasser. In vielen Regionen fehlen zudem sanitäre Einrichtungen wie Latrinen und Abwassersysteme. Offene Abwasserkanäle sind ein Brutherd für Insekten und Parasiten, die Infektionen verursachen.

UNICEF stellt Handpumpen für Trinkwasserbrunnen zur Verfügung und hilft beim Bau von Wassertanks. In Informationskursen klärt UNICEF die Bevölkerung über Hygiene auf und unterstützt den Bau von einfachen Latrinen. Außerdem werden in Dörfern und Armensiedlungen freiwillige Wartungsteams ausgebildet, die für Reparaturen und Pflege von Brunnen und Pumpen verantwortlich sind.

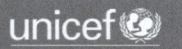

www.unicef.de — UNICEF Deutschland, Höninger Weg 104, 50969 Köln, Tel.: 02 21/9 36 50-0, Fax: 02 21/9 36 50-279, E-Mail: schulen@unicef.de

---

Der Seite untergeordnet ist auch die Seite „UNICEF for kids", bei der für Kinder spielerisch und farbenfroh dargestellt wird, was Kinderrechte überhaupt sind und wie sie sich auswirken. Hier erfahren die Kinder etwas darüber, wie andere Kinder in anderen Ländern leben und wo es Probleme gibt. Nebenbei kann man auf der Seite aber auch einige Spiele spielen und so spielerisch an Kinderrechte herangeführt werden (vgl.: www.younicef.de).

Ein Buchtipp zum Thema

God's dream, von Desmond Tutu (2008/09)

Für Kinder im Alter von zwei bis acht Jahren erschien gerade in den 11 offiziellen Sprachen von Südafrika das Buch God's Dream. Deutsch gehört bekanntlich nicht dazu, aber es hat so wenig Text, dass man die englische Fassung überkleben kann oder unter das Englische das Deutsche schreiben könnte.

Zu diesem Buch hat der Verlag u. a. eine PDF-Datei mit einer Doppelseite eingestellt. Als Lehrer kann man Interviews auf Englisch mit Desmond Tutu über die Verlagsseite anhören und daraus Hintergrundwissen schöpfen (Archbishop Desmond Tutu: God's dream. Englische Fassung: Candlewick Press, Somerville, Massachusetts 2008. Andere Fassungen in den offiziellen Sprachen Südafrikas: 2009. www.candlewick.com/book_files/0763633887.kit.1.pdf).

Antje Bostelmann, Michael Fink

Spielerisch Sprachen lernen – ja! Kindern mit kultureller Offenheit begegnen

Das Sprachenlernen in multilingualen Kindertageseinrichtungen stößt auf vielschichtige Probleme, denen die Erzieher/-innen möglichst offen begegnen müssen. So sind die kulturellen Besonderheiten der Kinder und das soziale und emotionale Umfeld, in dem sie aufwachsen, wichtige Faktoren, die die sprachliche Entwicklung der kleinen Lerner wesentlich beeinflussen. Der Integrationsprozess passiert in erster Linie über die Kommunikationsfähigkeit und ist besonders dann erfolgreich, wenn das Sprachenlernen Spaß macht. Die Mitwirkung der Kinder am Tagesablauf und eine spielerische Herangehensweise sind darum immer richtig.

Sprachenlernen – fürs Jetzt und Hier

Man erlebt es immer häufiger: Viele Kinder besuchen bereits im Kleinkindalter wöchentliche, verpflichtende Sprachkurse und lernen dort ihre ersten fremdsprachigen Vokabeln. Dem eigenen Kind den möglichst frühzeitigen Erwerb von als bedeutsam empfundenen Fremdsprachen zu ermöglichen, sehen viele Eltern als immer wichtiger an. Mehrsprachigkeit bringt in unserer heutigen mobilen Welt schließlich den Vorteil mit sich, in verschiedenen Ländern kommunizieren zu können. Unter dem Druck der Globalisierung wird dabei jedoch Folgendes vergessen: Es geht beim Spracherwerb weder um das bloße Erlernen von Vokabeln und grammatischen Regeln, noch sollte zwischen der Bedeutung und dem Wert verschiedener Sprachen gewichtet werden.

Alle Sprachen sind zuerst und vor allem Kultur und tragen zur Identitätsfindung jedes Einzelnen und zur Integration in einen gesellschaftlichen Kontext bei.

Ohne die Eltern geht nichts

Jeder Kindergarten versucht, sich auf die aktuelle Lebenssituation und das familiäre Umfeld des einzelnen Kindes einzustellen. Die Eltern sind die wichtigsten Vertrauten der Kinder und besonders in der Sprachvermittlung die Experten, auf deren Unterstützung die Erzieher/-innen angewiesen sind und unbedingt zurückgreifen sollten.

Die Gemeinschaft und den Respekt füreinander fördern

Die Gemeinschaft kann gefördert werden, indem darauf geachtet wird, dass kein einzelnes Kind bloßgestellt wird und alle Kinder lernen, sich gegenseitig in ihren Unterschiedlichkeiten zu respektieren. Kinder wollen in erster Linie so sein wie alle anderen, dann fühlen sie sich am wohlsten.

Jede Sprache hat ihren Wert. Vor allem die Erstsprache ist für die Identifikationsfindung des Kindes von großer Bedeutung. Deshalb ist es wichtig, dass das Kind auch im Kindergarten in seiner Sprache kommunizieren darf. Gedichte und Lieder in den Erstsprachen der im Kindergarten betreuten Kinder zu rezitieren oder zu singen, muss selbstverständlich möglich sein. Dabei werden viele die Erfahrung machen, dass einige Kindergedichte und -lieder in vielen Sprachen vorhanden sind. Es ist ein Riesenspaß und ein großes Erfolgserlebnis, das Lied vom kleinen Stern oder die Geschichte von den drei Schweinchen in verschiedenen Sprachen kennenzulernen.

Spracherziehung praktisch: Den Kindergarten zum Ort des miteinander Sprechens werden lassen

In Bildungseinrichtungen wird, mag man meinen, pausenlos gesprochen. Aber nicht unbedingt in sprachförderlicher Weise. Aktuelle Untersuchungen haben ergeben, dass in

Freies Spiel im Kindergarten

Kindergärten fast 80 % des Gesprochenen vom Erwachsenen zum Kind aus Anweisungen bestehen, auf die man logischerweise nicht sprechend, sondern handelnd reagiert. Und je mehr der Alltag der Kindergruppe durch die Planungen der Pädagogen dominiert ist, desto geringer ist auch der Bedarf der Kinder, miteinander zu sprechen. Den spracharmen Kindergarten könnten Pädagogen so gestalten, dass sie in jeder Tagessituation Sprechanlässe für die Kinder schaffen.

Sprache ermöglicht Teilhabe

Diesen oft postulierten Grundsatz sollten Kinder im Kindergarten praktisch erleben dürfen, indem sie echte Mitgestaltungsmöglichkeiten vorfinden. In sprachfreundlichen Kindergärten ist es selbstverständlich, Morgenkreise und andere einleitende Tagesphasen so zu gestalten, dass gemeinsam etwas geplant wird und Interessen miteinander abgewogen werden. Wenn Erzieher/-innen ihre fertige Planung lediglich vorstellen und die Kinder nur rhetorisch fragen, ob sie darauf Lust haben, geschieht kein wirkliches Miteinander. Planende Morgenkreise und Kinderkonferenzen gehören in jedem sprachfreundlichen Kindergarten dazu, regelmäßig und nicht nur als außergewöhnliches Highlight.

Sprache dient dazu, Vergangenes wieder ins gemeinsame Gedächtnis zu rufen

Ein hervorragender Sprechanlass ist das rückblickende Gespräch über den Tag, die Woche, das Projekt. Tägliche Abschlusskreise helfen den Kindern, neu Erlerntes noch einmal zu reflektieren und zu wiederholen. Das Dokumentieren, z. B. über Bilder von vergangenen Aktionen, ist immer ein guter Anlass, um untereinander und mit den Eltern ins Gespräch zu kommen. Dieses Dokumentieren wird viel zu oft als ausschließlich an Eltern gerichtete Pflicht verstanden. Wenn wir dagegen zusammen mit den Kindern Bilder vom Tag oder Projekt aufhängen und überlegen, wie wir diese beschriften und was wir dazu erzählen können, entstehen Sprechanlässe, die sich bis in die Familien der Kinder fortsetzen.

Gute emotionale Beziehungen schaffen Sprechanlässe

Je besser die Kinder miteinander zurechtkommen, je mehr sie sich auf die unterschiedlichen Spielpartner einstellen können, umso größer sind natürlich ihre Chancen, gut sprechen zu lernen. Grundlage dafür ist – neben ein paar Regeln für das Miteinander – vor allem ein Gefühl des Angenommenseins, das jedes Kind in der Gruppe verspürt und an die anderen weitergeben kann. Wenn es gelingt, im Kindergarten alle unterschiedlichen Kulturen und Sprachen gleichwertig einzubeziehen und Kinder täglich beim Mitgestalten gefragt sind, wird die aktive Verwendung verschiedener Sprachen zu einer Selbstverständlichkeit.

Spielerisches Geschichtenerzählen

a) Geschichtensäckchen

Schon kleine, sprachunsichere Kinder lassen sich gerne Geschichten erzählen. Ebenso gerne erzählen sie selbst Geschichten nach, wenn sie deren Grundaufbau verstanden haben. Das Instrument des Geschichtensäckchens macht es auch mit geringen Sprachkenntnissen möglich, einer erzählten Handlung zu folgen und sie selbst nacherzählen oder variieren zu können.

Alles, was man braucht, ist ein kleines Stoffsäckchen mit mehreren Gegenständen, die zusammen zu einer Geschichte gehören. Bei der Geschichte vom Rotkäppchen könnten das beispielsweise vier Püppchen (Oma, Mädchen, Jäger, Wolf), ein Körbchen, eine Blume, ein Puppenbettchen sein.

Kleine Spielzeuge werden zu einer Geschichte

Anfänglich erzählt der Erzieher/die Erzieherin die Geschichte und inszeniert sie mit den Spielgegenständen quasi gut sichtbar für die Kinder nach, indem er/sie erst Rotkäppchen losgehen lässt, eine Blume pflücken lässt ...

Kindern hilft es enorm, wenn sie die Geschichte beim Nacherzählen gleichzeitig in der richtigen Reihenfolge nachspielen können.

Viel besser als überlieferte Geschichten eignen sich Handlungen, die aus dem Alltag oder der Fantasie der Kinder stammen könnten: Vielleicht befindet sich in einem Säckchen ein Kind, der Vater, ein Kuchen, eine Wurst und ein Hund, und schnell erfinden die Kinder eine lustige Verwechslungsgeschichte. Es bietet sich an, jeweils in der Einrichtung vier oder fünf solcher unterschiedlich gefüllten Geschichtensäckchen bereitzuhalten und eine feste Erzählzeit einzurichten, bei der Erzieher/-in oder Kinder die Geschichte des Tages erzählen können.

b) Erzählkarten
Mit selbst hergestellten Erzählkarten gelingt es fast von selbst, sich gemeinsam spannende Erzählungen auszudenken. Dazu gestalten wir eine große Anzahl von einseitig gleich aussehenden Karten, auf deren Rückseite jeweils auf einem Bild ein bestimmter Gegenstand oder eine angedeutete Handlung zu sehen ist. Dafür haben wir vorab – zunächst in Einzelarbeit, später vielleicht auch mit den Kindern zusammen – ein Fotomotiv oder eine Zeichnung auf die Karte geklebt.

Werden aus dem Kartenstapel drei Karten blind gezogen, kann aufgrund der Kombination der Karten schnell die Idee für eine Geschichte entstehen: Aus den Karten mit dem Auto, dem Käfer und der Wolke entsteht dann schnell die Idee, einen Käfer mithilfe eines Flugautos durch die Lüfte ziehen zu lassen. Wenn die Erzählfreude der Kinder ins Stocken gerät, reicht es meistens aus, noch eine weitere Karte zu ziehen. Pädagogen begleiten und unterstützen die Kinder beim Ausdenken der Geschichte durch Aufforderungen, sich zu Personen und Situationen möglichst viele Einzelheiten auszudenken: „Unsere Hauptperson ist ein Käfer – gut! Aber wie soll er heißen und wie alt ist er? Ist er ruhig und gemütlich oder eher nervös? Wann spielt die Geschichte – an einem Sommertag oder im kalten Winter?"

Gut ist es, für einmal angelaufene Gemeinschaftsgeschichten eine feste Erzählzeit im Tages- oder Wochenablauf zu reservieren, denn die Kinder gewinnen schnell Freude daran, sich eigene Episoden zu den ihnen immer vertrauter werdenden Hauptfiguren auszudenken und sie den anderen während dieser ritualisierten Runde vorzustellen.

c) Buchprojekt
„Die Erlebnisse von Fritz, dem Mistkäfer" – Besonders gelungene Geschichten schreien danach, festgehalten zu werden. So können sie auch Unbeteiligten vorgestellt und erzählt werden. Dafür eignet sich das Anfertigen eines Riesenbuches, für das wir großformatige Bilder malen – für jede wichtige Phase der Geschichte malt je ein Kind eine Art Szenenbild. Bei Bedarf kann der Text auf der Rückseite der Bilder festgehalten werden. Mithilfe einer einfachen Fadenbindung werden die Bilder und zwei Pappen als Buchdeckel auf einer Seite gebunden. Das Riesenbuch eignet sich dafür, bei einem Kita- oder Schulfest feierlich den Besuchern vorgeblättert zu werden und die auf den Bildern sichtbare Geschichte zu erzählen.

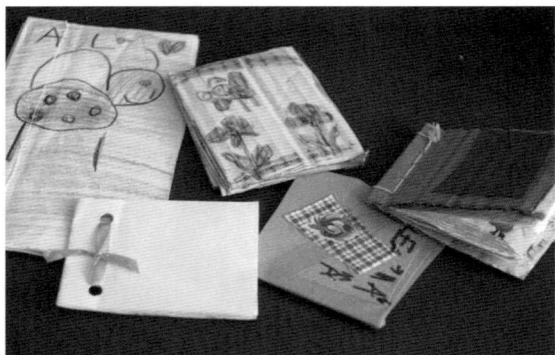

Selbst gemalte Bilder werden zu einem eigenen Bilderbuch

Es empfiehlt sich, wesentlich mehr Seiten zusammenzubinden, als anfangs benötigt werden. Denn solche Gemeinschaftserzählungen halten sich über überraschend lange Zeiträume, wollen immer wieder von den Kindern weitererzählt werden. Vielleicht ergibt sich sogar die Idee, besonders lustige Szenen aus der gemeinsam erfundenen Geschichte als kleines Theaterstück mit selbst erfundenen Requisiten zu inszenieren?

Martina Schäfer

Deutsch nach Englisch – Sprachen entdecken und vergleichen

Englisch hat sich weitgehend als erste Fremdsprache in den Schulen auf der ganzen Welt etabliert. Man kann deshalb davon ausgehen, dass die meisten Lernenden wenigstens über Grundkenntnisse in Englisch schon verfügen, wenn sie Deutsch als eine weitere Fremdsprache lernen.

Warum werden diese Kenntnisse und Lernerfahrungen wenig genutzt? Lange überwog die Angst vor einem negativen Transfer von der einen Fremdsprache in die andere. Dieser – negative Transfer vom Englischen ins Deutsche – findet natürlich auch statt, wenn Deutschlernende z. B. sagen: „Meine Freunde must heute zu Hause bleiben" oder „Sport ist mehr interessant als Lesen".

Vor mehr als zehn Jahren kam mit der Sammlung „Meine 199 liebsten Fehler" von A. Tomaszewski und W. Rug ein anderer Blick auf diese negativen Interferenzen ins Spiel: Für Lernende mit der Ausgangssprache Englisch, die jetzt Deutsch lernen, plädieren die Autoren in ihrem Vorwort dafür, die „Fehler zu Freunden zu machen. Sie werden bald merken, wie sich ‚Ihre liebsten Fehler', einer nach dem anderen, von Ihnen freundlich verabschieden!"

Bei der Tertiärsprachenforschung geht es aber um mehr: Man hat festgestellt, dass sich das Erlernen einer zweiten Fremdsprache vom Erlernen der ersten qualitativ und quantitativ deutlich unterscheidet: Der – negative wie positive – Transfer ist nur einer von mehreren Faktoren, die B. Hufeisen benannt hat (vgl. Hufeisen 2003): Lernende einer L3-Sprache sind älter, ihre kognitiven Fähigkeiten sind weiter entwickelt, sie haben schon Erfahrung im Fremdsprachenlernen, sie haben ein deklaratives Wissen über eine Fremdsprache, verfügen über eine Metasprache, um grammatische Strukturen und Regeln zu benennen, sie haben Strategien beim Hör- und Leseverstehen gelernt und erprobt, Erfahrung gesammelt beim Sprechen und Schreiben einer fremden Sprache, sie wissen vielleicht schon, *wie* sie am besten lernen können, z. B. mit Bildern oder durch Hören und Sprechen, durch Aufschreiben oder das Führen einer Vokabelkartei. Alle vorangegangenen Erfahrungen mit dem Fremdsprachenlernen beeinflussen die Lernenden. Nicht zu unterschätzen sind besonders auch emotionale Faktoren: Je positiver die Erfahrungen beim Lernen der ersten Fremdsprache waren, desto positiver eingestellt sind die Lernenden in Bezug auf eine neue Fremdsprache. Und je positiver insgesamt die zu lernende Fremdsprache von der Umwelt eingeschätzt wird, desto offener und interessierter nähern sich die Lernenden der neuen Sprache.

Nach dem Faktorenmodell ist zu vermuten, dass die Aufgabe, Unterschiede und Gemeinsamkeiten zwischen Sprachen ausfindig zu machen und zu reflektieren, das Lernen der L3 erleichtert (L1 = Muttersprache, L2 = erste Fremdsprache, L3 = zweite Fremdsprache) – besonders, wenn wie im Fall „Deutsch nach Englisch" eine nahe Verwandtschaft zwischen diesen beiden Sprachen besteht.

Wie schlagen sich die Erkenntnisse aus der Tertiärsprachenforschung in einer Tertiärsprachendidaktik nieder?

Man kann zwei Bewegungen unterscheiden: Zum einen gibt es regionale Lehrwerke oder Zusammenstellungen von Zusatzmaterialien für den Unterricht „Deutsch nach Englisch", die in einzelnen Ländern entstanden sind – Voraussetzung hier ist eine sprachlich homogene Lernergruppe. Und dann gibt es überregionale Lehrwerke, die das Tertiärsprachenkonzept für sprachlich sehr heterogene Gruppen umsetzen, in denen es keine gemeinsame Sprache gibt und in denen die Lernenden sich nur eventuell auf Englisch als „Lingua franca" und in der neu zu lernenden deutschen Sprache verständigen können.

Deutsch nach Englisch in sprachlich heterogenen Lernergruppen

Drei neuere überregionale Lehrwerke im Vergleich

Planet A1 (Kopp/Büttner 2004) bietet Texte an, die internationale Begriffe und Anglizismen enthalten. Die Lernenden verstehen den Wortschatz wie z. B. „Pop-Musiker", „Name" oder „Chance", und sie können aufgrund ihres Weltwissens und ihrer bereits erworbenen Lesestrategien die Bedeutung des kurzen Textes über DJ Bobo verstehen.

Ein wesentlicher methodischer Schwerpunkt in diesem Lehrwerk für junge Lerner ab 11 Jahren sind Lerntechniken, die bewusst gemacht und trainiert werden: die induktive Grammatikarbeit, das Sammeln und Ordnen von neuem Wortschatz und Lese- und Hörstrategien. Das gehört auch zu den Anforderungen einer Tertiärsprachendidaktik, aber die Autoren bieten keine sprachenkontrastiven Übungen an. Das Lehrwerk kann laut Konzeption im Rahmen von Deutsch als L2- oder L3-Sprache eingesetzt werden – aber es finden sich für die Lernenden und/oder die Lehrenden keine Hinweise im Kurs-, Arbeits- und Lehrerhandbuch, wie bestehendes Wissen aus dem Englischen oder einer anderen Sprache eingesetzt werden kann. Es wird auch nicht auf die Erfahrungen und Arbeitsweisen aus einem vorangegangenen Unterricht in einer anderen Fremdsprache verwiesen, und es gibt kein Übungsangebot, dieses Wissen und diese Strategien beim Erlernen von Deutsch jetzt einzusetzen.

In diesem Punkt unterscheidet sich *geni@l A1* (Funk u. a. 2002) sehr deutlich:
Den Schülern soll von Anfang an klar gemacht werden, dass sie auch mit wenigen Deutschkenntnissen wesentliche Informationen aus kurzen Texten verstehen können. Ein sehr schönes Beispiel ist das Online-Angebot zu A1, Lektion 1. Die Schüler werden erst aufgefordert, in einem Kreuzworträtsel möglichst viele Wörter zu finden. Nach dieser Vorentlastung sollen sie kurze Texte lesen zu den Themen „Fußball", „Harry Potter im Kino", „Essen und Trinken" oder „Telefonieren mit dem Handy" mit der Aufgabe, Überschriften zuzuordnen.

Die anschließende Aufgabe, aus den Texten alle Wörter herauszuschreiben, die den Lernenden bekannt vorkommen, führt zu einer Sensibilisierung: Sie erkennen auch solche Wörter, die erst bei genauem Hinschauen Ähnlichkeiten mit Wörtern aus anderen Sprachen aufweisen. Die Lernenden werden explizit dazu aufgefordert, ihr Vorwissen aus anderen Sprachen zu nutzen!

Noch einen Schritt weiter in der Konzeption geht *prima A1* (Jin/Rohrmann/Zbranková 2007). Es ist besonders für Lernende angelegt, die Deutsch als zweite Fremdsprache erlernen: Die Jugendlichen haben bereits erste Lernerfahrung in einer Fremdsprache gemacht, haben Strukturen und Wortschatz einer ihnen fremden Sprache kennengelernt, haben Erfahrungen mit unterschiedlichen Aufgaben und Übungsformen gesammelt und sich damit erste Kenntnisse über das Fremdsprachenlernen erarbeitet. *prima* vertieft und erweitert dieses Wissen laut Aussage der Autoren in drei Bereichen:

- bewusste, kognitive Grammatikarbeit
- regelmäßige Hinweise auf Ähnlichkeiten im Wortschatz zwischen Englisch und Deutsch
- eine für das Sprachenlernen hilfreiche Lernstrategie in jeder Einheit

Das Thema „Lernen lernen" wird tatsächlich in jeder Lektion thematisiert: Die Lernenden erhalten Arbeitsaufträge, bei denen sie eine neue Strategie ausprobieren können. Der explizite Verweis auf Englischkenntnisse oder Lerntechniken, die aus dem Erlernen anderer Fremdsprachen bekannt sind, findet sich viel seltener: Ein Beispiel ist die Zuordnung von Farbbezeichnungen auf Deutsch und auf Englisch in Lektion 3, Band 1.

Deutsch nach Englisch in sprachlich homogenen Lernergruppen

In einigen Ländern sind in den letzten Jahren Lehrwerke entstanden, die für den Unterricht Deutsch als zweite Fremdsprache in den Schulen entwickelt wurden. Das sind zum Beispiel *Deutsch ist IN* für bulgarische Deutschlerner, *Lust auf Deutsch* (Schweden), *Wegweiser* (Slowenien), *DACHfenster* (Polen) oder *Hallo Freunde* für türkische Deutschlerner – S. Maden hat dieses türkische Lehrwerk ausführlich in Bezug auf Umsetzung einer Tertiärsprachendidaktik analysiert.

Im Folgenden zwei regionale Beispiele: „good + gut = ottimo" aus Italien und Zusatzmaterialien, die in Russland für den Unterricht Deutsch nach Englisch entwickelt und in einer Zeitschrift veröffentlicht worden sind.
Die Autoren dieser Materialien arbeiten sehr viel stärker sprachkontrastiv als die vorgestellten überregionalen Lehrwerke. In Italien und Russland entstanden die „Deutsch nach Englisch"-Materialien, weil es Erkenntnisse aus der Tertiärsprachenforschung gab – aber sie sind vor allem aus sprachpolitischen Gründen entwickelt worden.

Englisch hat weltweit die führende Rolle als Verständigungsmittel übernommen, die Motivation, Englisch zu lernen, ist deshalb hoch. Außerdem ist Englisch zumindest im Elementarbereich relativ leicht zu erlernen. Deutsch steht i. d. R. nicht in Konkurrenz zum Englischen, sondern es geht und ging in vielen Ländern darum, Deutsch als zweite Fremdsprache zu etablieren. Deutsch hat einerseits den Ruf einer „schweren Sprache" – andererseits sind Deutsch und Englisch aber nahe Verwandte. Die Entstehung dieser regionalen

Lehrwerke „Deutsch nach Englisch" ist und war gleichzeitig eine Werbemaßnahme für das Unterrichtsfach Deutsch: Den Schülern sollte gezeigt werden, dass sie im Deutschunterricht deutlich von ihren Englischkenntnissen profitieren können: Die Rezeption gelingt schneller und effektiver und anschließend auch die Interaktion und Produktion auf Deutsch, wenn man Englisch und Deutsch miteinander vergleicht und möglichst auch noch die Muttersprache mit einbezieht.

In beiden Ländern wird vergleichend mit allen drei Sprachen (L1, L2 und L3) gearbeitet, der gemeinsame Wortschatz steht am Anfang im Vordergrund: 600 Wörter, viele aus dem Alltagsbereich wie Farben, Speisen, Körper oder Schulfächer haben im Englischen und Deutschen eine gemeinsame Wurzel. Dazu kommen Internationalismen (lateinisch-griechischen Ursprungs) und eine Reihe von Anglizismen in den Bereichen Mode, Medien, Kommunikation oder Sport. Neben dem Wortschatz werden grammatische Strukturen und Satzmuster in allen drei Sprachen miteinander verglichen und zur Reflexion angeboten. Ausgang sind in der Regel Lesetexte, aber in „good + gut = ottimo" auch Hörtexte, an die produktive und interaktive Aufgaben angeschlossen sind, wie etwa ein Interview führen oder eine E-Mail schreiben.
Die Lernenden sollen durch Vergleichen, Nachdenken, Diskutieren, Erproben von Lerntechniken und Vergleichen von Lernstrategien dazu aktiviert werden, sich das neue sprachliche Material so selbstständig wie möglich anzueignen.

So werden in *ottimo* in Einheit 1 Steckbriefe von Kindern gelesen mit Informationen zum Beispiel zu Name, Alter, Geburtsort und Hobbys. Dann wird dieser Steckbrief in ein Interview umgewandelt. Die Fragen auf Deutsch werden dabei alle vorgegeben, und die Schüler müssen aus den kleinen Texten die Antworten heraussuchen. Anschließend sollen die deutschen Interviewfragen den Frageformen auf Englisch zugeordnet werden:

Wie alt bist du? – How old are you?

Was sind deine Hobbys? – What are your hobbies?

Woher kommst du? – Where are you from?

In einer Lernhilfebox finden die Schüler zur Unterstützung eine Tabelle mit deutschen und englischen Fragewörtern:

Wer ...?	Who ...?
Was ...?	What ...?
Wie ...?	How ...?
...	

Mit diesen Hilfen sollen die Schüler zu weiteren Steckbriefen jetzt selbst ein Interview auf Deutsch schreiben.

Die Arbeitsanweisungen können die Schüler auf Deutsch und auf Italienisch lesen, Tipps, Hilfen und Denkanstöße finden sich manchmal nur in der Muttersprache.

Diese Arbeitsweise ist vergleichbar mit Didaktisierungsvorschlägen, die in Russland in den letzten Jahren in der Zeitschrift *Deutsch* veröffentlicht wurden. Hier finden sich Unterrichtsentwürfe für den Unterricht Deutsch als zweite Fremdsprache nach Englisch mit Empfehlungen für das Alter und Lernjahr, ab dem dieses Material zusätzlich zum Lehrbuch eingesetzt werden kann. Im Zentrum steht immer ein authentischer Lesetext, und die Vorschläge für die Arbeit mit diesen Texten halten durchgehend den bekannten Dreierschritt ein: 1. Übungen zur Vorentlastung, 2. Arbeit am Text und 3. Aufgaben nach dem Lesen. Im Folgenden ein Beispiel zum Thema Reisen anhand des Texts „Das Eishotel":
Nach einer kurzen Hinführung und Motivationsphase sollen die Schüler zum Wort „kalt" Assoziationen sammeln und dann Komposita bilden, z. B. „Schneemann" oder „Eisskulptur". Dann wird der Text – ohne Titel – gelesen mit den Aufgaben, einen Titel zu finden und alle Wörter, die beim Textverstehen helfen, zu unterstreichen. Dazu erhalten die Schüler in der Muttersprache eine Tabelle:

Kategorien	Beispiele aus dem Text
internationale Wörter	
Wörter aus der Muttersprache	
Wörter aus dem Englischen	
Zahlen	
geographische Angaben	
…	

Die Ergebnisse werden anschließend gemeinsam besprochen, reflektiert und ausgewertet – und die Schüler sammeln und vergleichen ihre Titel, die sie gefunden haben, untereinander und mit dem Originaltitel. Zum Schluss erhalten sie noch eine Tabelle mit drei Spalten für die drei Sprachen Deutsch, Englisch und Russisch. Hier sind entweder auf Deutsch oder auf Englisch Wörter eingetragen (z. B. „snow", „Polar circle" oder „Winter", „Eis", „Gast") und die Schüler sollen die fehlenden Äquivalente eintragen ebenso wie das Wort in der Muttersprache.

Auch dieses Beispiel zeigt, wie man das Wissen aus mehreren Sprachen in den Unterricht einbeziehen kann und wie den Schülern Lernstrategien bewusst gemacht werden.

Diese Arbeitsweise, die Kursisa und Neuner in ihrem Vorwort zu „Deutsch ist easy" unter „Aktivierung der Lernenden" beschrieben haben, ist ein wesentliches Ziel des Tertiärsprachenunterrichts. Es geht um das Erlernen von Deutsch, aber unter Einbeziehung mehrerer Sprachen, wobei es wichtig ist, „nicht nur das Lernergebnis, sondern auch den Lernprozess zu besprechen (‚Lernen lernen') und immer wieder zu diskutieren, wie man an ein Problem herangeht und wie man den Lernprozess effizienter gestalten könnte". In „Deutsch ist easy" findet man unter vier Gruppen – Wortschatz, Orthografie und Grammatik, Texte verstehen und Fehler reparieren – sehr viele Vorschläge für den Anfängerunterricht „Deutsch nach Englisch". Diese wurden zwar für erwachsene Lerner konzipiert, doch sehr vieles davon lässt sich auch auf die Arbeit mit jüngeren Schülern übertragen.

Zusammenfassung

L3-Lehrwerke sollten den bewussten Vergleich zur ersten Fremdsprache, wenn möglich zur Muttersprache und allen anderen zur Verfügung stehenden Sprachen anstreben. Wichtig ist der Transfer von deklarativem und prozeduralem Wissen insbesondere in den Bereichen Wortschatz, grammatische Strukturen, landeskundliche Phänomene, Aussprache und Rechtschreibung. Die Aktivierung des vorhandenen Lernpotenzials und bewusstes Lernen sollten Vorrang haben, Transfermöglichkeiten und Interferenzgefahren sollten systematisch aufgezeigt werden und zu einem sprachlichen Handeln in der neuen Fremdsprache führen.

Die Beispiele zeigen, dass alle Komponenten bisher am intensivsten in den beiden regionalen Lehrmaterialien aus Italien und Russland umgesetzt werden, ebenso wie in *Deutsch ist easy*. Bei den überregionalen Lehrwerken kommt die Aktivierung des Wissens in und über die Muttersprache und die erste Fremdsprache Englisch zu kurz.

Ausblick

An dieser Stelle sei noch einmal auf die zu Anfang genannten Gefahren eines negativen Transfers von einer Sprache zur anderen eingegangen. In den auf Tertiärsprachendidaktik basierenden Materialien finden sich viele Beispiele, in denen die bewusste Wahrnehmung von Unterschieden trainiert wird. Die Lernenden können dann diese Unterschiede besprechen, um Interferenzen zu vermeiden wie z. B. falsche Freunde im Wortschatzbereich: dt. **das Gift** / engl. **gift** = das Geschenk.

Was mit zunehmendem Alter der Lernenden intensiver gemacht werden müsste, ist ein Vergleich von grammatischen Strukturen, die formal große Ähnlichkeit haben: Übereinstimmungen in der Form suggerieren einen ähnlichen Gebrauch in beiden Sprachen, was aber häufig nicht zutrifft. Es ist sicherlich eine Hilfe, wenn die Lernenden in den Perfekt-Strukturen Ähnlichkeiten in der Form entdecken: „hat geöffnet – has opened". Die Lernenden müssten sich dann anhand ihres Vorwissens im Englischen und der Spracharbeit im Deutschunterricht die unterschiedlichen Funktionen des Perfekts in beiden Sprachen und in der Muttersprache erarbeiten. Das Perfekt im Deutschen wird vor allem in der mündlichen Kommunikation oder in „Mündlichkeit suggerierenden" schriftlichen Formen wie E-Mails, privaten Briefen oder Postkarten benutzt. Im Englischen dagegen ist es keine Frage der schriftlichen oder mündlichen Kommunikation: Das Perfekt ist hier eine Brücke zwischen Gegenwart und Vergangenheit, was im Deutschen mit *bisher*, *bis jetzt* oder *bis heute* ausgedrückt wird. So gilt es, falsche Freunde in grammatischen Strukturen zu vermeiden und die unterschiedlichen Funktionen z. B. von bestimmten und unbestimmten Artikeln, Passiv, Futur oder Relativsätzen bewusst zu machen. Solche Aufgabenstellungen führen zu einem Sprachbewusstsein, das mehr ist als nur ein Vergleichen oder Übersetzen von einer Fremdsprache in die andere: Sie führen zu einer entscheidenden Weiterentwicklung aller Lernersprachen.

Literatur

Berger, Maria Cristina; Curci, Anna Maria; Gasparro, Antonia (2003): *Deutsch nach Englisch: good + gut = ottimo. Ein Modul für die ersten 30 Unterrichtsstunden Deutsch als 2. Fremdsprache an italienischen Schulen,* Rom.

Funk, Hermann; Koenig, Michael; Koithan, Ute; Scherling, Theo (2006): *geni@l. Deutsch als Fremdsprache für Jugendliche*, Berlin/München.

Hufeisen, Britta (2003): L1, L2, L3, L4, Lx – alle gleich? Linguistische, lernerinterne und lernerexterne Faktoren in Modellen zum multiplen Spracherwerb. In: Baumgarten, Nicole; Böttger, Claudia; Motz, Markus; Probst, Julia (Hg.): *Übersetzen, Interkulturelle Kommunikation, Spracherwerb und Sprachvermittlung – das Leben mit mehreren Sprachen. Festschrift für Juliane House zum 60. Geburtstag. Zeitschrift für Interkulturellen Fremdsprachenunterricht* (Online) 8: 2/3, 97–109.

Hufeisen, Britta; Marx, Nicole (2005): Auf dem Wege von einer allgemeinen Mehrsprachigkeitsdidaktik zu einer spezifischen DaFnE-Didaktik. In: *Fremdsprachen lehren und lernen (FLuL) 34*, Tübingen.

Hufeisen, Britta; Marx, Nicole (2007): *EuroCom Germ – Die sieben Siebe: Germanische Sprachen lesen lernen*, Aachen.

Jin, Friederike; Rohrmann, Lutz; Zbranková, Milena (2007): *prima – Deutsch für Jugendliche,* Berlin.

Kopp, Gabriele; Büttner, Siegfried (2004): *Planet A1* Kursbuch 1, Ismaning.

Kursiša, Anta; Neuner, Gerhard (2006): *Deutsch ist easy!,* Ismaning.

Maden, Sevinc Sakarya (2005): Anforderungen an ein Lehrwerk für Deutsch als Tertiärsprache in der Türkei. In: *Zeitschrift für Interkulturellen Fremdsprachenunterricht 10 (2)* (http://ualberta.ca~german/ejournal/Maden1.htm).

Neuner, Gerhard (2001): Didaktisch-methodische Konzeption. Teil I:2. In: Neuner, Gerhard; Britta Hufeisen u. a.: *Tertiärsprachen lehren und lernen. Beispiel: Deutsch nach Englisch. Vorläufige Arbeitsmaterialien*, München.

Neuner, Gerhard; Hufeisen, Britta; Kursiša, Anta; Marx, Nicole; Koithan, Ute; Erlenwein, Sabine: *Deutsch im Kontext anderer Sprachen. Tertiärsprachendidaktik: Deutsch nach Englisch* (Fernstudieneinheit 26), München (im Druck).

Schurygina, Dr. Valentina: Das Eishotel. In: *Deutsch 12/2005*

Tomaszewski, Andreas; Wolfgang Rug (1996): *Meine 199 liebsten Fehler – Ausgangssprache Englisch,* Stuttgart.

Deutsche Online Ausgabe der russischen Zeitschrift **Pervoe Sentjabrja**, zu finden unter: http://deu.1september.ru.

2 Hören – Sprechen – Schreiben

Angelika Speck-Hamdan

Wie Kinder zur Schrift finden

Vom Zusammenhang zwischen Mündlichem und Schriftlichem

Das Interesse für Schrift setzt bei den meisten Kindern schon weit vor der Schule ein, sofern sie in einer Schriftkultur aufwachsen. Denn dann gehört die Schrift zu ihrer alltäglichen Umgebung, die sie sich in den allerersten Jahren Stück für Stück vertraut machen. Sie finden sie in Büchern, Zeitungen, Prospekten und anderen Druckerzeugnissen, mit denen sich ihre Eltern beschäftigen. Hier wird beiläufig die Bedeutung der Schrift als Informationsmedium erfahren. Möglicherweise erleben sie auch, dass Erwachsene Briefe verfassen, E-Mails in die Computer-Tastatur eingeben, Einkaufszettel schreiben oder sich beim Telefonieren Notizen machen. Dabei erfahren sie, dass man mittels Schrift sein Gedächtnis entlasten und sich mitteilen kann. Beim Vorlesen schließlich erleben sie, dass in der Schrift Geschichten aufgehoben sind, die man immer und immer wieder hören kann. Als aufmerksame Beobachter entgehen ihnen dann irgendwann auch nicht die Aufschriften auf Verpackungen, die Hinweisschilder auf Straßen oder in Gebäuden, die großen Schriftzeichen auf Plakaten und die Graffitis an den Wänden. Ist die Aufmerksamkeit erst einmal geweckt, lässt sich Schrift überall im Alltag entdecken. Und eine der häufigsten Fragen heißt dann: Was steht da?

Der Schrift begegnen

Je schriftreicher die Umgebung eines Kindes ist, umso selbstverständlicher erschließt sich ihm der Gebrauchswert der Schrift. Und je mehr mittlerweile auch im Kindergarten die Schrift präsent ist, umso mehr steigen auch die Chancen der Kinder aus weniger schriftreichen Familien, sich mit der Schriftkultur in mehr oder weniger beiläufiger Form zu beschäftigen. Denn auf diese Erfahrungen baut der schulische, systematische Schriftspracherwerb auf. Er setzt voraus, dass Kindern zumindest der Symbolcharakter der Schrift vertraut ist, dass sie wissen, dass die Schriftzeichen für etwas stehen, dass man sie entziffern kann und daraus Informationen entnehmen kann. Daran kann er anknüpfen.
Kinder, die diesen Gebrauchswert der Schrift erkannt haben, ahmen das Lesen und das Schreiben der Erwachsenen bzw. der größeren Kinder oft schon sehr gekonnt nach. Sie nehmen ihr Lieblingsbuch in die Hand und „lesen vor", meist sehr genau aus dem Gedächtnis. Sie kritzeln in Zeilenform auf ein Papier und „lesen" anschließend das „Geschriebene" auch vor; manchmal ändert sich die Bedeutung, wenn eine solche Botschaft zum zweiten Mal „vorgelesen" wird. Sie wissen um die Bedeutung der Tätigkeiten Lesen und Schreiben. Doch ist diese Kenntnis allein noch nicht ausreichend, um zum Schreiben und zum Lesen zu kommen.

Das alphabetische Prinzip verstehen

Den entscheidenden Schritt in der Schriftsprachentwicklung machen Kinder dann, wenn sie das Prinzip unserer Schrift begriffen haben, wenn sie verstanden haben, dass unsere Schrift eine Alphabetschrift ist, bei der die Laute der Sprache abgebildet werden. Diese Erkenntnis wird durch häufigen Gebrauch der Schrift und durch Gespräche darüber gefördert. Eine wichtige Rolle dabei spielt das Verschriften, das Aufschreiben von Namen, von kleinen Sätzen oder von Geschichten. Denn dabei werden die Schriftzeichen nebeneinander gesetzt, entsprechend dem Nacheinander der Laute beim Sprechen. Das lautierende Mitsprechen verdeutlicht die Arbeitsweise dieser Art von Schrift.

Alphabetschriften sind die ökonomischsten und anpassungsfähigsten aller Schriftsysteme. Sie kommen in der Regel mit zwanzig bis dreißig Schriftzeichen aus, sind auf mehrere Sprachen anwendbar und beruhen auf dem Prinzip der Entsprechung von Buchstabe und Laut. Das früheste bekannte Alphabet – das nordsemitische – wurde etwa 1700 v. Ch. in Syrien und Palästina entwickelt und enthielt 22 Zeichen für Konsonanten. Daraus entwickelten sich das arabische, das hebräische und das phönizische Alphabet. Letzteres diente als Vorlage für das griechische Alphabet, das auch Buchstaben für die Vokale einführte und aus dem heraus dann später das lateinische Schriftsystem entstand. Die Entsprechung von Laut und Buchstabe ist allerdings in den verschiedenen Sprachen, die das lateinische Alphabet benutzen, in unterschiedlicher Weise gegeben. Eine relativ genaue Entsprechung liegt beispielsweise im Spanischen, aber auch im Türkischen vor; größere Unregelmäßigkeiten weist vor allem das Englische und auch das Französische auf. Das Deutsche lässt sich relativ lauttreu verschriften, und doch gibt es auch hier Abweichungen. So kann der Laut [ks], der genau genommen aus zwei Lauten besteht, im Deutschen auf viererlei Weise geschrieben werden: „x" in Axt, „chs" in Fuchs, „ks" in Keks, „cks" in Klecks. Umgekehrt steht der Buchstabe „s" je nach Stellung für den Laut [s] oder [ʃ].

Im Umgang mit Schrift kompetent werden

© Samir Sakkal, Projekt EKIKKO

Der kompetente Schreiber weiß um Regelmäßigkeiten und ihre Ausnahmen. Der Schreibanfänger handelt zunächst nach der Regel „ein Laut – ein Buchstabe" und kommt später zu der Einsicht, dass diese Regel nicht immer gilt. Dafür ist nun orthografisches Wissen zu erwerben. In der Schriftspracherwerbsforschung haben sich zur Beschreibung dieses Prozesses Entwicklungsmodelle bewährt, die idealtypisch den Weg zur entfalteten Schreib- und Lesekompetenz nachzeichnen (zusammenfassend siehe Scheerer-Neumann 1998). Das „Urmodell" wurde 1985 von Uta Frith entwickelt; es geht von drei aufeinander aufbauenden Strategien der Schriftverarbeitung aus. Sie bezeichnen die jeweils dominante Strategie auf einer Entwicklungsstufe. Dabei beeinflussen sich die Operationen Lesen und Schreiben wechselseitig. Die Entwicklungsstufen lassen sich kurz so charakterisieren:

a) Die *logografische Strategie* ist eine direkte Strategie des Worterkennens. Ganze Wörter werden aufgrund visueller Merkmale erkannt. Voraussetzung ist die Gedächtnisrepräsentation der Wörter.

b) Die *alphabetische Strategie* setzt die Einsicht in den Aufbau der Schriftsprache voraus. Die Kinder können einzelne Wörter aufgrund ihrer Kenntnis einer regelhaften Buchstabe-Laut-Entsprechung (Phonem-Graphem-Korrespondenz) sequenziell erlesen und verschriften. Das Lesen ist ein „Erlesen", beim Schreiben werden die Worte abgehört, in ihre Laute zerlegt und dann in die entsprechenden Buchstaben „übersetzt".

c) Die *orthografische Strategie* ist durch die zunehmende Anwendung von orthografischen Regeln gekennzeichnet. Die Kinder sind in der Lage, größere Einheiten als einzelne Buchstaben, z. B. häufige Buchstabengruppen oder auch kurze ganze Wörter, gleichzeitig zu erkennen und zu lesen.

Klaus B. Günther (1986) hat dieses Modell um zwei Stufen erweitert: Er nimmt vor der logografischen eine *präliteralsymbolische* und nach der orthografischen eine *integrativ-automatisierte Strategie* an. Damit wird noch deutlicher, dass der Schriftspracherwerb weit vor der systematischen Beschäftigung mit Schrift beginnt und sich auch noch weiter fortsetzt, wenn die wichtigsten Rechtschreibregeln bekannt sind. Es gibt einige weitere Modelle zur Entwicklung des Lesens und des Schreibens, die noch weiter differenzieren und so zu Zwischenstufen kommen. Auch variieren die Bezeichnungen dieser einzelnen Schritte. Allen Modellen liegt jedoch dasselbe Muster zugrunde: Es wird eine immer spezifischere Art des Umgangs mit der Schrift angenommen. Von einer zur nächsten Strategie gelangt das Kind dadurch, dass die bisher angewendete Strategie zur Lösung des Problems nicht zum Erfolg führt und es durch Suchen, Ausprobieren, Fragen etc. zu einer neuen Strategie findet. So stößt es mit der Strategie des direkten Worterkennens relativ schnell an die Grenze der Gedächtniskapazität. Sie ist auch beim Schreiben nicht lange effektiv, weil sie lediglich ein Nachmalen von Zeichen ist. Die alphabetische Strategie gerät in vielen Fällen in Widerspruch zu orthografisch regelhaften Schreibweisen, die dem Kind auch begegnen. Das Kind erkennt also – und dabei ist eine schriftreiche Umgebung, in der sich viele verschiedene Erfahrungen mit Schrift machen lassen, aber auch die Unterstützung durch schreib- und lesekundige andere hilfreich –, dass die Schrift in gewisser Weise die Sprache abbildet und dabei nach spezifischen Regeln angewendet wird.

Den Klang der Sprache hören können

Basis dieser Erkenntnis ist die Fähigkeit, sprachliche Äußerungen nicht nur inhaltlich zu verstehen, sondern die Aufmerksamkeit auch auf die formale Seite der Sprache richten zu können, d. h. den Klang der Sprache differenzieren zu können. Diese Fähigkeit wird als phonologische Bewusstheit bezeichnet. Sie zeigt sich darin, dass Kinder Reime erkennen und bilden können, dass sie Silben klatschen können und dass sie, etwas fortgeschrittener, auch schon Einzellaute aus Wörtern heraushören können. Die phonologische Bewusstheit im Vorschulalter besitzt eine relativ gute Vorhersagekraft für den Erfolg im Schriftspracherwerb und gilt daher als entscheidende Voraussetzung. Sie wird allerdings auch durch die systematische Beschäftigung mit der Schrift, wie sie in der Grundschule erfolgt, gefördert. Zahlreiche Studien konnten nachweisen, dass sich die Risiken von späteren Lese- und Rechtschreibschwierigkeiten durch ein gezieltes Training verringern lassen. Dies hat zu einer Welle von Programmen geführt, die in Kindergärten und Grundschulen Anwendung finden. Neu sind viele der Vorschläge wahrlich nicht. Alte Kinderverse, Abzählreime und Gedichte üben genau jenes genaue Hinhören und rhythmische Sprechen. Sprachspielereien wie etwa im bekannten Lied von den „Drei Chinesen mit dem Kontrabass" beruhen auf dieser Fähigkeit.

Über die Schriftlichkeit die Sprache verstehen lernen

Das Fokussieren der Aufmerksamkeit auf die phonologische Ebene der Sprache ist mit Sicherheit ein wichtiger Schlüssel zur Aneignung der Schrift, ebnet es doch das Verständnis ihrer Funktionsweise. Beim Schriftspracherwerb vollzieht sich jedoch mehr als diese Einsicht. Es wird nicht nur ein neues Symbolsystem erlernt und mit ihm die Regeln der Übersetzung. Das Kind erwirbt gleichzeitig eine neue Sprache (vgl. H. Günther 1998). Die schriftliche Sprache unterscheidet sich konzeptionell von der mündlichen Sprache erheblich: Sie ist eher monologisch orientiert, muss auch ohne situativen Kontext verständlich sein, ist komplexer, weist eine höhere Informationsdichte auf und wird mit mehr Bewusstheit produziert als die mündliche Sprache. Mit dieser Sprache gewinnt das

© Samir Sakkal, Projekt EKIKKO

Kind den Zugang zum schriftlich niedergelegten Wissen, zum schriftlich fixierten Gedankengut der es umgebenden Kultur und damit auch zur Bildung. Überdies ermöglicht es erst die Schrift, über Sprache zu reflektieren, weil die Schrift Aufbau und Struktur der Sprache offenlegt. Durch die Schriftlichkeit werden schließlich auch die Strukturen der mündlichen Sprache bewusst, und das Verhältnis zur eigenen Mündlichkeit verändert sich. Der kompetente Schreiber glaubt beispielsweise, im Lautstrom Wortgrenzen zu hören. Er überträgt das durch den Schriftspracherwerb gewonnene Wissen auf die mündliche Sprache. In diesem Sinn lässt sich der Schriftspracherwerb auch beschreiben als Weg von der intuitiven Mündlichkeit zur bewussten Mündlichkeit und Schriftlichkeit. Dabei erfordern die sehr unterschiedlichen Formen von Schriftlichkeit und Mündlichkeit, wie sie in einer literalen Umgebung gepflegt werden, eine äußerst flexible und oft miteinander verschränkte Verwendung der beiden Modi.

Um mit der schriftlichen Sprache vertraut zu werden, muss ein Kind noch nicht selbst lesen oder schreiben können. Es kann sie über das Zuhören kennenlernen, wenn Geschichten erzählt werden, wenn Gedichte vorgetragen werden, wenn aus Büchern vorgelesen wird. Es hört sich in ihren Klang und in ihre Struktur hinein und erfasst so wesentliche Merkmale, die es noch nicht benennen kann, die es aber anwenden kann, wenn es „vorliest" und dabei so tut, als ob. Auch andere Aktivitäten rund um die Schriftkultur, im Englischen mit „literacy" bezeichnet, sind dazu geeignet, in die Schriftlichkeit einzuführen. Für Marian R. Whitehead (2007) sind Spiele und Erkundungen sehr wichtige Aktivitäten für junge Leser und Schreiber. Diese Erkundungen beziehen sich auf jede Art von Schrift, die in den Fokus des Interesses rückt. Ein Meilenstein dabei ist das Schreiben des eigenen Namens, weil damit nicht nur das eigene Ich ins Bewusstsein gehoben wird, sondern weil damit in der Regel auch die Beschäftigung mit den Buchstaben, die dann anderswo gefunden werden, beginnt. Frühkindliche Literacy-Entwicklung braucht nach Whitehead neben

- Menschen, die lustvoll lesen und schreiben und darin Kindern ein Modell sind,
- alle erdenklichen Materialien, um Spuren zu zeichnen und zu schreiben,
- jede Menge Bücher zum Vorlesen und zum Selber-Erkunden sowie
- reservierte Orte zum Lesen und zum Schreiben in den Einrichtungen.

Auf diese Weise soll die Schrift und soll die Beschäftigung mit ihr zum unverzichtbaren Teil des Alltags werden. Großen Wert legt sie bei den vielen Vorschlägen auf gemeinsame Literacy-Aktivitäten, weil hier das Voneinander-Lernen seinen natürlichen Platz hat.(1)

Das Schreiben und das Lesen beginnen also wirklich nicht erst in der Schule. Familie, Kindergarten und die Schule können miteinander bewirken, dass der Weg ins Lesen und ins Schreiben für die Kinder zu einer interessanten und lustvollen Erfahrung wird.

1. Viele konkrete Vorschläge für Literacy-Aktivitäten im Kindergarten finden sich auch im Werkstattbuch „Vom Zeichen zur Schrift", herausgegeben von Petra Zinke u. a.

Literatur

Günther, H. (1998) Die Sprache des Kindes und die Schrift der Erwachsenen. In: Huber, L./Kegel, G./Speck-Hamdan, A. (Hrsg.) Einblicke in den Schriftspracherwerb. Braunschweig: Westermann, S. 21–30

Günther, K.-B. (1986) Ein Stufenmodell kindlicher Lese- und Schreibstrategien. In: Brügelmann, H. (Hrsg.) ABC und Schriftsprache. Rätsel für Lehrer, Kinder und Forscher. Konstanz: Faude, S. 32–54

Scheerer-Neumann, G. (1998) Stufenmodelle des Schriftspracherwerbs – Wo stehen wir heute? In: Balhorn, H. u. a. (Hrsg.) Schatzkiste Sprache I – Von den Wegen der Kinder in die Schrift. Frankfurt: Grundschulverband, S. 54–62

Whitehead, M. R. (2007) Sprache und Literacy von 0–8 Jahren. Troisdorf: Bildungsverlag EINS

Zinke, P./Bostelmann, A./Metze, T. (Hrsg.) (2005) Vom Zeichen zur Schrift. Begegnungen mit Schreiben und Lesen im Kindergarten. Weinheim und Basel: Beltz

Jutta Douvitsas, Sigrid Xanthos

Was Hören mit Lesen zu tun hat

Voraussetzungen zum Lesenlernen in einem fremden Schriftsystem

Jedes gelesene oder geschriebene Schriftzeichen steht für einen Laut in der jeweiligen Sprache. Deshalb ist das Lesen- und Schreibenlernen, besonders in einem fremden Schriftsystem, nicht zu trennen von einer gezielten Hör- und Ausspracheschulung der Laute.

Erkennen der Laut-Buchstaben-Beziehung

Eine grundsätzliche Voraussetzung für die Entwicklung der Lese- und Schreibfertigkeit ist das Erkennen der Beziehung zwischen dem Buchstaben/Schriftzeichen und dem gesprochenen Laut. In jeder Sprache, für die eine Buchstabenschrift verwendet wird, müssen wir die Zuweisung von Lauten zu Buchstaben und Buchstabenkombinationen ganz einfach lernen. In vielen Sprachen werden die gleichen und/oder ähnliche Schriftzeichen verwendet. Diese werden aber in der jeweiligen Sprache oft anders ausgesprochen, haben dann also einen anderen Lautwert. So wird ein englischer Schüler, der Deutsch lernt, feststellen, dass Schriftzeichen, die er kennt, im Deutschen oft ganz anders ausgesprochen werden als in seiner Muttersprache. Für viele Sprachen wurden sogar in dem verwendeten lateinischen Buchstabensystem Varianten von Schriftzeichen entwickelt, die für spezifische Laute dieser Sprache stehen, wie z. B. *ä, ö, ü* im Deutschen.

Wahrnehmen neuer Laute

Kinder, die nicht im lateinischen Buchstabensystem lesen und schreiben gelernt haben, haben noch ein zusätzliches Problem. Sie müssen die unbekannten Schriftzeichen und die ihnen zugeordneten Laute erlernen. Griechische Schüler, die Deutsch lernen, sind dabei in einem gewissen Vorteil, denn sie müssen sich nur mit dem vom Griechischen abweichenden neuen Buchstabenbestand vertraut machen. Dabei kann man Ähnlichkeiten und Unterschiede herausarbeiten, sollte aber bei der Vermittlung von Buchstabengestalt (Graphem) und Laut (Phonem) nicht nur kontrastiv zur Muttersprache vorgehen. Grundschulkinder brauchen ganzheitliche Lernerfahrungen, um das neue Buchstabensystem in seiner Bedeutung für die neue Sprache zu entdecken. Ein rein kontrastiver Ansatz bedeutet für Schüler dieser Altersstufe keine Lernhilfe, sondern eine kognitive Überforderung.

Vielmehr müssen sie zunächst lernen, die unbekannten deutschen Laute akustisch wahrzunehmen und zu produzieren. Erst dann können die ungewohnten Laute den fremden Schriftzeichen zugeordnet werden.

Dieser Zuordnungsvorgang vom deutschen Laut zum entsprechenden Schriftzeichen wird auch nicht leichter, wenn vor dem Deutschen schon Englisch als erste Fremdsprache erlernt worden ist und das lateinische Alphabet bekannt ist. Denn hier treten die gleichen Probleme in der Aussprache auf, die oben schon für englischsprachige Schüler beschrieben wurden.

Verlauf des Leselernprozesses

Um die Schwierigkeiten zu verstehen, die griechische Schüler beim Erwerb der Lese- und Schreibsicherheit im Deutschen überwinden müssen, möchten wir zunächst beschreiben, was beim Prozess des Lesenlernens im Gehirn abläuft.
Wie alle Neurowissenschaftler feststellen, ist das Lesen eine Höchstleistung der Informationsverarbeitung durch das menschliche Gehirn. Das Lesen ist deshalb ein äußerst komplexer Prozess, weil dabei verschiedene Vorgänge mit enormer Geschwindigkeit gleichzeitig ablaufen:
Die Buchstaben werden zunächst als Laute zu Wörtern verbunden. Die Aufnahme der Wortbilder/Wortzeichen/Buchstabenwörter wird begleitet von einem ständigen inneren, stummen Mitsprechen des gelesenen Wortes, und dazu muss im selben Moment auch noch der Sinn des Gelesenen verstanden werden.

Filterfunktion der Muttersprache

Dieser ganze Prozess aber ist überlagert von den Automatismen der muttersprachlichen Aussprache. Kinder speichern nämlich schon im ersten Lebensjahr – also bevor sie überhaupt selbst anfangen zu sprechen – den Lautbestand der Muttersprache. Daher sind die muttersprachlichen Lautmuster auch schon bei Kindern so dominant, dass sie beim Erlernen einer Fremdsprache wie ein Filter wirken: Es werden nur die Lautverbindungen wahrgenommen, die bereits im Gehirn über die Muttersprache gespeichert sind. Typisch deutsche Laute werden deshalb von fremdsprachigen Kindern schlechter unterschieden oder auch gar nicht gehört. So hören griechische Kinder z. B. die deutschen Umlaute „ö" und „ü", die es im griechischen Lautinventar nicht gibt, als „e" und „i". Aus „Töne" wird „Teene" und aus „Tüte" wird „Tite". Durch den Lautwechsel können die Wörter dann auch einen völlig neuen Sinn erhalten wie bei „Tür" (Tier), „lüften" (liften) oder „lösen" (lesen).

Folgen von nicht korrekter Lautwahrnehmung

Wenn fremdsprachige Schüler die typisch deutschen Laute nicht korrekt hören und artikulieren lernen, wird auch das Erkennen der Grapheme zu einem Problem. Grapheme sind die Schriftzeichen, die man als Buchstaben jedem Laut zugewiesen hat. Können Schüler also ein Graphem nicht mit ausreichender Sicherheit mit dem richtigen Laut verbinden, führt das zu Schwierigkeiten beim wort- und satzüberschauenden Lesen. Es führt aber auch zu einer fehlerhaften Aussprache, was viel häufiger Missverständnisse bei der Kommunikation verursacht als Grammatikfehler.

Bedeutung von Hör- und Ausspracheschulung

Aus diesen Gründen muss der Leselehrgang in Deutsch als Fremdsprache unbedingt von einer gezielten Hör- und Ausspracheschulung der deutschen Laute und Lautverbindungen begleitet werden. Erst wenn unsere Schüler die kleinsten Bauteile der Sprache, die Phoneme, aus der schnellen Abfolge unterschiedlicher Laute heraushören und wieder zusammensetzen können, ist für ihr Verstehen, Sprechen und Lesenkönnen in der Fremdsprache die entscheidende Grundlage gelegt. Damit das Lesen und das Verstehen eines Textes in der Fremdsprache ohne Probleme klappt, muss die akustische und optische Wahrnehmung von Phonemen und Graphemen geübt werden. Ein Schüler, der das nicht intensiv genug geübt hat, wird jeden Buchstaben einzeln entschlüsseln. Dabei geht ihm der rote Faden verloren, er versteht den Sinn des Ganzen nicht mehr. Das Lesen und Verstehen von Texten funktioniert nur dann einwandfrei, wenn es so weit automatisiert ist, dass genug Aufmerksamkeit für die Sinnentnahme frei bleibt.

Grundlage für Sprech- und Sprachsicherheit

Ein äußerst positives Phänomen bekamen wir in unserer langjährigen Unterrichtspraxis im Anfangsunterricht Deutsch für griechische Schüler immer wieder bestätigt. Schüler, die mit einem systematischen Lese- und Schreiblehrgang unter den oben beschriebenen Voraussetzungen in Deutsch als Fremd- oder Zweitsprache alphabetisiert werden, verfügen über eine auffallend größere Sicherheit in der Orthografie und im Umgang mit Texten.

Bedeutung ganzheitlicher Aufgabenstellungen

Mit Aufgabenstellungen, die das aktive Wort-Erlesen und Sprachüben unterstützen und das gesamte Körperempfinden mit Bewegung, Musik, Mimik und Gestik ansprechen, werden alle Sinne stimuliert. So werden die Gehirnareale, die der Sprachverarbeitung dienen, gezielt angesprochen und für den Leselernprozess aktiviert.

1. Übungen zur Hörschulung von Lauten

Die Lautposition im Wort bestimmen

Wichtig ist nicht nur, den fremden Laut als Einzellaut wahrzunehmen. Die Kinder müssen den Laut auch im Wort, also in einer anderen Lautumgebung, erkennen können. Dazu liest die Lehrerin mehrmals „Hörwörter" vor, die den gesuchten Laut enthalten. Die Hörwörter werden vor allem nach phonetischen Kriterien ausgesucht, denn sie müssen nicht unbedingt zum Lernwortschatz gehören. Die Kinder kreuzen dann in vorgegebenen Kästchen an, ob sie den Laut als Anlaut, Inlaut oder Auslaut hören. Beispiel:

Wo hörst du **Sch/sch**? Am Anfang, in der Mitte, am Ende? Kreuze an.

Hören – Sprechen – Schreiben

Ähnlich klingende Laute differenzieren

Die Kinder verwechseln leicht Laute mit nahe beieinanderliegendem Lautwert und müssen über gezielte Übungen zum genauen Hören angeregt werden. Beispiel:

Wo hörst du **O/o** oder **U/u**? Kreuze an.

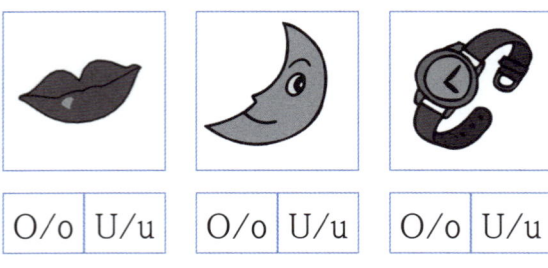

Wo hörst du **D/d** und wo nicht? Kreuze an.

2. Artikulationshilfen zur Lautwahrnehmung und Lautbildung

Um Kinder mit den typisch deutschen Lauten vertraut zu machen, muss ihre Aufmerksamkeit nicht nur auf die Lautqualität, sondern auch auf die unterschiedliche Mundstellung bei der Artikulation der Laute gerichtet werden. Bei der Artikulation der Vokale können Kinder über Selbsterfahrung die unterschiedliche Mundstellung erspüren: Sie greifen mit dem Daumen ans Kinn, mit Zeige- und Mittelfinger an die Oberlippe und sprechen die Vokale. Bei „a" ist der Mund am weitesten, bei „o" schon weniger geöffnet und bei „u" nur noch sehr wenig.

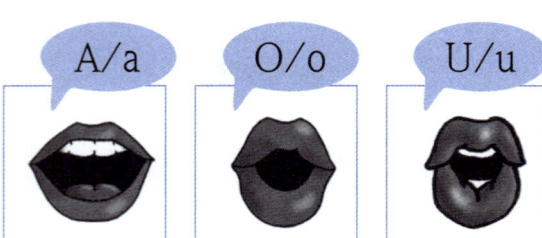

Die Mundstellung kann auch über ein Vorbild veranschaulicht werden. Beim „sch" hilft ein Bleistift zwischen Oberlippe und Nase bei der Bildung.

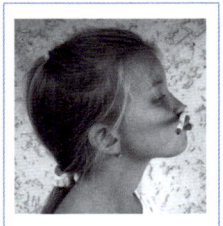

Luftstrom erspüren

Den Unterschied zwischen den stimmhaften und stimmlosen Konsonanten (d–t, b–p, g–k ...) macht man am besten klar, indem die Kinder selbst probieren. Beim Aussprechen der Kontrastpaare spüren sie den schwächeren (b) und den stärkeren (p) Luftstrom am deutlichsten, wenn sie z. B.
- in Richtung auf ein lose vor den Mund gehaltenes Blatt Papier,
- auf eine Daunenfeder,
- auf ihre Handfläche oder
- auf eine Kerzenflamme sprechen.

3. Übungen zur Ausspracheschulung

Wortakzent angeben

Den Wortakzent können Kinder am besten über Bewegung wahrnehmen. Klatschen, mit den Füßen stampfen oder auf eine Unterlage klopfen macht nicht nur Spaß, sondern lässt auch den Sprechrhythmus mit dem ganzen Körper erfahren.

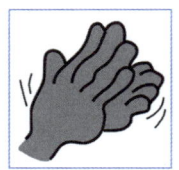  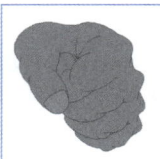

Satzmelodie/Intonation verdeutlichen

Die Stimme verändert beim Sprechen ständig ihre Tonhöhe, d. h., sie bewegt sich nach oben und nach unten. Das lässt sich sehr gut durch das Brummen von Wörtern oder Sätzen hörbar machen.

Reim- und rhythmusgestütztes Sprechen

Über Reime und rhythmisches Sprechen prägen sich Aussprache, Wort- und Satzakzent optimal ein.

> Zwicke, zwacke in die Backe,
> zwicke, zwauch in den Bauch.
> Zwicke, zwuß in den Fuß,
> zwicke, zwein in das Bein.
> Zwicke, zw ...

Dramalesen

Wiederholungen beim Lesen können ungeheuer Spaß machen, wenn Wörter und Sätze in jeweils unterschiedlicher Gefühlslage gesprochen werden: z. B. lustig, traurig, wütend ...

4. Übungen zum Erstlesen

Buchstabengestalt erfassen

Hier gibt es vielfältige Möglichkeiten, das Erkennen der Buchstabengestalt zu üben:
- in beliebiger Buchstabenmenge den/die gesuchten Buchstaben/Silben erkennen und einkreisen
- in Wörtern den/die Buchstaben oder die Silben einkreisen, unterstreichen
- in einer Zeichnung Buchstabenfelder mit verschiedenen Farben anmalen
- ...

Auf- und Abbau von Wörtern

Wörter werden hier Buchstabe für Buchstabe lautierend auf- und abgebaut:

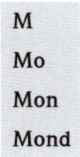  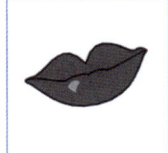

Silbenlesen im Raster

Zur Übung spezifischer Lautverbindungen hat es sich bewährt, ein Sprechtraining in Form von Silbenlesen anzubieten. Beispiel:

	a	e	i	o	u
sch	scha	sche	schi	scho	schu
schr	schra	schre	schri	schro	schru
schn	schna	schne	schni	schno	schnu

Differenzierung ähnlicher Wortbilder

Für eine spielerische Leseübung, die das wortüberschauende Lesen trainiert, werden im Wort jeweils ein oder mehrere Vokale verändert. Die Kinder lesen die Wörter vor und finden das richtige Wort. Beispiel:

Tomate: Tomete – Tumote – Tomate – Timote

Die Reihenfolge der Übungen ist wichtig: Vom genauen Hören über die Wahrnehmung der Laute geht es zu einer korrekten Ausspracheschulung hin zum ersten Lesen.

Andreas Fischer

Integrierte Ausspracheschulung: Hörst du den Rhythmus?

Am Beginn des hier vorgestellten methodischen Konzepts für Deutsch als Fremdsprache war das Leuchten in den Augen der Schüler, als ich beim Sprechen Maracas (Rumbarassel) einsetzte und mich dazu rhythmisch bewegte. Daraus resultierte die Erkenntnis, dass jeder beliebige Satz seinen immanenten Rhythmus hat, den man „ausspielen" und mit anderen Sätzen zu emotional ansprechenden Sprechstücken in rhythmischer Prosa kombinieren kann. Spielerisch stellt sich eine Geläufigkeit des Sprechens ein. Die sprachliche Metaebene der Intonation – für die Kommunikation so überaus wichtig – lässt sich auf diesem Weg plausibel und nachhaltig vermitteln.

Nicht lange ist es her, da zeigte ein Werbevideo des Goethe-Instituts für seine Sprachkurse die Wiedergabe von drei schwierigen deutschen Wörtern aus dem Munde von Sprachstudenten, zunächst unverständlich.

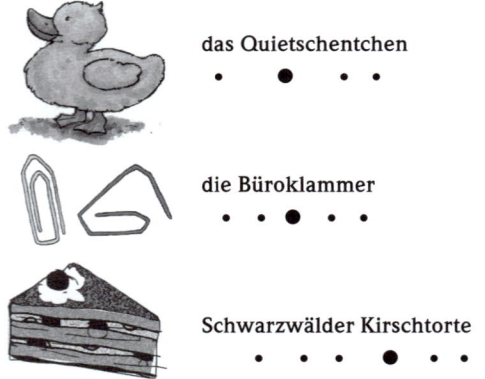

Erst nachdem die Wortrhythmen im Wesentlichen richtig getroffen wurden, war die Aussprache verständlich. Denn der Hörer erfasst unbewusst zunächst die Intonation einer Aussage und erst Bruchteile einer Sekunde später deren Bedeutung. Wenn die erste Hörprüfung fehlerhafte Informationen enthält, ist die semantische Prüfung von vornherein beeinträchtigt.

„Günter ist ein forscher Typ!" ⇔ „Richard ist ein Forschertyp!"
• • • • • •   • • • • • • •

Nur *ein* veränderter Satzakzent, und schon ändert sich hier deutlich der Sinn der Aussage. Das gilt in erster Linie für das *gesprochene* Wort. Beim Vorlesen derselben Sätze müssten die Akzente aber auch richtig und hörbar gesetzt werden, um den Sinn deutlich zu machen. Deutschlernern bereitet es viel Mühe, die Wort- und Satzakzente an den richtigen Stellen anzubringen. Am Schriftbild sind sie oft nicht zu erkennen. Da ist es eine große Hilfe **zu wissen,** dass die Satzakzente im Prinzip dorthin gehören, wo der inhaltliche bzw. emotionale Schwerpunkt der Aussage liegt. Das macht Sprechakzente plausibel. Sie lassen sich gestisch markieren und werden über die Geste merkfähig. So zum Beispiel in dem Satz: „Pst! Nicht so laut! Die Nachbarn!"

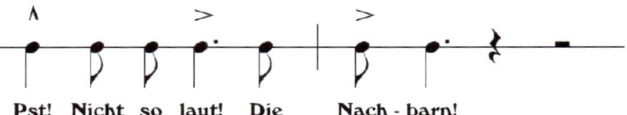

Eine solche rhythmisch-melodische Einheit enthält ein reiches phonetisches Potenzial:
- Konsonantenverbindung, behauchtes /t/ in „pst!" [pstʰ],
- kurzer Vokal und ICH-Laut, Koartikulation und langes [o:] in „nicht so" [„nɪçtso:],
- Diphthong und behauchtes Schluss-/t/ in „laut" [la̯ʊtʰ],
- langer Vokal /i/, kurzes /a/, ACH-Laut, langes /a/ in „die Nachbarn" [„naxba:ɐn].

Jeder Satz hat (s)einen Rhythmus.
Der Rhythmus einer Sprache entsteht durch die charakteristische Verteilung von Sprechakzenten und unbetonten Silben im Redefluss. Eingestreute Pausen gehören dazu. An dieses dynamisch-rhythmische Muster, das typische Informationsprofil, ist der muttersprachliche Hörer gewöhnt. Er erwartet es. Verstöße gegen die wesentlichen Parameter Tonhöhe, Lautheit und Dauer erschweren ihm die Kommunikation, und zwar mehr als Verstöße gegen die Grammatik und die Syntax.

Wenn wir Wörter, Strukturen, Sprechakte, Dialoge von vornherein bewusst mit ihrem Rhythmus sprechen und sprechen lassen, praktizieren wir damit zugleich die nötige Ausspracheschulung. Die Lehrperson muss sich also vorher im Klaren sein, welche rhythmische Struktur sie jeweils als die sinnvollste anbietet. So können besondere phonetische Übungen im Unterricht weitgehend entfallen.

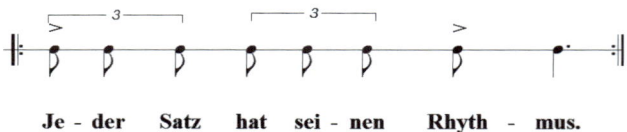

Wer diesen Satz – unbewusst oder bewusst – so spricht, mit der Betonung auf der ersten und vorletzten Silbe, legt das Gewicht seiner Aussage auf „jeder" und „Rhythmus". Das Gewicht der Aussage verschiebt sich auf das Wort SATZ, wenn man so betont:

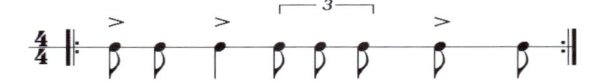

Je-der Satz hat ei-nen Rhyth-mus.

Jeder Satz (plus kurze Sprechpause): Das Subjekt wird hiermit als wichtig hervorgehoben. (Der Unterschied zwischen „seinen Rhythmus" und „einen Rhythmus" spielt auch noch eine Rolle.) Für das erste Satzbeispiel wäre es sinnvoll, der Gruppe gestisch verstärkt vorzusprechen: **DAdada dadada DAda.** Und die Gruppe wiederholt das im Chor, mit der Gestik. Die Akzente sollen eher übertrieben laut klingen, damit die Lerner erkennen, worauf es in Deutsch ankommt. Im zweiten Beispiel lautet die rhythmische Folge geringfügig, aber spürbar anders: **Da**da **DA** – dadada**DA**da. Dabei darf gerne gelacht werden.

Falsch, langweilig und leiernd wäre folgender Rhythmus, mit dem unpassenden Akzent auf „**ei**-nen": **Da**da**Da**da**Da**da**Da**da.

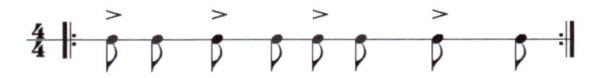

Je-der Satz hat ei-nen Rhyth-mus.

Im Unterricht Deutsch als Fremd- oder Zweitsprache hilft es besonders bei Anfängern, wenn die Lehrperson gut akzentuierend spricht, und zwar mehr als im normalen Gesprächston. Das strukturiert, hebt hervor, ist emotional ansprechend. Man muss sich darüber im Klaren sein, dass ein junger Lerner deutlich stärkere Signale braucht als ein Erwachsener, wenn er neue klangliche oder semantische Informationen wahrnehmen und verstehen soll. Physikalisch ausgedrückt: Ein Erwachsener versteht ein neues Wort richtig, wenn es 9 Dezibel lauter gesprochen wird als der Geräuschpegel der Umgebung. Ein Kind der Primarstufe benötigt dafür einen Lautheitsunterschied von 15–18 Dezibel. Die Schüler sollen (wieder) lernen, auf die rhythmische Struktur des Gehörten zu achten und sie beim Nachsprechen zu imitieren. Die Unterschiede zur muttersprachlichen Struktur werden besser erkannt und von der Lehrperson bei Bedarf auch erklärt. Elementares Hören und elementares Sprechen führen zum geläufigen Sprechen in der Fremdsprache. In der Praxis mangelt es daran doch so oft!

Sprechstücke

Unter dem Begriff **Sprechstück** wird hier ein Modelldialog verstanden, der auf der Basis des immanenten Sprechrhythmus konzipiert ist. Modelldialoge zeichnen sich dadurch aus, dass sie Abwandlungen zulassen, ja geradezu dazu einladen; dass sie Alltagswissen zum Inhalt machen, dass sie dramatischen Reiz haben und aus möglichst viel übertragbaren Redemitteln (Diskursroutinen) bestehen.

Auszugehen ist grundsätzlich vom authentischen Sprechrhythmus der Alltagssprache. Dialoge, Strukturübungen, selbst erfundene oder literarische Texte lassen sich durch Kopieren, Kürzen, Umstellen, Austauschen, Abwandeln in eine sprachliche Form bringen, in der sie als rhythmische Prosa ins Schwingen kommen und zu einer ganzheitlichen Sprechperformance werden können. Als Lehrer haben wir das Recht, die Möglichkeit und die Kompetenz, jeden beliebigen Text unter didaktischen Gesichtspunkten so zu modifizieren, dass Phonetik, Syntax und Lexik eine motivierende Symbiose mit der Körpersprache eingehen können.

Die grundlegenden Klangmerkmale der deutschen Sprache – Melodie, Rhythmus und Akzentuierung – können kaum besser als mit Sprechstücken wie dem folgenden[1] vermittelt werden. Die eingebauten grammatischen Strukturen werden nicht mehr als Lernstoff empfunden. Das Einbeziehen von Körpersprache und von rhythmischer Begleitung von einer CD mindert oder verhindert sogar Verkrampfungen bei der Lautbildung in der Fremdsprache. Die authentische Intonation stellt sich fast von alleine ein. Der Lernakt tritt im Bewusstsein zurück, das Körpererlebnis gewinnt die Oberhand.

---

[1] Aus: Andreas Fischer „Deutsch lernen mit Rhythmus", S. 43, 55, 156; Schubert-Verlag, Leipzig 2007; mit CD. Zu sehen auf www.phonetik-atelier.de → sowieso-RAPs; mit neunjährigen französischen Schülern Ende 1. Lernjahr.
Rhythmische Begleitmuster lassen sich übrigens zahlreich im Internet herunterladen.

Hören – Sprechen – Schreiben

Vorübung: Der Lehrer (L) stellt sich mit dem Rücken zur Klasse und zeigt die Richtungen an der Tafel. So geht links und rechts für alle in dieselbe Richtung. Im Stehen sprechen wir mit passender Gestik und im Rhythmus zur CD: *oben – unten – rechts – links – in der Mitte*; danach: *oben rechts – oben links – unten links – unten rechts – in der Mitte*.

In rhythmischer Reihung und mit der Frageintonation sprechen L und S danach erst Zeile für Zeile, dann zusammenhängend:
Oben rechts, bist du das? – Oben links, bist du das? – Unten links, bist du das? – Unten rechts, bist du das? – In der Mitte, bist du das? – Ja, in der Mitte bin ich.

Dabei wird die genannte Richtung jedes Mal von allen deutlich mit der Hand gezeigt.

Erst wenn dieses Sprechstück klanglich richtig und gesichert ist, erhalten die Schüler das Textblatt für ihr Heft. Wenn sie den Dialog jetzt vorlesen sollen, werden sie kaum Fehler machen.

Als **Erweiterung** bietet sich an, dass die Schüler im Heft ein Klassenfoto beschriften, das vorher mit Scanner und Drucker vervielfältigt wurde: *Oben rechts ist ... Oben in der Mitte ist ... Vorne rechts ist ... Hinten links ist ... In der Mitte rechts bin ich.*

Familienfoto

Kiki:	Amadeus, Amadeus! Wer ist das auf dem Foto?
Amadeus:	Ach, das alte Foto. Das ist schon lange her ...
Kiki:	Oben rechts, bist du das?
Amadeus:	Oben rechts, das ist mein Vater!
Kiki:	Oben links, bist du das?
Amadeus:	Oben links ist Großvater und Großmutter daneben.
Kiki:	Unten links, bist du das?
Amadeus:	Unten links ist mein Cousin und das da die Cousine.
Kiki:	Unten rechts, bist du das?
Amadeus:	Unten rechts ist doch ein Mädchen! Meine Schwester ist das!
Kiki:	In der Mitte, bist du das?
Amadeus:	Ja, in der Mitte bin ich.
Kiki:	Du siehst aber komisch aus!
(macht sich über ihn lustig)	Du siehst aber komisch aus!!!

Familienfoto oder Stammbaum – beides eignet sich hier.
Abbildung aus dem „Kinderportfolio für das erste Fremdsprachenlernen" (www.goethe.de/kinder), Zeichnung: Margret Bernard

Hinweise zur Phonetik:
vokalisiertes /r/, Vokalneueinsatz, assimiliertes /d/ in „das" und noch ein Vokalneueinsatz in „Wer ist das auf dem Foto?"
[veːɐ̯ʔɪstasʔa̯ɔfdeːmfotoː];
ACH-Laut in „ach" [ax],
ICH-Laut in „rechts" [rɛçts] und „Mädchen" [ˈmɛːtçən],
Elisionen in „oben" [ˈoːbm̩]
und „unten" [ˈʊntn̩],
ANG-Laut in „links" [lɪŋks], Nasallaut in „Cousin" [kuˈzɛ̃] (= Vetter)

Hören – Sprechen – Schreiben

Alexandra Obradovic

Sprich dich aus! Aufgaben zur Förderung des freien Sprechens

Sprechen im Unterricht ist eine äußerst wichtige Fertigkeit und soll hier einen großen Raum einnehmen. Um die Schüler zum Sprechen zu animieren, sollte die Lehrperson versuchen, möglichst viele Sprechanlässe zu schaffen und interessante Aufgaben anzubieten, die das Sprechen fördern. Neben den „üblichen" Aufgaben, wie z. B. Rollenspiele, Dialoge, Sketche, Interviews usw., gibt es viele andere Aufgabentypen, die man im Unterricht einsetzen kann. In diesem Beitrag werden vor allem solche einfach umsetzbaren Aufgaben vorgestellt, die nicht zu den klassischen Aufgabentypen gehören und die man in Lehrwerken normalerweise nicht findet.

Rolle des Lehrers

Der Lehrer oder die Lehrerin kann eine angenehme Atmosphäre schaffen, in der sich die Schüler nicht scheuen, frei zu sprechen, Fehler zu machen oder etwas nachzufragen, indem er/sie viele interessante Sprechanlässe schafft.

Die Lehrerin sollte den Gesprächen zuhören, aber sie nicht unterbrechen. Falls gleiche Fehler mehrfach wiederholt werden, kann dies in der Folgestunde aufgegriffen werden. Nonverbale Korrekturzeichen können, wo möglich, ebenfalls eingeführt werden. Sie tragen dazu bei, dass die Schüler sich selbst korrigieren lernen.

Deutsche Redemittel stehen bereit und sollen die Schüler zu Äußerungen veranlassen.

Sprechen mit einfachen Mitteln

Bevor die Schüler in der Lage sind, sich länger zu äußern, soll das Sprechen in kleinen Schritten eingeübt werden, mit denen sie einfache syntaktische Strukturen wie Hauptsätze und einfache W-Fragen und Ja-Nein-Fragen bilden. Folgende Aufgaben eignen sich auf dem Niveau A1:

Meine Assoziationen
Es wird in 4er-Gruppen gespielt. Ein Schüler sagt ein Wort, die nächste Schülerin sagt dann ein Wort, das sie mit dem ersten Wort assoziiert. Der dritte Schüler sagt dann ein drittes

Wort, das er mit den beiden Wörtern assoziiert. Der vierte Schüler muss nun einen Satz bilden, in dem alle drei Wörter vorkommen, z. B.:

| Tiger | Zoo | Fleisch | → | Der Tiger frisst im Zoo viel Fleisch. |

Wortschatzwiederholung

Eine Schülerin bekommt ein Kärtchen, auf dem ein Wort steht, z. B. *Elefant*. Hierbei kann es sich um den Wortschatz handeln, den die Schüler in der letzten Stunde gelernt haben. Die Schülerin soll den anderen Schülern das Wort beschreiben, ohne es zu nennen, z. B. *Es ist grau und groß*. Wenn ein anderer Schüler das Wort nennt, bekommt er einen Punkt und ist selbst an der Reihe mit der nächsten Erklärung. Wenn die Klasse groß ist, kann man diese Aufgabe auch in Kleingruppen durchführen.

Gegenstände nennen

Die Lehrerin bringt vier Gegenstände mit, legt sie auf den Tisch und deckt sie mit einem Tuch zu, sodass die Schüler sie nicht sehen können. Die Schüler haben die Aufgabe, die Gegenstände zu erraten, indem sie einfache Fragen an die Lehrerin stellen. Sie darf nur mit *Ja* oder *Nein* antworten.

Personen befragen

Die Lehrerin verteilt Kärtchen und bittet die Schüler, sechs Fakten über sich selbst auf die Kärtchen zu schreiben.

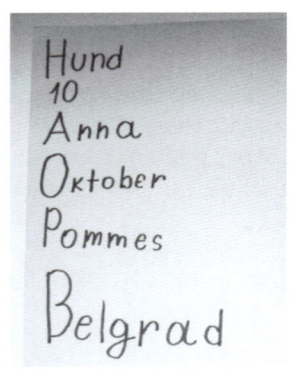

Die Schüler notieren etwas über sich selbst auf Kärtchen

Anschließend arbeiten die Kinder zu zweit zusammen und formulieren Fragen zu den Wörtern auf den Kärtchen. Beispielsweise könnte das Gespräch dergestalt verlaufen:

Schüler 1: Hast du einen Hund?
Schüler 2: Nein. Ich möchte einen Hund haben.
Schüler 1: Bist du zehn Jahre alt?
Schüler 2: Ja.
Schüler 1: Hast du eine Schwester?
Schüler 2: Ja.
Schüler 1: Heißt sie Anna?
Schüler 2: Nein. Anna ist meine Freundin.

Am Ende erzählt jeder Schüler, was er über den Partner/die Partnerin erfahren hat. Bei der Partnerarbeit könnten leistungsstärkere und -schwächere Schüler zusammenarbeiten.

Variante

Die Schüler schreiben je eine Frage auf einen Zettel, z. B. *Hast du ein Haustier?* Die Lehrperson geht herum und korrigiert eventuelle Fehler. Danach werden alle Fragen in einer Tüte gesammelt. Anschließend zieht der Reihe nach jeder Schüler einen Zettel und beantwortet nur die Frage. Er liest dabei die Frage nicht laut vor. Die restlichen Schüler hören nun seiner Antwort zu und sollten dabei die Frage, die auf dem Zettel stand, erraten.

Kommunikationsspiele

Über Spiele lernen Kinder vielseitig einsetzbare Phrasen und Sätze. Die Spielanleitung sollte mit relativ einfachem Wortschatz erklärt werden. Nachfragen beim Nichtverstehen ist dabei erwünscht. Beispiel:

Gegenstände in der Klasse

Diese Aufgabe unterstützt spielerisch die Auseinandersetzung mit Wechselpräpositionen.
Alle Schüler wählen vier Gegenstände aus dem Klassenzimmer aus, z. B. *einen Stuhl, ein Buch, einen Bleistift und einen Radiergummi*.

Drei bis vier Schüler verlassen das Klassenzimmer und warten vor der Tür. In dieser Zeit stellen die restlichen Schüler die Gegenstände in eine beliebige andere Position (beispielsweise *Auf dem Stuhl liegt das Buch, unter dem Stuhl liegt der Bleistift. Der Radiergummi liegt links neben dem Stuhl.*). Die Kinder merken sich die Positionen, und dann werden alle Gegenstände wieder in die Ausgangslage zurückgebracht. Eine Schülerin muss nun vor die Tür gehen und den anderen erklären, wo sich die Gegenstände befunden haben. Die Schüler gehen ins Klassenzimmer und versuchen, die Gegenstände in die Position zu legen, die ihnen die Schülerin angegeben hatte. Der Rest der Klasse kontrolliert, ob sie alles richtig machen.

Variante

Eine Schülerin verlässt das Klassenzimmer. Die anderen Schüler verstecken sich. Wenn die Schülerin wieder in die Klasse kommt, muss sie alle Schüler finden. Wenn sie jemanden findet, muss sie jeweils einen passenden Satz bilden: *Petra steht hinter der Tür.*

Wörter umschreiben

Die Lehrerin teilt die Schüler in 4er-Gruppen auf. Jede Gruppe erhält ein anderes Kärtchen, auf dem fünf Wörter stehen, die in einem Zusammenhang stehen, z. B.:

Tiere	Kleidung	Obst	Schule
Hund	Hose	Birne	Lehrerin
Katze	Kleid	Apfel	Tafel
Bär	T-Shirt	Banane	Schüler
Hase	Rock	Kirsche	Mäppchen
Maus	Hemd	Kiwi	Mathematik

Jede Gruppe soll nach der Vorbereitungszeit den restlichen Gruppen die fünf Wörter erklären bzw. sie umschreiben. Die anderen Gruppen versuchen, die Wörter und am Ende auch die Kategorie zu erraten. Für jedes erratene Wort bekommt die jeweilige Gruppe einen Punkt und für jede Kategorie zwei Punkte. Die Gruppe mit den meisten Punkten gewinnt das Spiel.

Geschichten erzählen

Kinder hören gerne Geschichten. Geschichten haben eine bestimmte Struktur, bestimmte Orte und Figuren, die genutzt werden können, um sie selbst neu zu konstruieren.

Sowohl im muttersprachlichen als auch im fremdsprachlichen Unterricht lassen sich Geschichten effektiv einsetzen. So können sie zum Beispiel den Schülern nicht nur vorgelesen werden, sondern die Kinder können auch selbst eine Geschichte erzählen.

Folgende Aufgaben eignen sich für Schüler ab dem Niveau A1+.

Gemeinsame Zeichnung

Ein Schüler kommt an die Tafel und zeichnet etwas, z. B. *die Sonne*. Danach fügt die nächste Schülerin eine Zeichnung hinzu (z. B. *ein Mädchen*) usw. Sobald man in den Zeichnungen eine inhaltliche Struktur erkennen kann, fordert die Lehrerin die Schüler auf, eine dazu passende Geschichte in Kleingruppen zu erzählen. Danach werden Mischgruppen gebildet (je ein Schüler aus jeder Gruppe = A + B + C + D). In diesen neuen Gruppen sollen nun die Arbeitsergebnisse bzw. Geschichten aus der vorherigen Gruppe nacherzählt werden.

Eine Geschichte rekonstruieren

In dieser Aufgabe werden die Fertigkeiten Lesen, Hören und Sprechen trainiert.

Die Klasse wird in vier Gruppen geteilt. Jede Gruppe liest einen anderen Text bzw. eine andere Geschichte und schreibt nach dem Lesen die zehn wichtigsten Wörter aus der Geschichte auf ein Kärtchen. Die Lehrerin nimmt alle vier Kärtchen und verteilt je eins an eine andere Gruppe. Die Aufgabe der Gruppe ist es nun, anhand der neuen zehn Wörter die Geschichte mündlich zu rekonstruieren. Die Gruppe, die die jeweiligen zehn Wörter geschrieben hat, hört aufmerksam zu und vergleicht die neue Geschichte mit der Originalgeschichte.

Der Fuchs und der Storch
(stark vereinfachte Version der Fabel von Leo Tolstoi)

Der Fuchs und der Storch sind gute Freunde. Eines Tages sagt der Fuchs zum Storch: „Besuch mich, lieber Storch! Wir wollen zusammen essen!" Der Storch kommt zum Fuchs und möchte essen. Der Fuchs kocht für ihn Brei und serviert ihn auf einem Teller. Der Teller ist flach. Der Fuchs isst sich voll. Der Storch kann nicht vom Teller essen. Sein Schnabel ist zu lang. Der Storch ist böse. Aber er sagt sehr freundlich zum Fuchs: „Ich danke dir für das Essen. Komm morgen zu mir! Ich will auch ein gutes Essen für dich kochen."

Der Fuchs hat Hunger. Er geht zum Storch und möchte essen. Der Storch kocht eine Suppe und serviert sie in einem Glas. Das Glas ist hoch und schmal. Der Fuchs möchte essen. Er kann die Suppe aus dem Glas nicht essen. Sein Kopf ist zu dick. Der Storch isst die Suppe allein auf. Der Fuchs bleibt hungrig. Er ist böse und geht weg.

Der Fuchs und der Storch sind nun keine Freunde mehr.

(Fabel nach Leo Tolstoi)

Aus der Fabel könnte eine Gruppe Schüler beispielsweise folgende zehn Wörter auswählen und sie an eine weitere Gruppe weitergeben:

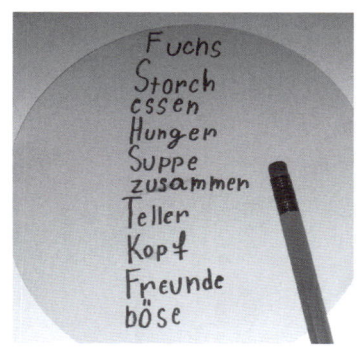

Fuchs
Storch
essen
Hunger
Suppe
zusammen
Teller
Kopf
Freunde
böse

Die Kinder wählen zehn Wörter aus der Geschichte aus und schreiben sie auf Kärtchen.

Der erzählte Text könnte folgendermaßen ausfallen:

Der *Fuchs* und der *Storch* haben *Hunger* und gehen *zusammen essen*. Im Restaurant treffen sie *Freunde*. Dort essen sie *Suppe* und Pommes von einem *Teller*. Auf einmal bekommt der Fuchs *Kopf*schmerzen. Er geht nach Hause. Er ist *böse*. Er kann nicht mehr mit seinen Freunden essen.

Es empfiehlt sich, den Schülern unbekannte Geschichten zu geben, da die Nacherzählung dann vom Originaltext abweicht und dies als Sprechanlass für die beiden Gruppen dienen kann. Im Idealfall entsteht ein reger Austausch darüber (in der Muttersprache), wie sich die beiden Geschichten voneinander unterscheiden.

Bildergeschichten
Bilder erzählen viel, sind vieldeutig und offen für unterschiedliche Rezeptionsweisen. Sie fördern die Versprachlichung von Beobachtungen. Kinder können Informationen viel leichter aus Bildern entnehmen als über reine Versprachlichungen.

Die Lehrerin kann die Schüler zum Sprechen veranlassen, indem sie ihnen eine Bildergeschichte zeigt und sie darum bittet, sich dazu zu äußern. Die Reihenfolge der Bilder kann sie beliebig variieren:

Sie kann alle Bilder auf einmal oder der Reihe nach zeigen. Sie kann zwei bis drei Bilder zeigen und die Schüler über den Fortgang der Geschichte spekulieren lassen oder nur ein Bild zeigen und vermuten lassen, wie es zu dieser Situation kommen konnte. Die Bilder kann sie den Schülern gemischt geben mit der Aufgabe, sie in die richtige Reihenfolge zu setzen.

Zu einer bestimmten Bildergeschichte kann man unterschiedliche Sprechaufgaben erteilen wie zum Beispiel, dass die Schüler jedem Bild eine Überschrift geben und daran die Geschichte weiterspinnen. Sie können ebenfalls Dialoge zu Bildern spielen und dabei Gedanken der Personen in Worte fassen. Leistungsstarke Schüler können die Geschichte aus verschiedenen Erzählperspektiven erzählen. Die Kinder können auch selbst eine Bildergeschichte zeichnen. Hier genügt ein Beispiel dafür:

Die Schüler haben den Auftrag, ihren Tagesablauf auf mehrere Papiere zu malen. Die Erinnerung an eigene Erlebnisse erleichtert den Schülern das Hineindenken in die Situation und bietet einen Anlass zum Sprechen.

In Partnerarbeit beschreiben sie anschließend den Tag des anderen Kindes. Zur Differenzierung können leistungsstärkere Schüler ausführlicher erzählen, was ihr Partner am Tag macht.

Für eine etwas leichtere Variante eignet sich folgende Aufgabe:

Jeder Schüler zeichnet auf einen roten Zettel eine Person oder ein Tier, auf einen blauen Zettel eine Tätigkeit und auf einen grünen einen Gegenstand. Die Lehrerin sammelt alle Zettel ein. Danach soll jeder Schüler jeweils einen roten, einen blauen und einen grünen Zettel ziehen und damit versuchen, einfache, sinnvolle und vielleicht auch lustige Sätze zu bilden.

Beispielsatz:

| Der Tiger | frisst | einen Kuchen |

Literatur

Piel, Alexandra (2002): Sprache(n) lernen mit Methode. 170 Sprachspiele für den Deutsch- und Fremdsprachenunterricht. Mülheim an der Ruhr.

Sion, Christopher (2004): 88 Unterrichtsrezepte. Eine Sammlung interaktiver Übungsideen. Stuttgart.

Kinder zeichnen ihren Tagesablauf, den sie anschließend versprachlichen sollen.

Tünde Sárvári

Zwei Fliegen mit einer Klappe schlagen – Überlegungen zur Rolle der Ausspracheschulung im frühen Deutsch-als-Fremdsprache-Unterricht

Im frühen Fremdsprachenunterricht liegen die Schwerpunkte vor allem auf den Bereichen Hören und Sprechen, wobei Hören und Verstehen (verstehendes Hören) die Basis für das Sprechen bilden: ohne Hören kein Sprechen. Diese Zielfertigkeiten bauen auf lexikalischen, grammatischen und nicht zuletzt phonetischen Kenntnissen und Fertigkeiten auf. Von den drei miteinander vernetzten Teilfertigkeiten spielt bei Lernanfängern Phonetik eine wichtige Rolle. Das Einhören in die fremde Lautwelt, das möglichst genaue Imitieren der fremden Laute fallen Grundschulkindern leichter, da sie die besten Voraussetzungen mitbringen, um eine fast akzentfreie Aussprache in der jeweiligen Fremdsprache zu erwerben.

Im vorliegenden Beitrag wird nach einem kurzen theoretischen Einstieg an konkreten Beispielen gezeigt, wie die Aussprache im frühen Deutsch als Fremdsprachenunterricht kindgemäß und integriert geschult werden kann. Es wird auch gezeigt, wie mit diesen Übungen zwei Fliegen mit einer Klappe geschlagen werden, das heißt wie neben der Aussprache gleichzeitig auch Wortschatz vertieft und landeskundliche Kenntnisse vermittelt werden.

Die wichtigsten Säulen einer Sprache

Nach der Auffassung von Dieling und Hirschfeld (2000: 22) sind Phonetik, Grammatik und Lexik die wichtigsten Säulen einer Sprache. Die Autorinnen weisen darauf hin, dass die Lernzielbestimmungen für Grammatik und Lexik meistens sehr präzise formuliert sind, aber im Falle des Phonetikunterrichts fehle es an präzisen Lernzielbestimmungen. Sie zitieren Kelz (2000: 22), der das Ziel des Phonetikunterrichts in der Entwicklung und Förderung der perzeptiven und produktiven phonetischen Fertigkeiten sieht. Hierbei werden Hören und Heraushören zu den perzeptiven und Sprechen und Aussprechen zu den produktiven phonetischen Fertigkeiten gezählt.

Kelz beschreibt weiterhin eine Fünf-Stufen-Einteilung der Niveau- und Kompetenzstufen (zitiert von Dieling/Hirschfeld 2000: 23 f.), die für die Lernenden auch Zwischenstufen darstellen:

Der Lerner besitzt

- noch keine phonetischen Kompetenzen,
- Kompetenz im perzeptiven Bereich (u. a., er kann beim Hören schon etwas heraushören und verstehen),
- Kompetenz im perzeptiven und produktiven Bereich auf einfachem Niveau (u. a., er kann auf der Basis des Gehörten und Verstandenen schon etwas sprechen, aber ein fremder Akzent ist noch eindeutig vorhanden),
- Kompetenz im perzeptiven und produktiven Bereich auf hohem Niveau (u. a., er strebt die Normen der Standardaussprache an, aber er wird noch als Fremdsprachler erkannt),
- Kompetenz im perzeptiven und produktiven Bereich auf allerhöchstem Niveau.

Karbes Lernzielbestimmung (2000: 37) hebt die Schaffung der „weitgehend normadäquaten, dauerhaften und anwendbaren Abbilder der für die jeweilige Fremdsprache relevanten wort- und satzphonetischen Erscheinungen" beim Lernenden hervor.

Um entsprechende phonetische Kompetenzen beim Lernenden zu erreichen, soll der Lehrer gezielt, aber gleichzeitig spielerisch und ganzheitlich vorgehen. Die Basis eines gut durchdachten Vorgehens bildet die genaue Kenntnis der konkreten Ausspracheschwierigkeiten der jeweiligen Zielgruppe. Es wäre zeitaufwendig, ermüdend und wenig sinnvoll, mit den Kindern einen systematischen Phonetikkurs durchzuführen. Es sollten nur phonetische Interferenzquellen (wo es möglich und erforderlich ist) behandelt werden. Bei der Fehleranalyse und später beim Phonetikunterricht sollte aber nicht nur auf die einzelnen Laute geachtet werden, sondern auch auf die richtige Intonation, die bei der Sprachwahrnehmung und -verarbeitung eine entscheidende Rolle spielt (vgl. Dieling/Hirschfeld 2000: 32 f.).

Sprich, und ich sage dir, wer du bist – phonetische Interferenzen

Den Aufbau der Fertigkeit Sprechen vergleicht Schatz (2006: 43) mit dem Bau eines Hauses. In beiden Fällen braucht man nämlich Materialien, Fertigteile und nicht zuletzt Baupläne. In der von ihr zur Entwicklung und Förderung der Sprechfertigkeit vorgeschlagenen Übungstypologie (2006: 43 ff.) werden die Übungen und Aufgaben in drei große Gruppen gegliedert:

Übungen und Aufgaben,
- die mündliche Kommunikation vorbereiten,
- die mündliche Kommunikation aufbauen und strukturieren,
- die mündliche Kommunikation simulieren.

In der ersten Gruppe befinden sich die reproduktiven Übungen, die über einen stark imitatorischen Charakter verfügen, so u.a. die Übungen zur Verbesserung des artikulierenden Sprechens. Da die Kommunikationsfähigkeit in hohem Maße von der Aussprache abhängt, sollte auf die Aussprache, vor allem im Anfängerunterricht, großer Wert gelegt werden.

Sprachen sind (auch) im phonetischen Bereich verschiedenartig, deshalb kann man die Herkunft des Sprechers an seiner Aussprache erkennen. Die Ausspracheabweichungen verkörpern die potenziellen Fehlerschwerpunkte, an denen im Phonetikunterricht gearbeitet werden soll. Um gezielt kontrastive Ausspracheübungen anbieten zu können, muss zuerst festgestellt werden, welche spezifischen phonetischen Unterschiede zwischen der Erstsprache der Lernenden und der Zielsprache Deutsch bestehen. Dieling und Hirschfeld (2000: 27 ff.) haben ein Raster von Merkmalen erstellt, die beim Erlernen der deutschen Sprache zu Interferenzen führen können. Aus der Matrix ist abzuleiten, dass z.B. bei einem Ungarisch[1] sprechenden Deutschlernenden folgende Ausspracheprobleme vorauszusagen sind: Wortakzent, Vokalneueinsatz, Auslautverhärtung und progressive Assimilation. Von den phonetischen Einzelphänomenen müssen noch die R-Laute und der Ich-Laut/Ach-Laut als Problemquellen erwähnt werden. Diese Probleme treten nicht unbedingt bei jedem Lernenden auf, aber sie werden sich mit hoher Wahrscheinlichkeit einstellen.

Auch in diesem Fall macht Übung den Meister. Die phonetischen Übungen werden in der Fachliteratur unterschiedlich typologisiert (Hirschfeld 1995, Häussermann/Piepho 1996, Dieling/Hirschfeld 2000). Es wird aber immer wieder betont, dass die Hör- und Ausspracheübungen unbedingt situativ, möglichst als Spiel, angelegt werden sollen. Häussermann und Piepho (1996: 49) betonen u.a. die Wichtigkeit der „in den Unterrichtsablauf integrierten Phonetikmomente", wo Aussprache und Intonation korrigiert, bewusst gemacht und damit verbunden geübt werden kann. Karbe (2000: 37) vertritt die Meinung, dass das Ziel der Ausspracheschulung sowohl auf praktischem (imitativem) Weg als auch durch bewusste Unterweisung angestrebt werden kann, die beiden Verfahren sollten aber eine Einheit bilden.

Übung macht den Meister – konkrete Beispiele

Im Folgenden werden phonetische Übungen aus meiner Praxis vorgestellt, die die Ausspracheschulung im frühen Deutsch als Fremdsprachenunterricht kindgemäß ermöglichen. Die Übungen habe ich in zwei Gruppen gegliedert. In der ersten Gruppe befinden sich Übungen, die auch mit Lernenden durchgeführt werden können, die noch vor der Einführung des Lesens und Schreibens in der Fremdsprache stehen, die zweite enthält Übungen, die Lernende ansprechen, die schon auf die Einführung des Lesens und Schreibens in der Fremdsprache vorbereitet sind.

In der Sammlung befinden sich vor allem Spiele, mit denen (mindestens) „zwei Fliegen mit einer Klappe geschlagen werden können", da durch sie nicht nur die Aussprache geschult wird, sondern gleichzeitig auch Wortschatz vertieft und landeskundliche Kenntnisse erweitert werden können. Da Grundschulkinder Spaß am Singen und Aufsagen haben, wobei Phonetik spielerisch eingeübt wird, greifen die Ausspracheübungen auch auf Textsorten wie Abzählreime, Kinderlieder oder Zungenbrecher zurück. Je häufiger die Texte aufgesagt werden, desto besser. Um Monotonie zu vermeiden, können außer Rhythmus auch die Geschwindigkeit, die Lautstärke, die Intensität oder die Emotion (vgl. Sprechtheater, Echospiel) variiert werden. Auch diese Textsorten tragen zur Wortschatzarbeit und zur Entwicklung der interkulturellen Kompetenz der Lernenden bei. Wenn diese Texte auch durch körperliche Bewegung (z.B. Stampfen, Klatschen, szenisches Darstellen) begleitet werden, wird das Behalten mehrkanalig gefördert. Bei der Vorstellung werden Titel, Sozialform, Materialien und Verlauf evtl. mit Varianten angegeben.

A) Zungenbrecher & Co. – phonetische Übungen vor der Einführung des Lesens und Schreibens in der Fremdsprache

Titel:	Abzählreime
Sozialform:	Plenum
Materialien:	Abzählreime
Verlauf:	Der Lehrer präsentiert den jeweiligen Abzählreim mit Nachdruck, wobei er auf den Rhythmus achtet. Die Kinder machen mit, sie sprechen im Chor den Reim nach. Abzählreime sollten situativ eingeführt werden, so wird z.B. über einen solchen Abzählreim bestimmt, wer bei einem Spiel anfängt oder wer bei einer Übung weitermacht.

---

[1] Die Autorin ist Ungarin, Anm. der Red.

Beispiele:

X, ax, u,
raus bist du!

Ich und du,
Müllers Kuh, Müllers Esel,
das bist du.

1, 2, 3, 4, 5, 6, 7,
wo ist nur mein Freund geblieben?
Ist nicht hier, ist nicht da.
Ist wohl in Amerika.

1, 2, 3, 4, 5, 6, 7,
eine alte Frau kocht Rüben,
eine alte Frau kocht Speck,
und du bist weg!

Titel:	Äpfel, Birnen und Spinat – ein rhythmisches Spiel
Sozialform:	Plenum
Materialien:	keine
Verlauf:	Dieses Kreisspiel ist wie ein Abzählvers aufgebaut. Zuerst stellt sich der Lehrer, später ein Kind in die Mitte des Kreises und sagt den Spruch auf: *Äpfel, Birnen und Spinat,* *Sauerkraut und Kopfsalat,* *schau, wer an der Reihe ist,* *sag mir jetzt, wie alt du bist.* Die anderen können im Rhythmus mitklatschen. Derjenige, auf den beim letzten Wort gezeigt wird, muss sein Alter sagen. Von dort wird die Zahl abgezählt. Derjenige, auf den die letzte Zahl trifft, kommt in die Mitte, und das Ganze beginnt von vorne.

Titel:	Die Reise nach Jerusalem
Sozialform:	Plenum
Materialien:	Stühle, Text
Verlauf:	Stühle werden Rücken an Rücken in zwei Reihen aufgestellt. Die Zahl der Stühle ist um eins weniger als die der Mitspieler. Die Mitspieler gehen hintereinander um die Stühle herum, während der Lehrer einen Text vorliest/eine Geschichte erzählt. Jedes Mal, wenn ein bestimmter Laut vorkommt, sollen sich die Mitspieler setzen. Derjenige, der keinen Stuhl gefunden hat, scheidet aus. Ein Stuhl wird entfernt, und die „Reise" beginnt von Neuem, bis noch ein Mitspieler im Spiel ist, der dann der Sieger ist.

Titel:	Echospiel
Sozialform:	Plenum
Materialien:	keine
Verlauf:	Der Spielleiter spricht beliebige Wörter, Interjektionen oder Sätze mit unterschiedlicher Emotion (fröhlich, traurig, erschrocken, begeistert usw.) vor. Diese Emotion muss auch in Mimik und Gestik ausgedrückt werden. Die Mitspieler wiederholen sofort im Chor die Aussprüche, mit der entsprechenden Gestik und Mimik. Später kann ein Mitspieler die Rolle des Spielleiters übernehmen.
Variante:	Bei Sätzen kann immer nur das letzte Wort wiederholt werden. *Beispiel: Was möchtest du essen? – Essen, essen, essen ...*

Titel:	Für Singvögel (Lieder mit stark rhythmischem Charakter)
Sozialform:	Plenum
Materialien:	Kinderlieder mit stark rhythmischem Charakter
Verlauf:	Der Lehrer führt die Schlüsselwörter mit Abbildungen oder durch Pantomime ein. Die Kinder hören das jeweilige Lied an. Dann summen die Kinder die Melodie mit an und/oder klatschen/klopfen/stampfen/schnipsen mit den Fingern rhythmisch dazu. Wenn das Lied wiederholende Textteile enthält, sollen zuerst diese eingeübt werden. Danach üben die Kinder das Lied mit dem Sänger strophenweise ein.
Variante:	Ist das Lied für szenisches Darstellen geeignet, sollte es auch gespielt werden.

Hören – Sprechen – Schreiben

Beispiele:

Drei Chinesen mit dem Kontrabass

(Quelle: www.labbe.de/liederbaum/index.asp?themaid=22&titelid=245)

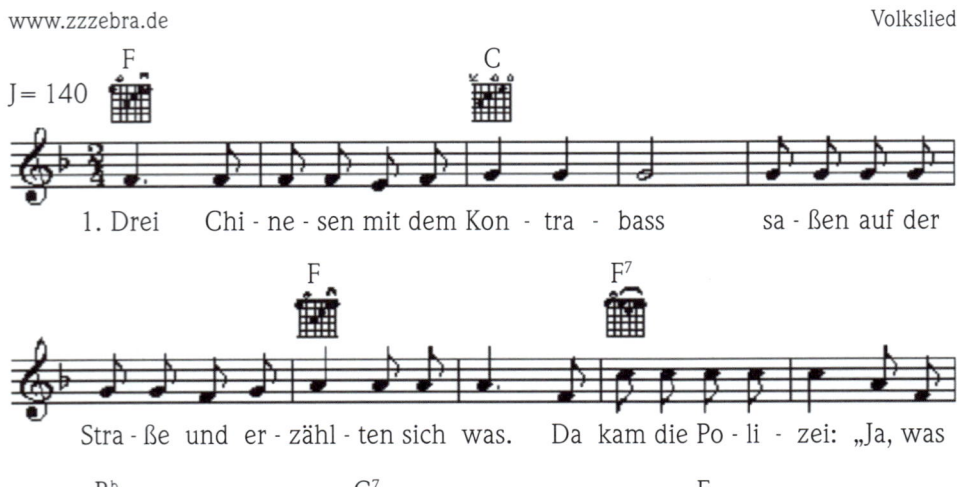

www.zzzebra.de   Volkslied

(Notenbeispiel: "1. Drei Chinesen mit dem Kontrabass saßen auf der Straße und erzählten sich was. Da kam die Polizei: „Ja, was ist denn das?" Drei Chinesen mit dem Kontrabass" – Akkorde: F, C, F, F7, B♭, C7, F)

LABBÉ

2.
*Draa Chanasan mat dam Kantrabass
saßan aaf dar Straßa and arzahltan sach was.
Da kam daa Palazaa: „Ja, was ast dann das?"
Draa Chanasan mat dam Kantrabass.*

Usw. mit verschiedenen Vokalen durchführen.

Ähnlich geeignet sind die Lieder „Es war eine Mutter" oder „Mein Hut, der hat drei Ecken".

(Quelle: www.labbe.de/liederbaum/index.asp?themaid=22&titelid=335)

Titel:	**Klatschen-Quiz**
Sozialform:	Plenum
Materialien:	keine
Verlauf:	Zuerst klatscht der Lehrer, dann ein Kind den Rhythmus von Namen aus der Gruppe. Die anderen erraten den Namen.
Variante:	1. Statt Namen kann der Rhythmus beliebiger Wörter (Jahreszeiten, Blumennamen, Farben, Tiere usw.) geklatscht und erraten werden. 2. Statt Klatschen kann der Rhythmus durch den Körper als Instrument ausgedrückt werden: Die Kinder klopfen, stampfen oder schnipsen. 3. Auch Musikinstrumente (z. B. Orff-Instrumente) können verwendet werden.

Titel:	**Löwenjagd**
Sozialform:	Plenum
Materialien:	keine
Verlauf:	Die Kinder stehen im Kreis. Der Lehrer ist der Vorsprecher und Vorklatscher. Die Kinder sprechen und klatschen im Rhythmus nach. Beim ersten Mal wird bei der Beschreibung der Orte (Wiese, Sumpf, See, Berg, Höhle, Tier) angehalten, aber die Handlung soll aus Gestik, Rhythmus und Gefühlen hervorgehen. Später kann die Rolle des Vorsprechers von einem Kind übernommen werden.
Variante:	1. Statt Löwenjagd gehen die Kinder auf Bärenjagd. 2. Die Kinder basteln die Orte der Handlung, sie erstellen eine Landkarte dazu.

Anleitung:

Alle Spieler klatschen während der ganzen Geschichte auf die Oberschenkel. Zu diesem Rhythmus sprechen sie dem Lehrer/Spielleiter folgende Sätze nach:

Spielleiter: Wir sind auf der Löwenjagd.
Alle: Wir sind auf der Löwenjagd.
Spielleiter: Wir haben keine Angst!
Alle: Wir haben keine Angst!
Spielleiter: Halt! (Bei „Halt" hören alle mit dem Klatschen auf.)
Spielleiter: Was ist das? Ist das ein Löwe?
Alle: Ist das ein Löwe?

Alle: Neeeeeiiiiiinnn! (Bei diesem lang gezogenen „Nein" wird eine verneinende Handbewegung gemacht. Dieses „Nein" ist auch kein entsetzter Ausruf, sondern wird etwa in der Stimmung von „Aber natürlich ist das kein Löwe" ausgesprochen.)

Spielleiter: Das ist
1. *eine Wiese.*
2. *ein Sumpf.*
3. *ein See.*
4. *ein Berg.*
5. *eine Höhle.*

Alle: (wiederholen den Satz jeweils)
Spielleiter: Da müssen wir durch/drüber!
Alle: Da müssen wir durch/drüber!

Je nach Gebiet werden jetzt von allen passende Gesten und Geräusche gemacht:
1. Wiese: Alle reiben die Handflächen aneinander, sodass es klingt wie raschelndes Gras.
2. Sumpf: Zunächst ziehen sich alle (nur pantomimisch) Schuhe und Strümpfe aus, dann stapfen sie durch den Sumpf, wozu mit dem Mund schmatzende Geräusche gemacht werden. Danach werden Schuhe und Strümpfe wieder angezogen.
3. See: Hier werden (natürlich wieder nur pantomimisch) neben Schuhen und Strümpfen auch Hose und Pullover ausgezogen. Dann werden mit der linken Hand die Klamotten auf dem Kopf festgehalten, mit der rechten Hand machen alle Schwimmbewegungen. Am anderen Ufer wird alles wieder angezogen.
4. Berg: Hier geht es zuerst steil bergauf, was dadurch zum Ausdruck kommt, dass der Grundrhythmus deutlich langsamer geklatscht wird. Oben angekommen gibt es eine kleine Rast (pantomimisch essen und trinken). Danach geht es auf der anderen Seite bergab, natürlich entsprechend schnell.
5. Höhle: Hier geht es zunächst mit normalem Klatschen in die Höhle. Schon bald aber ruft der Spielleiter wieder „*Halt!*" und „*Was ist das?*". Dann aber ruft er mit wachsender Panik: „*Ein Auge, zwei Augen, ein LÖÖÖÖWWEEEE!!!*"

Anschließend geht es weiter zur nächsten Station (wieder von vorne: „*Wir sind auf der Löwenjagd. ...*").

Nach der Entdeckung des Löwen rennen alle vor dem Löwen weg, die ganze Strecke zurück. Alle Stationen werden in großer Hektik, also mit gesteigertem Tempo, in umgekehrter Reihenfolge durchlaufen.

Titel:	Sprechtheater
Sozialform:	Plenum
Materialien:	Gefühlswürfel, Gefühlsuhr
Verlauf:	Als Einstieg wird besprochen, welche Gefühle auf dem Würfel/auf der Uhr abgebildet sind. Zuerst sagt der Lehrer, später ein Kind ein bekanntes Wort, einen Satz oder einen Reim mit einem frei gewählten/gewürfelten Gefühl auf. Die anderen sollen erkennen, welches Gefühl es war. Sie nennen das Gefühl oder sie stellen die Gefühlsuhr richtig ein.
Variante:	Die Lernenden spielen in Paaren.

Gefühlsuhr   **Gefühlswürfel**

Hören – Sprechen – Schreiben

Titel:	Stille Post
Sozialform:	Plenum
Materialien:	Stühle
Verlauf:	Alle sitzen im Stuhlkreis. Zuerst denkt sich der Lehrer, später ein Kind ein Wort oder einen Satz aus und flüstert es/ihn in das Ohr des Nachbarn, der es/ihn wiederum an seinen Nachbarn weitergibt usw. Das letzte Kind sagt laut, was es verstanden hat. Das Ergebnis wird mit dem Wort/Satz verglichen, das/der losgeschickt wurde.

Titel:	Zungenbrecher
Sozialform:	Plenum
Materialien:	Zungenbrecher, Bilder
Verlauf:	Der Lehrer führt die Schlüsselwörter mit Abbildungen oder durch Pantomime ein. Dann spricht er den Zungenbrecher zuerst normal, dann langsam und in rhythmischen Gruppen unterteilt. Die Kinder hören zu und wiederholen im Chor. Um den Zungenbrecher einzuüben, werden die rhythmischen Gruppen einzeln gesprochen, und so wird der ganze Zungenbrecher *von hinten* aufgebaut. Die Kinder sprechen die Zungenbrecher zuerst im Chor, dann einzeln und versuchen dabei, immer schneller zu sprechen.
Variante:	1. Der Rhythmus kann mit Musik- oder Körperinstrumenten unterstützt werden. 2. Wo es möglich ist, kann der Zungenbrecher szenisch dargestellt werden.

Beispiele:

Acht alte Ameisen aßen am Abend Ananas.
Hinter Hermann Hannes Haus hängen hundert Hemden raus. Hundert Hemden hängen raus, hinter Hermann Hannes Haus!
Scharfe Scheren schneiden schnell, schnell schneiden scharfe Scheren.
Wenn Hexen hinter Hexen hexen, hexen Hexen Hexen nach.

B) Alternative Diktatformen als phonetische Übungen nach der Einführung des Lesens und Schreibens in der Fremdsprache

Obwohl die Diktatformen ursprünglich als Rechtschreibübungen dienen, sind einige auch für die Ausspracheschulung geeignet. Im Folgenden werden alternative Diktatformen vorgestellt, durch die gleichzeitig mehrere Lernziele verwirklicht werden können: Sie tragen zur Entwicklung und Förderung der Lese- und Hörfertigkeit, Rechtschreibung und nicht zuletzt Aussprache bei.

Zeichnung: Hariet E. Roth

Titel:	Dosendiktat
Sozialform:	Partnerarbeit
Materialien:	Wortkarten/Satzstreifen, Schere, Dose
Verlauf:	Die Lernenden arbeiten in Paaren. Der eine zieht eine Wortkarte/einen Streifen und diktiert seinem Partner das Wort/den Satz schrittweise. Dann vergleichen sie das Wort/den Satz und der andere ist mit dem Diktieren an der Reihe.
Variante:	1. Die Lernenden können Wörter/Sätze auch selbst herstellen. 2. Dosendiktattexte sollten für weiteres Üben, Wiederholen gesammelt werden.

Hören – Sprechen – Schreiben

Titel:	Frühstücksdiktat
Sozialform:	Plenum
Materialien:	Text
Verlauf:	Der Lehrer konzipiert pro Woche einen Text (für jeden Tag einen Satz). Er diktiert täglich einen Satz, den die Lernenden ins (Frühstücksdiktat-)Heft schreiben. Der Lehrer schreibt ihn an die Tafel. Zuerst korrigiert jeder seinen Satz, dann Partnerkontrolle. Am Ende der Woche werden die Sätze im Zusammenhang diktiert.

Titel:	Laufdiktat
Sozialform:	Partnerarbeit
Materialien:	Text
Verlauf:	Der Lehrer konzipiert einen Text, den er in mehreren Exemplaren an die Wand klebt. Die Lernenden arbeiten in Paaren. Der eine läuft vom Tisch zur Wand (3–5 Meter Abstand), wo der Text hängt, merkt sich den ersten Satz, läuft zurück und diktiert ihn seinem Partner. Dann läuft er wieder zur Wand, merkt sich den nächsten Satz, läuft zurück und diktiert ihn dem Partner so lange, bis sie mit dem Text fertig sind. Sie vergleichen ihre Sätze mit dem Originaltext. Das Paar, das zuerst fertig ist, ruft „Stopp!!".
Variante:	1. Die Rollen können gewechselt werden. 2. Das Ganze kann auch als Schleichdiktat gespielt werden.

© Goethe-Institut.
Zeichnung: Hariet E. Roth.
Abbildung aus dem Stationenkoffer „Deutsch macht Laune mit Hans Hase (www.goethe.de/kinder)

Titel:	Partnerdiktat
Sozialform:	Partnerarbeit
Materialien:	Wortliste/Text
Verlauf:	Der Lehrer konzipiert eine Wortliste oder einen Text. Die Lernenden diktieren sich gegenseitig die Wörter oder die Sätze.
Variante:	Die Lernenden diktieren sich gegenseitig Fehlerwörter.

Titel:	Stoppdiktat
Sozialform:	Partnerarbeit
Materialien:	Text
Verlauf:	Die Kinder arbeiten in Paaren. Das diktierende Kind steht hinter dem Schreibenden, sodass das Schreiben überprüft werden kann. Wenn das diktierende Kind eine Falschschreibung entdeckt, klopft es dem Schreibenden auf die Schulter oder sagt „Stopp".

Zusammenfassung

Der Stellenwert des Phonetikunterrichts hat sich im Wandel der Methoden des fremdsprachlichen Deutschunterrichts mehrmals verändert. Oft wurde er als Stiefkind behandelt, aber seit den 90er-Jahren gibt es kaum Lehrwerke, die auf Ausspracheübungen verzichten. Vor allem im frühen Fremdsprachenunterricht, wo die mündliche Kommunikation im Mittelpunkt steht, soll die Ausspracheschulung einen besonderen Schwerpunkt bilden. Falsche phonetische Gewohnheiten sind nämlich später schwer auszutreiben.

Lehrer tragen eine große Verantwortung. Für Grundschulkinder sind sie „Lotse und Leuchtturm, Helfer und Vorbild" (Hirschfeld 1995: 10). Kinder können und wollen ihren Lehrer ganz genau imitieren, aber dabei imitieren sie auch seine Aussprachefehler. Aus diesem Grund gibt Hirschfeld (1995: 7) zu bedenken, dass Lehrer mit der besten Aussprache die jüngsten Fremdsprachenlernenden unterrichten sollten. Sie sollen über entsprechende fachliche und didaktische Kenntnisse verfügen, um souverän mit den Ausspracheproblemen im Unterricht umgehen zu können.

Ich hoffe, dass die oben genannten Beispiele, durch die mit einer Klappe (mindestens) zwei Fliegen geschlagen wurden, auch diejenigen überzeugt haben, die bisher mehr Wert auf die grammatischen und lexikalischen Strukturen und Merkmale des Deutschen gelegt und die Phonetik als ein Stiefkind des Fremdsprachenunterrichts behandelt haben.

Als Fazit soll an dieser Stelle die Meinung von Häussermann und Piepho über die Phonetikübung stehen: Sie soll „wie eine Kette" den Sprachunterricht durchziehen (Häussermann/Piepho 1996: 49). Sie wird nur im Verbund mit anderen Bereichen wirksam, denn nur „wenn die Worte und ihre Aussprache eine Einheit bilden, stellen sie die gewünschte Ausstrahlung her" (Häussermann/Piepho 1996: 77).

Literatur

Dieling, Helga/Hirschfeld, Ursula (2000): Phonetik lehren und lernen. Fernstudieneinheit. Berlin u. a.

Häussermann, Ulrich/Piepho, Hans-Eberhard (1996): Aufgaben-Handbuch. Deutsch als Fremdsprache. Abriß einer Aufgaben- und Übungstypologie. München.

Hirschfeld, Ursula (1995): „Was Hänschen nicht lernt, lernt Hans nicht mehr" – Phonetik im Primarschulunterricht Deutsch als Fremdsprache. In: Endt, Ernst (Hrsg.) (1995): Die Rhythmuslokomotive: Ausspracheübungen für Kinder. München. 5–17.

Karbe, Ursula (2000): Ausspracheschulung. In: Karbe, Ursula/Piepho, Hans-Eberhard (2000): Fremdsprachenunterricht von A–Z. Praktisches Begriffwörterbuch. Hueber. 37–39.

Schatz, Heide (2006): Fertigkeit Sprechen. Fernstudieneinheit 20. Berlin u. a.

3 Was tun mit Grammatik?

Werner Bleyhl

Grammatik im Sprachunterricht?

Oder: Hilft die Bewusstmachung der sprachlichen Formen und Strukturen beim Sprachenlernen?

> Wieviel Grammatik verträgt guter Fremdsprachenunterricht?

Die traditionellen Vorstellungen von der Bedeutung der Grammatik für das Lernen einer Sprache, von der Bewusstmachung und der gezielten Übung der sprachlichen Formen und Strukturen, haben sich aufgrund der Forschungen in den verschiedensten Disziplinen der Kognitionswissenschaft als irrig erwiesen. Der Zentralbegriff im Bereich Sprachenlernen ist nicht „Grammatik", sondern „Verstehen". Dabei geht eine längere Verstehensphase jedem Sprechen voraus. Sprachen lernt man in der Interaktion, im sozialen Miteinander mit Personen, von denen der Lernende sich angenommen weiß. Die Strukturen der Sprache entwickeln sich – während dieser Verstehensphase – im einzelnen Lernenden von selbst. Nur diese selbst konstruierten Strukturen werden produktiv. Diese Entwicklung erfolgt während der – möglichst reichen – Erfahrung von Sprache mit für den jeweiligen Lernenden interessanten Inhalten. Da die Wörter und der Sinn die Strukturen bestimmen, ist der Erwerb eines großen Wortschatzes entscheidend für erfolgreiches Sprachenlernen. Je bedeutungsvoller die Inhalte für den Lernenden sind, desto nachhaltiger ist das Lernen und umso weniger wird vergessen. Wörter, Ausdrücke, Strukturen, die für den Einzelnen mit positiven Gefühlen verbunden sind, werden behalten und am dauerhaftesten gelernt. Bei Grammatik ist dies sehr selten der Fall. Dem Sprecher, der am Inhalt orientiert ist, stehen die Strukturen dann unbewusst zur Verfügung.

Die Ansicht, Sprachunterricht und Sprachenlernen könne nicht ohne Instruktion der Grammatik erfolgen, ist immer noch weit verbreitet. Dies hat nicht zuletzt historische Gründe. Bis weit ins 18. Jahrhundert begründet die lateinische Ausbildung den sozialen Status eines aufstrebenden Bürgerlichen. Als später moderne, lebende Sprachen in den Schulen als Lehrfach langsam aufkamen, hatten diese neuen Fächer Statusprobleme. Die akademische und soziale Gleichwertigkeit eines „Gebildeten" erhoffte man zu gewinnen, indem man eben auch bei ihnen Grammatik unterrichtete. Grammatik galt als die Disziplin, der man die Schulung des Geistes zuschrieb.

Da wir Lehrer und Lehrerinnen meist den hierauf gründenden traditionellen Unterricht in irgendeiner Spielart erlebt haben, war es für uns eine natürliche Selbstverständlichkeit, dass Grammatik der Leitfaden allen Sprachunterrichts sei.

Gestützt wurde diese traditionelle Auffassung durch die Annahme, dass derjenige, der die Satzstruktur kennt, anschließend nur noch die Wörter in ihrer jeweils angemessenen Form einzusetzen habe. Grammatik sei sozusagen die Mutter des Sprechens, die Seele der Sprache. Neue Forschungen haben hingegen aufgezeigt, dass es sich bei der Sprachanwendung genau anders verhält. Nicht von ungefähr hängen Kinder an den Lippen von Geschichtenerzählern, Geschichten, die die Welt erklären und verklären, Geschichten, dem Tor zur Literatur. Die Welterfahrung und die jeweilige soziale Situation sind der Nährboden jeder sprachlichen Äußerung. Und so ist es nur logisch, dass in einer sich laufend verändernden Welt – und bei einer sich ständig verändernden Erinnerung[1] – auch die evolutionär entstandene Sprache sich laufend evolutionär weiterentwickelt. Die Mutter des Sprechens ist die Bedeutung, nicht die Form.

Beim „Deutsch in Aktion"-Fußballspiel in Ägypten – Bewegung unterstützt den Lernprozess | © Goethe-Institut PASCH

---

[1] Neueste kognitionswissenschaftliche Forschungen haben ergeben, dass auch keine Erinnerung stabil ist, sondern sich, bedingt durch die jeweilige Situation und die persönliche Geschichte, laufend wandelt.

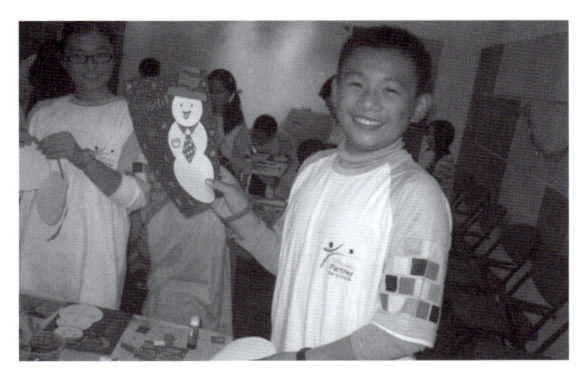

Stolz präsentiert ein chinesischer Schüler sein Lernergebnis | © Goethe-Institut PASCH

Einige Beobachtungen und empirische Befunde sollen hier angeführt werden.

Ich selbst habe lange gebraucht, bis ich (etwa in von den Prüfungsordnungen vorgeschriebenen Seminaren über Grammatik, und es gibt inzwischen hier eine Reihe von Spielarten) Folgendes erkannt habe: Manche meiner Studenten – und wie sich herausstellte, waren es solche, die in der Schule eben kein Latein gehabt hatten – konnten beispielsweise keine Unterscheidung treffen zwischen den bei der grammatischen Analyse zentralen Begriffen Subjekt und Substantiv. Sie verwendeten beide Wörter nach dem Zufallsprinzip als gleichbedeutend. Sie hatten für diese zwei Wörter keine verschiedenen mentalen Kategorien gebildet. Wörter sind schließlich nur Symbole für mentale Kategorien, für Bedeutungen, und diese Bedeutungen müssen von jedem Sprachbenutzer in einem Lernprozess erst konstruiert werden. Das ist kein Ereignis auf Knopfdruck, wie noch zu zeigen sein wird.

Subjekt? Substantiv?

Noch zwölfjährige Gymnasiasten haben mit den grammatischen Bezeichnungen, mit denen sie in der Schule konfrontiert werden, oftmals und noch sehr lange Schwierigkeiten. Warum? Weil vielen Kindern das Abstrahieren, das Umschalten weg vom Sinn einer Aussage hin zur Ebene der sprachlichen Form schwerfällt. Ein solcher Perspektivenwechsel erscheint ihnen oft nicht sinnvoll. Viele können die Bezeichnungen für das abstrakte Konstrukt innerhalb des grammatischen Denkens nicht mit der erlebten Sprache in Beziehung setzen. Für die oft mit Fremdwörtern belegten grammatischen Erscheinungen haben sich bei vielen noch keine eindeutigen mentalen Begriffe ausgebildet. Was als Hilfe gedacht war, der Wechsel der Perspektive vom Sinn zur sprachlichen Form, wird für viele zu einem Erschwernis für das Lernen.

„der, die, das … = ARTIKEL?"

Ein weiteres, von Lehrkräften selten gesehenes Problem ist Folgendes: Jede der vielen sprachwissenschaftlichen Richtungen der jüngsten Zeit – dazu in den verschiedenen Ländern und Sprachen – hat oftmals eigene Begrifflichkeiten entwickelt. Die einzelnen Lehrer/-innen, auch derselben Schule, haben zudem häufig eine unterschiedliche sprachwissenschaftliche Ausbildung genossen. Das Ergebnis sind verschiedene Bezeichnungen, verschiedene „Fach-Sprachen" für dieselben sprachlichen Erscheinungen. Und die von verschiedenen Lehrern/-innen unterrichteten und zunächst unsicheren Schüler/-innen sollen nun einheitliche mentale Begriffe bilden!?

Zeitwörter – Verben – Adverbien ...

Ein abschreckendes Beispiel bleibt mir in Erinnerung: Der eine Lehrer nennt Wörter wie *heute, gestern* „Zeitwörter", weil mit ihnen Angaben zur Zeit gemacht werden; für den nächsten Lehrer sind „Zeitwörter" dagegen *Verben*. Arme Schüler! Ist es da verwunderlich, wenn nur 2,3 % der Schüler Grammatik gerne betreiben (Zimmermann 1990)?

Vor Kurzem erzählte mir die Deutschlehrerin einer französischen Eliteschule, sie liebe die deutsche Sprache wegen ihrer interessanten Grammatik. Als ich diese Lehrerin fragte, wie sie ihren Deutschschülern die unterschiedliche Verwendung des Artikels im Deutschen (etwa *die Frau, der Frau*) vermittle, antwortete sie mir: Ja, das sei schon ein Problem. Wenn die Schüler endlich das Paradigma *die, der, der, die* und so weiter gelernt hätten, hätten sie die größten Schwierigkeiten, dieses Paradigma anzuwenden. Für sie und die Schüler sei es öfter zum Verzweifeln.[2]

In der rationalistischen Geistesschule eines Descartes erzogen, wonach alles Denken, jede kognitive Aktion eine Angelegenheit des Bewusstseins ist, haben selbst diese negativen Erfahrungen jene hochdiplomierte Lehrerin nicht veranlasst, ihre Grundüberzeugung zu überprüfen und selbstkritisch zu hinterfragen. Solches Denken ist leider kein Einzelfall. Eine solche Gefangenschaft in jahrhundertealten Ansichten ist – oft unterschwellig – immer noch weit verbreitet.

---

2 Interessanterweise bedauerte dieselbe Lehrerin, dass ihr ihre Grammatikkenntnisse beim Lernen einer anderen Sprache nicht geholfen hätten. Sie habe privat einmal versucht, Japanisch zu lernen. Sie sei jedoch gescheitert. Diese Sprache habe gar „keine Grammatik". (Vielleicht verhält es sich dort wie im Chinesischen, wo Verb und Hauptwort nicht unterscheidbar sind.) Mit anderen Worten, die grammatischen Kategorien dieser Lehrerin haben ihr die japanische Sprache nicht erschlossen.

Was tun mit Grammatik?

> **„Grammatische Bewusstheit?"**
>
> Die bis dahin umfangreichste und gründlichste Untersuchung zum Sprachkönnen fünfzehnjähriger Schüler/-innen in Deutsch und Englisch, die sogenannte DESI-Studie (Schröder u. a. 2006), erkundete auch die „grammatische Bewusstheit" der Kinder. Für diese empirisch arbeitenden Forscher war das Ergebnis selbst überraschend: Die Unterschiede in der „grammatischen Bewusstheit" zwischen den (insgesamt besseren) Gymnasialschülern (die auch mehr Unterricht genossen hatten) einerseits und den Hauptschülern andererseits waren statistisch *nicht signifikant!*

Wenn also ältere Schüler/-innen von Bewusstmachung, von formorientiertem Unterricht selbst in Bezug auf ihre grammatische Bewusstheit „nicht signifikant" profitieren, wie viel weniger kann also grammatische Formorientierung jüngeren Kindern nützen? Natürlich dürfen die Lehrer/-innen selbst Einblick in die Grammatik der Sprache haben, die sie unterrichten. Der Lehrer/die Lehrerin sollte sich aber bewusst bleiben, dass Wissen und Tun, deklaratives Wissen und prozedurales Können, Kenntnis der „Sprachregel" und sprachliches Verhalten eben zwei Paar Stiefel sind. (Auch wenn hier keine genaue Parallelität vorliegt: Ein Raucher weiß auch um die Schädlichkeit seines Lasters und raucht trotzdem.) Aus der Neurobiologie weiß man, dass das deklarative Wissen und das prozedurale Wissen, sprich Können, in weit voneinander entfernt liegenden Gehirnarealen angesiedelt sind.[3]

Das sind zwei verschiedene paar Schuhe

Nicht vergessen werden sollte, dass „Grammatik" durchaus Grenzen hat und gewisse Spracherscheinungen keineswegs verdeutlichen kann. Beispielsweise ist nicht zu klären, ob in der Wendung „leid/Leid tun" das erste Wort ein Adverb oder ein Substantiv ist. (Manche Schwierigkeiten bei der jüngsten Rechtschreibreform des Deutschen hatten in solchen Fällen ihre Ursache.) Sogenannte grammatische Regeln sind eben keine „Gesetze", wie es die naturwissenschaftlichen oder juristischen Gesetze sind. Es sind Konventionen. Und Konventionen sind nie starr und verändern sich laufend. Konventionen, in all ihren Widersprüchen und Ungereimtheiten, werden gelernt, indem man sie lebt.

Außerdem ist jedes unserer Kinder verschieden, im Alter, in der Lebenserfahrung, in der seelischen Struktur, in der Genetik usw. Da ist es nicht verwunderlich, dass auch die Kinder einer Klasse die Sprache nicht nach dem militärischen Kommando „Im Gleichschritt, Marsch!" erlernen. Der jahrzehntelange Leiter der Kinderklinik in Zürich Remo Largo zeigt auf, wie erstaunlich individuell unterschiedlich Kinder anfangen zu sprechen (vgl. Abb. 1).

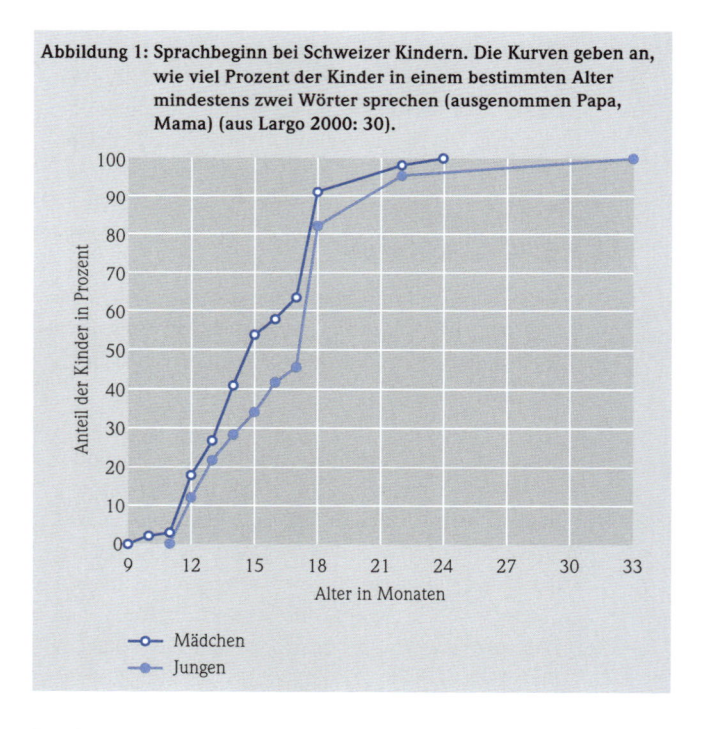

Abbildung 1: Sprachbeginn bei Schweizer Kindern. Die Kurven geben an, wie viel Prozent der Kinder in einem bestimmten Alter mindestens zwei Wörter sprechen (ausgenommen Papa, Mama) (aus Largo 2000: 30).

Der Blick auf die Entwicklung in der Muttersprache ist gerechtfertigt, weil es eine der überraschendsten Entdeckungen der Erstsprach-, Zweitsprach- und Fremdspracherwerbsforschung war, dass die Entwicklungen in all diesen Bereichen erstaunlich ähnlich verlaufen (z. B. Pienemann 2006). Selbst parallele Strukturen verwandter Sprachen werden erst dann übernommen, wenn die Zeit reif ist.

3 Der Grund, weshalb Lehrer selbst ein Bewusstheit von Hauptregeln einer Sprache haben sollten, ist der, dass Schüler – oft meist angespornt durch grammatikgläubige Eltern oder Bekannte – gelegentlich nach einer solchen Regel fragen. An Beispielen kann der Lehrer dann die Regel zusammen mit den (meist älteren) Schülern aufzeigen.

Provozierend für jeden Sprachlehrer ist:
Die Reihenfolge des Erwerbs grammatischer Strukturen kann durch Instruktion, d. h. durch Bewusstmachung, nicht verändert werden (Diehl u. a. 2000).

Im ersten Lernjahr Verben nur in Gegenwart anzubieten, Vergangenheitsformen erst im zweiten Lernjahr zu wagen oder sich ähnliche unnatürliche Beschränkungen aufzuerlegen, lässt nicht nur jeden Unterricht inhaltlich verarmen, macht ihn für Lehrer und Schüler unnötig schwierig und ist letztlich unfruchtbar, weil blutleer. Hier befand sich der alte, an der grammatischen Progression orientierte Unterricht völlig auf dem Holzweg. Den Lehrern und Lehrerinnen wird damit, mit Verlaub, ein halber Maulkorb umgebunden, die Schüler und Schülerinnen leiden unter der Unnatürlichkeit. Sprachenlernen braucht echtes Leben und braucht eine „kritische Masse" an *persönlich erlebter* Erfahrung mit Sprache im Gebrauch. Und ein solcher Gebrauch zeigt sich auch in Geschichten. Dabei werden Geschichten in gereimter Form sehr schnell memoriert, denn Rhythmus und Reim sind mächtige Gedächtnisstützen.

Ene mene Maus – und du bist raus!

Der Königsweg für das Fremdsprachenlernen ist *erlebnisorientierter Sprachunterricht*. Dabei muss gesprochene Sprache Vorrang vor der geschriebenen haben. Noch für den erwachsenen Experten ist das gesprochene Wort das im Geist herrschende. Gesprochene Sprache ist die primäre. Klang, Ausdruck der Stimme und Bedeutung verschmelzen beim Sprechen. Wie Klang über Schrift dominiert, sei an einem Beispiel aus dem Englischen illustriert: In der Kurzsprache des Simsens mit dem Handy steht „CU" für *see you* oder „4U" für *for you*. – Ist sich der Lehrer dieser Priorität der klingenden Sprache bewusst, muss es für ihn ganz klar sein: Schriftliche Produktionsleistungen dürfen nie das Hauptgewicht für die Benotung abgeben.

Fazit

Der Lehrer/die Lehrerin sollte sicher sein im Gebrauch der Sprache, die er/sie unterrichtet. Er/Sie muss spontan die jeweilige Situation sprachlich fassen können, ob ein Kind eine Rotznase hat, aus der Nase blutet oder gerade von einer Wespe gestochen wurde. Das Durchnehmen eines Lehrbuchs genügt nicht, und die Beurteilung einer Äußerung, auch schriftlicher Art, nur nach Regeln des Grammatikbuches ist unangemessen.

Indische Schülerinnen: Tanz und individueller Ausdruck fördern die kindliche Bildung | © Goethe-Institut PASCH

Mit Nachdruck kann, ja muss, heute betont werden: Grammatik, also Bewusstmachung der sprachlichen Strukturen, ein Unterrichtsgang entlang eines Pfades, den eine Grammatik bestimmt, ist nicht der Königsweg zum erfolgreichen Lernen einer lebenden Sprache. So würde auch niemand seine Muttersprache lernen.

Guter Unterricht zeichnet sich dadurch aus, dass er anfangs dem Hörverstehen großen Raum bietet und Hörverstehen als sprachliche und denkerische Leistung anerkennt. Beginnt der Lernende dann seine Sprechversuche, ist es normal (genau wie in der Muttersprache), dass er anfangs Fehler macht. Fehler verschwinden jedoch mehr und mehr, je stärker die Lernenden ermutigt werden, sich der zielsprachlichen Kommunikation auszusetzen. Angst vor Fehlern ist jedenfalls das größte Hemmnis für erfolgreiches Lernen. „Fehlerfrei schweigen" (Otfried Börner) darf nicht zur Strategie der Schüler/-innen werden. Dann hat der Lehrer/die Lehrerin einiges falsch gemacht. Bewusstmachung bestimmter Regeln hilft nur bei im Grunde meist sinnlosen schriftlichen Grammatikarbeiten. Was hilft, ist emotionale Sicherheit und möglichst reiche Spracherfahrung. (Wenn für einen älteren Lernenden bei bestimmten Unsicherheiten der Blick in ein Grammatikbuch eine – selbst (!) empfundene – Unsicherheit vermindert, umso besser.)

Für den erfolgreichen und nachhaltigen biopsychosozialen Prozess des Sprachenlernens müssen zwei Bedingungen erfüllt werden.

1. Die Lernenden müssen sich von den Experten, den Lehrern, menschlich angenommen fühlen, auch wenn sie anfangs viele sprachliche Fehler machen. Zu diesen Experten muss also ein gutes menschliches Verhältnis bestehen.
2. Die sprachliche Kommunikation muss sich auf für die Lernenden wichtige Inhalte beziehen und mit Interaktion, auch mit möglichst viel körperlichem Handeln, verbunden sein. **Verstehen**, Hörverstehen geht dabei dem Sprechen – wie auch das Leseverstehen dem Schreiben – weit voraus. Der Beginn des Sprechens ist stets abhängig von einer „kritischen Masse" an erlebter Sprache sowie von der durch Lebenserfahrung gewonnenen inneren Sicherheit des Lernenden. Der Beginn des Sprechens ist also individuell jeweils unterschiedlich, genau wie das letztlich erreichte Niveau.

Literatur

Diehl, Erika/Christen, Helen/Leutenberger, Sandra/Pelvat, Isabelle/Studer, Thérèse (2000): Grammatikunterricht: Alles für die Katz? Untersuchungen zum Zweitsprachenerwerb Deutsch, Tübingen.

Kästner, Erich (Hrsg.) (1962): Heiterkeit braucht keine Worte. Humor der Welt im Bild, Stuttgart.

Largo, Remo H. (2000): Kinderjahre. Die Individualität des Kindes als erzieherische Herausforderung, München.

Pienemann; Manfred (2006): „Spracherwerb in der Schule. Was in den Köpfen der Kinder vorgeht", in: Pienemann, Manfred/Keßler, Jörg-U./Roos, Eckhard (Hrsg.): Englischerwerb in der Grundschule, Paderborn.

Schröder, Konrad/Harsch, Claudia/Nold, Günter (2006): „DESI – Die sprachpraktischen Kompetenzen unserer Schülerinnen und Schüler im Bereich Englisch. Zentrale Befunde", in: Neusprachliche Mitteilungen, 59.3, S. 11–32.

Zimmermann, Günther (1990): Grammatik im Fremdsprachenunterricht der Erwachsenenbildung. Ergebnisse empirischer Untersuchungen, Ismaning.

Werner Bleyhl

Argumente für einen anderen Umgang mit Grammatik

Verschiedene Wissenschaften liefern Belege, die den bisherigen Grammatikunterricht fragwürdig erscheinen lassen:

1. **Philosophie und Anthropologie:** Die frühneuzeitliche rationalistische Ansicht, das Handeln des Menschen sei primär rational und primär vom Bewusstsein gesteuert, ist inzwischen widerlegt (Damasio 1997).

2. **Empirische Fremdsprachenunterrichtsforschung:** Die Vorstellung, Grammatikunterweisung, die Bewusstmachung von Wissen über Sprache, also deklaratives Wissen, begünstige den Spracherwerb, hat sich in der empirischen Fremdspracherwerbsforschung nicht bestätigt. Hier wurde aufgezeigt, dass durch Instruktion die Reihenfolge des Erwerbs der grammatischen Strukturen *nicht* verändert werden kann (Ellis 1997, Diehl u. a. 2000, Pienemann 2006). Alle Lernenden müssen die Strukturen selbst entdecken und für sich mental konstruieren, ehe diese produktiv werden können. Dies geschieht in einer *für alle vergleichbaren Reihenfolge, unabhängig von Alter, Intelligenz und Muttersprache.* – Das Paradox des Fremdsprachenunterrichts besteht darin (Bleyhl 2009), dass *der inhaltorientierte Unterricht dem sprachformorientierten überlegen und der implizite Sprachunterricht empirisch effektiver ist als der explizite* (Bleyhl 2002). – Die DESI-Studie (Schröder u. a. 2006) wies nach, dass bilingualer Unterricht, also zielsprachlicher Unterricht, in nur einem Sachfach für fünfzehnjährige Schüler/-innen einen Lernvorsprung von einem Jahr bewirkt. – Die Entwicklung der Fremdsprache im Lernenden ist eben ein dynamischer nicht linearer Prozess, bei dem *jeder Lernende durch ein Tal der Fehler hindurch muss*, ehe sich Kompetenz auf individuell unterschiedlichem Niveau stabilisiert. Die individuell unterschiedliche Geschwindigkeit hängt ab von Quantität und Qualität der mental verarbeiteten Sprache.

3. **Didaktik Deutsch als Muttersprache:** Hier betont etwa Spitta (2003: 180), es sei aufgrund der neueren Forschung zum Grammatikerwerb nun für viele Lehrer/-innen *Zeit, sich von der Meinung bzw. Hoffnung zu verabschieden, dass Sprachwissen, Wissen über Sprache, sich positiv auf die Sprachproduktion auswirke.*

4. **Spracherwerbsforschung:** Sprachunterricht, der dem natürlichen Entwicklungslauf weit vorausgreift, wie es die alten willkürlich gesetzten Lehrpläne fordern, verzögert sogar den Entwicklungsprozess (Pienemann 2006: 47).

5. **Moderne allgemeine Sprachwissenschaft:** Unmissverständlich ist hier das Ergebnis der Forschung, dass *Sprache* eine *Funktion des Gebrauchs* ist: „*Grammatik entsteht als Nebenprodukt des Sprechens in der sozialen Interaktion*" (Haspelmath 2002: 263, 274 f.). Deswegen bedingen sich unsere Sprache und die Art und Weise, wie wir die Welt in Begriffen zu fassen suchen, gegenseitig.

6. **Psycholinguistik:** Allen Menschen ist als Teil ihres evolutionär erwachsenen Erbes die *Fähigkeit angeboren, gesprochene Sprachen lernen zu können.* (Der Erwerb der Schriftsprache[1] ist dagegen nicht von der Evolution „gesponsert" (vgl. Wolf 2008). Manche Fremdsprachenlehrer dürfen sich deswegen fragen, ob es gerechtfertigt ist, vorwiegend schriftsprachliche Produktionen als Maß bei der Benotung zu bevorzugen. – Schriftsprachliche Produktionen können ein probates Mittel sein, um Defizite mittels sogenannter Fehler zu konservieren.)

Damit Sprachproduktion im Sinne eines zusammenhängenden Textes erfolgen kann, *müssen* vorher *physiologische*[2] und *mentale Entwicklungen in einer Reihe von Bereichen stattgefunden haben*: u. a. im Phonologischen

---

1 Die Menschheit kennt erst seit ca. 5.000 Jahren die Schrift. Darauf konnte sich die Evolution noch nicht einstellen. Es darf deshalb nicht verwundern, wenn manche Menschen, die gesprochene Sprache(n) problemlos lernen, durchaus große Schwierigkeiten haben können, die jeweiligen Schriftsysteme zu meistern.

2 Die Evolution hat dafür gesorgt, dass im Kleinkind zunächst das phonologische System der Muttersprache ausgebildet ist, ehe eigene Sprechanstrengungen stattfinden können. Erst im Alter von etwa sechs Monaten senkt sich der Kehlkopf. Erst dann ist das Menschenkind physikalisch in der Lage, menschliche Sprachlaute zu produzieren. Erst dann kann der Aufbau des motorischen Sprechens beginnen (Lallphase). Beim Zweitspracherwerb haben Jung und Alt eine Scheu, gleich die neue Sprache – außer bei Floskeln – zu gebrauchen. Vorschulkinder weigern sich in der Regel, Sprechaufforderungen zu befolgen, und sprechen erst, wenn sie wollen. Schulkindern wird eine solche hinreichend lange Phase des Zuhörens nicht erlaubt. Schulisches Fremdsprachenlernen hat dann auch ein sicheres Ergebnis: Die meisten Lerner sind überzeugt, dass sie für Fremdsprachen unbegabt sind.

Grammatik

(die Fähigkeit zur Unterscheidung der relevanten Sprachlaute ist unabdingbar), im Semantischen, Konzeptuellen, im Pragmatischen, im Syntaktischen, im Morphologischen, im Emotionalen (ohne Fähigkeit zur Aufmerksamkeitssteuerung herrscht Chaos) oder auch im Orthografischen (was wiederum die visuelle Entwicklung der Fähigkeit zur Steuerung der Augen – Stichwort Sakkaden – voraussetzt). All diese Entwicklungen mit den entsprechenden neuronalen Aktivitäten als Voraussetzungen für Textproduktion erfolgen in gegenseitiger Abhängigkeit und bei engster Vernetzung und laufender Rückkopplung. (Sie bedürfen einer entsprechenden Inkubationszeit, einer stummen Zeit des Wachsens, zum Aufbau und zur Stabilisierung der respektiven neuronalen Strukturen. Auch für den Aufbau des neuronalen Substrats für Sprache gilt das Hebbsche Prinzip: „Neuronen, die gemeinsam aktiv sind, bilden gemeinsame Netze".) Das linear arbeitende Bewusstsein jedoch kann nur einen Aspekt in den Blick nehmen (Kandel 2006). Dies ist in der Regel die Ebene der Bedeutung, die des Sinns. Das heißt aber nichts anderes, als dass die eigentliche Sprachproduktion ohne Steuerung durch das Bewusstsein abläuft. Deswegen ist *Sprachenlernen ein biopsychosozialer Prozess*: Körper, Psyche und soziale Situation, alle Ebenen müssen zusammenspielen.

In dieser Interaktion bildet sich der Geist. Seine Leistung ist, dass er nach der wahrscheinlich besten Lösung sucht, dass er aus relativ wenigen und zudem komplexen Beispielen verallgemeinern kann. Der Geist als lernendes System arbeitet dabei bestimmt nicht linear Schritt für Schritt. Er arbeitet, wenn man will, wie ein natürlicher Super-Computer, der gleichzeitig aus den unschärfsten Wahrnehmungen auf den unterschiedlichsten Ebenen Informationen herausfiltert, abstrahiert, Regeln sucht und Lösungen prüft. Unwichtiges wird vergessen. Die beste Lösung ist diejenige, die in der jeweiligen Situation am meisten Sinn macht. Der Sinn, die Bedeutung, ist das Ziel.

7. Entwicklungspsychologie: Das Herstellen gemeinsamer Aufmerksamkeit mittels Blick und Gestik und mithin gemeinsame Intentionalität (vgl. Bleyhl 2009) schafft die Voraussetzung für das Verschmelzen von (äußerer) Welt, (zwischenmenschlicher) Kommunikation und (menschlicher) Kognition und damit für die währenddessen erlebte Sprache. Dies hat Tomasello (2008) vom Max-Planck-Institut für evolutionäre Anthropologie Leipzig minutiös aufgezeigt. Oder wie der Philosoph Habermas (2009) in seiner Rezension von Tomasellos „bahnbrechendem Buch" urteilt: *„Es* (der Spracherwerb) *beginnt mit dem Zeigefinger."*

Dies bedeutet: Am Anfang stehen nicht nur das Sehen und das Hören. Auch das Spüren, die Empfindung des Raums mithilfe unseres Körpers, ist eine wesentliche Hebamme des Geistes. Basierend auf der dem Menschen einzigartig gegebenen Fähigkeit, sich am Verhalten anderer zu orientieren und das Denken der anderen zu erschließen und zu verstehen, bietet der Experte während des sozialen Miteinanders in der Welt dem Lernenden eben nicht nur die relevanten Sprachmodelle an. Er unterstützt ihn auch bei momentanen Stockungen durch sensible inhaltsorientierte Einhilfen. Sprache entwickelt(e) sich nur in der sozialen Kooperation.

8. Corpuslinguistik: Schulgrammatiken entsprechen in ihrer willkürlichen Kanonisierung keineswegs dem tatsächlichen Sprachgebrauch. Die neue Corpuslinguistik zeigte dies etwa für das Englische deutlich auf (Biber et al. 1999, Carter/McCarthy 2006). Der deutsche Linguist Schneider urteilt: „Im Falle der Sprache sind (anders als bei frisch auf dem Markt erscheinenden Brettspielen) *alle Regelformulierungen* nicht nur nachträglich, sondern *prinzipiell lückenhaft,* weil sie nichts Vorgegebenes explizit machen, an dem sich ablesen ließe, wann der Prozess des ‚nach außen Bringens' abgeschlossen ist. Der Begriff der Vollständigkeit ist deswegen nicht anwendbar." (Schneider 2002: 145). Schneider (ebd.: 146) nennt es ausdrücklich „irreführend, irgendeine vorgeschlagene Menge von Regelformulierungen (z. B. irgendein Sprachlehrbuch oder eine Grammatik) als *konstitutiv* für die beschriebene Sprache zu bezeichnen".

9. **Vergleichende Sprachwissenschaft:** Wie die vergleichende Sprachwissenschaft aufzeigte (Haspelmath et al. 2005), hat *jede Sprache ihre eigene Grammatik*. Auch dadurch ist die biologische Hypothese einer Universalgrammatik falsifiziert, da die etwa 3.000 bislang aufgezeichneten Sprachen keinen, um dieses Bild zu gebrauchen, gemeinsamen Nenner haben. Die Gründe für die Abkehr von der Hypothese einer Universalgrammatik sind:

(a) Erstens hat das Gehirn als neuronales statistisch „programmierbares", also aus Erfahrung lernendes Netzwerk ein solches angeborenes Vorwissen nicht nötig.

(b) Zweitens wäre – heutigem biologischem Wissen um die Genetik entsprechend – hierfür auf dem menschlichen Genom, das wir zu mindestens 98,5 % mit dem Schimpansen teilen (Largo 2009: 23), nicht genügend Platz.

(c) Drittens zeigt sich, dass Sprache, genau wie die mentalen Kategorien (ebenfalls empirisch vielfach erwiesen), sich entwickelt aus dem Gebrauch, aus der Kommunikation im Umgang in der Welt mit Experten.

10. **Hirnforschung:** Die neueste Hirnforschung kann neuerdings optisch die im Millisekundenbereich sich abspielende zeitliche Sequenz der mentalen Aktivitäten aufzeigen (Hagoort/Levelt 2009). Eindeutig erweist sich, dass die *Sinnebene primär* ist und damit die sprachliche Äußerung regiert bzw. hervorbringt. Es ist der Sinn, der die Lemmata, die Lexik, evoziert. Diese generiert ihrerseits die Morphologie und die Struktur und schließlich die Lautung.

11. **Sprachphilosophie:** Wie die „moderne europäische Sprachreflexion" festgestellt hat, ist in Übereinstimmung mit den Erkenntnissen Humboldts „das *Denken nicht unabhängig von der Sprache*" (Trabant 2010). Die Menschen „denken" die Welt in einer bestimmten Sprache. Schon von daher ist es erforderlich, dass zur Erlangung einer Sprachkompetenz Spracherfahrung in der Welt und in der Interaktion mit Experten erfolgen muss. (Erinnert sei an die Überlegenheit von Sachfachunterricht in der Fremdsprache gegenüber einem papierenen formorientierten Sprachunterricht.)

Wie denken Sie darüber?

Literatur

Biber, Douglas/Johansson, Stig/Leech, Geoffrey/Conrad, Susan/Finegan, Edward (1999): Longman Grammar of Spoken and Written English. Harlow.

Bleyhl, Werner (2000) (Hrsg.). Fremdsprachen in der Grundschule. Grundlagen und Praxisbeispiele. Hannover.

Bleyhl, Werner (2009): „Sprachlernen: Psycholinguistische Grunderkenntnisse", in: Gerhard Bach/Timm, Joh.-Peter (Hrsg.): Englischunterricht. Grundlagen und Methoden einer handlungsorientierten Unterrichtspraxis. 4., vollständig überarbeitete und erweiterte Aufl., Tübingen, S. 23–42.

Carter, Ronald/McCarthy, Michael (2006): Cambridge Grammar of English. A Comprehensive Guide.

Damasio, Antonio R. (1997): Descartes' Irrtum. Fühlen, Denken und das menschliche Gehirn. München.

Diehl, Erika/Christen, Helen/Leuenberger, Sandra/Pelvat, Isabelle/Studer, Thérèse (2000): Grammatikunterricht: Alles für die Katz? Untersuchungen zum Zweitsprachenerwerb Deutsch. Tübingen.

Ellis, Rod (1997): Second Language Acquisition. Oxford.

Habermas, Jürgen (2009): „Es beginnt mit dem Zeigefinger", in: DIE ZEIT, Nr. 51, 10. Dez. 2009, S. 45.

Hagoort, Peter/Levelt, Willem J. M. (2009): „The Speaking Brain", in: Science, Vol. 326, 16 October 2009, S. 372–373.

Haspelmath, Martin (2002): „Grammatikalisierung: von der Performanz zur Kompetenz ohne angeborene Grammatik", in: Krämer, Sybille/König, Ekkehard (Hrsg.). Gibt es eine Sprache hinter dem Sprechen? Frankfurt/M., 262–286.

Haspelmath, Martin/Dryer, Matthew S./Gil, David/Comrie, Bernard (Hrsg.) (2005): The World Atlas of Language Structures. Oxford.

Pienemann; Manfred (2006): „Spracherwerb in der Schule. Was in den Köpfen der Kinder vorgeht", in: Manfred Pienemann, Jörg-U. Keßler, Eckhard Roos (Hrsg.). Englischerwerb in der Grundschule. Paderborn, S. 33–63.

Schneider, Hans Julius (2002): „Beruht das Sprechenkönnen auf einem Sprachwissen?", in: Krämer, Sybille/König, Ekkehard (Hrsg.). Gibt es eine Sprache hinter dem Sprechen? Frankfurt/M., S. 129–150.

Schröder, Konrad/Harsch, Claudia/Nold, Günter (2006): „DESI – Die sprachpraktischen Kompetenzen unserer Schülerinnen und Schüler im Bereich Englisch. Zentrale Befunde", in: Neusprachliche Mitteilungen, 59. 3, S. 11–32.

Spitta, Gudrun (2003): „Warum Lena mit Adjektiven und Nomen nichts anfangen kann oder warum traditioneller Grammatikunterricht keine Hilfe für den Rechtschreiberwerb darstellt", in: Brinkmann, Erika/Kruse, Norbert/Osburg, Claudia (Hrsg.): Kinder schreiben und lesen. Beobachten – Verstehen – Lehren. DGLS-Jahrbuch. Freiburg i. Br., S. 179–191.

Tomasello, Michael (2009): Die Ursprünge der menschlichen Kommunikation. Frankfurt/M.

Trabant, Jürgen (2010): „Ein Plädoyer für die Mehrsprachigkeit", in: Frankfurter Allgemeine Zeitung, Nr. 77, 1. April 2010, S. 9.

Wolf, Maryanne (2009): Das lesende Gehirn. Wie der Mensch zum Lesen kam – und was es in unseren Köpfen bewirkt. Heidelberg.

Luiza Ciepielewska-Kaczmarek

Auch Grammatik will und kann erlebt werden

Implizite Vermittlung von sprachlichen Strukturen im frühen DaF

Bereits kurze und einfache Sätze wie „Ich spiele heute Fußball." „Spielst du heute Fußball?" machen die Lebendigkeit der Sprache sichtbar und zeigen, dass es beim Fremdsprachenlernen nicht alleine auf die Lexik ankommt, sondern es sind auch grammatische Strukturen, die zusammen mit guten Wortschatzkenntnissen die Kommunikationsfähigkeit ausmachen. Die Grammatik wird von der ersten Stunde an, in der die Fremdsprache sinnvoll und verständlich verwendet wird, vermittelt, wenn auch unbewusst. Alleine die Fragen, die von den Lernern von Anfang an gestellt werden, wie z. B. „Wie heißt du?", „Wie alt bist du?", „Hast du Geschwister?" bergen u. a. die formale Aussage- und Fragesatzordnung sowie die Verbkonjugation. Selbstverständlich ist das theoretische Regelwissen auf keiner Lernstufe Selbstzweck. Im Vordergrund des Lehr- und Lernprozesses steht vornehmlich der aktive, im Laufe der Zeit immer routiniertere Umgang mit grammatischen Strukturen, der es den Lernern ermöglicht, sich in einer Kommunikationssituation zu bewähren. Um das zu meistern, bedarf es keiner expliziten Grammatikerklärung. In einer Gruppe von polnischen 7- bis 8-jährigen Deutschlernenden hat sich gezeigt, dass die Kinder in diesem Alter imstande sind, die grammatischen Strukturen im Satz zu erkennen und davon auch Gebrauch zu machen, um eigene Aussagen zu formulieren. Während einer der Unterrichtsstunden hatten die Kinder die Aufgabe, jemanden zu finden, der mit ihnen Vorlieben für bestimmte Tätigkeiten teilt. Das sollten sie herausfinden, indem sie im Raum herumgingen und anderen Fragen stellten. Einer der Lerner wusste nicht, wie er auf Deutsch Fragen stellen sollte, woraufhin ihm spontan ein anderer Lerner auf Polnisch erklärte: „Du musst einfach dem Wort „stu" anhängen und fertig." Obwohl die explizite Grammatikvermittlung nie im Unterricht thematisiert wurde, hat der Schüler die der Fragenbildung zugrunde liegende Regel richtig erkannt und konnte sie auf andere Sätze übertragen. Mit „stu" sind natürlich die Verwendung für die 2. Person Singular „-st" und das Personalpronomen „du" gemeint, was in der mündlichen Sprache „-stu" ergibt.

Es ist also der Umgang mit der Sprache, zunächst der passive, in dem viel gehört wird, dann der aktive, der die Sprachsicherheit gibt. Die Sprachbewusstheit kann am besten durch das Anwenden, Ausprobieren der Sprache in kommunikativen Aufgaben gefördert werden. Entscheidend dabei ist: Auch bei Grammatikaufgaben sollte der inhaltliche Rahmen berücksichtigt werden und den Kindern Identifikationsmöglichkeiten bieten, zum einen dadurch, dass die Themenbereiche an die direkte Erfahrungswelt der Kinder anknüpfen, zum anderen durch die Möglichkeit, eigene Erfahrungen einzubringen, also etwas über sich selbst mitzuteilen. Für meine 8- und 9-jährigen Lerner/-innen, die den Erwerb der ersten Lese- und Schreibfähigkeiten hinter sich haben, habe ich mir hierzu als fakultative Hausaufgabe das Führen eines Tagebuchs ausgedacht. Am Anfang des Schuljahres habe ich Tagebücher an alle Kinder verteilt. Diejenigen, die während der Woche etwas Interessantes erlebten, das sie der Lernergruppe auch mitteilen wollten, sollten dazu ein Bild malen und kurz etwas darüber schreiben. Im Laufe des Schuljahres entstanden mal kurze Texte, mal aber wirklich tolle Berichte! Unabhängig davon, wie viel die Kinder geschrieben haben, wurden sie immer gelobt und bekamen für ihre Leistung einen Stempel.

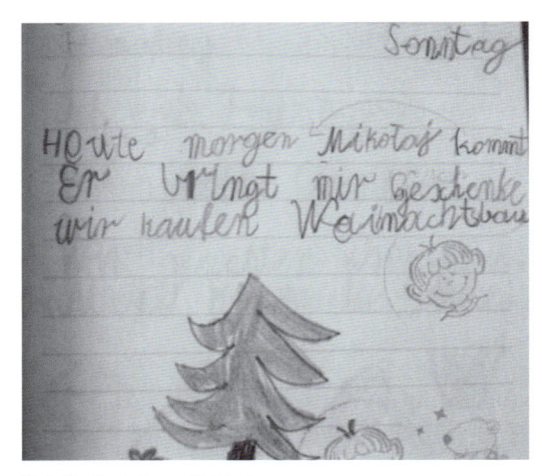

Mein Tagebuch: Ignacy (8 Jahre)

Mein Tagebuch: Hubert (9 Jahre)

Was tun mit Grammatik?

Eine hervorragende Möglichkeit, über Dritte zu erzählen und somit den Satzbau und die Konjugation in mitteilungsbezogener Kommunikation zu üben, sah ich im Besuch des zoologischen Gartens, bei dem die Kinder die Möglichkeit bekamen, das sogenannte „Tierkenner-Abzeichen" zu erlangen. Jedes Kind bekam am Zooeingang eine von mir erstellte Liste mit Tieren, zu denen es Informationen abgeben sollte.

Unser Zoobesuch – bei den Seehunden

Im Elefantenhaus

Während des Zoo-Rundgangs habe ich auf Deutsch zu jedem Tier, bei dem wir angehalten haben, etwas erzählt. Es waren meistens Informationen zur Herkunft des Tieres, zur Größe, zum Alter, zu den Essgewohnheiten etc. Während der Pausen konnten die Kinder frei entscheiden, über welches Tier sie berichten wollten. Hatte ein Kind Informationen zu einem Tier abgegeben, so wurde dies auf seiner Liste mit einem Häkchen vermerkt. Bei sprachlich schwächeren Kindern wurde u. a. mit folgenden Fragen nachgeholfen: *„Ist das Tier klein oder groß?", „Welche Farbe hat es?", „Wo lebt es?".*

Das weiß ich! – Mein Tierkenner-Diplom

Die Giraffe ist gelb und schwarz. Sie kommt aus Afrika. Sie hat kleine Ohren. Sie hat einen langen Hals. Sie frisst gerne Blätter und Früchte.

Als Hausaufgabe wurden die Kinder anschließend gebeten, kurze Portfolios zu ihren Lieblingstieren zu erstellen. Somit wurde noch einmal implizit auf die Strukturen eingegangen.

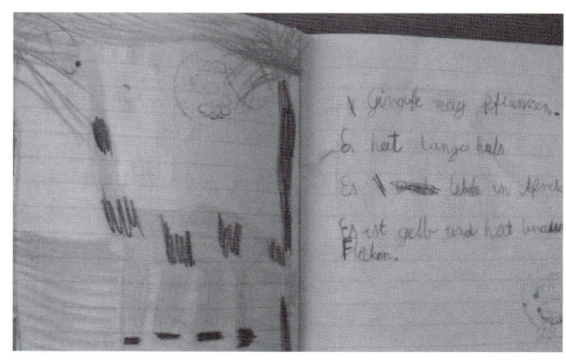

Mein Lieblingstier – die Giraffe

Mein Lieblingstier – das Nashorn

Wird der Schwerpunkt vom formbezogenen Üben auf das inhaltsbezogene Mitteilen (Sprechen/Schreiben) verlagert, so werden – das hat diese Vorgehensweise gezeigt – auch die grammatischen Strukturen schneller und nachhaltiger verinnerlicht. Da auch Abwechslung im Lernprozess eine große Rolle spielt, ist es ratsam, auf unterschiedliche Weise an ein grammatisches Phänomen heranzugehen, differenzierte Übungen miteinander zu kombinieren und vor allem zu versuchen, die Kinder zu kommunikativen Reaktionen zu veranlassen. Spaß am Lernen, viel Bewegung und Themen aus dem Alltag der kleinen Lernerinnen und Lerner sollten das Unterrichtsgeschehen bestimmen. Dazu bietet sich bei der Einführung jeder einzelnen sprachlichen Struktur eine Fülle von Möglichkeiten. Nachfolgend werden ein paar Beispiele präsentiert.

Beispiel 1 – Die Verbkarten

Arbeitsblatt 1 ist differenziert einsetzbar, es eignet sich zum einen für das Üben der Konjugation, zum anderen für das der Fragestellung. Es bietet dazu die Möglichkeit, in verschiedenen Sozialformen zu arbeiten.

In der Einzelarbeit malen die Kinder bei jeder Tätigkeit, die sie gerne ausüben, einen Smiley. Anschließend fragt die Lehrperson zuerst, wer z. B. gerne mit Puppen spielt, danach lässt sie die Kinder einzeln erzählen, was sie gerne während des Tages machen.

Wer mag, was ich mag? – Bei der Partnerarbeit erfragen die Kinder, wer ihre Vorlieben für bestimmte Tätigkeiten teilt. Man kann zur Durchführung dieser Übung das Arbeitsblatt kopieren und in einzelne Kärtchen zerschneiden. Jedes Kind erhält so einen Kärtchensatz, aus dem es nur jene Tätigkeiten auswählt, die es gerne ausübt. Es geht im Raum herum, stellt Fragen („Spielst du gern Fußball?", „Siehst du gern fern?") und notiert sich auf dem Kärtchen den Namen des Kindes, das seine Vorliebe teilt. Wir lassen dann die Kinder erzählen, was sie herausgefunden haben.

In der Gruppenarbeit kann das Material als Spiel eingesetzt werden (die Kinder können in die Erstellung weiterer Kärtchen einbezogen werden) – als Memory oder Pantomime. Um die Verbkarten als Memory einzusetzen, müssen wir sie doppelt kopieren. Wenn die Kinder die Karten ziehen, sagen sie, welche Tätigkeit abgebildet ist, z. B. „Er schwimmt." oder „Ich schwimme." Haben sie zwei gleiche Karten gezogen, dürfen sie sie behalten. Gewonnen hat das Kind mit den meisten gesammelten Verbpaaren.

Wenn wir die Karten für ein Pantomime-Spiel nutzen wollen, teilen wir die Lerngruppe in zwei oder drei kleinere Gruppen und lassen sie gegeneinander spielen. Jeweils ein Kind aus jeder Gruppe kommt nach vorn, zieht eine Verbkarte und muss die Tätigkeit in der eigenen Gruppe ohne Worte darstellen. Die Gruppe errät die Tätigkeit durch Fragenstellen: „Spielst du Fußball?", „Singst du?" usw.

Für ältere Schüler/-innen eignet sich eine schwierigere Variante. Ein Lerner/eine Lernerin zieht eine Verbkarte und darf die Fragen nur mit Ja oder Nein beantworten. Die Gruppe darf bis zu fünf Fragen stellen, dann muss die Tätigkeit erraten worden sein, z. B. „Spielst du etwas?", „Macht man das in der Schule?", „Hat man etwas in der Hand?". Hat die Gruppe falsch geraten, ist die andere Gruppe an der Reihe.

Von Vorteil für den Lerneffekt ist bei den Übungen der Wettbewerbscharakter – Spaß am Lernen steht hier im Vordergrund, und die Kinder werden von der Form abgelenkt. Was auch nicht weniger wichtig ist: Solche spielerisch angelegten Übungen unterstützen den gesamten Kommunikationsprozess in einer Lerngruppe.

Der Würfel (Arbeitsblatt 2) eignet sich z. B. zur Wiederholung. Die Kinder würfeln, und abhängig vom Ziel der Übung bauen sie einen Satz oder eine Frage. Sie können auch erzählen, ob sie die abgebildete Tätigkeit gerne ausüben.

Beispiel 2 – Vergleiche anstellen

Auch bei dieser Übung ist die Vermittlung sprachlicher Strukturen kein Selbstzweck. Wir bereiten möglichst viele Adjektive in der Steigerungsform des Komparativs auf Zetteln vor. Als Einstieg in die Komparation eignen sich besonders solche Adjektive wie groß, klein, alt, jung. Wir bitten die Kinder, sich der Größe nach in einer Reihe aufzustellen. Jedes Kind sieht dann, wer neben ihm steht, und sagt „Ich bin größer als ...". Man kann das beliebig oft wiederholen, indem die Kinder sich vom Kleinsten, dem Jüngsten oder auch dem Ältesten an aufstellen. Anschließend legen wir die Adjektivzettel im Raum aus oder hängen sie an die Wand.

Die Kinder wandern im Raum umher und suchen sich zuerst einen Zettel und dann einen Partner aus. Gemeinsam sollen sie versuchen, Gegenstände in der Klasse zu finden, die die Komparation veranschaulichen. Manches kann von den Kindern sowohl pantomimisch als auch sprachlich dargestellt werden, z. B. „Eine Schnecke ist langsamer als ein Hund". Ein Kind spielt die Schnecke, das zweite den Hund. Um einen sinnvollen Übungsrahmen zu gewährleisten, sollten die Vergleiche jedoch immer in einen kurzen Satz eingebunden werden. Danach werden die Karten eingesammelt, die Kinder sitzen im Kreis und ziehen nacheinander noch einmal jeweils eine Karte. Sie sollen versuchen, mit dem Adjektiv, das sie gezogen haben, einen Satz zu bilden. Zur Vertiefung eignen sich auch sehr gut die von den Kindern zur Bewältigung der Aufgabe benutzten Gegenstände. Wir sammeln sie ein, anschließend werden die Lernenden einzeln gebeten, sich zwei beliebige Sachen auszusuchen und einen Vergleich anzustellen. Bei dieser Übung muss nicht alles ernst gemeint

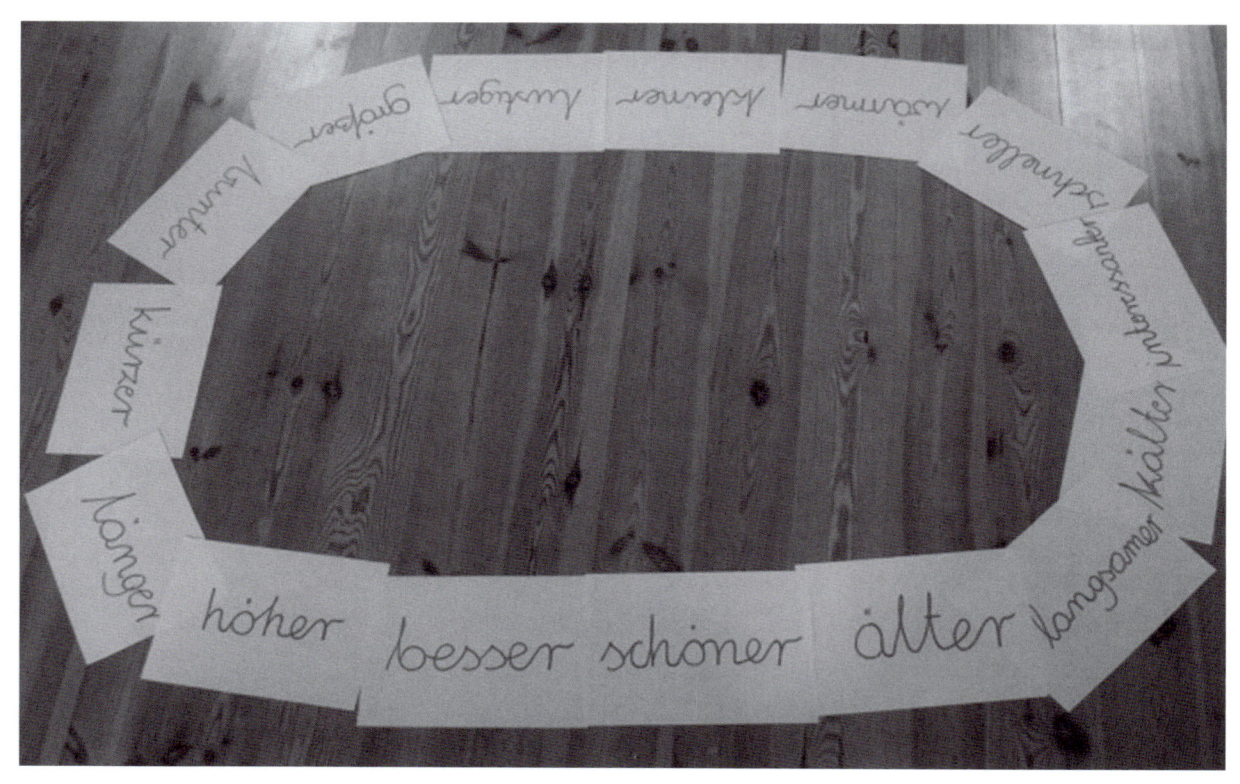

Adjektive in Bewegung bringen

sein – Kreativität steht im Vordergrund. Wenn von den Kindern Blödelsätze produziert werden dürfen, macht ihnen die Übung viel Spaß, z. B. „Die Kreide ist schöner als der Ball.", „Die Puppe ist wärmer als der Radiergummi".

Beispiel 3 – Bei mir ist es anders – Vermittlung von Präpositionen

Hierzu kann ein Bild von einem Kinderzimmer (z. B. aus einem Möbelhaus-Prospekt oder aus dem Internet) als Einstieg dienen. Die Lehrkraft erzählt kurz, was in dem Zimmer zu sehen ist, und fragt anschließend die Kinder, was wo steht. Dieser Teil sollte nicht allzu lange dauern. Es ist wichtig für die Motivation, dass die Kinder nicht über anonyme, ihnen unbekannte Personen sprechen (wie hier ein Zimmer von einer fremden Person), sondern dass sie die Möglichkeit bekommen, Persönliches in den Lernprozess einzubringen. Durch ganz einfache Fragen, wie z. B. „Wie ist es bei dir?", „Sieht dein Zimmer ähnlich aus?", „Hättest du gerne auch so ein Zimmer?" schaffen wir Bezüge zur persönlichen Erfahrungswelt der Kinder. Anschließend oder als Hausaufgabe können die Kinder Collagen zu eigenen (Traum-)Zimmern erstellen. Die einzelnen Möbelstücke können aus Prospekten von Möbelhäusern ausgeschnitten und auf ein Blatt Papier geklebt werden. In einer weiteren Deutschstunde lassen wir die Kinder über ihre Zimmer erzählen.

Die Präpositionen lassen sich auch sehr gut mit einem Würfel üben. Wir können die Würfel selbst herstellen oder die Kinder bitten, zu Hause auf den Würfelschablonen auf jedes Quadrat etwas aus jeweils einer Kategorie (z. B. Möbel, Präpositionen, Spielzeug) zu zeichnen.

Die Lerner gehen durch den Raum und versuchen, sich möglichst viele Details einzuprägen. Sie setzen sich dann in einen Kreis, und es wird der Reihe nach gewürfelt. Die Aufgabe ist, ein Detail aus dem Raum im Zusammenhang mit dem gewürfelten Bild zu gebrauchen. Wurde „Schrank" gewürfelt, kann z. B. gesagt werden, was im Raum neben dem Schrank steht, was sich in/auf/unter dem Schrank befindet. Wird z. B. ein Spielzeugauto gewürfelt, so muss sich das Kind daran erinnern, wo sich das Auto im Raum befindet.

Es gibt wohl kaum eine sprachliche Struktur, die sich spielerisch, durch Bewegung, nicht einüben ließe. Deshalb überfordern wir die Kinder nicht mit Theorie, sondern lassen sie sprachlich handeln. Viel Spaß bei der Gestaltung und Durchführung der Aufgaben!

Was tun mit Grammatik?

Arbeitsblatt 1

Sieh dir die Bilder an. Was kann man während des Tages machen? Was machst du, wenn du vom Kindergarten/von der Schule nach Hause kommst? Male neben jede Tätigkeit, die du gerne machst, einen Smiley.

Was tun mit Grammatik?

Arbeitsblatt 2 – Würfelspiel

Was tun mit Grammatik?

Beate Müller-Karpe

Grammatik kann „tierisch" Spaß machen – Spielideen für die Primarschule

Mithilfe von ein paar Tierbildern lassen sich leicht Spiele herstellen, die den Unterricht beleben und mit denen – wie nebenbei – auch wichtige sprachliche Strukturen eingeübt werden können.

Mit diesen Abbildungen habe ich einen Würfel, ein Spielfeld, ein Tierdomino, Tierkarten und ein Tierbild gebastelt, die in den Sprachunterricht integriert werden können:

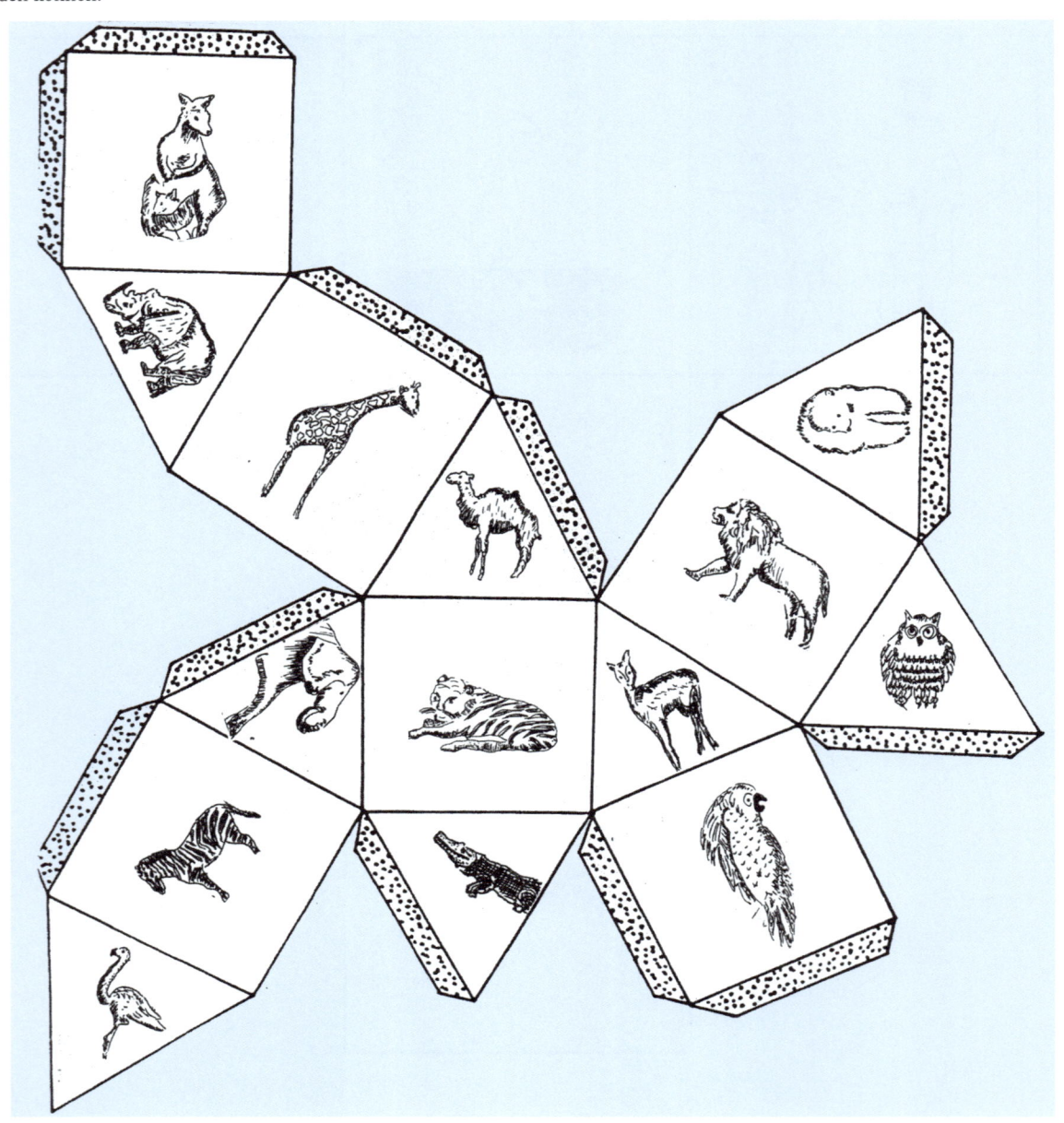

Was tun mit Grammatik?

Übungen mit dem Tierwürfel

1. Es wird zweimal gewürfelt. Die gewürfelten Tiere werden dann miteinander verglichen, z. B.: „Das Känguru springt höher als der Löwe." Die Adjektivkarten können offen ausgelegt werden und helfen beim Sätzebilden.

hoch	tief	weit	groß	klein	schnell
langsam	dick	dünn	stark	schwach	wenig
viel	gut	schlecht	dumm	laut	leise

2. Es werden ein Tier gewürfelt, eine Adjektivkarte gezogen und ein Satz gebildet.
   Z. B.: „Die Eule frisst kleine Tiere." Oder: „Die dicke Eule schläft."

3. Es werden ein Tier gewürfelt, eine Karte mit einem (trennbaren) Verb gezogen und ein Satz gebildet.

abschneiden	einschlafen	ankommen	aufmachen	zuschließen
aufstehen	aufwachen	hinausgehen	hinunterschlucken	hinwerfen
hinstellen	umdrehen	weggehen	hinlegen	zuschauen

Z. B.: „Der Löwe schläft ein."

Übungen mit den Tierkärtchen

1. Imperativ: Das erste Kind zieht eine (verdeckte) Tierkarte, das zweite eine Verbkarte, das dritte bildet dazu einen Satz mit der Befehlsform, z. B. „Schleiche wie ein Tiger!", das vierte Kind macht es vor und zieht die nächste Tierkarte.

2. Sätze bilden: Das erste Kind zieht eine Tier- und eine Verbkarte und bildet einen Satz mit einer Ergänzung, z. B.: „Der Tiger schleicht durch den Wald." Wenn der Satz richtig ist, bekommt es die Karten, und das nächste Kind ist an der Reihe. War der Satz nicht richtig, werden die beiden Kärtchen unter die entsprechenden Stapel geschoben.

Was tun mit Grammatik?

Übungsideen mit dem Spielfeld

Es wird gewürfelt. Wer auf ein Tierfeld kommt, zieht eine Verbkarte oder eine Adjektiv-Adverbkarte und bildet einen Satz.

singen	liegen	brüllen
gehen	stehen	schreien
laufen	schlafen	sich stellen
hüpfen	schleichen	sich legen
springen	sich setzen	sich strecken
schnell	wenig	leise
klein	schwach	laut
groß	stark	dumm
weit	dünn	schlecht
tief	dick	gut
hoch		
langsam		
viel		

Übungsideen mit Dominokarten

Der _____ lebt in Asien. Es ist ein schönes, aber gefährliches Raubtier.		Der _____ ist groß und grau und er lebt in Afrika und in Asien.	
Das _____ lebt im Wald. Es ist braun und es frisst Gras.		Das _____ lebt in Australien. Es trägt sein Baby in einem Beutel.	
Die _____ ist ein Vogel. Sie ist in der Nacht aktiv und jagt kleine Tiere.		Der _____ ist ein exotischer Vogel. Er lebt im Urwald.	
Das _____ lebt am Wasser und ist rosa.		Die _____ lebt in Afrika in der Savanne. Sie hat einen langen Hals und lange Beine.	
Der _____ lebt in der Arktis, wo es sehr kalt ist. Er hat ein dickes, weißes Fell.		Das _____ ist grau und sehr schwer und stark. Es lebt in Afrika und in Asien.	
Das _____ sieht aus wie ein Pferd. Es hat weiße und schwarze Streifen und lebt in Afrika.		Der _____ ist der König der Tiere. Er lebt in Afrika.	
Das _____ lebt am und im Wasser. Es ist grün und gefährlich.		Der _____ ist mit den Menschen verwandt.	

Mit den Tierbildern können auch eigene Dominospiele hergestellt werden.

Dabei sollen diese Karten nur als Anregungen dienen. Durch Schülerzeichnungen zu aktuell anstehenden Themen werden die Herstellung der Spiele und das anschließende Spielen (Üben) noch erfolgreicher.

Einige Beispiele für Grammatik-Dominospiele:

Sätze mit Akkusativobjekt
Ich kaufe – ein Buch. Du trinkst – einen Saft. Ihr findet – den Weg.

Infinitiv – Partizip Perfekt
lesen – gelesen, suchen – gesucht, essen – gegessen

Adjektiv – Substantiv
groß – die Größe, heiß – die Hitze, warm – die Wärme

Verb – Substantiv
fahren – der Fahrer, hören – der Hörer, singen – der Sänger

Präsens – Präteritum
ich werfe – ich warf, du bist – du warst, er geht – er ging …

Singular – Plural
das Buch – die Bücher, der Wald – die Wälder, die Schülerin – die Schülerinnen

Aktiv – Passiv
Er isst den Apfel. – Der Apfel wird von ihm gegessen. Ich putze das Fenster. – Das Fenster wird von mir geputzt.

Objektersatz Akkusativ
Er trinkt den Kakao. – Er trinkt ihn. Sie kocht den Pudding. – Sie kocht ihn.
Schält ihr die Äpfel? – Ja, wir schälen sie. Siehst du den Baum? – Nein, ich sehe ihn nicht.

Objektersatz Dativ
Sie gibt Marco das Heft. – Sie gibt ihm das Heft. Wir schreiben den Großeltern. – Wir schreiben ihnen.

Was tun mit Grammatik?

Übungsidee mit dem Bild

Ein Vogel aus festem Papier wird an einem Holzstäbchen befestigt. Er wird von einem Schüler/einer Schülerin an eine Stelle des vergrößerten oder durch Folie projizierten Bildes gehalten. Das Kind stellt eine Frage dazu, z. B.: „Wo ist der Vogel? Ist der Vogel hinter dem Löwen?" Oder: „Wohin fliegt der Vogel? Fliegt er hinter das Känguru?"

Eine Liste der Wechselpräpositionen, die mit Akkusativ oder Dativ verwendet werden, eventuell mit Beispielsätzen, hilft bei der Übung.

auf	unter	über	vor	hinter
zwischen	neben	an	in	

Was tun mit Grammatik?

Ein Gedicht, das sich garantiert reimt und bei dem du die Partizipien übst.

Schreib einen Text. Ergänze die Zeilen immer so, dass sie zum Reimwort passen.

	gefangen
	gegangen
	angekommen
	mitgenommen
	gefragt
	gesagt
	gemacht
	gelacht
	gebissen
	ausgerissen
	gesprungen
	gelungen
	gewesen
	gelesen
	bekommen
	aufgenommen
	versteckt
	entdeckt

Mein Vorschlag:

Das Schwein

ein Gedicht mit Partizipien

Der Bauer hat ein Schwein gefangen
und ist mit ihm zum Markt gegangen.
Der Metzger ist auch angekommen
er hätt' das Schwein gern mitgenommen.
Erst hat er nach dem Preis gefragt.
Den hat der Bauer ihm gesagt.
So war der Kauf bald ausgemacht,
da hat das Schwein vergnügt gelacht.
Es hat den Metzger kurz gebissen
und ist dann blitzschnell ausgerissen.
Ins nächste Haus ist es gesprungen.
So ist ihm seine Flucht gelungen.

Ida und Uwe sind im Zimmer gewesen
und haben ihre Bücher gelesen.
Sie haben einen großen Schreck bekommen,
doch dann haben sie das Schwein aufgenommen.
Sie haben es im Bad versteckt
und so hat niemand es entdeckt.

Was tun mit Grammatik?

Partizip Perfekt

Setze das Partizip Perfekt ein. Wie heißt der Lösungssatz?

1. werden
2. brechen
3. verlieren
4. haben
5. gehen
6. singen
7. beginnen
8. hängen
9. rennen
10. treten
11. reiten
12. umziehen
13. gießen
14. greifen
15. brennen
16. sein
17. bringen
18. ziehen
19. unterschreiben
20. vorbeigehen
21. essen
22. wissen
23. umziehen
24. einkaufen
25. aufwachen
26. hereinkommen
27. stehen
28. ankommen
29. liegen
30. schreien
31. vergessen
32. nennen
33. stinken
34. fliegen
35. treffen
36. abschreiben
37. besitzen
38. steigen
39. streichen
40. ausgehen

Annette Meyer

Grammatik kinderleicht?

Musikalische und szenische Dialoge zur Übung und Festigung sprachlicher Strukturen

Im folgenden Beitrag geht es zum einen um die Vorstellung zweier szenischer Spiele, in denen grammatische Zielstrukturen eingebunden sind und realisiert werden, ohne dass das Augenmerk der Kinder vornehmlich auf diese gerichtet ist. Zum anderen werden grundlegende Ausgangspunkte aufgezeigt, die dabei hilfreich sein können, aus bereits vertrauten Liedern, Spielen oder Geschichten eigenes sinnvolles und lebendiges „Übungsmaterial" zu entwickeln.

Die sieben Geißlein

„Die sieben Geißlein" ist ein kleines szenisches Kreisspiel. Bevor man es mit den Kindern spielt, sollte das Märchen vorgelesen oder erzählt und besprochen werden. Auch dass es sich bei Geißlein um Ziegen handelt, sollte zuvor geklärt werden. Es ist ein dialogisches Spiel, in dem die Textanteile der einzelnen Figuren festgelegt sind und in dem es zu vielen ritualisierten Wiederholungen festgelegter Formulierungen und Strukturen kommt. Genutzt wird dabei die Darstellung, wie und wo sich alle sieben Tiere verstecken.

Zunächst einmal der Ablauf:
- Folgendes wird gebraucht:
    - entweder ein geschlossener Kreis oder ein Halbkreis, sodass Letzterer als „Bühne" genutzt werden kann
    - Karten mit den Zahlen von 1–7, die mit Bändern versehen sind, welche den „Geißlein" umgehängt werden, wobei die 1 für das älteste Geißlein steht und die 7 für das jüngste
    - Außerdem braucht man noch Bilder – selbst gemalte der Kinder oder Fotos o. Ä. – von Gegenständen einer Wohnung: ein Bett, ein Tisch, ein Stuhl, ein Schrank, eine lange Gardine, eine Kommode, eine Standuhr als Standardausstattung. Bei einer Erweiterung des Spiels können später auch noch andere Möbel oder Gegenstände die bereits bekannten ersetzen. Jedes der Kinder erhält ein beliebiges dieser Bilder, bis auf das siebte „Geißlein", das auf jeden Fall die Standuhr erhält.
    - eine große Decke oder ein großer Reifen. Eines von beiden dient bei dem Spiel als Ort, wo der Wolf die Geißlein gefangenhält.

Bild zur Einstimmung in das szenische Spiel

- Zu Beginn des Spiels gibt ein Erzähler eine kleine Einleitung. Die Rolle eines Erzählers kann entweder von der Erzieherin oder der Lehrerin übernommen werden, was sich in der Phase des Kennenlernens und der Einübung des Spiels empfiehlt, oder sie kann von einem weiteren Kind eingenommen werden, das sich diese Aufgabe bereits zutraut und Freude daran hat.
- In der Mitte des Kreises oder des „Bühnenbereichs" stehen alle sieben Geißlein beieinander. Eine etwas entferntere Stelle wird imaginär als „Tür" festgelegt. Dort steht der Wolf. An einer weiteren Stelle liegt die Decke oder der Reifen.
- Der Erzähler beginnt: „Die sieben Geißlein warteten nun schon lange auf ihre Mutter und hatten es schon zweimal geschafft, den Wolf fortzuschicken. Sie hatten Angst, dass der Wolf wiederkommen würde. Sie beschlossen, sich zu verstecken, falls der Wolf es schaffen würde, durch die Tür zu kommen. Das älteste Geißlein fragte nacheinander alle seine Geschwister, wo sie sich verstecken wollten."

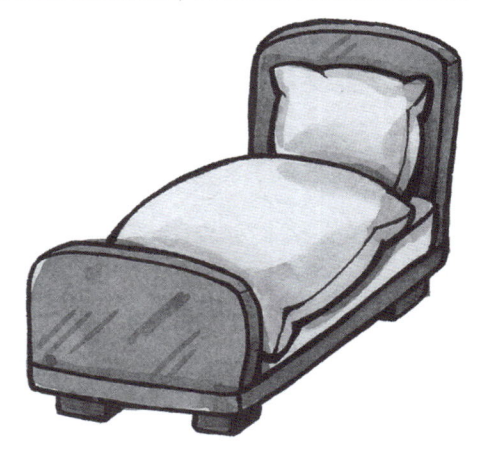

Was tun mit Grammatik?

Zeichnungen: Hariet E. Roth © Goethe-Institut

- Das Spiel der Kinder: Das älteste Geißlein (Nr. 1) fragt jedes der Geißlein: „Wo versteckst du dich?" (Alternativen: „Wo wirst du dich verstecken?" oder „Wo willst du dich verstecken?") Und jedes der gefragten Geißlein antwortet: „Ich verstecke mich ...", wobei das betreffende Kind entsprechend seiner Abbildung vom Möbel o. a. sein Versteck benennt, also: „Ich verstecke mich unter dem Bett/ unter dem Tisch/unter dem Stuhl" oder „im Schrank/ hinter der Gardine/in der Kommode/in der Standuhr" (Alternative: „Ich werde mich ... verstecken").
- Der Erzähler setzt wieder ein: „Und der Wolf kam tatsächlich. Alle Geißlein versteckten sich, so schnell sie konnten."
- Die Kinder verteilen sich vor den Füßen der Kinder im Sitzkreis und legen ihre Karte mit der Abbildung vom Möbelstück vor sich hin.
- Der Wolf muss am Anfang abgewandt von den Kindern stehen oder sich die Augen zuhalten, sodass er die Karten nicht sehen kann. Er fragt dann: „Geißlein 1 (Geißlein 2, 3, ...), hast du dich *im Schrank* versteckt?"
- Geißlein 1 (Geißlein 2, 3, ...) antwortet entsprechend seiner Karte entweder:
  - „Nein, ich habe mich nicht *im Schrank* versteckt. Du findest mich nie." (Alternative: „Du wirst mich nie finden") oder
  - im Falle, dass das genannte Möbel zutrifft: „Oh je! Jetzt hat der Wolf mich gefunden. Oh je! Er wird mich fressen."
- Ein „gefundenes" Geißlein geht auf die Decke bzw. in den Reifen.
- Nachdem der Wolf alle gefragt hat, beginnt er, alle imaginären „Möbel" etc. bis auf die Standuhr imaginär zu öffnen und die übrig gebliebenen Geißlein herauszuziehen und sie auf die Decke oder den Reifen zu bringen, wo die Kinder sich hinknien. Der Wolf legt sich davor und schläft ein.
- Die Kinder im Kreis sagen im Chor: „Nur das siebte Geißlein fand der Wolf nicht." Es war in der Standuhr und zitterte. Doch dann kommt die Mutter Geiß und das 7. Geißlein sagt den Reim: „Ich habe mich so gut versteckt. Der Wolf hat mich nicht entdeckt. Aber meine Brüder (alternativ: Schwestern oder Geschwister), alle gingen in seine Falle."

Ich überlasse es Ihnen, ein gutes Ende zu entwickeln. Denn das Spiel ist nur ein Beispiel für viele andere mögliche Spiele, die man selbst entwickeln kann. Und das vorgestellte Spiel „Die sieben Geißlein" ist frei für mannigfaltige Variationen, vor allem auch im Hinblick auf die Veränderung der Zielstrukturen nach eigenem Bedarf oder Erweiterungen aller Art.

Die Zielstrukturen in diesem Spiel sind, wie leicht zu erkennen ist, zum einen die Konjugation in der ersten und zweiten Person Präsens zusammen mit dem entsprechenden Personalpronomen im Akkusativ: versteck**st dich** ... – versteck**e mich**, wobei Ersteres in der Frageform eine andere Reihenfolge aufweist als in der Antwort: (Wo) versteckst **du** dich? – **Ich** verstecke mich ...

Zum anderen werden Präpositionen wie **unter – in – hinter** genutzt und als räumliche Information erlebbar. Wichtig ist hierbei, dass nicht die umgangssprachlich verkürzten Formen wie unterm, hinterm verwendet werden. Im hingegen ist korrekt und sollte daher so verwendet werden, auch wenn es sich um eine Abweichung von der Struktur der getrennten und expliziten Nennung von Artikel und Präposition handelt.

Damit sind wir beim dritten grammatischen Thema angelangt, nämlich den Artikeln und deren Veränderung im Zuge eines Kasuswechsels: Hier wird für die Kinder hörbar, dass unabhängig von der jeweiligen im Kontext verwendeten Präposition **das Bett** zu **dem Bett** wird, **die Gardine** zu

der Gardine oder bei Nomen mit dem Artikel „der", eben **der** sich zu **den** wandelt. Am Fall von in und an kann erfahren werden, dass Artikel und Präposition zusammengezogen werden und verschmelzen. Wenn man es in der Einführungsphase für notwendig hält, zunächst nur einen Typ der Artikel-Präposition-Kombination deutlich werden zu lassen, kann man darauf gut durch eine gezielte Auswahl der Einrichtungsgegenstände mit bestimmten Artikeln und Präpositionen Einfluss nehmen.

Eingebunden aber ist alles in eine lebendige Narration mit sinnvollen semantisch-pragmatischen Bezügen. Somit geht es bei dem Sprechen des Textes nicht um ein isoliertes Einüben von losgelösten Sprachstrukturen, sondern um dialogisches sprachliches Handeln und Kommunizieren.

Szenen dieser und ähnlicher Art bieten sich für einen Aufbau impliziter grammatischer Kompetenz an, die wiederum in der Folge zu einem Entstehen grammatischer Bewusstheit beiträgt. Folgende Vorteile in der Umsetzung zeigen sich:
1. Der Materialaufwand kann gering gehalten werden.
2. Der Schwierigkeitsgrad ist variierbar:
   a. die Länge der Textteile sowie ihre Komplexität
   b. die Anzahl der Zielstrukturen, die im Mittelpunkt stehen sollen
3. Die Szenen sind in vielfältiger Weise variierbar: Wenn es sich anbietet, kann man ein Spiel dieser Art sitzend am Tisch in einer gekürzten Version spielen oder daraus ein kleines Theaterstück mit mehr Requisiten und mit Liedern ergänzt entwickeln bis hin zur Aufführungsreife.
4. Es besteht die Möglichkeit für Kinder, sich einerseits an den vorgegebenen Formulierungen zu orientieren und diese einzuüben und zu festigen, andererseits bieten Szenen dieser Art immer auch Anreiz und Gelegenheit zu eigenen Ideen und Darstellungsanteilen; und das gemeinsame Spiel steht im Vordergrund.
5. Es gibt viele Gelegenheiten, selbst zu sprechen, und noch mehr zum wiederholten Hören der Zielstrukturen. Erfahrungsgemäß sprechen und erzählen Kinder mehr oder weniger große Abschnitte auch über das Kreisspiel hinaus im Zusammenhang mit ihren Freispielaktivitäten.

Die Liste ließe sich noch erweitern, doch die Frage, welche Texte und Spiele sich eignen, um weitere ähnliche Rollen- und Kreisspiele als Pädagoge oder Pädagogin selbst zu entwickeln, ist m. E. in diesem Rahmen wichtiger.

Es müssen nicht immer Märchen oder Geschichten sein, auch Alltagssituationen sind durchaus ergiebig. Aber wie beim Spiel „Die sieben Geißlein" ist es von Vorteil, wenn in einer Geschichte mehrere Personen zur Verfügung stehen, die für Zuschauer und Spieler in plausibler Weise bestimmte Formulierungen wiederholen. Das lässt sich z. B. gut mit den „sieben Zwergen" aus „Schneewittchen" umsetzen, mit den Märchen „Die goldene Gans" oder „Hans im Glück". Ebenso kann man eine Situation als Ausgangspunkt nehmen, in der eine Menge von Menschen in einer Geschichte in einem „Lauffeuer" eine Information weitergibt.

Ausgehend davon kann man den Text dahingehend untersuchen, welche Zielstrukturen eventuell schon vorhanden sind oder sich sinnvoll einbeziehen lassen. Diese können in einem zweiten Schritt dann noch eindeutiger herausgearbeitet werden.

Dies soll anhand eines letzten Beispiels kurz vorgestellt werden. Grundlage ist diesmal ein Duett aus einem amerikanischen Musical, nämlich „Annie get your gun" von 1946, und zwar „Alles, was du kannst, das kann ich viel besser!". Dieses Lied eignet sich sehr gut für die Zielstruktur „Steigerungen" und auch wiederum für die 1. und 2. Person Singular/Präsens.

Der Refrain:
Alles, was du kann**st**, das kann ich besser! Ich **kann** alles viel besser als du.

Kannst du nicht! – Kann ich doch!
Kannst du nicht! – Kann ich doch!
Kannst du nicht! – Kann ich doch! Kann ich doch! Kann ich doch!

Es kann nach einer gemeinsamen Einübungsphase in der Gruppe von zwei Kindern oder auch, um noch mehr Unterstützung zu geben, von zwei Gruppen im „Wettstreit" gesungen werden („Alles, was ihr könnt, können wir besser"). Den Text der Strophen kann man nach eigenen Vorstellungen umgestalten, zum Beispiel:

„Ich laufe **schneller**, viel **schneller als** du! – Ich singe **höher**, viel **höher als** du!" usw.

Kindern im Alter von 4–6 Jahren und älter macht dieser kleine augenzwinkernde Wettstreit viel Freude, und er ist neben der beiläufigen Übung der Zielstrukturen zugleich ein guter Anlass, sich mit den Kindern über das Angeben und das Übertrumpfen zu unterhalten und sich mit ihnen über ihre Gefühle und Erfahrungen auszutauschen.

Entscheidend ist, dass mehrere sprachliche und kommunikative Aspekte Raum bekommen, sodass eine Einbettung in die Sprechanlässe des Alltags besser gelingen kann.

Norbert Hausberg, Werner Nowitzki:

Rumpelstilzchen goes Hip-Hop – mehr als nur ein Märchen

Jeder kennt das Märchen von Rumpelstilzchen und dem Stroh, das auf mysteriöse Weise zu Gold wird. Viele haben es bereits in verschiedensten Versionen aufgeführt gesehen oder gehört: als Puppenspiel, als Video, als Schultheater, als Hörspiel und vielleicht auch in der einen oder anderen Form mit Musik. In Kindergärten, Grundschulen, kommunalen Jugendzentren und kirchlichen Gemeindehäusern.

Rumpelstilzchen goes Hip-Hop (RGHH), ein Projekt von Musicisthelanguage in Zusammenarbeit mit Strings Attached Puppen Theater, ist ein vielseitiges, interaktives, kreatives und nachhaltiges Projekt für Kindergarten und Schule und stellt das traditionelle Rumpelstilzchen in einen völlig neuen Kontext.

Das Projekt bietet eine große Bandbreite an Möglichkeiten, um fremdsprachliche Elemente auf kindgerechte, spielerische und motivierende Weise in den Unterricht zu integrieren. Gruppen, die bislang noch keine fremdsprachlichen Elemente (Deutsch) in ihrem Unterricht kennengelernt hatten, studieren einige für das Stück relevante kurze deutschsprachige Texte ein, die dann später vor Publikum aufgeführt werden können. Auf dem Foto sieht man eine gemischtaltrige Grundschulgruppe aus Neuseeland, überwiegend einsprachig Englisch, die noch niemals vorher mit fremdsprachigen Texten im Unterricht konfrontiert war. Diese Gruppe trägt gerade den Text des berühmten Rumpelstilzchen-Spruchs vor – als Hip-Hop-Song in deutscher Sprache!

Hier rappen Grundschulkinder den Rumpelstilzchen-Spruch

Lerngruppen, die bereits einige Stunden Deutsch hatten, können gezielt lehrplanmäßige fremdsprachliche Lerninhalte erarbeiten und/oder anwenden, die mühelos in das Stück eingebaut werden können. Z. B. könnte man Rumpelstilzchen fragen lassen: „Sag mir 15 gute Gründe, warum die Königin das Baby behalten soll!", und die Schüler geben die Antworten auf Rumpelstilzchens Frage: „Die Königin soll das Baby behalten, weil die Königin nun mal die Mutter des Babys ist."

Ausgehend von dem Originaltext kann man folgende eigenständige Projekte oder Teilprojekte erarbeiten, die alle gemeinsam haben, dass sie vielfältigste und lebensnahe Sprech- und Schreibanlässe bieten:

- Rumpelstilzchen vorgelesen
- Hörspiel
- Puppentheater
- Darstellendes Spiel
- Radiofeature
- Video
- Musical
- Songwriting
- Tanzformen

Alle oben genannten Einzelprojekte können auch miteinander kombiniert werden, zeitgleich oder nacheinander. Aus dem vorgelesenen Rumpelstilzchen kann ein Hörspiel entwickelt werden, das dann seinerseits mit Musik untermalt und mit von den Schülern selbst geschriebenen Songs angereichert und zu einem Musical werden kann.

Rumpelstilzchen mit seiner Hip-Hop-Ausrichtung hat einen ausgeprägten pädagogischen Charakter, ohne dabei schulmeisterlich und moralisch belehrend zu wirken. Dadurch wird es möglich, auch „schwierigere" Themen und Inhalte unterrichtlich einzuleiten, zu bearbeiten und/oder zu vertiefen. Jedenfalls bietet die Märchengeschichte dafür genügend Anhaltspunkte, die auch heute noch zeitgemäß und, wenn man sie im Unterricht sorgfältig herausarbeitet, auch allen Schülern aus eigener Lebenserfahrung vertraut sind.

Das Märchen als Stopp-Stück

Rumpelstilzchen goes Hip-Hop wird in der Werkstattversion als sogenanntes *Stopp-Stück* gespielt. An bestimmten Stellen kann das Stück gestoppt bzw. unterbrochen werden, und die Teilnehmer schreiben es von dort weiter und führen ihre Ideen dann auch vor Publikum auf. Hier kann im Grund jeder von den Lehrern oder Veranstaltern gewünschte Inhalt kreativ und nachhaltig eingebaut werden.

Was tun mit Grammatik?

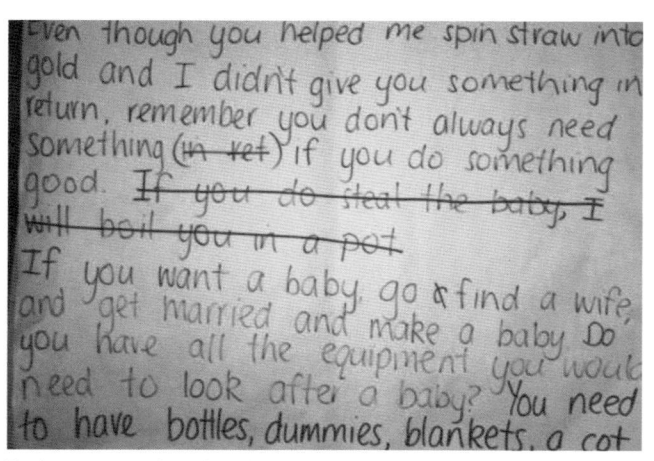

> Even though you helped me spin straw into gold and I didn't give you something in return, remember you don't always need something (in ret) if you do something good. ~~If you do steal the baby, I will boil you in a pot~~
> If you want a baby, go & find a wife and get married and make a baby. Do you have all the equipment you would need to look after a baby? You need to have bottles, dummies, blankets, a cot

Ergebnisse aus einer Stopp-Stück-Werkstatt

Das Foto oben stammt aus einer solchen Stopp-Stück-Werkstatt. Die Werkstattsprache war Englisch, allerdings sollten die Kids den berühmten Rumpelstilzchensong auf Deutsch vorstellen. Eine Gruppe von Fünfjährigen hatte sich mit der Frage auseinanderzusetzen, wie man das Rumpelstilzchen davon überzeugen könnte, dass es der Königin doch nicht das Baby wegnimmt. Man kann den Text, von der Gruppe gesprochen, auf YouTube hören.[13]

Im Folgenden sind einige Stopp-Stellen aufgeführt:

1. **„Representen":** Der Müller „represented" – wie man im Hip-Hop-Jargon sagen würde – seine Tochter. Das heißt, er gibt mit ihrer Schönheit an und prahlt damit, dass sie Stroh zu Gold spinnen könne. Dieses „Representen" ist sehr verbreitet im Hip-Hop. Man kann die Schüler darüber nachdenken und schreiben lassen, ob es solch perfekte Menschen überhaupt gibt. Die Ausgangsfrage könnte sein: „Schreibt Worte oder Begriffe auf, die jemanden oder etwas charakterisieren, der/die/das perfekt ist."

   Als Song kann man z. B. „perfekt" hier einbauen, aus dem Soundtrack „Märchen-Haft".[14] Der Chorus geht so:
   Aber mal ehrlich, da da da da,
   niemand von uns ist ganz perfekt!
   Jeder hat Makel, Ängste, Sorgen,
   Probleme, in denen er nicht gerne steckt.
   Aber mal ehrlich, da da da da,
   niemand von uns ist perfekt gebaut!
   Perfekt geboren, perfekt geworden,
   Perfektion ist nur ein Traum.

2. **Ungewissheit:** Die Müllerstochter wird vom König ins Schloss gerufen, hat aber absolut keine Ahnung davon, was sie im Schloss erwartet. Auf dem Weg zum Schloss denkt sie über ihre Zukunft nach. Diese „inneren Monologe" lassen sich sehr eindrucksvoll in Worte fassen.[15]

3. **Armut, Verarmung:** In dem Märchen klagt der König über sein armes Königreich und dass er unbedingt Geld braucht. Geldmangel als Problem ist heutzutage vielen Menschen überall auf der Welt ein Begriff, und Kinder können hierzu sehr gut Wortlisten und Texte aufschreiben und vortragen, die sich damit auseinandersetzen, was Armut eigentlich bedeutet.

4. **Verzweiflung:** Die Müllerstochter sitzt im Schlosskeller und soll Stroh in Gold verwandeln. Eine unlösbare Aufgabe für einen normalen Menschen. Die natürliche Reaktion darauf ist erst mal ein Zustand tiefer Verzweiflung. Jedes Kind jedes Alters überall auf der Welt kennt diesen Zustand, wenngleich nicht in einem Schlosskeller sitzend, und kann sich dazu kreativ äußern. Der Projektsong dazu heißt „Verzweiflung" und geht so:
   Ich muss hier weg, ich will hier raus,
   zu lang bin ich hier gefang'n.
   Zwischen 4 Wänden im luftleeren Raum,
   verlier langsam den Verstand.
   Und keiner kommt, der mir zur Seite steht,
   schon so lang bin ich hier gefang'n.
   Ich weiß nicht, wie die Zeit vergeht,
   meine Zeit verläuft im Sand.

5. **Reichtum:** Durch die unerwartete Hilfe von Rumpelstilzchen wird der König nun doch steinreich. Dazu machen sich die Schüler wieder Gedanken, ähnlich wie bei ARMUT. Der Chorus des Projektsongs geht:
   Ich bin reich, reich,
   reich wie ein Scheich,
   und du weißt, weißt,
   weißt, was das heißt.

6. **Glück:** Das Königreich ist wieder reich, der König ist glücklich, die Müllerstochter ist Königin und der Thronfolger ist da: Happy End, so scheint es. Und der Song dreht sich um Glück, Familienglück, alles ist wunderbar ...

7. **Versprochen ist versprochen:** sagt das Rumpelstilzchen zu Recht und fordert den vereinbarten Preis, das Baby. Und schon scheint das gerade gewonnene Glück extrem bedroht zu sein! Der Refrain geht so:
   „Versprochen ist versprochen", ist so leicht gesagt, doch
   Versprechen brechen oft gleich danach.
   Wer hat je behauptet, dass es einfach wär,
   ein Versprechen nicht zu brechen, das man einmal gab.

---

13 www.youtube.com/watch?v=5ZMybmlPejE&feature=feedu.
14 Soundtrack Märchen-Haft, erscheint Anfang November 2011 bei Musicisthelanguage Ltd, **www.musicisthelanguage.com**.
15 Man kann sie auch wunderbar durch kleine Videos anregen, wie z. B. mit unserer Brotha M – Marionette auf Video, hier mit einem Beispiel der Anne Frank Gesamtschule in Gütersloh, http://vimeo.com/29391270.

Was tun mit Grammatik?

Auf dem Foto sieht man eine Gruppe von Workshopkindern, die gerade mit der Königin einen Song aufführen, um sie dabei zu unterstützen, ihr Baby behalten zu können. Der Junge rechts versucht, sich zu vergewissern, ob die Königin mit ihrer Aufführung zufrieden ist. Und sie war es – natürlich!

*„Versprochen ist versprochen", ist so leicht gesagt, doch
Versprechen brechen oft gleich danach.
Wer hat je behauptet, dass es einfach wär,
ein Versprechen nicht zu brechen, das man einmal gab,
YEAH!*

8. **Aufgaben:** Rumpelstilzchen hat Mitleid mit der Königin und stellt ihr eine schwierige Aufgabe. Im Originalmärchen verlangt er, dass sie innerhalb von nur drei Tagen seinen Namen herausfinden soll, und das Baby bleibt bei ihr. In der Hip-Hop-Version wird eine echte „Challenge" daraus gemacht, in der das Rumpelstilzchen der Königin Aufgaben stellt. Die Königin wiederum wendet sich um Hilfe an ihre Untertanen, ihre „Homies". Je nach Leistungsniveau der Schüler können bis zu fünf oder sechs verschiedene Aufgaben durch Rumpelstilzchen gestellt werden: Zählt auf Deutsch bis 100! Schreibt einen kurzen Song in deutscher Sprache! Singt euer deutsches Lieblingslied für mich! Lasst zehn Kinder beatboxen! Usw. Als Lehrer kennt man die Talente seiner Kinder und wird mühelos einige interessante Aufgabenstellungen finden können.

Musicisthelanguage hat hierfür ein umfangreiches pädagogisch-didaktisches Materialpaket für die Vorbereitung und Nachbereitung der Aufführungen und Werkstattveranstaltungen produziert, in welchem alle oben genannten Bausteine enthalten sind sowie zehn Originalsongs, einige kleine Videos (ca. zwei Min. lang), die als Sprech- und Schreibanlass dienen.

Faszinierend und aufregend ist es, wenn das einstudierte Werk öffentlich aufgeführt wird. Zuschauer und, noch weitaus stärker, die Werkstattteilnehmer sind aktiv und umfangreich in die Dialogstrukturen dieser Produktion eingebunden.

Dies macht jede Aufführung zu einer Welturaufführung und zu einem extrem spannenden Erlebnis für die Teilnehmer. Falls die Originalproduktion von Musicisthelanguage gebucht wurde, werden die außergewöhnlich ausdrucksstarken, handgeschnitzten Puppen, die das Stück tragen und die einzigartig in der Welt sind, ihren eigenen Reiz ausüben.

Durch den interaktiven, kreativen Ansatz und die Einbeziehung von Puppen kann hier ein substanzieller Beitrag geleistet werden, Entwicklungsbereiche wie sozial-emotionale Kompetenz, Interaktionsfähigkeit, Ausdrucksverhalten, Grob- und Feinmotorik, Koordination, Rhythmik, Alltagsbewältigung, Selbstständigkeit, Kraft und Ausdauer, Handlungskompetenz, psychomotorische Entwicklungsförderung, Wahrnehmungsförderung, Sprachförderung sowie Förderung der Sozialentwicklung und der Selbstständigkeit abzudecken.

„Das Übertragen von nicht verarbeiteten, ängstigenden Gefühlen auf die Puppe und das Aussprechen und Agieren dieser Gefühle über die Puppe ängstigt Kinder (und oft nicht nur diese!) sehr viel weniger als das direkte Aussprechen und Ausagieren im Psychodrama [...] Eine Puppe nimmt mir nicht nur vieles ab – hinter ihr kann ich mich auch gut verstecken! Sie nimmt die Angst vor Beobachtung; sie kann aber auch Dinge sagen, die wir uns sonst nie zu sagen trauen würden: Sie kann ungezügelte Wut äußern und ungezügelte Wut aushalten, aber auch den Mut geben, die Bedürfnisse nach Nähe und Zärtlichkeit deutlich zu machen oder auszuleben."

Die *Rumpelstilzchen-goes-Hip-Hop*-Homepage erreicht man unter **www.rumpelstilzchengoeshiphop.com**
Das *Strings Attached Puppentheater* von Norbert Hausberg ist lustig: **www.stringsattachedpuppentheater.com**

Werner Nowitzki

Grammati-Kuss – Grammatiklernen kreativ mit Rap-Musik

Wer sagt denn, dass Grammatikübungen langweilig sein müssen? Die neuseeländische Agentur Musicisthelanguage Ltd[1] zeigt, dass es auch anders gehen kann, und gibt mit *Grammati-Kuss* eine kreative interaktive musikalische Alternative und Ergänzung zum bestehenden Lehrmittelportfolio im Bereich Deutsch als Fremdsprache heraus.[2] *Grammati-Kuss* besteht aus einer CD mit 10 Originalsongs, einem Lehrerhandbuch sowie einem persönlichen Zugangscode zum internen Bereich der Homepage mit neuen Ideen und Anregungen für den Unterricht. In diesem Beitrag werden *Grammati-Kuss* und einige der methodisch-didaktischen Aspekte vorgestellt.

Der Lückensong

Jeder DaF-Lehrer (und Schüler auch!) kennt die sogenannten Lückentexte – Arbeitsblätter mit Texten, in denen Lücken gefüllt werden müssen, indem eine (hoffentlich) richtige Lösung eingefügt wird.

Musicisthelanguage hat dieses Konzept des Lückentextes auf die Musik und die Lieder seines *Grammati-Kuss*-Projektes übertragen, und die 10 Songs auf der CD sind demzufolge keine „normalen" Songs, sondern „Lückensongs". Die Musik und der Chorus/Refrain sind vorgegeben, aber die Strophen warten darauf, von den Schülern geschrieben zu werden. Jedes der zehn Lieder ist einem speziellen grammatischen Schwerpunkt gewidmet, und der Chorus oder Refrain des jeweiligen Songs bringt diesen Schwerpunkt eindeutig zum Ausdruck.

Diese erste Ausgabe widmet sich so unterschiedlichen Themen wie

- den drei grammatischen Geschlechtern und ihren Artikeln im Deutschen,
- den Zahlen von 1–20,
- den Zahlen von 21–100,
- der Verbkonjugation im Präsens Indikativ,
- den Hilfsverben haben und sein,
- den Präpositionen mit dem Dativ,
- den Präpositionen mit dem Akkusativ,
- der Wortstellung im Hauptsatz,
- den Modalverben sowie
- dem deutschen Alphabet.

In erster Linie ist *Grammati-Kuss* nichts weiter als gute Musik – Musik, die Schüler, Eltern und Lehrer gerne hören mögen. Musik, die von zwei der besten deutschen Rap-Musikern geschrieben und eingespielt wurde. Anders ausgedrückt: Der große Erfolg, den die verschiedenen Erprobungen von Grammati-Kuss in DaF-Seminaren und Schülerveranstaltungen hatten[3], lag zu einem großen Teil an der für Grammatikunterricht eher unüblichen „fetzigen" Musik. Die Musik und die Texte sind auf keinen Fall „kindisch", auch wenn sich die Songs an alle Altersstufen und Lernniveaus richten. Vielmehr üben die authentische Musik und die guten Texte des Refrains eine so starke Anziehungskraft auf Kinder und Erwachsene aus, dass man unbedingt die Lücken in den Songstrophen füllen möchte.

Und genau dort fängt die Arbeit der Lehrkraft an. Wie können die Schüler die Textlücken in den Strophen füllen? Ich will dies verdeutlichen am Beispiel des Artikel-Songs.

Der Chorus oder Refrain des Artikelsongs ist sprachlich einfach und einprägsam gehalten und lautet:

(4x)
Der, der, die, die, das –
das sind die drei Artikel

Der Song besteht aus drei Strophen-Lücken mit je 16 Takten, der Chorus wird viermal gespielt: als Intro und Outro sowie zwischen den Strophen 1 und 2 bzw. 2 und 3. Je nach Leistungsstand können die Strophen mit aufsteigendem Schwierigkeitsgrad verfasst werden. Anfänger werden einfach Wortlisten rappen, z. B. Paare, bestehend aus Artikel und Nomen (der Stift, der Stuhl, die Tafel, der Füller ...). Die erste Strophe kann die „der"-Strophe werden, die zweite die „die"-Strophe

---

[1] www.musicisthelanguage.com
[2] Der Veröffentlichungstermin für die erste Ausgabe von Grammati-Kuss ist am 09. April 2010 in einer Feierstunde am Goethe-Institut Toronto.
[3] Verschiedene Elemente von Grammati-Kuss wurden erprobt in Musicisthelanguage-Veranstaltungen u. a. in Togo, Kanada, Australien, Neuseeland, Deutschland und Tadschikistan.

Was tun mit Grammatik?

und die dritte entsprechend die „das"-Strophe. Fortgeschrittene Lerner können sich komplexeren Strukturen widmen, und man kann dann auch die unbestimmten Artikel dazunehmen oder sogar ganze Sätze schreiben und rappen lassen. Der professionellen Fantasie der Lehrkraft sind hier keine Grenzen gesetzt.

Nachdem die Strophentexte fertig bearbeitet sind, kommt es zur Aufführung der Schülersongs. Man spielt den entsprechenden Song von der CD, und die Schüler üben zunächst einmal, ihre Texte oder Wortlisten auf den Beat zu sprechen. Es ist noch kein Meister vom Himmel gefallen, aber mit ein wenig Enthusiasmus und Übung klappt es dann schon recht schnell.[4] Das *Grammati-Kuss*-Handbuch enthält hierzu eine Fülle von Anregungen und praktischen Hilfestellungen für die Lehrkraft.

Wer es bei einer einfachen Aufführung der Songs vor der Klasse nicht belassen und noch einen Schritt weitergehen möchte, der/die kann die Schülersongs dann auch aufnehmen und als mp3 oder als Video weiterverarbeiten. Das kleine Hörbeispiel in der Fußnote 4 wurde z. B. mit Audacity und einem Laptopcomputer aufgezeichnet.

Zum Projekt werden Fortbildungsveranstaltungen sowie Schülerworkshops angeboten.

Weitere Informationen und eine Kontaktmöglichkeit zu Grammati-Kuss finden sich auf der Musicisthelanguage-Homepage **www.musicisthelanguage.com**.

---

[4] Wer ein Beispiel aus einem Schulworkshop hören möchte, gehe bitte auf http://www.musicisthelanguage.com/fileadmin/derdiedas.mp3.

Edit Morvai

Was haben wir heute gelernt? Wie Kinder darüber denken

Vor gut zwanzig Jahren hat Hans-Eberhard Piepho, der durch seine Publikationen und fortbildnerische Tätigkeit die kommunikative Wende im Fremdsprachenunterricht in zahlreichen Ländern, so auch in Ungarn, entscheidend mitgeprägt hat, in einer Deutschlehrerfortbildung in Budapest behauptet: Der beste Grammatikunterricht sei der, den man nicht merkt. Und damit uns klar wird, wie er das meint, improvisierte er eine unterhaltsame Unterrichtssequenz mit witzigen Zeichnungen und spannenden Inhalten. Er verstand es, das Publikum in seinen Bann zu ziehen. Es war aber nicht nur seine Persönlichkeit, die uns mitgerissen hat. Seinen Zugang zur Sprache fanden wir genauso originell wie ihn selbst, und wir fühlten uns durch ihn motiviert, unsere damals noch eindeutig nach der traditionellen Grammatik-Übersetzungs-Methode ausgerichtete Unterrichtspraxis zu hinterfragen und nach neuen Wegen zu suchen. Inzwischen haben wir gelernt, so wie Piepho dafür plädiert hat, die Grammatik aus „fertigen" Texten zu gewinnen und nach einer Übungsphase möglichst bald in neue, schülereigene Texte einzubauen.[1] Wir wissen auch, wie wir Schüler dazu anleiten können, dass sie die Grammatikregeln selbst entdecken[2] und wie man Grammatikübungen erfolgreich in den Dienst der Entwicklung der kommunikativen Kompetenz der Schüler stellt[3]. Auch wenn das alles heute bereits integraler Teil unserer Arbeit ist, lohnt es sich jedoch immer wieder, kurz innezuhalten und das eigene Handeln zu reflektieren. Dabei sind Rückmeldungen der Schüler und Schülerinnen besonders hilfreich.

Wir haben vor Kurzem mit einer Kollegin, Julianna Thomann, Deutschlehrerin an einer Budapester Grundschule[4], eine Unterrichtseinheit geplant, sie in einer ihrer Schülergruppen verwirklicht und anschließend die Kinder nach ihrer Meinung gefragt. Wir wollten wissen, ob wir es schaffen, einen Grammatikunterricht zu machen, den man nicht merkt bzw., was uns wichtiger erschien, den Grammtikunterricht so zu gestalten, dass den Lernenden klar wird, dass Grammatik kein Selbstzweck ist, sondern ein Mittel, um Sprache zu verstehen und selbst zu produzieren.

Als Ausgangstext haben wir das Gedicht „Hausspruch" von Gina Ruck-Pauquèt gewählt.

> In meinem Haus,
> da wohne ich,
> da schlafe ich,
> da esse ich.
> Und wenn du willst,
> dann öffne ich
> die Tür
> und lass dich ein.
> In meinem Haus,
> da lache ich,
> da weine ich,
> da träume ich.
> Und wenn ich will,
> dann schließe ich
> die Tür
> und bin allein.

Wir haben das Gedicht mit den Schülerinnen und Schülern einer fünften Klasse (11–12 Jahre) in folgenden Schritten bearbeitet:

Schritt 1: Nach einer kurzen Einführung sollten die Kinder in Kleingruppen das auseinandergeschnittene Gedicht rekonstruieren. Während der Arbeit haben wir sie unterstützt, indem wir sie bei Bedarf auf die Textsortenmerkmale aufmerksam gemacht haben.

Schritt 2: Die Kinder haben ihre Textversion mit dem Original verglichen, Abweichungen wurden thematisiert.

Schritt 3: Die Kinder haben den Originaltext im Chor mehrmals laut vorgelesen und ihn durch passende Bewegungen begleitet. Wir haben ihnen beim Textverständnis dadurch geholfen, dass wir mitgespielt haben. Unklarheiten wurden gemeinsam geklärt.

---

1 Vgl. Piepho, Hans-Eberhard (1994): Grammatik in der Primarstufe. Piephos Pfiffigkeiten zum frühen Fremdsprachenlernen, München.
2 Vgl. Funk, Hermann/Koenig, Michael (1999): Grammatik lehren und lernen. München.
3 Vgl. Neuner, Gerhard/Krüger, Michael/Grewer, Ulrich (1996): Übungstypologie des kommunikativen Fremdsprachenunterricht, München.
4 Bókay-Árpád-Grundschule Budapest.

Was tun mit Grammatik?

Schritt 4: Durch Zuruf haben wir an der Tafel Tätigkeiten gesammelt: Was kann man alles in seinem Haus noch machen?

Schritt 5: Die Schülerinnen und Schüler haben das Gedicht als Lückentext erhalten. Sie sollten die Lücken mit selbst gewählten Tätigkeiten füllen. Dabei konnten sie Wörter von der Tafel wählen oder eigene neue Wörter finden. Während der Arbeit haben wir sie unterstützt, damit sie ihre Gedanken grammatisch richtig formulieren konnten. Dabei haben wir sie immer wieder auf Satzbau und Verbformen im Originaltext aufmerksam gemacht.

> In meinem Haus,
> da _____ ich,
> da _____ ich,
> da _____ ich.
> Und wenn du willst,
> dann öffne ich
> die Tür
> und lass dich ein.
> In meinem Haus,
> da _____ ich,
> da _____ ich,
> da _____ ich.
> Und wenn ich will,
> dann schließe ich
> die Tür
> und bin allein.

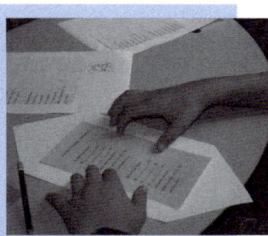

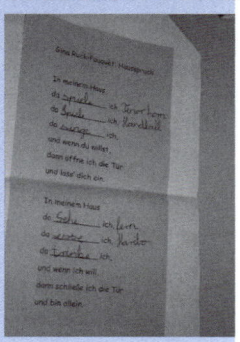

Schritt 6: Die fertigen Texte wurden zum Lesen an die Wand gehängt. Kinder, die wollten, konnten ihren Text vortragen.

Abschließend haben wir alle gebeten zu sagen, was sie ihrer Meinung nach in der Unterrichtseinheit gelernt bzw. gemacht hätten. Hier ihre Antworten:

Wir haben
- *etwas zum Thema „Haus" gelernt.*
- *ein Gedicht gelesen.*
- *unseren Kopf gebraucht.*
- *logisch gedacht.*
- *neue Wörter gelernt.*
- *geklebt, gespielt.*
- *einen Text mit unseren Ideen ergänzt.*
- *Verben konjugiert.*

In einem anschließenden Gespräch mit dieser und einer weiteren Schülergruppe (12–13 Jahre), deren Deutschlehrerin ebenfalls meine Kollegin ist, habe ich die Kinder nach ihrer Meinung über die deutsche Sprache und die deutsche Grammatik gefragt. Ich wollte auch wissen, ob sie speziell im Bereich Grammatik Lernstrategien anwenden und wie sie zu Fehlern stehen. Die Antworten halten dem Unterricht einen Spiegel vor. Entscheiden Sie, liebe Leserinnen und Leser, ob Ihnen dieser Unterricht gefällt.

Deutsch ist gar nicht schwer. Vielleicht am Anfang ein bisschen. Bis man sich darauf einstellt.

Deutsch macht mir Spaß. Ich mag, dass wir oft in den Stunden spielen.

Deutsch ist leicht, oder vielleicht haben wir nur Glück, dass wir eine so gute Lehrerin haben wie die Frau Thomann.

Ich lerne die Wörter so, dass ich sie auf Kärtchen schreibe. Je nachdem, welchen Artikel ein Wort hat, schreibe ich es mit unterschiedlicher Farbe.

Ich lerne die Artikel so, dass ich sie in meinem Vokabelheft mit verschiedenen Farben markiere.

Angst vor Fehlern? Ich habe keine.

Ich mache Kärtchen in drei verschiedenen Farben. Jeder Artikel hat eine Farbe.

Wir hatten neulich Schüler aus Island in der Klasse zu Besuch. Da haben wir uns mit Händen und Füßen verständigt. Sicher mit vielen Fehlern. Aber es hat geklappt. Und wir haben uns kaputtgelacht.

Ja, manchmal ist es so, dass wir die Regel selbst entdecken müssen. Dani ist dabei immer superschnell. Aber es ist auch schon mal passiert, dass jeder etwas Kluges gesagt hat, und am Ende hatten wir die Regel fertig.

Wir lernen nur selten Grammatikregeln. Aber wir üben viel, z. B. mit Ball oder Würfel. Das macht echt Spaß.

Ja, man kann aus den eigenen Fehlern lernen. Mir ist zum Beispiel schon mal passiert, dass mir bei einer Kontrollarbeit eingefallen ist, was ich in der Stunde falsch gesagt habe.

Deutsch ist leichter als Englisch.

4 Spielen, Spielen, Spielen

Christina Gentzik

Auf die Plätze, fertig, los!

Kreatives Stationenlernen bei Sport und Freizeit

Das Thema im Primarunterricht

„Sport und Freizeit" ist ein klassisches Thema im Fremdsprachenunterricht. Das heißt aber nicht, dass es im Unterricht immer klassisch behandelt werden muss: Schon von seinen Inhalten her inspiriert das Thema zum aktiven und kreativen Sprachenlernen. Damit eignet es sich in besonderer Weise für den Unterricht mit Kindern, zumal es ihrem Lebensalltag entspricht und sie eigene Erfahrungen in den Sprachunterricht einbringen können.

Warum Stationenlernen?

Eine gute Möglichkeit, unterschiedliche Übungsformen miteinander zu kombinieren und ganz verschiedene Lerntypen anzusprechen, ist das Stationenlernen. Hier haben Schüler die Möglichkeit, in Kleingruppen an einzelnen Lernstationen eigenständig und kreativ zu arbeiten, wobei der Lehrer den Schülern als Lernberater unterstützend zur Seite steht. Dadurch dass die Schüler die Aufgaben an den Stationen in Gruppen bearbeiten, können sie sich gegenseitig helfen (soziales Lernen). Der Lerneffekt ist beim Stationenlernen besonders hoch, weil die Schüler sich selbstständig und auf abwechslungsreiche Weise intensiv mit einem Thema beschäftigen (s. Links).

Vorbereitung

Im Folgenden wird eine Reihe möglicher Lernstationen mit Materialbeispielen zum Thema „Sport und Freizeit" vorgestellt, aus denen Lehrer je nach Sprachniveau ihrer Schüler, räumlichen, technischen und zeitlichen Möglichkeiten einzelne Stationen auswählen können. Entsprechend der Klassengröße sollten aber genügend Stationen vorbereitet werden, damit alle Schüler parallel an ihren Stationen arbeiten können.

Um den Schülern die spätere Arbeit an den Stationen zu erleichtern, sollten sie schon in die Vorbereitung mit einbezogen werden. Dafür sprechen ein didaktisches und ein praktisches Argument: Einerseits machen sich die Schüler mit dem Thema und den Übungsformen vertraut, was die spätere Arbeit an den Stationen erleichtert. Andererseits nehmen sie damit dem Lehrer einen Teil der Materialerstellung ab und tragen mit ihren unterschiedlichen Fähigkeiten und Interessen selbst zum Arbeitsprozess bei. Da der Wortschatz und die sprachlichen Strukturen wahrscheinlich nur zum Teil bekannt sind, sollten sie in jedem Fall im Unterricht vorentlastet werden. Die Erstellung der Materialien ist ein geeignetes Mittel zur Vorentlastung: Unter Anleitung des Lehrers erstellen die Schüler die Wort- und Bildkarten für die Stationen. Wie sehr der Lehrer diesen Vorbereitungsprozess steuern und welche Anweisungen (Wortwahl, Gestaltung, Material) er geben muss, hängt von der jeweiligen Klasse, vom sprachlichen Niveau der Schüler und natürlich vom Lernziel ab.

Beispielstationen

Die Arbeitsaufträge können auch in der Muttersprache formuliert oder grafisch dargestellt werden. Falls die Schüler zum ersten Mal an Lernstationen arbeiten, sollten sie die einzelnen Stationen kennenlernen und ausprobieren, bevor die ganze Klasse an mehreren Stationen parallel arbeitet.

Station 1: Elfchen

Material: Briefumschläge mit je elf Wörtern und einem leeren Elfchen-Schema als Vorlage
Arbeitsauftrag (Paare):
- Nehmt euch pro Paar einen Briefumschlag und legt ein Elfchen!
- Lest eure Versionen laut in der Gruppe vor!
- Legt die Wörter zurück in den Briefumschlag!

Elfchen

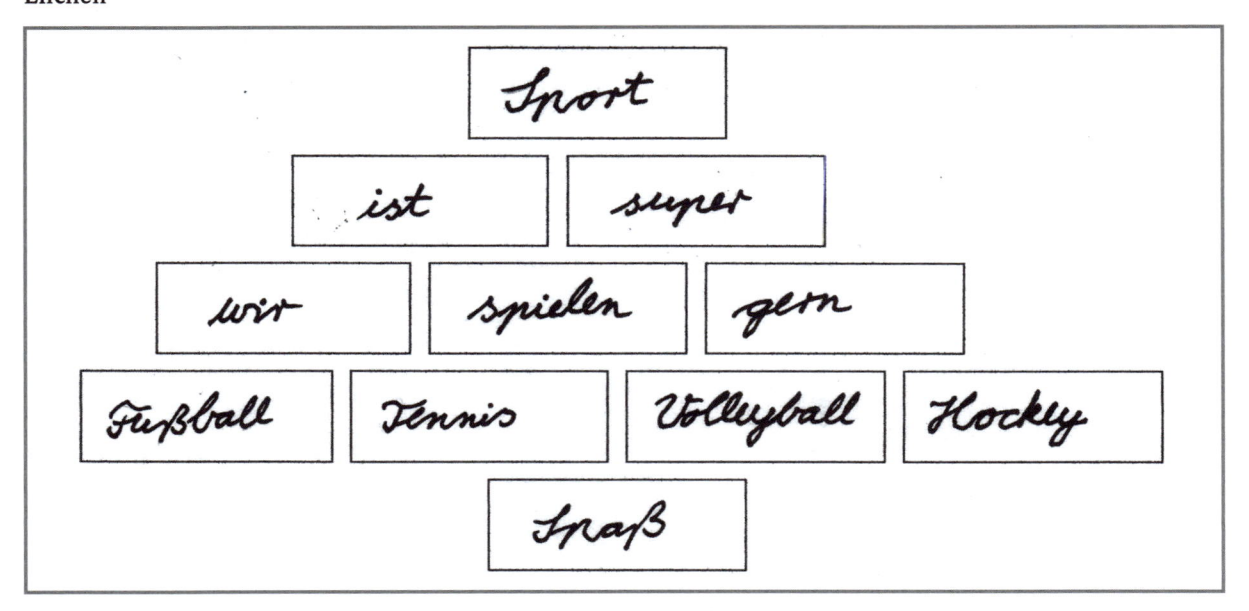

```
            Sport
        ist     super
    wir    spielen    gern
Fußball  Tennis  Volleyball  Hockey
            Spaß
```

Kommentar: Die Elfchen-Wörter sollten vom Lehrer so gewählt sein, dass mehrere Versionen möglich sind. Elfchen sind Poesie in Kleinstform, das heißt, es geht nicht primär um die Umsetzung von grammatikalischen Strukturen, sondern um das freie und kreative Spiel mit Wörtern. Beim lauten Lesen können die Schüler durch Stimme, Betonung und Pausen ihrer Interpretation Ausdruck verleihen. Zugleich werden auf diese Weise Aussprache und Sprechfähigkeit geübt.

Tipp: Falls die technischen Möglichkeiten vorhanden sind, können die Elfchen auch als Podcast aufgenommen werden.

Station 2: (Sport-)Gegenstände fühlen

Material: dunkler Stoffbeutel mit 15 Freizeitgegenständen (z. B. Tennisball, CD, Flip-Flop-Sandale ...)
Arbeitsauftrag (Kleingruppe):
- Ein Schüler beginnt. Greife mit der Hand in den Stoffbeutel, und wähle einen Gegenstand!
- Nenne das deutsche Wort mit dem richtigen Artikel, bevor du den Gegenstand aus dem Beutel nimmst.
- Nimm den Gegenstand aus dem Sack, und zeige ihn deiner Gruppe. Wenn das Wort und der Artikel richtig sind, darfst du den Gegenstand vor dich auf den Tisch legen. Wer am Ende die meisten Gegenstände hat, hat gewonnen!
- Legt die Gegenstände zurück in den Beutel!

Kommentar: Die Schüler wiederholen hier auf eine ungewohnte Weise den schon bekannten Wortschatz. Durch die ungewohnte Erfahrung des Fühlens prägen sich die Wörter besser ein.

Station 3: Sport-Memory

Material: 40 Kartonkärtchen (20 Begriffe und 20 passende Bilder) in einem Stoffbeutel.
Arbeitsauftrag (Kleingruppe):
- Nehmt die Karten aus dem Beutel, und legt sie verdeckt vor euch auf den Tisch.
- Ein Schüler beginnt: Decke 2 Karten auf! Wenn du ein Pärchen findest, darfst du es behalten und noch einmal 2 Karten aufdecken. Wenn du kein Pärchen findest, deckst du die Karten wieder zu. Jetzt kommt der nächste Spieler. Wer am Ende die meisten Pärchen hat, hat gewonnen!
- Legt die Karten zurück in den Stoffbeutel!

Memory

Kommentar: Die Schüler wiederholen hier auf spielerische Weise den schon bekannten Wortschatz, indem sie Wörter und Bilder kombinieren. Der Wettbewerbscharakter führt dazu, dass sie sich die Wörter besonders gut merken wollen.

Station 4: Sport-Domino

Material: 30 Domino-Karten mit zusammengesetzten Wörtern in einem Stoffbeutel.

Arbeitsauftrag (Kleingruppe):
- Nehmt die Domino-Karten aus dem Stoffbeutel, und legt sie offen vor euch auf den Tisch!
- Legt die passenden Karten aneinander: Ihr müsst alle Karten benutzen, nur eine Lösung ist richtig!

Domino

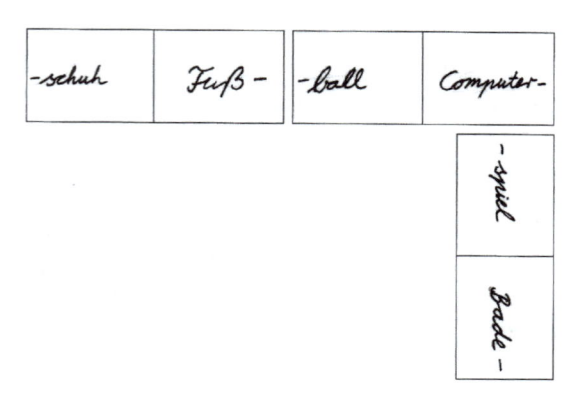

Kommentar: Das Phänomen der Wortbildung im Deutschen wird durch die Funktionsweise des Domino-Spiels besonders anschaulich gemacht.

Tipp: Die Schüler können Karten ergänzen, wenn ihnen weitere zusammengesetzte Wörter einfallen.

Station 5: Lieblings-Spiel

Material: Brettspiel mit 30 Feldern (neutrale und Fragefelder), Würfel und Spielfiguren.

Arbeitsauftrag (Kleingruppe):
- Wählt für jeden Spieler eine Spielfigur, und stellt sie auf START!
- Ein Spieler beginnt: Würfle und gehe mit deiner Figur auf das entsprechende Feld. Kommst du auf ein Fragefeld, beantwortest du die Frage, zum Beispiel: „Mein Lieblingsfußballclub ist ...!" Vielleicht ist es hier gut, sich nicht auf das Thema Sport zu beschränken ...
- Dann würfelt der nächste Spieler.
- Wer zuerst am ZIEL ist, hat gewonnen!

Brettspiel

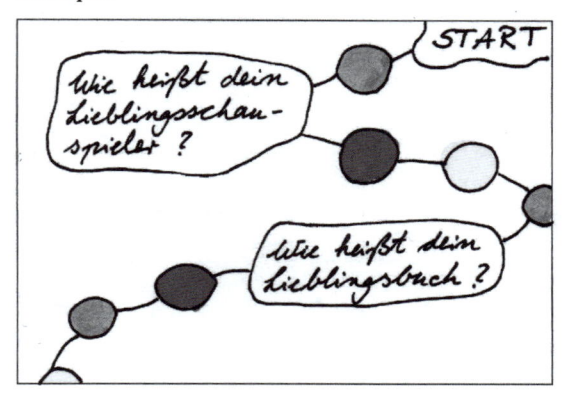

Kommentar: Die Schüler üben hier im Spiel sprachliche Strukturen, wie Frage – Antwort, und sprechen über ihre Freizeitinteressen und Hobbys.

Station 6: Wörter raten („Galgenmännchenspiel")

Material: 15 Wortkarten (Thema Sport/Bewegung) mit Verben in einem Briefumschlag

Arbeitsauftrag (Kleingruppe):
- Ein Schüler beginnt. Nimm ein Wort aus dem Briefumschlag, aber zeige es nicht deiner Gruppe!
- Male für jeden Buchstaben einen Strich!
- Die Gruppe schlägt reihum Buchstaben vor: Wenn ein Buchstabe richtig ist, schreibst du ihn über den Strich!
- Wer zuerst das Wort errät, erhält einen Punkt und darf mit der nächsten Wortkarte weitermachen.
- Wer die meisten Punkte hat, hat gewonnen!
- Legt die Wortkarten zurück in den Briefumschlag!

Galgenmännchen

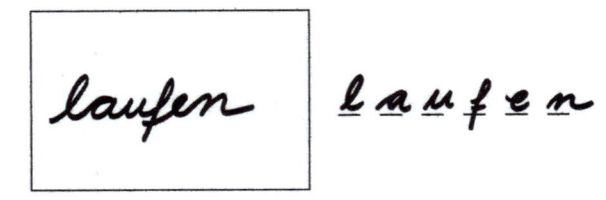

Kommentar: Verben, wie laufen, springen, schwimmen und so weiter, sind im Themenbereich „Sport und Freizeit" besonders wichtig. An dieser Station werden schon bekannte Verben spielerisch wiederholt, und ihre Schreibweise wird geübt.

Station 7: Mal-Diktat

Material: 10 Diktatkarten mit Wörtern in einem Briefumschlag.

Arbeitsauftrag (Paare):
- Ein Schüler beginnt. Nimm eine Diktatkarte, aber zeige sie nicht deinem Partner!
- Lies den Text langsam vor: Dein Partner zeichnet auf einem Blatt Papier, was er hört.
- Kontrolliert gemeinsam, ob dein Partner alles richtig verstanden hat.
- Dann tauscht ihr die Rollen.
- Legt die Karten zurück in den Briefumschlag!

Mal-Diktat

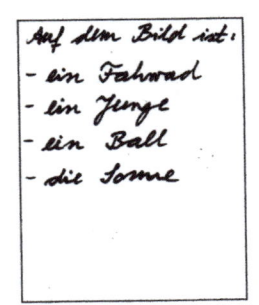

Kommentar: Den Schwierigkeitsgrad des Mal-Diktats kann der Lehrer je nach Lerngruppe bestimmen. Einzelne Wörter sind weniger schwer als kleine Texte. Wichtig ist, dass sich die Wörter leicht zeichnen lassen! Die Schüler üben an dieser Station sowohl das Sprechen als auch das Hörverstehen.

Station 8: Quartett

Material: Quartett-Spiel mit 5 x 4 Karten in einem Briefumschlag.

Arbeitsauftrag (Kleingruppe):
- Mischt und verteilt die Quartett-Karten. Jeder Schüler bekommt gleich viele Karten!
- Der jüngste Schüler beginnt und fragt einen Mitschüler: „Hast du ...?" Wenn der Mitschüler die Karte hat, muss er sie abgeben, und der erste Schüler darf weiterfragen. Sonst darf der zweite Schüler weiterfragen.
- Wer die meisten Quartette – das sind jeweils vier passende Karten – hat, hat gewonnen!
- Legt die Karten zurück in den Briefumschlag!

Quartett

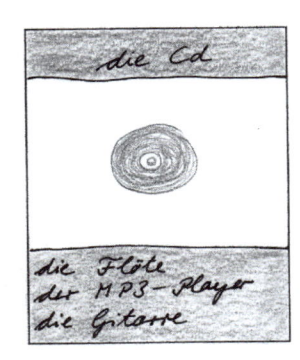

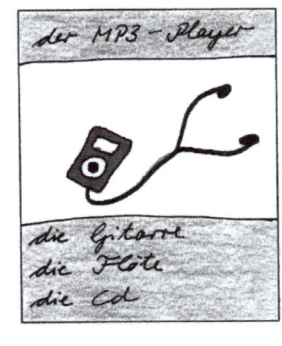

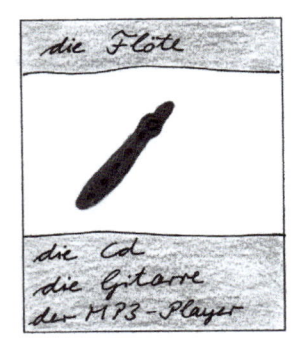

Kommentar: Mit dem Quartett-Spiel üben die Schüler ihre Aussprache, ihr Hörverstehen und den Akkusativ. Auf den Quartett-Karten sollten deshalb auch die Artikel stehen! In diesem Beispiel geht es nicht um Sport. Die Kinder können ihre Quartett-Karten selbst herstellen. Bestimmt fällt ihnen zum Thema Sport vieles ein, das sich auch gut zeichnen lässt.

Station 9: Auf den Rücken schreiben

Material: 15 Wortkarten mit Adjektiven in einem Stoffbeutel

Arbeitsauftrag (Paare):
- Ein Schüler beginnt: Nimm eine Wortkarte aus dem Stoffbeutel, aber zeige sie nicht deinem Partner!
- Schreibe das Wort Buchstabe für Buchstabe auf den Rücken deines Partners: Dein Partner muss das Wort erraten!
- Dann tauscht ihr die Rollen!
- Legt die Karten zurück in den Stoffbeutel!

Kommentar: Adjektive, wie hoch, schnell oder weit, spielen beim Thema „Sport und Freizeit" eine wichtige Rolle. Je nach Niveau können auch Komparativ und Superlativ in die Übung integriert werden. Das Erfühlen der Wörter erleichtert das Memorieren.

Ausweichstation: „Sportliche Pantomime"

Material: 15 Pantomime-Karten in einem Stoffbeutel
Arbeitsauftrag (Kleingruppe):

- Ein Schüler beginnt. Nimm eine Karte aus dem Stoffbeutel, aber zeige sie nicht der Gruppe!
- Stelle das Wort auf der Karte pantomimisch dar. Deine Mitschüler müssen das Wort erraten!
- Wer zuerst richtig geraten hat, darf die nächste Pantomime-Karte nehmen.
- Legt die Karten zurück in den Stoffbeutel!

Pantomime-Karten

[Karte 1: Fußball spielen] *[Karte 2: schwimmen]*

Kommentar: Sportarten eignen sich besonders gut für die pantomimische Darstellung. Die körperliche Aktivität spricht unterschiedliche Lerntypen an und ist eine Alternative zum klassischen Vokabellernen.

Eine Ausweichstation ist sinnvoll, weil manche Gruppen schneller arbeiten als andere. Um einen „Stau" im Klassenraum zu vermeiden, können solche Gruppen auf diese Extrastation ausweichen.

Informationsstation

An dieser Station finden die Schüler (Bild-)Lexika, Vokabelhefte, Lehrbücher und weitere Materialien, die ihnen bei der Bearbeitung der Stationen behilflich sein können.

Pausenstation

Hier können sich die Schüler erholen, beispielsweise passend zum Thema mit energiefördernden Fruchtsäften und Müsliriegeln.

Evaluation

Damit die Schüler ihren eigenen Lernprozess reflektieren, sollten sie für jede Station eine kurze Evaluation durchführen:
„Die Station war leicht, ich hatte keine Probleme: ☺☺☺"
„Die Station war nicht so leicht, aber ich habe die Aufgabe gut gelöst: ☺☺"
„Die Station war nicht so leicht, hier muss ich noch mal üben: ☺"

Auch wenn die Vorbereitung der Lernstationen einige Zeit in Anspruch nimmt – man braucht Material, Symbole für die Stationen, Laufzettel –, lohnt sich die Mühe: Ist das Material einmal erstellt, können die Stationen zum Üben und Wiederholen in derselben Klasse oder in anderen Gruppen immer wieder eingesetzt werden. – Also: auf die Plätze, fertig, los!

Links und Literaturhinweise

Informationen zu Elfchen: http://de.wikipedia.org/wiki/Elfchen

Informationen zu Podcasts: http://www.lehrer-online.de/podcasting.php

Informationen zum Stationenlernen: http://methodenpool.uni-koeln.de/stationenlernen/stationenlernen_kurzbeschreibung.html; Fremdsprache Deutsch, Zeitschrift für die Praxis des Deutschunterrichts, Nr. 35/2006

Sonja Lemke

Raus aus dem Klassenzimmer, rein ins Grüne – eine spielerische Führung durch den botanischen Garten

„Den Planeten Erde haben wir nicht von unseren Eltern geerbt, sondern von unseren Kindern geliehen." (Massai-Sprichwort)

Wege über Natur zu Sprache

Wachsen heißt zu lernen, Verantwortung zu übernehmen. Verantwortung anderen gegenüber, aber auch für die Pflanzen und Tiere, die uns umgeben. Die Sensibilisierung der Kinder für die Umwelt ist eine wichtige Aufgabe unserer Gesellschaft und somit auch ein bedeutendes Thema im Fremdsprachenunterricht.

Warum der botanische Garten?

Alle Pflanzen und Tiere leben in einem ganz bestimmten Rhythmus. So zum Beispiel der Baum. Es gibt viele verschiedene Bäume. Jeder Baum ist anders, und in der Natur gibt es jeden Baum nur einmal. Seine Form und Farbe ändern sich in den verschiedenen Jahreszeiten, er kann kahl sein oder mit Blättern, rot, gelb oder grün, je nach Jahreszeit. Was gibt es also Spannenderes, als den Verlauf der Jahreszeiten aktiv in der Natur zu beobachten und im Deutschunterricht zu thematisieren? Ein sehr geeigneter Ort dafür ist der botanische Garten, den es in vielen Städten gibt. Hier können Kinder die Natur mit authentischen Materialien und mit allen Sinnen erleben, bekommen viel Bewegung und Sauerstoff und haben großen Spaß an diesem nicht alltäglichen Lernort. Ein Spaziergang mit Papier und Bleistift durch diese Anlage lädt ein, Bäume, Pflanzen und Tiere kennenzulernen und einen großen Sprach-, Formen- und Bilderschatz zu sammeln.

Die Lernsituation

Gruppe: sieben sehr motivierte Kinder im Alter von 7 bis 10 Jahren
Sprachniveau: A1
Unterrichtsumfang: 1,5 Stunden Unterricht pro Woche

Vorbereitung

Mit Liedern, Spielen und Theater haben wir im Frühling das Thema Natur ins Klassenzimmer gebracht[1]. Wir erstellten auch einen Jahreszeitenkalender, in den die Kinder ihre Geburtstage eintragen durften. Vor Ostern bekam jeder Schüler Blumensamen, einen kleinen Topf, Erde und Wasser, und jeder säte seine eigene Pflanze. Ich suchte dafür schnell keimende Pflanzensamen aus wie Weizen, Bohnen und Sonnenblumen, damit der Pflanzerfolg garantiert ist. Die Kinder erhielten den Auftrag, die Erde jeden Tag ein wenig zu gießen, die Keimlinge zu beobachten und Notizen in einen Pflanzplan zu schreiben. Nach zwei Wochen brachten die Kinder die Pflanzen mit in den Unterricht, und die Pflanzpläne wurden miteinander verglichen.

Das Projekt

Der vorliegende Fragebogen ist für Kinder im Grundschulalter für den Botanischen Garten von Padua konzipiert, kann aber mit Ausnahme der Fragen 2 und 3 für jeden botanischen Garten eingesetzt werden. In Padua gibt es einen der ältesten botanischen Gärten der Welt, in dem die berühmte, über 400 Jahre alte „Goethe-Palme" in einem achteckigen Gewächshaus steht. Hier gibt es auch einen Baumstamm zu sehen, dessen Alter man durch das Zählen der Jahresringe herausfinden kann, und einen Blindenparcours, wo Gewürzpflanzen angefasst werden dürfen. Eine schöne Jahreszeit zum Beobachten der Natur ist der Frühling, da Blumen, Bäume und Sträucher blühen; aber auch die anderen Monate des Jahres haben ihren besonderen Reiz.

Der Ablauf

Der Besuch einer Gruppe im botanischen Garten muss vorher angemeldet werden. Die Kinder arbeiten immer zu zweit als Team zusammen. Sie erhalten am Eingang einen Fragebogen und einen Bleistift. Obwohl die Besichtigung sehr spielerisch sein soll, gibt es auch hier Regeln wie bei jedem Spiel. Sie werden erklärt, und dann kann es losgehen. Die Führung dauert etwa neunzig Minuten. Wir sehen uns je nach Jahreszeit die interessantesten Pflanzen und Tiere an. Dabei füllen die Kinder den Fragebogen aus. Bei den Übungen mit allen Sin-

---

1 Istituto di Cultura Italo-Tedesco (ICIT), Padua, Italien, April–Mai 2011.

Spielen, Spielen, Spielen

Ein Beispiel für einen Pflanzplan

nen in dem Fragebogen ist es wichtig, dass einem Kind die Augen verbunden werden und es von einem Kind ohne Augenbinde geführt wird. Wer nichts sieht, kann sich viel besser aufs Riechen und Hören konzentrieren und die Umgebung ertasten. Wer hingegen einen blinden Menschen führt, muss sehr aufmerksam sein und vor Hindernissen und Gefahren warnen. Danach werden die Rollen getauscht. Diese wichtige Übung, die die Kinder lehrt, sich in die Lage des anderen zu versetzen und Verantwortung zu übernehmen, wird zum Beispiel auch in der Spielstadt Mini München International angewandt[2]. Die Kinder tragen nach und nach die fehlenden Wörter in das Quiz ein und erhalten Buchstabe für Buchstabe das Lösungswort. Am Ende wird die Lösung verglichen und alle Teilnehmer erhalten eine Urkunde und ein kleines Geschenk als Erinnerung an diesen besonderen Tag.

---

[2] Die „Spielstadt Mini München International" gibt es seit 30 Jahren. Sie findet alle zwei Jahre in München statt. Die Spielstadt ist ein modellhaftes Abbild einer echten Stadt, und auch hier gibt es Regeln, die von Pädagogen von Kultur & Spielraum e. V. didaktisch entworfen sind. In Mini München International können Kinder in den Sommerferien studieren, arbeiten und Spielgeld verdienen, das sie in ihrer kleinen Stadt auch ausgeben können. Spielerisch lernen sie also, wie das soziale Leben in einer Stadt funktioniert. In einem speziell eingerichteten Raum, dem stockdunklen Café „Zappenduster", bekommen die Kinder bei Kuchen und Getränk einen Einblick in den Alltag einer blinden Person. Nächster Termin: Sommer 2012. Genaueres unter: www.mini-muenchen.info.

Spielen, Spielen, Spielen

Der Botanische Garten von Padua

1. **Parkregeln:**

   Ruhe bitte! Keine ☐☐☐☐☐☐1☐ pflücken! Bei der Gruppe bleiben!
   (Pflanzen)

2. **Wann wurde der Botanische Garten von Padua gegründet?**
   Hier muss man rechnen: tausend plus sechshundert minus hundert plus sechzig minus fünfzehn = ...
   (1545)

3. **Wer hat die Goethe-Palme entdeckt?**
   Johann Wolfgang von ☐☐☐☐☐☐
   (Goethe)

4. **Wie alt ist dieser Baum?**
   Der Baum ist hundert plus zwanzig plus eins plus neun = ... Jahre alt.
   (130 Jahre)

5. **Spaziergang für die Sinne**

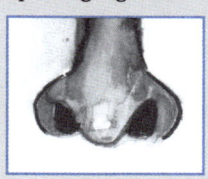

   Die Kinder gehen immer zu zweit zusammen. Einem Kind werden die Augen verbunden[3] und es konzentriert sich auf Geräusche und Gerüche, das andere Kind ist der Blindenführer. Wir gehen zu den Gewürzpflanzen. Das sehende Kind nimmt die Hände des „blinden" Kindes und lässt es die Pflanzen berühren und an ihnen riechen. Danach wird das „blinde" Kind zu einer Bank geführt, auf der es viel zu ertasten gibt: Kastanien, Äpfel, Nüsse, Erdbeeren, Blätter, Blüten, Federn, Steine, Wurzeln, ein leeres Schneckenhaus usw. Das „blinde" Kind soll die Gegenstände durch Ertasten erraten und im Anschluss die Fragen beantworten. Nach etwa zehn Minuten werden die Rollen getauscht.

---

3 Nicht alle Kinder lassen sich gerne die Augen verbinden. Als Alternative können auch Karnevalsmasken aus Pappe verwendet werden, denen man vorher zusammen mit den Kindern mit Papier die Augenlöcher zuklebt und sie bunt bemalt.

Spielen, Spielen, Spielen

Was hast du gehört? Zeichne!

Welche Küchenkräuter hast du gerochen? Zeichne!

Welche Gegenstände hast du gefühlt? Schreib sie auf!

_____

_____

6. Was ist das?

ENALEVDL ☐A☐☐☐☐☐☐
(Lavendel)

IRMORSAN ☐2S☐☐☐☐☐
(Rosmarin)   7

GRASZITONENR ☐I☐☐☐☐☐☐G☐6☐
(Zitronengras)

ZNMIE ☐☐N16☐
(Minze)

7. Welche Früchte gehören zu welchem Baum?

1   2   3

a   b   c

(1b Zitrone, 2a Pfirsich, 3c Erbse)

92

Spielen, Spielen, Spielen

8. Suche den Pflanzennamen!

a = GÄ☐☐☐☐☐☐Ü☐☐☐[4]N
(Gänseblümchen)

b = ☐Ö[5]☐☐Z☐☐☐☐N
(Löwenzahn)

c = ☐O☐☐☐☐B☐☐☐☐
(Sonnenblume)

9. Wie heißt Peter mit Nachname?

= ☐☐[11]☐☐
(Silie)

10. Diese Pflanze lebt im Wasser.

= ☐☐☐☐☐☐☐
(Seerose)

11. Welche Tiere leben im Wasser?

= ☐☐☐☐☐☐
(Frosch)

= ☐[12]☐☐☐
(Fisch)

Spielen, Spielen, Spielen

12. Schreibe die drei Teile der Pflanze auf:

....

....

....

(Blüte, Blatt, Stängel)

13. Wie heißt dieser Beruf?

= ☐ Ä ☐ ☐ ☐ ☐ ☐ ☐

(Gärtner)

Was braucht eine Pflanze zum Wachsen?

Tipp: Um die vier Dinge zu finden, die eine Pflanze zum Wachsen braucht, könnt ihr dieses Bild zu Hilfe nehmen oder einzelne Buchstaben aus eurem Quiz, die eine Nummer haben, hier eintragen:

☐ ☐ ☐ ☐ , ☐ ☐ ☐ ☐ ☐ ☐ , ☐ ☐ ☐ ☐ ☐ , ☐ ☐ ☐ ☐
1 2 3 4   5 6 7 8 9 10   11 12 13 14 15   16 17 18 19

(Erde, Wasser, Licht, Zeit)

Zeichnungen: Sonja Lemke

Spielen, Spielen, Spielen

Beate Müller-Karpe

Arcimboldo wurde weltbekannt – wir sind zumindest schulbekannt!

Fast jeder kennt die Gesichter, die der italienische Maler des 16. Jahrhunderts aus Früchten, Gemüse, Büchern, Werkzeugen und vielem anderen gemalt hat. Seine Fantasie, Collagen zu malen, kannte keine Grenzen, und wir haben uns seine Ideen entliehen; so wurde der Deutschunterricht lebendiger, abwechslungsreicher, voller kreativer Ideen und im wahrsten Sinne des Wortes: bunter.

Ausgangsmaterial: Prospekte der großen Supermarktketten, wenn möglich – wie in unserem Fall, in der Tschechischen Republik – authentische Materialien, die ich aus Deutschland mitgebracht hatte und auch für viele weitere sprachliche Übungen nutzen konnte.

Benötigtes Arbeitsmaterial: Schere, Kleber, stärkeres Papier oder Pappe als Untergrund und etwas Fantasie.

Die Schüler und Schülerinnen waren kaum aufzuhalten, als sie die Bilder von Arcimboldo gesehen hatten. Die Entscheidung, woraus das Gesicht zusammengesetzt wird, kam fast von alleine – und das Schneiden und Kleben ging los.

Die Ergebnisse waren beeindruckend: Es gab Obst- und Gemüsegesichter, Fleisch- und Wurstgesichter, aber auch Geschirr, Möbel oder Elektrogeräte sind durchaus zu verwenden. Die Schüler kamen auch auf deutsche Namen; bei der anschließenden Ausstellung hing also Helga Handy neben Willi Wurst und Gisela Geschirr neben Florian Fleischsalat. Die freie, kreative Gestaltung bereitete viel Spaß, und die Spracharbeit, die während des Arbeitens geleistet wurde, lief sozusagen von selbst – allerdings ging es mit dem Sprechen anschließend erst richtig los: Die Gesichter zu beschreiben zog auch die Ruhigeren mit („Willis Nase ist ein Schnitzel, sein Mund eine Fleischwurst ...", „Gisela Ohren sind gelbe Tassen, und sie trägt Messer und Ga-

Kreativität in Anlehnung an das 16. Jahrhundert

bel als Ohrringe ..."); die Gesichter konnten sich auch selbst vorstellen oder wurden erraten („Sein Mund ist ein Autoradio ..."). Enthielt die Collage Produkte mit Preisen, wurden die Zahlen wiederholt und geübt oder die Preise in die Heimatwährung umgerechnet, und natürlich konnten alle anschließend ein Gesicht in allen Details beschreiben.

Wir waren stolz auf unsere fantasievollen gestalterischen Fähigkeiten und fühlten uns in den Fußstapfen Arcimboldos so richtig gefordert – unsere Arbeit und Begeisterung hätten ihm sicher Freude bereitet.

Gesichter lassen sich aus (fast) allem kreieren

95

Spielen, Spielen, Spielen

Alexandra Obradovic

Was man alles wissen kann – Lernort Bauernhof

Der Begriff *"außerschulischer Lernort"* bezieht sich auf das Lernen, das sich nicht in den Räumlichkeiten der Schule abspielt. Es handelt sich hierbei um eine Art des entdeckenden Lernens oder eines situationsbezogenen und erfahrungsorientierten Unterrichts. Hierbei werden schulisches und außerschulisches Lernen miteinander verbunden.

Beim Lernen vor Ort können die Kinder mit allen Sinnen etwas Neues entdecken und lernen. Durch das Verlassen des Klassenzimmers erhalten sie eine Abwechslung vom schulischen Alltag. Dadurch entsteht eine entspannte und motivierende Lernsituation. Durch selbstständiges Beobachten bekommen die Kinder ferner die Möglichkeit, viele neue Erfahrungen und Erkenntnisse zu sammeln, die dann später in der Klasse wieder aufgegriffen werden. Das alles spielt sich zum Teil in der Muttersprache, aber bei entsprechender Vorbereitung auch in der Fremdsprache ab.

Außerschulischer Lernort Bauernhof

Die meisten Kinder beschäftigen sich prinzipiell sehr gerne mit Tieren und Bauernhöfen. Im Deutschunterricht kann der außerschulische Lernort Bauernhof dazu beitragen, dass Kinder durch diese Thematik Spaß und Freude am Schreiben, Zuhören und Sprechen entwickeln.

Beim Besuch eines Bauernhofs können sich die Kinder vor Ort möglichst umfangreich über die Tiere informieren und sich anschauen, was sich alles auf einem Bauernhof abspielt. Außerdem machen sie sich bewusst, welche Aufgaben Bauernhöfe heutzutage haben und warum sie notwendig sind. Parallel wird auch das Umweltbewusstsein gestärkt. Um diese Lernprozesse auch in der Fremdsprache zu gewährleisten, ist eine sorgfältige Vorbereitung notwendig.

Die vorliegenden Unterrichtsvorschläge sind für den Deutschunterricht im Primarbereich konzipiert. Sie können aber auch in andere Fächer, wie beispielsweise den Sachunterricht, eingebunden werden, da auch fächerübergreifende Aspekte thematisiert werden.

Vor dem Besuch des Bauernhofs

Vor dem Besuch eines Bauernhofs sollten sich die Kinder mit dem Thema allgemein vertraut machen und den entsprechenden Wortschatz erwerben oder wiederholen. Die hier gewonnenen Kenntnisse sollen das Interesse der Kinder wecken und die Beobachtungen am Lernort steuern. Die weiter unten vorgestellten Aufgaben dienen dazu.

Aufgaben

Wortschatz zu den Bauernhoftieren wiederholen und differenzieren

Die Lehrkraft hängt zwei Plakate an die Wand/Tafel/Pinnwand. Die Plakate haben je eine Überschrift: *Tiere auf dem Bauernhof* und *Tiere in der Wildnis*. Jedes Kind zieht ein Kärtchen, auf dem eine Tierbezeichnung steht, und klebt/hängt sein Kärtchen auf/an das entsprechende Plakat.

Tiger	Ente	Bär
Löwe	Elefant	Zebra
Katze	Hund	Giraffe
Fuchs	Krokodil	Schwein
Kuh	Pferd	Ziege
Wolf	Huhn	Schaf
Gans	Esel	Nilpferd

Die Kinder sollen nun in Einzelarbeit neun Tiere im Buchstabensalat finden.

Auf einem Bauernhof leben viele Tiere. Findet neun Tiere im Buchstabensalat und malt die Buchstabenfelder aus. Verwendet für jedes Tier eine andere Farbe.

P	B	H	N	K	S	F	H	I	S
F	J	U	T	U	A	R	U	D	C
E	P	N	I	H	E	U	H	L	H
R	F	D	N	H	P	W	N	U	A
D	N	S	X	P	G	V	H	I	F
W	F	K	A	T	Z	E	S	Z	O
F	P	Z	H	S	N	A	G	I	S
S	C	H	W	E	I	N	D	E	P
P	N	F	C	H	E	R	Q	G	H
D	G	A	N	S	O	S	E	E	Z

Wortschatzerweiterung

Nun lernen die Kinder die Bezeichnungen für den jeweiligen Nachwuchs der Tiere und erweitern damit ihren Wortschatz. Beim Sprechen auf eine ausdrucksvolle, begeisterte Intonation achten.
Die Tiere auf dem Bauernhof haben Kinder. Wie heißen ihre Kinder?
Dialog/Partnerarbeit:

Beispiel:
A: Schau mal, eine kleine Kuh!
B: Das ist ein Kalb!

B: Schau mal, ein kleines Schwein!
A: Das ist ein Ferkel!

A

die Kuh	das Ferkel	das Pferd
das Schaf	das Zicklein	das Küken

B

das Kalb	das Schwein	das Fohlen
das Lamm	die Ziege	der Hahn

Spielen, Spielen, Spielen

Die Kinder sollen auch die Tierstimmen wiederholen. Jedes Kind bekommt ein Kärtchen. Es passen jeweils drei Kärtchen zusammen. Anhand der Kärtchen sollten sie 3er-Gruppen bilden. Sie bringen jeweils drei passende Kärtchen zusammen und machen dann auch jeweils das passende Geräusch gemeinsam nach. Für die nächste Aufgabe bleiben sie in den gleichen 3er-Gruppen.

der Hahn	kräht	*kikeriki*
das Huhn	gackert	*gack, gack*
der Hund	bellt	*wuff, wuff/wau wau*
die Katze	miaut	*miau, miau*
das Pferd	wiehert	*iiii, iiii*
das Schaf	blökt	*bäh, bäh*
das Schwein	grunzt	*oink, oink*
der Vogel	zwitschert	*piep, piep*
die Ziege	meckert	*mee*

Die Kinder spielen zu dritt. Das jüngste Kind der jeweiligen Gruppe denkt sich ein Tier aus. Die anderen zwei Kinder müssen ihm dann abwechselnd Fragen stellen und dabei versuchen, sein Tier zu erraten. Das Kind darf nur mit *Ja* oder *Nein* antworten z. B.: *Ist das Tier braun?* → *Nein*. Nachdem ein Kind aus der Gruppe das Tier erraten hat, müssen die anderen zwei Kinder nun dessen Tier erraten.

Variante
Das Kind denkt sich ein Tier aus und beschreibt es so, dass es sagt, wie das Tier NICHT aussieht oder was es NICHT frisst oder tut.

Zum Beispiel. Das Kind beschreibt das Schwein → *Das Tier ist nicht dünn und nicht grün oder gelb …*

Wiederholungsspiel

Jedes Kind malt ein Tier, das man normalerweise auf einem Bauernhof finden kann, auf ein Kärtchen, das die Lehrkraft dann einsammelt. Alle setzen sich in einem Kreis auf den Boden. Die Lehrkraft deckt ein Kärtchen auf. Das Kind, das zuerst die richtige Tierbezeichnung ruft, bekommt das Kärtchen. Am Ende des Spiels gewinnt das Kind, das die meisten Kärtchen hat.

Variante 1
Die Kärtchen liegen aufgedeckt im Klassenzimmer/auf dem Schulhof herum. Die Lehrkraft ruft eine Tierbezeichnung,

Von Schülern angefertigte Tierzeichnungen

und die Kinder müssen schnell zum entsprechenden Kärtchen rennen. Das Kind, das zu einem falschen Kärtchen gelaufen ist oder als Letzter das Kärtchen erreicht hat, scheidet aus. Es wird so lange gespielt, bis nur ein Kind im Spiel bleibt.

Variante 2
Zu jedem Bild bekommen die Kinder noch zwei leere Kärtchen und beschriften sie folgendermaßen: Auf ein Kärtchen schreiben sie den zum Bild passenden Artikel und auf das zweite die passende Tierbezeichnung. Danach werden die Kärtchen gemischt und auf den Boden gelegt. Ein Kind beginnt und muss alle drei passenden Kärtchen, d. h. das Bild, den Artikel und Tierbezeichnung, heraussuchen. Wenn das Kind einen Fehler macht, ist das nächste Kind an der Reihe.

Mit einem Lied Wortschatz und Laute wiederholen

Falls es in der Schule eine Internetverbindung und eine Leinwand gibt, können sich die Kinder das Lied „Kikeriki" (auf unsrem schönen Bauernhof) unter dem Link **www.youtube.com/watch?v=3wjsSH_yfVE** ansehen und anhören. Im Plenum werden danach folgende Fragen besprochen:
- Welche Tiere habt ihr gesehen?
- Wie machen der Hahn, die Katze und die Ente?
- Wo stehen die Schweine und die Enten?

Einen Text lesen und verstehen und Wörter schreiben

Hier sind die Buchstaben durcheinandergeraten! Ordnet die Buchstaben so, dass sinnvolle Sätze entstehen. Vergleiche deine Lösungen erst mit deinem Sitznachbarn/deiner Nachbarin und dann mit der ganzen Klasse.

> Auf dem Bauernhof leben Tiere. Viele leben im **ALLST** .... und fressen draußen auf der **EIDEW** .... Der **UERBA** .... kümmert sich um sie. Er gibt ihnen **UFERTT** .... Den Pferden zum Beispiel gibt er jeden Tag getrocknetes Gras, das **UEH** ...., zu fressen. Zweimal am Tag muss er auch Kühe **KENELM** .... Von ihnen bekommen wir Milch, Käse und Butter. Auf den meisten Bauernhöfen gibt es Katzen und Mäuse. Die Katzen **AGJEN** .... Mäuse und der Hund **EWBCHAT** .... den Bauernhof.

Als Hausaufgabe eignet sich eine Internetrecherche. Die Kinder besuchen die folgende Webseite: **http://zoo4kids.eduhi.at/bauernhof/** und beantworten dazu folgende Fragen.

1. Was ist der Unterschied zwischen Hasen und Kaninchen?
2. Was machen der Bauer und die Bäuerin auf dem Bauernhof?
3. Was bekommen wir von Tieren?
4. Wie heißen die männlichen und die weiblichen Tiere?

Vorgespräch der Lehrkraft mit dem Bauern

Die Lehrkraft führt mit dem Bauern, dessen Hof besucht werden soll, zu gegebener Zeit ein Vorbereitungsgespräch, bei welchem neben Formalitäten der Reise auch folgende Aspekte abgesprochen werden können:
- Die Lehrkraft fragt die Kinder, was sie gerne auf dem Bauernhof machen möchten (z. B. beim Kühemelken helfen, Pferde pflegen usw.), und bespricht mit dem Bauern im Vorgespräch, ob dies durchführbar ist.
- Die Lehrkraft lässt sich den Hof vom Bauern genauer beschreiben, um dadurch die Anlaufstationen für die Bauernhof-Rallye bestimmen zu können.
- Sie lässt sich einen typischen Tagesablauf des Bauern erklären und erstellt daraufhin Kärtchen, welche die Kinder dann auf dem Bauernhof nach dem Gespräch mit dem Bauern und entsprechenden Fragen in die korrekte chronologische Reihenfolge bringen (1. Aufstehen um 05:00 Uhr, 2. Kühe melken, 3. Frühstücken usw.).

Der Besuch eines Bauernhofs

Jetzt kennen die Kinder die Bezeichnung der Tiere, die sie auf dem Bauernhof antreffen könnten, und verstehen schon ein bisschen, was sie erwartet. Auf der Fahrt zum Bauernhof kann man die Kinder zur Einstimmung darum bitten, ihre Augen zu schließen und sich zu entspannen. Die Lehrkraft beschreibt ihnen langsam einen Bauernhof. So sollen die Kinder sich den Bauernhof vergegenwärtigen.

Beispiel

Du bist auf einem Bauernhof. Du stehst vor dem Bauernhaus. Neben dir steht der Bauer. Er kehrt den Hof mit einem alten Besen. Vor dem Haus sitzt eine große graue Katze. Die Sonne wärmt die Katze. Du gehst weiter. Du kommst zu einem Stall, der links vor dem Bauernhaus steht. Im Stall siehst du viele Tiere. Was siehst du noch? Denk zwei bis drei Minuten über den Bauernhof nach ...

Tiere	Mutter (weiblich)	Vater (männlich)
Pferde		
Hühner		
Schafe		
Kühe		
Schweine		

Spielen, Spielen, Spielen

Die Lehrkraft bittet dann die Kinder, die Augen zu öffnen, und erklärt ihnen, dass jedes Kind nun seinem Partner[1] den Bauernhof beschreiben soll. Sie gibt dafür die Anweisungen wie z. B.

Beschreibt eurem Partner Folgendes:
- *Wie sieht das Bauernhaus aus?*
- *Welche Kleidung tragen der Bauer und die Bäuerin?*
- *Welche Tiere gibt es auf dem Bauernhof?*
- *Was machen sie dort?*
- *Wie gefällt dir der Bauernhof?*

Auf dem Bauernhof

Die Kinder sind nun auf dem Bauernhof angekommen. Der Bauer ist informiert und erwartet die Klasse. Er erklärt kurz, in welche Gebäude sie gehen dürfen und wohin sie vielleicht nur in Begleitung oder gar nicht gehen dürfen. Er steht den Kindern für Fragen zur Verfügung, diese Gespräche werden natürlich in der Muttersprache geführt.

Zum richtigen Kennenlernen machen die Kinder zuerst eine Bauernhof-Rallye.

Bei einer solchen Rallye können die Kinder den Bauernhof spielerisch erkunden und kennenlernen. Außerdem können sie hierbei den bereits erworbenen Wortschatz über die Tiere erneut bearbeiten und anwenden.

Regeln für die Bauernhof-Rallye:

Die Klasse wird in vier Gruppen aufgeteilt. Die Gruppen starten in zeitlichen Abständen oder haben verschiedene Reihenfolgen der Anlaufstationen. Alle Gruppen müssen alle Stationen durchlaufen und dabei den Beobachtungsbogen ausfüllen.

Anlaufstationen

1. Geht zu den Ställen. Welche Tiere kann man dort finden? Kreuzt an.

☐ Pferde ☐ Gänse ☐ Hühner ☐ Schafe

☐ Kühe ☐ Katzen ☐ Kaninchen ☐ Enten

☐ Esel ☐ Hunde ☐ Ziegen ☐ _____

2. Lauft zur Weide. Welche Tiere seht ihr? Was machen sie? Was fressen sie? Wie sehen sie aus? Macht Notizen.

Tier	Tätigkeit	Essen	Aussehen

[1] Das Kind, das im Bus neben dir sitzt.

Spielen, Spielen, Spielen

3. Geht zum Bauernhaus und seht es euch genau an:
- Wie sieht das Haus aus?
- Ist es alt/neu?
- Wie viele Türen und Fenster hat es?
- Welche Farbe hat das Haus?
- Was fällt euch noch auf?

4. Überlegt euch fünf Fragen, die ihr dem Bauern stellen wollt. Sucht ihn auf, sprecht mit ihm und notiert seine Antworten in eurer Muttersprache.

Nach der Bauernhof-Rallye sollten die Gruppen ihre Antworten miteinander vergleichen. Dies kann in Mischgruppen erfolgen. Je ein Kind aus jeder Gruppe (beispielsweise A+B+C+D) berichtet über die Arbeitsergebnisse aus der vorherigen Gruppe und vergleicht sie mit denen der anderen Kinder.

Nachdem die Kinder die Rallye beendet haben und den Bauernhof etwas näher kennengelernt haben, bekommen sie ein weiteres Arbeitsblatt. Die erste Aufgabe bearbeiten sie in Partnerarbeit und die zweite in Einzelarbeit.

Arbeitsblatt

Partnerarbeit
1. Jedes Tier hat einen bestimmten Nutzen für den Menschen. Wofür ist welches Tier wichtig? Verbinde! *Tipp: Verschiedene Tiere können auch den gleichen Nutzen haben.*

Die Henne	
Die Kuh	legt Eier.
Die Maus	gibt Milch.
Das Schaf	fängt Mäuse.
Die Ziege	gibt Wolle.
Der Hund	bewacht den Bauernhof.
Das Pferd	zieht den Wagen des Bauern.
Die Katze	trägt schwere Sachen auf seinem Rücken.
Der Esel	

Einzelarbeit
2. Such dir ein Tier aus. Erstelle einen Steckbrief für dieses Tier. Notiere dir so viele Merkmale wie möglich (zum Beispiel: Wie sieht das Tier aus? Wo lebt es? Was frisst es?). Schreibe zu Hause den Steckbrief neu und male ein Bild dazu. In der nächsten Stunde kannst du deinen Steckbrief an die Wand im Klassenzimmer hängen.

Tätigkeiten der Tiere
1. Du bist eine Katze und jagst eine Maus.
2. Du bist der Hahn. Es ist Morgen. Du möchtest alle wecken.
3. Du bist ein junger Hund und spielst mit deinem Bruder.

Tätigkeiten der Bauern
1. Du melkst eine Kuh.
2. Du streichelst einen Hund.
3. Du fährst einen Traktor.

Produkte
1. Milch
2. Ei
3. Wolle

Tiere
1. Pferd
2. Schwein
3. Gans

Nachdem die Kinder das Arbeitsblatt gelöst haben, spielen sie in 4er-Gruppen Pantomime. Die Lehrperson gibt jeder Gruppe ein Set Karten[2] und bittet die Kinder, den Inhalt abwechselnd pantomimisch darzustellen. Die Karten beinhalten vier Themen: Tiere, Tätigkeiten der Bauern, Tätigkeiten der Tiere und Produkte, die wir von Tieren bekommen. Das jeweilige Kind, das seine Begriffe erklärt, soll am Anfang den anderen Kindern eines der vier Themen nennen. Die anderen Kinder sollten zwei von den vier Begriffen erraten, wobei sie nur Ja/Nein-Fragen stellen dürfen. Nur dann gilt die Aufgabe als erfüllt!

Für diejenigen Gruppen, die schneller fertig werden, eignet sich folgendes Spiel. Ein Kind sagt den anderen z. B. *Ich sehe was, was du nicht siehst, und das ist grün*. Dabei kann es sich um Tiere oder Gegenstände vom Bauernhof handeln. Das erste Kind, welches das Tier oder den Gegenstand erraten hat, stellt die nächste Aufgabe.

[2] Eine Karte pro Kind.

Spielen, Spielen, Spielen

Mögliche weitere Aufgaben

- Die Kinder befragen den Bauern nach seinem typischen Tagesablauf und bringen danach die Kärtchen, die ihnen die Lehrkraft vorher ausgeteilt hatte, in die richtige Reihenfolge.
- Jedes Kind malt drei Gegenstände auf, die es auf dem Bauernhof entdeckt hat und die es in der Stadt typischerweise nicht gibt. Es versucht auch herauszufinden, wie die Gegenstände heißen.
- Am Ende des Besuchs kann ein Quiz gespielt werden. Es werden 3er-Gruppen gebildet. Jede Gruppe bekommt zehn Zettel (s. u.) und einen dicken Filzstift. Die Lehrperson liest zuerst die erste Frage vor. Die Kinder haben genau 30 Sekunden Zeit, um sich auf eine Antwort zu einigen und sie auf den Zettel zu schreiben. Nach 30 Sekunden hebt jede Gruppe ihren Zettel hoch. Für jede richtige Antwort bekommt die Gruppe einen Punkt. Es siegt die Gruppe, die so am Ende die meisten Punkte gesammelt hat.
- Die Kinder diskutieren am Ende in der Muttersprache die Unterschiede des Lebens auf dem Bauernhof und in einer Stadt.

Bei der Abfahrt bedanken sich die Kinder beim Bauern, und wenn sie wieder in der Schule sind, können sie ihm eine Dankeskarte schreiben.

Quiz

	Frage	Antwort
1.	Wer sorgt für unser Essen und pflegt die Wiesen und Felder?	der Bauer/der Landwirt
2.	Wie heißt das Kind der Kuh?	das Kalb
3.	Woraus macht man Käse?	aus Milch
4.	Was fressen Pferde?	Heu
5.	Wer fängt Mäuse auf dem Bauernhof?	die Katzen
6.	Welches Fahrzeug kann man auf dem Bauernhof sehen?	den Traktor
7.	Welche Tiere geben Milch?	die Kuh, das Schaf, die Ziege
8.	Was ist das wichtigste Futter für Kaninchen?	Karotten
9.	Wie machen die Ziegen?	meckern/*mee*
10.	Wie nennt man junge Schweine?	Ferkel

Literatur

Piel, Alexandra (2002): Sprache(n) lernen mit Methode. 170 Sprachspiele für den Deutsch- und Fremdsprachenunterricht. Mülheim an der Ruhr.

Sion, Christopher (2004): 88 Unterrichtsrezepte. Eine Sammlung interaktiver Übungsideen. Stuttgart.

Ur, Penny; Wright, Andrew (2008): 111 Kursrezepte. Deutsch als Fremdsprache. Interaktive Übungsideen für zwischendurch. Stuttgart.

Luiza Ciepielewska-Kaczmarek

Tierischer Spaß im Deutschunterricht – über Spiele die Welt der Zwei- und Vierbeiner entdecken

Der Erwerb einer neuen Sprache ist immer eine große Herausforderung. Wenn er im natürlichen Kontext zustande kommt, wie es meistens beim Zweitspracherwerb der Fall ist, so verläuft er größtenteils erfolgreicher, da es echte Kommunikationssituationen sind, die es den Lernern abverlangen, sich zurechtzufinden, sich mit anderen zu verständigen. Im Gegensatz dazu sind es im gesteuerten Lernen meistens Themenbereiche, über die der Lernstoff strukturiert angeboten wird. Manche Themen sind im Unterricht leicht zu realisieren, da sie sich unter den Lernern großer Beliebtheit erfreuen. Eines dieser Themen ist unbestritten die Tierwelt. Wie kaum ein anderes bietet dieses Thema unzählige Möglichkeiten, sowohl neue Vokabeln als auch grammatische Strukturen einzuführen.

Lehrern, die nach geeigneten und altersgerechten Materialien suchen, stehen viele methodische Zeitschriften mit konkreten Vorschlägen zur Umsetzung in der Unterrichtspraxis zur Verfügung. So präsentiert für die polnischsprachigen Lehrer die Reihe „Nauczaj lepiej" („Unterrichte besser") thematisch geordnete Übungsvorschläge für Deutsch als Fremdsprache zu nahezu allen Themenbereichen. Die Zeitschrift erscheint alle zwei Monate unter der Schirmherrschaft des Goethe-Instituts Polen. Im Bereich der Tierwelt (Heft 5/2012) wurde den Lesern die Vorlage für ein Memory-Spiel online kostenlos zur Verfügung gestellt (**www.edupress.pl/archiwalne-numery/jezyk-niemiecki/wrzesien-pazdziernik-2012/**).

Vorschlag 1: Memory

Das Memory ist ein beliebtes und leicht wandelbares Spiel (es können jederzeit Karten mit neuen Vokabeln erstellt werden). Für die Einführung der Tiernamen die Vorlage einmal farbig und einmal schwarz-weiß ausdrucken. So entsteht ein Set von 24 Tierkarten.

Ablauf: Die Karten werden vermischt und verdeckt auf dem Tisch verteilt. Der erste Spieler deckt zwei Karten auf und spricht die Tiernamen aus. Hat er zwei gleiche Tiere gezogen, darf er das Paar behalten und noch mal zwei Karten aufdecken. Sonst müssen die Karten an dieselbe Stelle verdeckt zurückgelegt werden, und der nächste Spieler ist an der Reihe. Gespielt wird, bis keine Karten mehr auf dem Tisch liegen. Sieger ist der Spieler mit den meisten Tierpaaren.

Vorschlag 2: Was bin ich?

a) Ablauf: Die Zeichnungen (Arbeitsblatt 1, unten) werden kopiert und zerschnitten. Jede Gruppe (2-4 Kinder) soll innerhalb einer festgelegten Zeit möglichst viele Tiere finden, die zu dieser Gruppe passen (Tiere, die im Wasser/im Dschungel/bei uns zu Hause/auf dem Bauernhof/im Wald leben/im Zoo leben).

Die älteren Lerner können die Tiernamen aufschreiben, die jüngeren Lerner können die Tiere skizzieren (es ist wichtig, dass nicht jedes Kind alle Tiere zeichnet, sondern dass sie sich die Aufgabe untereinander aufteilen).

b) Ablauf: Wir teilen die Lerner in vier Gruppen ein und verteilen an jede Gruppe ein anderes Bild. Die Aufgabe besteht darin, sich ein Tier auszudenken, das dieser Gruppe zugeordnet werden kann, und es zu beschreiben. Die Lerner aus anderen Gruppen raten, um welches Tier es sich handelt. (Z. B. ein Tier, das im Wasser lebt: Es ist groß und blau. Es hat kleine Augen. Es frisst Fische. – *Delfin*)

Vorschlag 3: Würfelspiel

Die aktive Teilnahme und vor allem die Lust am Sprechen steigen, wenn die Kinder einen Freiraum bekommen, in dem Platz für Unsinnsätze ist. Sätze wie *Das Krokodil schwimmt im Bett. Die Socken liegt im Klo.* sorgen nicht nur für gute Laune, sie wecken auch die Fantasie der Kinder und nehmen ihnen die Angst vor dem Sprechen, bei dem sie immer etwas (grammatisch, aber auch inhaltlich) Korrektes äußern müssen. Mithilfe des Würfels (siehe unten) und der Tierkarten (aus Vorschlag oben) sind das Lachen und die Bereitschaft der Kinder mitzumachen vorprogrammiert.

Spielen, Spielen, Spielen

Ablauf: Die Tierkarten werden auf einen Stapel verdeckt (mit den Bildern nach unten) gelegt. Der erste Spieler nimmt eine Karte und würfelt, anschließend bildet er eine Frage oder einen Satz wie z. B. *Lebt der Frosch im Zoo? Ist der Tiger grün? Das Schwein kann singen.* Man kann sich darauf einigen, dass z. B. der Lerner mit den meisten wahren Sätzen gewinnt.

(Bei dem Bild mit den Farben kann eine beliebige Farbe eingesetzt werden. Vorschläge für die Bedeutung der anderen Karten: kann fliegen, kann singen, kann schwimmen/lebt im Wasser, lebt im Zoo, lebt zu Hause.)

- Für eine interessante Abwechslung kann gut die Zeitschrift Lingo sorgen. Unter der großen Vielfalt von Themen in der Rubrik Lingo-Spezial ist auch etwas von den Zwei- und Vierbeinern dabei (zugänglich auch unter www.lingonetz.de). Als guter Einstieg in die Welt der Vögel und anschließend weiterer Tiere kann der kurze Lesetext „Vögel in Brandenburg" dienen. Der Text eignet sich sehr gut, um dann mit den Kindern die Informationen zu Wohnorten anderer Tiere zu erarbeiten.

Vorschlag 4: Tiere auf der Weltkarte

- Ablauf: Der Lehrer legt eine möglichst große Landkarte auf den Boden und verteilt Illustrationen von Tieren an die Kinder. Jedes Kind beschreibt kurz das Tier („Das ist eine Giraffe. Sie hat einen langen Hals. Sie ist gelb und schwarz. Sie lebt in Afrika etc.) und legt das Bild auf den richtigen Kontinent. Für detaillierte Beschreibungen sowie weitere Vorschläge siehe Frühes Deutsch 30/2013, S. 53–56.

Vorlage für einen Würfel

Zeichnungen: Justyna Sawa

5 Puppen, Geschichten, Bücher

David Fermer, Till Nachtmann

Warum Geschichten ideal zum Sprachenlernen sind und wie eine kleine Puppe dabei helfen kann

Am Anfang ist die Geschichte

PuppetEmpire

Eine gute Geschichte genießt einen großen Vorteil gegenüber vielen anderen Texten, die oft zum Erwerb einer Fremdsprache verwendet werden: Sie wird nicht nur gern gelesen (oder im Fernsehen oder Internet angesehen), sie wird auch gern wiederholt gelesen oder angesehen. Und wieder. Und wieder. Zumindest, wenn sie gut ist. Und das Wiederholen von Vokabular oder die wiederholte Aufnahme gesprochener Texte ist bekanntlich ein Schlüssel zu jeder sprachlichen Lernaufgabe, besonders bei Kindern.

Geschichten besitzen daher eine natürliche Pädagogik, die sie einfach so in sich tragen – ein vielversprechender Lerneffekt, der sich als Ergebnis seiner Qualität herausstellt und nicht, weil er von Pädagogen aufgesetzt wird. Deswegen legt PuppetEmpire, ein Verbund von Puppenspielern, Künstlern und Filmemachern, viel Wert auf gut erzählte Geschichten und hat damit eine Marktlücke für Kinder und ihren Erwerb von Fremdsprachen gefunden.

Aber die große Frage ist: Was macht eine gute Geschichte aus?

Neugierde als Motor

Die Lösung ist einfach und kompliziert zugleich. Die Reaktionen auf die bisherigen Produktionen und zahlreichen Erzählformate aus den Studios von PuppetEmpire – von Kinderbüchern zum Kinderfernsehen und für die Zielgruppen Vorschule bis Sekundarstufe – belegen ihr Einfühlungsvermögen. Wie eine Pflanze braucht eine gute Geschichte eine Kombination von Elementen, um sich zu entfalten. Vielleicht nicht Licht, Wasser und Erde, aber Neugierde, Handlung und Figuren sind unerlässliche Zutaten. Denn ohne die Neugierde des Lesers oder der Zuschauerin zu wecken – und sie auch wach zu halten –, funktioniert keine Geschichte.

Die große Frage des Zuschauers ist und bleibt: Was passiert als Nächstes? Was wird die bunte Raupe auf der nächsten Seite fressen (und wie viel davon)? Wird die Wunschmaschine endlich funktionieren und das Sams für immer bleiben können? Werden Tiger und Bär das ferne Land Panama finden – und vor allem, wie sieht es dort aus? Egal wie sprachlich anspruchsvoll die gewählte Erzählform ist, die Geschichte muss diesem Grundbedürfnis dienen, um ihr Publikum im Bann zu halten.

Auf das Wesentliche reduziert

Bei PuppetEmpire fing alles mit einer kleinen roten Socke namens Red an. Für die „Sendung mit dem Elefanten" (einem prämierten Programm des WDR für Vorschulkinder und Ableger der berühmten „Maus" (vgl. auch Frühes Deutsch 31)) entwickelten die Kölner Puppenspieler in Zusammenarbeit mit dem britischen Kinder- und Jugendbuchautor David Fermer ein einfaches Format, das mittlerweile weit über die Fernsehsendung hinausgewachsen ist: „David & Red".

Von der zuständigen Redaktion beim WDR wurde eine Reihe von kurzen Filmen in englischer Sprache in Auftrag gegeben, die für deutsche Vorschulkinder verständlich sein sollte. Der Vorschlag von PuppetEmpire: Ein Engländer (David) und eine rote Socke (Red), die nur wenig Englisch spricht, spielen vor einem neutralen, weißen Hintergrund, der die Aufmerksamkeit der Zuschauer explizit auf die Interaktion der beiden Figuren und die Handlung fokussiert. In jeder Folge beschäftigen sich Mensch und Puppe mit einem einzigen Begriff oder Gegenstand. Sie malen ein Bild, sie essen Spaghetti, sie basteln eine Rakete. „David and Red" sprechen nie gleichzeitig. Sie stellen sich gegenseitig Fragen, wiederholen sich dauernd, lassen sich überraschen.[1]

Kinder, die David und Red zuschauen

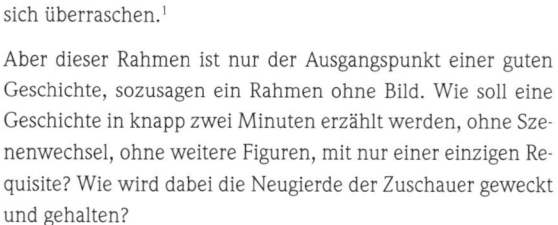

Aber dieser Rahmen ist nur der Ausgangspunkt einer guten Geschichte, sozusagen ein Rahmen ohne Bild. Wie soll eine Geschichte in knapp zwei Minuten erzählt werden, ohne Szenenwechsel, ohne weitere Figuren, mit nur einer einzigen Requisite? Wie wird dabei die Neugierde der Zuschauer geweckt und gehalten?

Aktive Figuren und ein Konflikt

Damit kommen wir zu zwei weiteren Komponenten einer guten Geschichte: Handlung und Figuren. Die Kombination Mensch und Puppe bei „David & Red" wirkt täuschend einfach, dahinter steckt aber eine sorgfältig ausgearbeitete Geschichtenform. Die Handlung einer Geschichte wird immer von ihren Figuren bestimmt und vorangetrieben. Es sind ihre Entscheidungen, ihre Träume, ihre Bedürfnisse, die die Geschichte gestalten, nicht die des Autors oder der Autorin.

David and Red im Konflikt

[1] Vgl. hierzu die drei Filmstaffeln zur „Sendung mit dem Elefanten", die das GI in Kooperation mit dem WDR produziert hat. Alle drei DVDs enthalten auch Filme zu „David & Red". Zu finden unter: **www.goethe.de/kinder**

Und wenn sich zwei Figuren unterschiedlicher Natur begegnen, so wie David und Red, entstehen naturgemäß Konflikte.

Das Wort „Konflikt" löst oft ein negatives Gefühl aus, was bedauerlich ist. Konflikte sind letztlich eine der wichtigsten Quellen, aus denen wir lernen können. Zu oft werden Konflikte als etwas Unglückliches bezeichnet, als etwas, das man besser vermeiden sollte. Aber ein Konflikt muss weder ernster Natur sein noch negativ. Im erzählerischen Rahmen – und deswegen sind Geschichten so beliebt – bietet eine Konfliktsituation stets Aussicht auf eine Lösung. Der Zuschauer oder die Leserin will die Figuren auf ihrem Weg zu dieser Lösung begleiten. Deswegen sind Geschichten auch ein beliebter Spielraum für Kinder. Im Rahmen einer Geschichte können Kinder durch ihre unvoreingenommene Vorstellungskraft neue Situationen ausprobieren, sich vergleichen und ihre eigenen Schlüsse daraus ziehen.

Da die Handlung einer Geschichte immer aus der Weltanschauung ihrer Figuren heraus entsteht, stehen Geschichtenerzählern endlose Möglichkeiten zur Verfügung. Das Sams ist anders als Herr Taschenbier, eine Raupe hat andere Bedürfnisse als ein Apfel, die sehnsüchtigen Träume eines Tigers nach einem fernen Land prallen auf die gemütliche Bodenständigkeit eines Bären, aber ihre Freundschaft zerbricht daran nicht.

Wer ist Red?

In „David & Red" bietet die rote Socke „Red" eine starke Identifikationsfigur für Kinder. Er ist laut, wild, neugierig, oft ungezügelt und hat meistens nur Unsinn im Kopf. Red will Dinge erleben und Sachen ausprobieren. Er kann eigentlich

Puppen, Geschichten, Bücher

David and Red essen Spaghetti – aber wie geht das ohne Hände?

auch gar nicht Englisch sprechen, aber durch sein unbefangenes Nachplappern lernt er schnell, David seine Bedürfnisse zu vermitteln.

David wiederum ist die Vaterfigur. Er ist von den wilden Wünschen der Socke leicht überfordert, schafft es aber größtenteils, sie mit Geduld und Humor zu meistern. Dieser Konflikt ist die Grundlage der Serie und die jungen Zuschauer lieben es zuzuschauen, wie die beiden damit umgehen. Und stets bleibt die Frage: Was passiert als Nächstes? Wie soll Red seine Spaghetti ohne Hände essen? Wie lange kann David Red davon abhalten, sich gierig auf seinen leckeren Geburtstagskuchen zu stürzen? Was ist das überhaupt für ein Bild, das Red da malt?

Eine vertraute Welt als pädagogisches Konzept

Dieser achtsame Umgang mit der Geschichtenform führt dazu, dass Kinder immer wieder gern die kurzen Filme von „David & Red" anschauen und die Vokabeln langsam verinnerlichen. „David & Red" basiert auf einer spielerischen und Abenteuer versprechenden Idee, die sich bei genauerem Hinsehen als ein ziemlich effektives pädagogisches Konzept entpuppt. Die gleiche Herangehensweise gilt auch für die Bücher, die beim Schulbuchverlag Cornelsen erschienen sind, und ebenso für die App „Fun with David and Red" für das iPad. Die englischsprachigen Bücher mit dem Titel „Adventures with David & Red" sollten in erster Linie eine lustige, packende Geschichte erzählen und keinesfalls eine trockene Auflistung der benötigten Vokabeln sein. Wenn Kinder neugierig sind, kontextualisieren sie besser. Die Bücher von Cornelsen sind für die Klassenstufen 3 und 4 des ersten Englisch-als-Fremdsprache-Unterrichts geeignet. Inhaltlich sind sie aber nicht anders als ein deutschsprachiges Buch für Kinder im gleichen Alter. Das fordert die Kinder natürlich, aber wenn die Neugierde vorhanden ist, folgt auch der Einsatz.

Es gibt auch kleine Hefte mit Geschichten von "David & Red" – fürs erste Englischlernen.

Sprache und Verhalten – die Puppe als Identifikationsfigur

Die Entscheidung der Macher, Red nur „gebrochenes" Englisch sprechen zu lassen, ist auch entscheidend für den Erfolg des Formats, denn die Kinder-Zuschauer identifizieren sich dadurch viel stärker mit Red. Sie brauchen kein „perfektes" Englisch, viel wichtiger ist der Abbau ihrer Berührungsängste mit der Fremdsprache. Red spricht in abgehackten Sätzen, vergisst oft den Artikel, redet über sich in der dritten Person – ein Albtraum für den klassischen Englischlehrer!

Red:	Thirsty, thirsty!
David:	Sorry, what?
Red:	More, more!
David:	But Red, we don't have anything to drink. My bottle is empty!
Red:	Red thirsty.
David:	But Red, I don't have any more to drink. Red, where are you going? Red? Red? Oh Red! Oh! Have you found a bottle?
Red:	Yeah, yeah.

Eigentlich ist Red ein sprachliches Anti-Vorbild, aber das spielt für die Kinder keine Rolle. Sie freuen sich, dass sie ihn

Puppen, Geschichten, Bücher

überhaupt verstehen können, und sehen sich bestätigt, wenn sie nach einer Folge – genauso wie Red – das Wort oder den Begriff verinnerlicht haben und Englisch sprechen können wie er. Die Aufnahmebereitschaft der Kinder (die teilweise daher kommt, dass es bei „David & Red" keinen „Lerndruck" gibt) führt paradoxerweise dazu, dass sie schließlich doch nicht wie Red sprechen, sondern zwischen Davids „richtigem Englisch" und Reds „Papageien-Englisch" gut unterscheiden können. Das Gleiche gilt für Reds oft auffällige Verhaltensweise. Die kleine rote Socke ist gedanklich sprunghaft, hat einen ungezähmten Bewegungsdrang und macht viele unerlaubte Sachen. In der Regel können die jungen Zuschauer sehr gut abstrahieren und übernehmen Reds Verhaltensweise nicht. Auch das gehört zum Angebot einer guten Geschichte: ein Freiraum zum emotionalen und verhaltensbezogenen Erproben.

Red ist eine Puppe – eine sehr einfache Puppe: ein Strumpf mit zwei Augen. Keine Hände, keine Ohren, keine Beine, keine Nase.

Was eine Socke zu bieten hat

Keine aufwendigen Mechaniken. Im Grunde ist Red die einfachste Puppe, die es gibt. Dennoch ist er eine komplexe Persönlichkeit, die traurig, wütend, lustig, schelmisch und verschmust sein kann. Das verdankt er der menschlichen Fantasie, die das Fehlende ergänzt. Es ist erstaunlich, wie sehr wir mit Red leiden, wenn er traurig ist, und doch stammt diese Empfindung ganz aus dem Inneren des Zuschauers, der die Puppe anschaut, denn die Puppe rührt sich nicht. Sie ist und bleibt eine Socke mit zwei Augen. Die Puppe ist frei – und dadurch so lebendig. Sie wird nicht nur von Kindern, sondern auch stets von Erwachsenen als vollständig wahrgenommen – auch wenn Ältere dies mit einem Augenzwinkern tun.

Die einfache Puppe Red vor der weißen Wand ist also gewissermaßen eine ideale Projektionsfläche für die Zuschauer. Ebenso ist sie eine wunderbare Identifikationsfigur, denn sie ist weder ein Junge noch ein Mädchen, gehört keiner Nationalität an, hat keine bestimmte Haarfarbe usw. Sie ist eben „nur" eine Puppe, die erst in der Fantasie jedes Einzelnen komplett zusammengesetzt wird.

Kinderzeichnungen zu David and Red

Puppen, Geschichten, Bücher

Kinder mit verschiedenfarbigen Socken auf der Hand – auf einer Veranstaltung des Goethe-Instituts, Didacta 2014 in Stuttgart.

Die Einfachheit der Puppe hat noch einen weiteren Vorteil: Red kann nachgebaut werden. Viele Zuschauerbriefe, Handyfilme und Zeichnungen belegen, wie beliebt Red bei den jungen Zuschauern ist. Oftmals wird er im Unterricht oder bei Workshops nachgebaut und Clips von „David & Red" werden nachgespielt. Ein Besuch im Sockengeschäft und im Bastelladen reicht, um die Materialien für einen eigenen „Red" zu erwerben. Mit einer Puppe auf der Hand spricht es sich noch einmal leichter in einer fremden Sprache. Schließlich verstellt man die Stimme und ist sofort jemand anderes. Man muss keine Angst vor falscher Aussprache oder Blamage haben, denn schließlich ist es der unerschrockene Red selbst, der gerade imitiert wird.

Dennoch ist auch den Kindern klar, dass Red irgendwie einzigartig ist. Das ist das Verdienst der Geschichten, der Figur und nicht zuletzt des Puppenspielers, der Red seinen einzigartigen Charakter verleiht. So einfach Red auch nachzubauen ist, so schwierig ist es, ihn exakt zu kopieren.

Peter und Blau

Schon länger gibt es Pläne, das Format „David & Red" in eine andere Sprache zu überführen. Zusammen mit dem Goethe-Institut wurde dieser Wunsch wahr, und auf der Didacta 2014 präsentierte PuppetEmpire auf dem Stand des Goethe-Instituts „Peter und Blau" eine deutschsprachige Variante von „David & Red". Das Format ist in Länge und Stil unverändert; nur die Figuren sind ausgewechselt. Aber mit dieser Änderung kommt eine ganz neue Dynamik ins Spiel, denn Peter und Blau unterscheiden sich von David und Red, wie sich zwei Menschen – oder zwei Puppen – eben unterscheiden. Zumal Peter Deutsch spricht und Blau Deutsch lernt ...

Es war von Anfang an klar, dass „Peter und Blau" keine einfache Kopie von „David & Red" sein würde, schließlich haben die beiden Darsteller die Rollen vertauscht: David Fermer, der seit fünf Jahren den Engländer David spielt, und der Deutsche Samy Challah, der seit ebenso langer Zeit die beliebte Socke Red spielt. David Fermer spielt nun die Socke „Blau" und Samy Challah spielt „Peter". Sie sind ein eingespieltes Team, sie haben Timing, können sich gut aneinander anpassen, verstehen den Rhythmus dieser einfachen Erzählsprache und wissen, worauf es in einem Format ankommt, das durchschnittlich nur zwei Minuten dauert.

Aber Peter ist nicht David, und Blau ist nicht Red, also entwickelten sich zwangsläufig ganz andere Geschichten mit dem „neuen" Duo. Vor der Umsetzung galt es, den Charakter der beiden zu definieren, um den Identifikationsprozess beim Rezipienten zu erleichtern:

Peter ist ein impulsiver Mensch, der Lust hat, alles auszuprobieren. Er experimentiert mit Sprache und Gegenständen aus dem Alltag.

Blau ist zurückhaltend und steht Peter immer zur Seite. Die kleine blaue Socke ist Peter gedanklich immer einen Schritt voraus. Blau weiß, worauf Peter hinauswill, und er hilft ihm dabei, natürlich nicht ohne ihn auch manchmal auf den Arm zu nehmen. Statt Reds Eskapaden dauernd im Zaun halten zu müssen und seine Kapriolen aufzufangen, so wie David es machen muss, können sich Peter und Blau gemeinsam entfalten. Ihre Konflikte entstehen nicht zwischen ihnen, sondern aus der Situation heraus: Was meint Blau genau, wenn er Peter davon erzählt, dass er aus „Sockenland" kommt? Und wo soll „Sockenland" überhaupt sein?

Peter und Blau – eine Idee für die deutsche Variante von David & Red.

Die Beschränkung auf das Wesentliche fordert auch hier die Fantasie heraus, das Fehlende zu ergänzen. Wenn Peter und Blau kochen, haben sie einen Topf; wenn sie musizieren, gibt es ein Instrument. Oftmals gibt es aber auch gar keine Requisiten: Dann pfeifen sie oder beobachten eine unsichtbare Fliege, die vor ihnen hin und her surrt. So wie bei „David & Red" rankt sich auch hier eine ganze Folge nur um einen einzigen Begriff oder „language chunk".

Was Peter und Blau in zukünftigen Folgen anstellen werden, bleibt eine spannende Frage. Die Puppenspieler und Autoren von PuppetEmpire wissen nur eins: Um eine gute Geschichte mit dem neuen deutschsprachigen Duo zu erzählen, müssen sie auf ihre Figuren hören, denn nur sie können sagen, wohin die Reise geht.

Puppen, Kinder und Fremdsprachen im Einklang

Seit 2008 die ersten Folgen von „David & Red" im Fernsehen liefen, hat PuppetEmpire stets aufs Neue bewiesen, dass die Kombination von Mensch und Puppe bestens geeignet ist, um Kindern eine Fremdsprache näherzubringen – solange die Figuren sich in einem erzählerischen und keinem pädagogischen Rahmen bewegen. Nach über 70 Folgen von „David & Red" gibt es immer noch keinen Mangel an Ideen: Geschichten aus dem Alltagsleben sind schier unerschöpflich. Dass man jetzt auf diese Alltagselemente mit zwei neuen Figuren – nämlich Peter und Blau – zurückgreifen und sie dabei völlig neu entdecken kann (und mit einer neuen Sprache), finden die Macher von PuppetEmpire äußerst spannend. „Ich stelle mir vor, dass Red und Blau eine ganz große Familie haben", sagt Stefan Silies, Mitentwickler des Formats. „Vielleicht haben sie irgendwo eine gemeinsame Tante aus Frankreich, die Violette heißt, oder einen spanischen Neffen namens Amarillo."

In einem bereits publizierten Buch aus dem Cornelsen Schulbuchverlag ist die ganze Sockenfamilie tatsächlich schon einmal vorgekommen: Als Red eines Tages sieht, wie David einen Familienbaumstamm zeichnet, will er auch einen Stammbaum haben. Also lädt er seine ganze Familie zu sich nach Hause ein: Großvater Grün, Oma Rosa und die Cousinen Lila, Gelb und Grau. Dort jagt er – als eigene Interpretation des englischen Begriffes „family tree" – seine ganzen Angehörigen einen echten Baum hoch, um sie auf den Ästen fotografieren zu lassen. Kaum ist die Aktion vorbei, verschwindet Red und lässt den armen David allein mit der ganze Sippe, die genauso verrückt ist wie Red selbst – bis David es schließlich nicht mehr aushalten kann und sich unter Reds Bett versteckt!

Schon wieder ein Stück Alltag, das als Vorlage für eine lustige kleine Geschichte über ein sprachliches Missverständnis dient. Das deutschsprachige Duo Peter und Blau freut sich ebenso auf zahlreiche weitere gemeinsame Geschichten.

Family Tree –
auch Socken haben
Stammbäume!

Puppen, Geschichten, Bücher

Beate Widlok

Mit Puppen auf Reisen – wie alles begann und wie es gewachsen ist

Stofftiere sprechen Kinder an, mit ihnen lässt sich leicht die Distanz zwischen Lehrendem und Lernendem überwinden. So liegt es auf der Hand, dass sie besonders beim Lernen mit kleinen Kindern gern eingesetzt werden. Wenn diese Figuren nach und nach bekannt sind, erfüllen sie die zusätzliche Rolle des Sympathieträgers für eine bestimmte Sache – z. B. für die deutsche Sprache – und haben in dieser Rolle die wichtige Aufgabe, Informationen zu vermitteln. Die emotionale Nähe, die die Lernenden zur Puppe empfinden, in Verbindung mit einem passenden Lerninhalt ist oft schon ein Garant für erfolgreiche Lernschritte.

Auch die Handpuppe Hans Hase reist heute um die Welt!

Man sollte meinen, dass die Beweglichkeit, zum Beispiel das bewegliche Maul eines Tiers als Handpuppe oder die körperlichen Möglichkeiten, über diese Puppe Bewegungen und Handlungen zu demonstrieren, besonders entscheidend für den erfolgreichen Einsatz seien. Diese Annahme hat dazu geführt, dass oft viel Geld in aufwendig gestaltete und große Handpuppen investiert wird. Aber offenbar ist das für die Kinder nicht entscheidend. Wenn sie eine Puppe lieben, wenn sie ihnen passend erscheint, nicht zu groß oder zu klein ist, wenn sie sie als Figur anspricht, entwickeln Kinder ausreichend Fantasie, um sich vorzustellen, wie die Puppe spricht, auch wenn sie dabei das Maul nicht bewegen kann.

Das entscheidende Phänomen ist also wohl nicht die Puppe an sich, sondern der Kontext, in dem sie präsentiert wird, und die Art und Weise, wie sie den Kindern nahegebracht wird.

So wurde schon in den 90er-Jahren Teddy auf Reisen geschickt. Der Teddy ist weltweit bekannt, es ist ganz egal, in welcher Form er in der Klasse auftaucht, er ist sofort präsent und man kann den Kindern über diesen Teddy alles Mögliche nahebringen. Von diesen Möglichkeiten berichtet uns anschaulich Jutta Schwarz aus Vietnam.

Das Goethe-Institut hat das Teddyprojekt weiterentwickelt. Das nachfolgende Projekt hieß „Waldtiere auf Reisen". Das Ziel war, den Kindern kuschelige Waldtiere zu schicken, die etwas über sich, ihre Lebensgewohnheiten erzählen sollten. Es gab ansprechendes Zusatzmaterial, reich bebildert, und die Stofftiere waren teuer und aufwendig. Aber der Wiedererkennungseffekt war nicht besonders groß. Natürlich haben die Kinder die Tiere geliebt, aber sie haben sie bei ihrem Eintreffen nicht „erkannt" und dementsprechend auch nicht emotional angenommen.

Hans Hase auf Umweltreise
Zeichnungen: Hariet E. Roth

Das wurde anders, als Hans Hase auf Umweltreise ging. Er reist in einem Postpaket umher, in alle Kontinente, und führt natürlich auch ein Tagebuch. Das Projekt existiert seit vielen Jahren und wächst ständig. Inzwischen sind gleichzeitig fast zwanzig dieser Versandpakete unterwegs. Die Kinder und Lehrkräfte bewerben sich darum, solch ein Paket bei sich zu haben, und müssen oft lange darauf warten. Ihre Arbeitsergebnisse zeigen, wie intensiv und liebevoll der Umgang mit Hans Hase ist. Nachzuschauen unter: **www. goethe.de/kinder**.

Andere Projekte, ausgefeilte methodische Ideen sind inzwischen entstanden, wie die anschließenden Beiträge von Edit Morvai und Kristina Šelepová zeigen. Die Puppen haben die Herzen der kleinen Deutschlerner/-innen längst erobert.

Puppen, Geschichten, Bücher

Edit Morvai

Puppen aus dem Koffer – ein pädagogisches Konzept

Ich bin Lotta und das ist Fabian. Wir kommen aus Hamburg. Wisst ihr, wo Hamburg liegt? Ja, richtig. In Deutschland. Und wo genau? Schaut mal auf die Landkarte. Gefunden? Super. Wir sprechen Deutsch, das wisst ihr aber. Denn ihr könnt uns verstehen. Ihr lernt ja auch Deutsch. Seit wann denn? Wir, Fabian und ich, sind gute Freunde. Wir machen viele tolle Sachen zusammen. Und jetzt sind wir beide hier, in Ungarn. Cool, nicht wahr? Wir bleiben drei Wochen bei euch und haben vor, euch kennenzulernen. Wir haben ganz viele Ideen, was wir zusammen machen können. Habt ihr Lust? Ja? Dann fangen wir gleich an.

Große Handpuppen mit beweglichem Maul sind beim Sprachenlernen besonders beliebt.

So beginnt die Arbeit mit dem „Puppenkoffer", den das Budapester Goethe-Institut im Jahr 2011 zusammengestellt und den Grundschulen in Ungarn zur Ausleihe zur Verfügung gestellt hat.

Aktion Wanderkoffer

Die Idee mit dem Wanderkoffer ist für die ungarischen Lehrkräfte nicht neu. Kofferaktionen gibt es am Goethe-Institut Budapest seit Jahren. Sowohl der „Literaturkoffer" mit authentischer Kinderliteratur und Tipps für den Unterricht als auch der „Spielekoffer" mit Brett-, Karten-, Domino- und Memory-Spielen aus Deutschland sind sehr gefragt und lange vorreserviert. Das Ausleihsystem ist einfach: Man bestellt den gewünschten Koffer für seine Schüler beim Goethe-Institut, bekommt ihn bei der nächsten Gelegenheit per Post zugeschickt und schickt ihn dann dem beigelegten Routenplan entsprechend termingerecht weiter.

Die Puppen, die in dem Koffer wohnen, sind durch den Puppenspieler, Sozial- und Theaterpädagogen Olaf Möller in Ungarn bekannt geworden. Im Auftrag des Goethe-Instituts Budapest hielt er mehrmals nacheinander mehrtägige Fortbildungen zum Thema „Große Puppen ins Spiel bringen",[1] wobei er die Handpuppenfamilie der Living Puppets (**www.living-puppets.de**) benutzte. Da die teilnehmenden Lehrer/-innen begeistert von den Puppen waren und meinten, sie würden sich unter ihren Schülern großer Beliebtheit erfreuen, suchte man am Institut nach einer Lösung, die Puppen für so viele Schüler erreichbar zu machen wie möglich. So kam es zur Einrichtung des „Puppenkoffers".

Kurzprojekte mit den Puppen

Nun galt es, spannende Inhalte und zeitgemäße Methoden für die Arbeit mit den Puppen an den Schulen zu finden. Am besten geeignet schienen dafür Kurzprojekte von drei bis fünf Unterrichtsstunden. Im Rahmen der Projektaktivitäten haben die Kinder die Möglichkeit, so zu lernen, wie wir wissen, dass sie besonders gut lernen, nämlich erlebnisorientiert, themenzentriert, spielerisch und aktiv handelnd. Dabei ermöglicht die kleinschrittige Beschreibung der Durchführung der Projekte den Lehrkräften, eigene Erfahrungen mit Projektarbeit zu machen bzw. ihre vorhandenen Erfahrungen zu vertiefen und gleichzeitig die Projektkompetenz der Schüler anzubahnen.

Im Koffer befinden sich
- die zwei großen Handpuppen Lotta und Fabian,
- das Buch „Große Handpuppen ins Spiel bringen" von Olaf Möller (Ökotopia Verlag, 2011, 5. Aufl. ISBN 978-3867020176),
- ein Prospekt der Firma Living Puppets für den Fall, dass eine Schule sich eigene Puppen anschaffen möchte,
- die genaue Beschreibung mit allen nötigen Anlagen zur Verwirklichung von insgesamt neun Mini-Projekten,[2]
- eine Mappe zur Dokumentation der Arbeit der einzelnen Kindergruppen.

Projektthemen
Folgende Projektthemen stehen zur Auswahl:
- Das sind wir
- Lieblingsessen
- Freunde
- Pausenzeit
- Klassenausflug
- Fit durch Sport
- Unsere Tiere
- Klamotten
- Zum Muttertag

---

1 So heißt auch das Buch von Olaf Möller, das im Puppenkoffer zu finden ist, um die Lehrerinnen und Lehrer bei der Arbeit mit den Puppen durch methodische Hinweise zu unterstützen.
2 Die „Mini-Projekte" wurden von Edit Morvai und Julianna Thomann entwickelt und von Julianna Thomann an einer Budapester Grundschule erprobt.

113

Puppen, Geschichten, Bücher

Die Themen sind im Einklang mit dem üblichen Deutschlernprogramm der Klassen drei bis vier in Ungarn bestimmt worden. Die Liste kann beliebig erweitert und ergänzt werden. Ein Ziel der Projekte im Puppenkoffer ist ja auch, dass die Lehrkräfte in Anlehnung an die fertigen Projektbeschreibungen eigene Mini-Projekte planen und verwirklichen.

Methodische Überlegungen

Aspekte, auf die bei der Entwicklung der „Mini-Projekte" besonderes Gewicht gelegt wurde:

1. Die Planung der Projekte soll mit den Kindern zusammen erfolgen. Sie werden von Anfang an in die Arbeit aktiv einbezogen. Sie sollen lernen, nicht nur nach Anweisung der Lehrkraft zu handeln, sondern selber zu verstehen, warum sie was machen.
2. Im Mittelpunkt der Projekte steht immer ein bestimmtes Thema. Die Aktivitäten dienen dazu, dieses Thema zu behandeln (vertiefen, erweitern). Die einzelnen Arbeitsschritte sind so festgelegt, dass jedem, der mitmacht, klar wird: Nicht nur das Produkt ist wichtig, sondern auch der Prozess, in dem das Produkt entsteht. Die Sprache dient dabei als „Werkzeug".
3. Die Projekte sind so angelegt, dass sie eine behutsame Öffnung des Deutschunterrichts in Richtung fächerübergreifendes Lernen ermöglichen.
4. Die Projektarbeit wird dokumentiert. Die Kinder lernen die Portfolio-Arbeit kennen bzw. wenn sie sie bereits kennen und praktizieren, üben sie sich darin. Die Lehrkraft gewöhnt sich an die Dokumentation ihrer eigenen Arbeit und an die der Kinder, z. B. mit dem Ziel, dass sie besser für Deutsch an ihrer Schule werben kann.

Rolle der Puppen

Bei der Verwirklichung der Projekte kommt den beiden Puppen, die mal von der Lehrkraft, mal von den Kindern gespielt werden, eine ganz wichtige Rolle zu:

- Die Puppen bringen Informationen zu den Themen aus deutscher Perspektive mit und die Kinder bekommen von den Puppen Impulse für ihre Arbeit.
- Die Puppen sind daran interessiert, welche Ähnlichkeiten und Unterschiede es in den einzelnen Themenbereichen zwischen Deutschland und Ungarn gibt, deshalb präsentieren die Kinder ihre Projektprodukte für die Puppen.
- Die Puppen tragen die Informationen, die sie an einer Schule erhalten haben, an die nächste Schule weiter, und zwar in Form von:
  - einer Foto-Dokumentation in der Projektmappe,
  - einer Rätselaufgabe, die eine Schülergruppe zu ihrem Projektthema der nächsten Schülergruppe stellt (auch dazu gibt es Hilfen in der Projektbeschreibung).

Der Puppenkoffer ist seit Februar 2011 in zwei Exemplaren in Ungarn unterwegs. Die Resonanz ist durchweg positiv. Die folgenden Beispiele sollen hier als Beweis dienen:

Wir haben in der uns zur Verfügung stehenden Zeit drei Projekte verwirklicht und in allen Deutschgruppen die Puppen vorgestellt. Es war unglaublich, wie die Kleinen sich bemüht haben, mit den Puppen ins Gespräch zu kommen. Die Fünftklässler waren allerdings nicht mehr so begeistert, einige fanden das Sprechen mit den Puppen echt kindisch. (...) Das Durchblättern der Mappe mit den Fotodokumentationen fanden wir ebenfalls sehr interessant, wir waren alle neugierig darauf, wie andere mit dem Puppenkoffer gearbeitet haben. Da kamen wir auf die Idee, die Puppen auch im benachbarten Kindergarten vorzustellen. Das Spiel mit den Puppen dort wurde sogar im lokalen Fernsehen gezeigt. (Berkesné Virág Judit, Lehrerin)

Ein Junge, der aus einer sehr ärmlichen Umgebung stammt, kam nach der Stunde zu mir, sagte, wie gut es ihm mit den Puppen gefallen hat, und fügte begeistert hinzu: „Ich habe heute nicht nur das Wort Ananas auf Deutsch gelernt, sondern ich habe das erste Mal eine echte Ananas gekostet." Ich hätte – ehrlich gesagt – nicht geglaubt, dass der „Puppenkoffer" nicht nur dazu gut ist, dass die Kinder motiviert Deutsch lernen, sondern auch dazu, dass sie derartige „außergewöhnliche" Erlebnisse geschenkt bekommen.[3] (Viktor Bencsik, Lehrer)

Eine Deutschlehrerin und Bibliothekarin (Katalin Fekete), die gern und erfolgreich mit dem Puppenkoffer gearbeitet hat, hat veranlasst, dass die Bibliothek ihrer Schule eine eigene große Handpuppe kauft. Die Puppe lebt nun in einem mit den Kindern zusammen gebastelten und geschmückten Häuschen in der Bibliothek und besitzt einen eigenen Briefkasten. Man kann ihr schreiben, und wenn man sich mit Fragen an sie wendet, kann man sicher sein, dass sie auch antwortet. Die Puppe lebt also mit den Kindern, empfängt und begleitet sie bei den Bibliotheksbesuchen. Die Idee ist so gut angekommen, dass sich das bereits in der Besucher- und Ausleihstatistik bemerkbar macht.

Besonders in der Schulbibliothek ist die Handpuppe zu Hause – und das wissen die Kinder auch gut!

---

[3] Zum besseren Verständnis: Das Projekt „Lieblingsessen" endet u. a. so, dass die Kinder entweder Obst- und Gemüseteller aus Salzteig basteln (kostensparende Version) oder „Tortenköpfe" erstellen (Tortenboden mit Vanillepudding übergossen und mit witzigen Gesichtern aus Obststücken geschmückt).

Puppen, Geschichten, Bücher

Hildegard Kirchner

„Jeder ist anders" – ein Musical für Kinder mit Hans Hase

2011 hatte das Goethe-Institut Budapest die Möglichkeit, ein großes und besonderes Projekt zu verwirklichen.

Das Ziel war, Schülerinnen und Schülern sowie Lehrkräften Materialien zur Verfügung zu stellen, die einen anderen Zugang zur Sprache eröffnen, als dies im normalen Unterricht möglich ist. Die Materialien sollten alle Sinne ansprechen und Projektarbeit ermöglichen, die sowohl das fächerübergreifende als auch das außerschulische Lernen einbezieht.

So kamen wir auf die Idee, dass dies mit einem Musical realisiert werden könnte. Ein Musical verbindet Sprache, Musik, Lieder, Tanz, Spiel, die Gestaltung von Kostümen und Bühne, somit alles, was Kindern Spaß macht und ihre Fantasie und Kreativität anregt. Das eigene Sprechen wird durch körpersprachliche Elemente unterstützt, das aktive Zuhören und die Reaktion auf den Kommunikationspartner werden gefördert. Notwendig sind aber auch Zusammenarbeit, Teamgeist und Disziplin, um ein größeres gemeinsames Projekt umzusetzen. Dadurch wird ein weiter Raum für das Sprachenlernen und die Entwicklung vielfältiger Kompetenzen eröffnet.

Die Ziele waren also:
1. Die Entwicklung eines attraktiven Angebots für Deutsch lernende Grundschulkinder
2. Die Erstellung von Begleitheften, die Lehrende und Lernende dabei unterstützen, das Musical als Projekt durchzuführen

Was umfasste das Budapester Projekt?
Das Musical wurde sozusagen bei null begonnen. Es musste zunächst eine interessante Geschichte gefunden werden, um daraus ein Textbuch mit Dialogen und Liedern zu schreiben. Dann musste die Musik für das Musical komponiert werden. Zu Text und Musik mussten Inszenierung und Choreografie entwickelt werden.

Die Materialien sollten möglichst attraktiv und professionell sein, aber auch sprachlich, musikalisch und choreografisch nicht zu schwierig für 8- bis 10-jährige Kinder. Daher war die Zusammenarbeit mit Künstlern bzw. Experten notwendig, aber es war auch unabdingbar, das Musical als Pilotprojekt mit einer Schule durchzuführen, um alles zu erproben und herauszufinden, ob die Geschichte und die Lieder den Kindern gefielen, ob sie für die Altersgruppe geeignet und die Anforderungen nicht zu hoch waren.

Die Hasen-Kinder in Aktion

Warum wurde die Figur Hans Hase für das Musical gewählt?
Viele Kinder weltweit kennen die Figur bereits aus verschiedenen Materialien des Goethe-Instituts. Das Paket „Deutsch mit Hans Hase in Kindergarten und Vorschule" wird inzwischen in zahlreichen Kindergärten eingesetzt, zum Teil auch im ersten Grundschuljahr noch verwendet. Das Musical ist keine direkte Fortsetzung dieses Lernprogramms, baut aber sprachlich darauf auf und setzt mindestens ein Jahr Deutschunterricht voraus. Die Figur Hans Hase knüpft also für manche Kinder an bereits Vertrautes an. Aber so wie die Kinder ihren Erfahrungsbereich mit den Jahren erweitern, entdeckt Hans Hase die Welt auch aus neuen Perspektiven und nimmt die Kinder auf seine Abenteuerreise mit.

Das Thema des Musicals „Jeder ist anders"
Der Ausgangspunkt ist ein Konflikt in der Familie. Hans Hase will keine Karotten fressen und ist damit in den Augen der Familie „kein richtiger Hase". Er zieht in die Welt, um einen anderen Hasen zu finden, der so ist wie er, und erlebt verschiedene Abenteuer. Dabei nützt ihm in einer gefährlichen Situation sogar die Ausrede, „kein richtiger Hase" zu sein. Zum Schluss findet er tatsächlich ein Hasenmädchen, das auch keine Karotten mag, aber trotzdem von allen als richtiger Hase anerkannt wird. Am Ende wird alles gut. Die Familie ist froh über seine Rückkehr und stolz auf ihn, da es ihm gelungen ist, alle Abenteuer wohlbehalten zu überstehen. Sie lernen außerdem, Hans Hase auch als „richtigen" Hasen zu akzeptieren, und sehen ein, dass Anderssein positiv und bereichernd sein kann.

Puppen, Geschichten, Bücher

Mutter	Karotten machen klug.
Vater	Karotten machen stark.
	Alle Hasen mögen Karotten!
Hans	Vielleicht stimmt das gar nicht.
Mutter, Vater, Geschwister	
	Was???
Hans	Vielleicht gibt es Karotten-Hasen und andere Hasen. Schokoladen-Hasen und Marzipan-Hasen und Vanillepudding-Hasen und Marshmellow-Hasen. Und ihr wisst es nur nicht! Weil ihr sie nicht kennt!
Mutter, Vater, Geschwister	
	So ein Unsinn!
	Zeig uns einen Hasen auf der Welt,
	auf der Wiese, auf dem Feld,
	der Karotten Tag für Tag
	auch nicht mag.
	So wie du!
	Dann lassen wir dich mit den Karotten in Ruh!

In den Kostümen wird die neue Rolle erst richtig erlebbar!

Die Erfahrungen der Kinder und des Projektteams

21 ungarische Grundschüler aus der dritten und vierten Klasse nahmen an diesem Projekt teil. Jedes war anders. Sie unterschieden sich in ihren Deutschkenntnissen, in ihren Erfahrungen und Fähigkeiten zu spielen, zu singen und sich zu bewegen. Es gab zu Beginn auch Animositäten und Rivalitäten unter den Kindern. Sie mussten gemeinsam mit dem Projektteam sehr hart arbeiten, um in kurzer Zeit ein gemeinsames Ergebnis zu erreichen. Dass sie es geschafft haben, hat das Selbstbewusstsein jedes Einzelnen gestärkt und alle zu einer Gruppe zusammengeschweißt. Im Film kann man sehen, wie stolz sie sind und welchen Spaß sie hatten. Jedes Kind hatte die Möglichkeit, seinen Teil zum Gelingen beizutragen. Viele Eltern waren zu Beginn des Projekts skeptisch, da die Probestunden zulasten der schulischen und privaten Nachmittagsprogramme gingen. Manche meinten auch, dass die Kinder durch das Musical nicht genug Deutsch lernen würden. Am Ende des Projekts gab es aber völlig andere Rückmeldungen, zum Beispiel, dass sie beindruckt davon waren, dass ihr Kind so viel mehr als Deutsch gelernt und wie sehr es sich insgesamt entwickelt hatte.

Woraus besteht das Materialpaket?

Das Materialpaket besteht aus audiovisuellen Medien (DVD, CDs) und vier Begleitheften. Um die Arbeit mit dem Material zu erleichtern, wurde für jedes wichtige Thema ein gesondertes Heft erstellt:

- Heft „Leitfaden für die Projektdurchführung"
- Heft „Text und Regie"
- Heft „Musik und Choreographie"
- Heft „Bühnenbild und Kostüme"
- Audiovisuelle Medien:
    - 1 DVD: Aufführung des Musicals als Realisierungsbeispiel
    - und Werkfilm mit Szenen aus den Proben
    - 1 CD: Lieder des Musicals
    - 1 CD: Playbacks der Lieder, Effekte für die Aufführung, Musical-Text als Hörbeispiel

Auch bei der Planung der Musik sind die Kinder beteiligt

Wie kann das Musical an der eigenen Schule realisiert werden?

Das Musical ist ein Projekt, das im Laufe eines Schulhalbjahres oder Schuljahres realisiert werden kann. Die Komplexität des Genres, der Zeitumfang des Projekts oder auch die Tatsache, dass eine Schule nur ihre jeweiligen Ressourcen zur Verfügung hat, braucht aber nicht zu schrecken, denn das Materialpaket bietet zu allen Aspekten und Fragen praktikable Beispiele und hilfreiche Hinweise.

Der Leitfaden für die Projektdurchführung hilft, das Projekt als Prozess zu gestalten, indem man anhand von Fragen und Antworten systematisch von Schritt zu Schritt geführt wird. Er zeigt auch, wie die Kinder in diesem Prozess zusätzlich zu ihren Deutschkenntnissen in vielen anderen Bereichen ihre Kompetenzen entwickeln können. In den Themenheften finden sich Kopiervorlagen, Bilder sowie die Erfahrungen und Hinweise der Experten zum Einüben der Lieder (inkl. Notationen für den Musiklehrer), zur Inszenierung, zum Herstellen von Kostümen und Bühnenbild. Das Materialpaket bietet also alles, um das Musical genauso wie im Beispiel durchzu-

Puppen, Geschichten, Bücher

Bei den Proben geht es sehr bewegt zu!

führen. Es enthält aber auch viele Anregungen, wie man das eigene Projekt den Wünschen und Möglichkeiten vor Ort entsprechend abändern kann.

> **Kommentar der Regisseurin:**
>
> Manchmal habe ich den Kindern Instruktionen gegeben, die irgendwie nicht funktionierten. Da haben die Kinder sofort reagiert und erklärt, warum das nicht möglich ist. Und sie hatten immer Recht, was zeigte, dass sie völlig bei der Sache waren. Sie lebten in der Geschichte und dachten mit.
>
> Oft haben sie spontan Lösungen gefunden, an die wir gar nicht gedacht hatten.

Das Musical ist per se als fächerübergreifendes Projekt bestens geeignet, da sich die Zusammenarbeit der Deutschlehrerin mit anderen Kollegen im Bereich Musik, Sport und Kunst oder Werken automatisch anbietet. Zudem können Hilfe und Expertise von Eltern, älteren Geschwistern oder anderen Externen ins Projekt einbezogen werden.

Eine wichtige Frage ist auch, wie man mit 8- bis 10-jährigen DaF-Lernenden einen relativ langen Text einstudieren kann. Obwohl nicht immer gesprochen wird, müssen die Kinder, insbesondere die Hauptrollen, relativ viel Text lernen. Der

Der eine macht's vor – und die Anderen? Sie passen jedenfalls gut auf.

Text wurde zunächst im Deutschunterricht erzählt, besprochen und gelesen, dann natürlich in den Proben einzeln oder in Kleingruppen geübt. In den Begleitheften finden sich Vorschläge und Ideen, wie man die Geschichte und die Lieder mit den Kindern einüben kann.

Puppen, Geschichten, Bücher

Kommentar des musikalischen Leiters:

Die Lieder sind toll! Gleich das erste Lied klingt so fröhlich, dass man sofort Lust bekommt, sofort mitzusingen. So habe ich bei der ersten Probe nichts anderes gemacht, als das Lied auf die Kinder wirken zu lassen. Sie haben eine Weile zugehört und begannen dann – wie ich es erwartet hatte –, spontan mitzusingen. Einige Lieder sind etwas schwieriger, da haben wir langsamer gearbeitet. In der Probe haben wir uns zuerst immer das neu zu erlernende Lied komplett angehört, um die Atmosphäre zu erfassen. Jeder konnte sagen, wie ihm das Lied, sein Text und seine Melodie gefallen, welche Gefühle es in ihm weckt. Dann haben wir den Text so oft rhythmisch gesprochen, bis die Kinder ihn auswendig konnten. Darauf folgte die Verbindung des rhythmischen Textes mit der Melodie.

Die Erfahrung hat gezeigt, dass die Kinder so motiviert waren, dass sie alle den gesamten Text und die Liedtexte lernten und sich auch gegenseitig auf der Bühne Stichworte geben konnten, wie im Film zu sehen ist. Als Hilfe für nicht muttersprachliche Lehrkräfte wird der Text auf einer CD auch von einer Muttersprachlerin vorgelesen.

Kommentar der Regisseurin zum Text:

Die Kinder haben übrigens nicht nur ihren eigenen Text gelernt, sondern auch den der anderen. Am Ende konnte jeder das ganze Textbuch und alle Lieder auswendig, was der Gruppe eine enorme Sicherheit gab. Man kann auch auf der DVD sehen, wie die Kinder den Text der anderen mitverfolgen, indem sie ihn leise mitsprechen. Sie passen auch auf, ob die anderen genau das tun, was sie tun sollen, und versuchen, einander mit Blicken oder kleinen Handbewegungen zu instruieren.

Wie kann man mit Kindern in das Projekt einsteigen?

Hier gibt es viele Möglichkeiten, insbesondere, da die außerschulische Erfahrung/Welt einbezogen werden kann. Man kann zur Vorbereitung des Projekts mit den Kindern erkunden, wie Theater funktioniert, und herausfinden, was der Unterschied zwischen einem Theaterstück und einem Musical ist. So könnte man zum Beispiel eine Führung in einem Theater organisieren, um hinter die Kulissen zu schauen, vielleicht einen Regisseur oder eine Choreografin für ein Interview gewinnen oder bereits an Erfahrungen der Kinder anknüpfen, wenn sie schon eine Musical-Aufführung gesehen haben. Man kann einen Streichelzoo besuchen, wo die Kinder die im Musical auftretenden Tiere genau beobachten, und sie können sich auch im Internet informieren, wie die Tiere leben, was ihre jeweiligen Eigenschaften und Merkmale sind.

Das Budapester Projektteam hat auch einen ersten Schritt zur Projektvorbereitung in einer weiteren Grundschule erprobt und eine interessante Erfahrung gemacht, die in den Materialien dokumentiert ist. So viel sei verraten: Im Laufe eines Nachmittags haben die Kinder bereits das erste Bühnenbild entworfen und sich eine Choreografie für den ersten Tanz auf der Bühne ausgedacht. Beides entsprach ziemlich genau dem, was die Experten im Budapester Projekt entworfen hatten. Dass sie dieses Projekt im kommenden Schuljahr durchführen wollen, war am Ende für alle ganz klar.

Wir hoffen, dass viele Lehrkräfte und Kinder motiviert werden, das Musical als Projekt in ihrer Schule durchzuführen[1], und sind gespannt auf Rückmeldungen.

Im Team planen

Alle Fotos: Zoltán Kerekes
© Goethe-Institut

[1] Das Materialpaket wird voraussichtlich im Herbst 2012 über den Shop des Goethe-Instituts erhältlich sein. Wir werden in der nächsten Ausgabe von „Frühes Deutsch" darüber berichten.

Puppen, Geschichten, Bücher

Ia Zeinabishvili

„Ein Mann geht in die Welt" – Literatur für den frühen Fremdsprachenunterricht

Über gelungene Bilderbücher versetzen sich Kinder leicht in ihre ganz eigene Welt. "Ein Mann geht in die Welt" ist solch ein Buch. Ann Cathrin Raab erzählt darin, wie ein Mann beschließt, die Welt zu bereisen und dabei ganz unglaubliche Dinge erlebt. Das Bilderbuch ist für Kinder ab vier Jahren gedacht, es gefällt aber auch jungen Fremdsprachenlernerinnen und -lernern.

In diesem Beitrag finden Sie Arbeitsblätter und einige weitere Ideen zum Einsatz des Buches im frühen Fremdsprachenunterricht für Deutsch als Fremdsprache.

Die Aufgaben sind für die Deutschlernenden ab dem Niveau A 1.2 geeignet. Sie können je nach dem Ziel entweder für die ganze Unterrichtseinheit oder auch einzeln im Unterricht eingesetzt werden. Alle Aufgaben außer den ersten zwei können auch als Stationenarbeit umgesetzt werden. Was die Arbeitsformen angeht, können einige Aufgaben auch teilnehmeraktivierend gestaltet werden: Wo es möglich ist, werden die Bilder und Texte z. B. nicht auf dem Arbeitsblatt nummeriert, sondern ausgeschnitten und als Schnipsel angeboten und geordnet.

Aufgabe 1: Über den möglichen Inhalt sprechen
Die Lehrkraft lässt die Schüler/-innen die Vermutungen über das Geschehen im Buch anhand des Titelbilds äußern.

Aufgabe 2: Visuelles Diktat
Die Lehrkraft liest das Buch vor. Die Schüler/-innen nummerieren die Bilder in der Reihenfolge des gehörten Inhalts. Anschließend lesen die Kinder das Buch selbst und vergleichen die Ergebnisse mit dem Buch.

Aufgabe 3: Ein Bild beschreiben, über die Freizeitaktivitäten sprechen
Im nächsten Schritt lernen die Kinder Wortschatz zum Thema „Freizeitaktivitäten" und beschreiben ein Bild aus dem Buch, indem sie zuerst die zutreffenden Aussagen ankreuzen. Einige schwierigere oder längere Sätze können an der Tafel festgehalten werden, damit sie darauf zugreifen können, wenn sie über ihre eigene Freizeit sprechen.

Aufgabe 3

Bilder: „Ein Mann geht in die Welt"
a. Was machen die Menschen auf dem Bild? Kreuzt an.

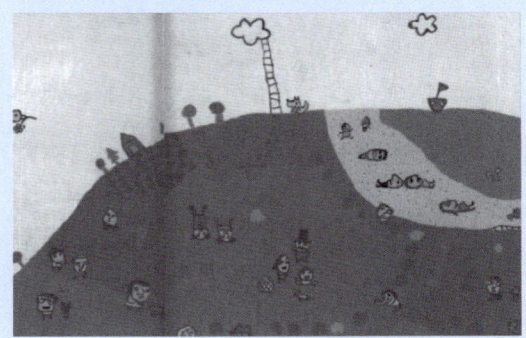

spazieren gehen	baden
laufen	lernen
Eis essen	Picknick machen
ins Kino gehen	braun werden
spielen	Tee trinken
mit dem Kind spazieren gehen	sprechen
lesen	Fußball spielen

b. Beschreibt nun das Bild:
■ Eine Familie …
■ Ein Kind …
■ Eine Frau …
■ Ein Mann …
c. Und was macht Ihr in eurer Freizeit? Erzählt jemandem darüber in der Klasse.

Aufgabe 2

Bilder: „Ein Mann geht in die Welt"
a. Eure Lehrerin liest euch das Buch „Ein Mann geht in die Welt" vor. Ordnet/nummeriert die Bilder.

b. Und wie ist es im Buch? Vergleicht euer Ergebnis mit dem Buch.

Puppen, Geschichten, Bücher

Aufgabe 4: Einen Dialog schreiben und inszenieren
In diesem Schritt lassen Sie Ihre Schüler/-innen einen Dialog schreiben. Falls die Aufgabe schwierig ist, können einfache Sprech-/Denkblasen mit je einer Äußerung ergänzt werden. Freiwillige sprechen/spielen den selbst verfassten Dialog vor der Klasse.

Aufgabe 4
Bilder: „Ein Mann geht in die Welt"
Schreibt einen Dialog zum Bild.
Inszeniert euren Dialog in der Klasse.

Aufgabe 5: Ein Buch nacherzählen
In der nächsten Aufgabe rekonstruieren die Kinder den Textinhalt, indem sie die Sätze nummerieren oder die Schnipsel mit den gleichen Sätzen ordnen. Anschließend wird der Text nacherzählt. Jedes Kind sagt einen Satz. Die Reihenfolge kann dadurch bestimmt werden, dass sich die Kinder einen Ball zuwerfen.

Aufgabe 5
Nun habt ihr schon das Buch gelesen. Was war zuerst: Nummeriert die Sätze!
	Dann genoss er auf einer Wolke die frische Luft.
	Er kam nach Hause, müde und glücklich.
	Er beschloss, sich die Welt anzuschauen.
	In einem fernen Land lernte er eine Frau kennen.
	Die Frau zeigte ihm ihre Welt.
	Danach segelte er mit einem Boot auf das Meer hinaus.

Aufgabe 6: Ein Buch bewerten
Nun haben die Kinder schon das Buch gelesen und können auch ihre Meinung dazu äußern. Auf dem Arbeitsblatt zur Aufgabe sind passende Redemittel zu finden.

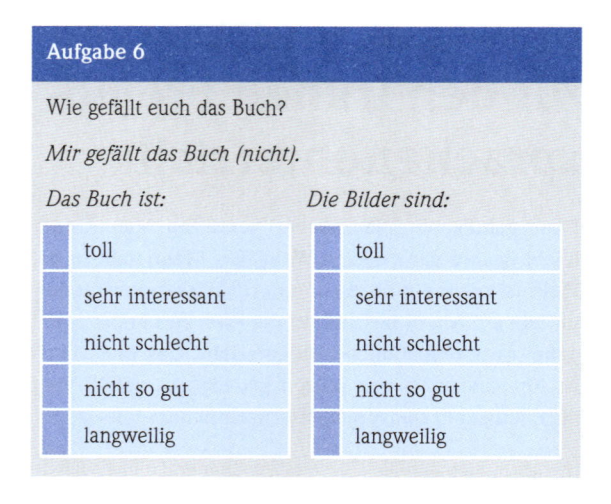

Aufgabe 6
Wie gefällt euch das Buch?
Mir gefällt das Buch (nicht).

Das Buch ist:		Die Bilder sind:
toll		toll
sehr interessant		sehr interessant
nicht schlecht		nicht schlecht
nicht so gut		nicht so gut
langweilig		langweilig

Aufgabe 7: Selbst ein Buch schreiben oder malen
Kinder mit Schreib- oder Malinteressen können in der nächsten Aufgabe weitere Buchseiten schreiben und malen.

Aufgabe 7
Was passiert weiter?
Schreib einen Text und male ein Bild dazu.

Abbildungen aus: Raab, Ann C. (2009): Ein Mann geht in die Welt. Hinstorff-Verlag GmbH, Rostock.
Ein Dank an den Verlag für die freundliche Genehmigung zur Veröffentlichung.

Anna Rossié, Gabriela Bracklo

Literatur interkulturell erfahren und szenisch erleben – mit dem Kamishibai-Theater

Ein Kamishibai-Theater ist ein kleines japanisches Papiertheater (kami = Papier, shibai = Theater), das in der ursprünglichen Form und Tradition ein kleines Holztheater auf Fahrrädern war und eigentlich als „Lockmittel" diente, um Kinder zusammenzutrommeln, Geschichten mithilfe des Theaters zu erzählen und dabei Süßigkeiten zu verkaufen. Denn damit verdienten die Kamishibai-Männer ihr Geld. Hier erleben sie, wie man mit dieser Erzählform Literatur aus einer fernen Kultur näherrücken und verständlich machen kann. Eine Form, die auch in der frühen Fremdsprachenvermittlung funktioniert.[1]

Wie sieht ein echtes Kamishibai aus?

Man kann sich das so vorstellen, dass auf Fahrrädern große Holzkisten fest montiert waren, die Süßigkeiten enthielten. Auf diesen Kisten standen kleine Holztheater, die eine Bühne für bebilderte Geschichten boten, vergleichbar mit textlosen Bilderbüchern, wie wir sie kennen. Hintereinander steckten Bilder in einem Schlitz. Diese Bilder waren etwas kleiner als das uns bekannte DIN-A3-Format. Aus dem Schlitz konnte der/die Erzähler/-in diese Bilder von vorne nach hinten herausziehen und währenddessen seine/ihre Geschichte erzählen.

So war die Tradition in Japan, sie verlor allerdings mit Einzug des Fernsehens in den 50er-Jahren an Bedeutung.[2]

Das Kamishibai reist nach Europa

Nach einer internationalen Kinderbuchmesse in Bologna erlebte rund zwei Jahrzehnte später das Kamishibai-Theater als besondere Form des Erzählens in Europa eine begeisterte Aufnahme, und zwar zum einen als neu entdeckte Kunstform des Erzählens, und zum anderen als gut geeignete Form, um Kinderliteratur und andere bildgestützte Inhalte zu vermitteln.

Mittlerweile wird auch in Europa das Kamishibai-Theater als pädagogische Unterstützung für das Lernen und Lehren genutzt. So dient es z. B. der Lese- und Sprachförderung, es fördert dialogische kreative Gruppenprozesse, motiviert zum Geschichtenerfinden und -malen, macht Mut, sich selbst zu präsentieren, fördert emotionale sowie soziale Prozesse und ebenso die Freude am ästhetischen Erlebnis.

Und schließlich kommt es nach Braunschweig

Im Rahmen eines zweiwöchigen Kulturfestivals anlässlich des 150-jährigen Freundschaftsvertrags zwischen Japan und Deutschland bot sich die Möglichkeit, diese spezielle Form des öffentlichen Erzählens auch in Braunschweig auszuprobieren.

Ziel war es, im Rahmen des Japan-Festivals eine japanische Geschichte als Beitrag so zu erzählen, dass sie in ihrer Präsentation möglichst weit der ursprünglichen japanischen Kamishibai-Tradition entsprechen würde, allerdings in deutscher Sprache.

Statt Süßigkeiten zu verkaufen, sollten hier Wörter an das junge Publikum verschenkt werden. Jeweils ein beliebiges Wort wie z. B. Sonne, Ball, Meer, Hexe, singen, zanken, Wut o. Ä. war jeweils auf einen der Kieselsteine geschrieben, die sich dann die Kinder aus einem Beutel nehmen konnten. Die Wörter waren so ausgesucht, dass sie einen gewissen Aufforderungscharakter hatten und die Kinder zu vielen Assoziationen verführen konnten.

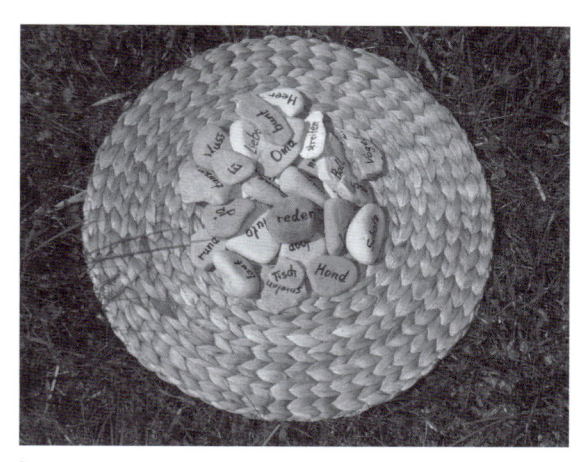

Beschriftete Steine erleichtern das Erzählen und Verstehen.

---

1 Vgl. Birgit van Reemen: Kamishibai, in: Frühes Deutsch 13/2008, S. 16–20 (mit Bauanleitung für ein Kamishibai).
2 In Kinderbibliotheken, Kindergärten und Grundschulen in Japan hat das Kamishibai jedoch bis heute seine Bedeutung als pädagogische Technik zum gemeinsamen Gruppen-(Vor-)Leseerlebnis mit starker integrativer, erzieherischer und unterhaltender Ausprägung behalten. Verlage dort bieten eine Vielzahl entsprechender Kamishibai-Publikationen aus mehreren Jahrzehnten in japanischer Sprache an.

Zusätzlich war mit dieser Idee verbunden, dass sich die Kinder im günstigsten Fall gegenseitig ihre „geangelten" Wörter zeigen, vergleichen und vielleicht anfangen, damit kleine Geschichten zu erfinden. Denn die Erfahrung zeigt, dass Kinder sehr schnell unaufgefordert ihrer Fantasie freien Lauf lassen und besonders motiviert sind, wenn sie quasi unzensiert durch erhobene Eltern- oder Pädagogenzeigefinger („ihr sollt jetzt eine Geschichte erfinden..."), aber mit einer vielleicht kleinen Anfangsstarthilfe unterstützt werden („Wieso ist denn bloß diese Sonne immer so wütend?"). Sehr schnell entwickeln Kinder dann spontan wunderbare Ideen, über die Erwachsene oft nur staunen können.

Ein Beispiel

Die Geschichte „Dank des Kranichs" ist ein beliebtes japanisches Volksmärchen, das von den beiden Japanerinnen Keiko Funatsu und Momo Nishimura adaptiert und illustriert und von Gabriela Bracklo 2009 ins Deutsche übertragen und schließlich als Kamishibai-Kartenset hergestellt wurde. Dazu musste das bebilderte Buch kopiert, vergrößert, kartoniert und laminiert werden. Dieses Kartenset ist so passend für in Deutschland zu kaufende kleine Holztheaterkästen.

Titelbild des Kamishibai-Buchs „Dank des Kranichs" und ein Auszug daraus.

Kamishibai auf einem deutschen Fahrrad

Wegen urheberrechtlicher Fragen musste vorab die Genehmigung für diese Art der Präsentation beim Verlag eingeholt werden. An diesem Punkt der Geschichte kreuzten sich die Wege von Anna Rossié und Gabriela Bracklo.

Das wohl einzige Braunschweiger Kamishibai-Fahrrad wurde schließlich so konstruiert, dass das kleine Theater auf einer festen hölzernen Grundplatte auf dem Gepäckträger des Fahrrads einerseits fest verankert aufgebaut, aber ebenso leicht auch wieder abgebaut, verstaut und transportiert werden konnte, um problemlos mit dem Fahrrad weiterziehen zu können.

Auf die Süßigkeiten-Kiste als Unterbau des Theaters wurde hier verzichtet.

Das Kamishibai-Fahrrad von Anna Rossié

Aber neben verschiedenen selbst konstruierten Möglichkeiten eignen sich ebenso schwere Lastenfahrräder, Handkarren oder andere Transportmöglichkeiten. Wichtig sind eine gute Handhabbarkeit und, wenn man der japanischen Tradition möglichst weit entsprechen möchte, eine einfache Art, mitsamt den Theaterutensilien von Ort zu Ort ziehen zu können.

Was, wann, wie und wo?

Im Rahmen des Japanfestivals gab es zwar eine allgemeine Presseankündigung, dass in Braunschweig an verschiedenen Nachmittagen und an verschiedenen zentralen Stellen in der Innenstadt ein solches Fahrrad auftauchen würde und dass japanische Geschichten erzählt werden würden, aber es wurden weder konkrete Orte noch die exakten Uhrzeiten benannt. Das Publikum sollte durch den Überraschungseffekt angezogen werden.

Die Kinder von heute und ihre Reaktionen auf das Kamishibai

Bei der Umsetzung einer für Deutschland so ungewöhnlichen Idee hat es sich jedoch als Schwierigkeit erwiesen, dass die genauen Rahmenbedingungen nicht bereits im Vorfeld festgelegt worden waren. Als praktische Empfehlung ist es daher sinnvoll, früh genug über die Medien oder Aushänge, Flyer o. Ä. an geeigneten Stellen wie Bibliotheken etc. auf den besonderen Charakter der Veranstaltung hinzuweisen.

Man kann z. B. an den jeweiligen Orten in der Fußgängerzone sogenannte Kundenstopper aufstellen, also Hinweistafeln, die über die Vorführungen und die ungefähren Uhrzeiten informieren. Denn es zeigte sich, dass Kinder im gewünschten Alter, also im Kindergarten- oder Grundschulalter, sehr häufig schlichtweg „keine Zeit" zum Stehenbleiben und Zuhören hatten, d. h. sie waren immer aufgrund konkreter Anlässe mit bestimmten Zielen mit ihren Müttern oder Großeltern unterwegs. Kein einziges Kind hatte „nichts zu tun" und hätte sich mit Muße von dem überraschen lassen können, was in diesem Fahrrad-Theater passierte. Stattdessen bedurfte es bei jeder Aufführung einiger Überzeugungsarbeit, um das vorbeieilende potenzielle Publikum dazu zu überreden, sich zehn Minuten Zeit zu nehmen und zum Zuhören und Zuschauen dazubleiben.

Ganz anders eine kleine japanische Gruppe junger Mütter mit ihren Kindern, die gezielt den Aufführungsort gesucht hatte und eher enttäuscht war, dass nicht in japanischer Sprache erzählt wurde.

Trotz dieser komplizierten Umsetzung im Freien waren sowohl die Kinder als auch die Erwachsenen sofort von der erzählten, knapp zehnminütigen Geschichte verzaubert und konzentrierten sich völlig auf die Bilder in der Theaterbühne. Dabei war es fantastisch zu erleben, wie flexibel und vielseitig die Erzähltechnik des Kamishibai an den unterschiedlichsten Orten einsetzbar ist und wie gebannt sowohl kleine wie große Zuschauer den Geschichten folgen.

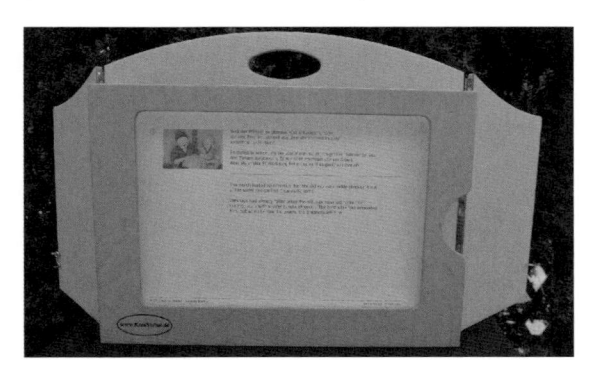

Auf der Rückseite des Kamishibai sieht die Vorleserin – für die Kinder verborgen – den Text.

Zusätzliche Angebote bringen Abwechslung

In Bibliotheken, Schulen, Kindergärten und Museen, aber auch auf einer Krankenhausstation wurde im Anschluss an das Kamishibai-Theater-Lesespiel ein typisch japanisches Zusatzangebot gemacht: Origami-Falttechnik.

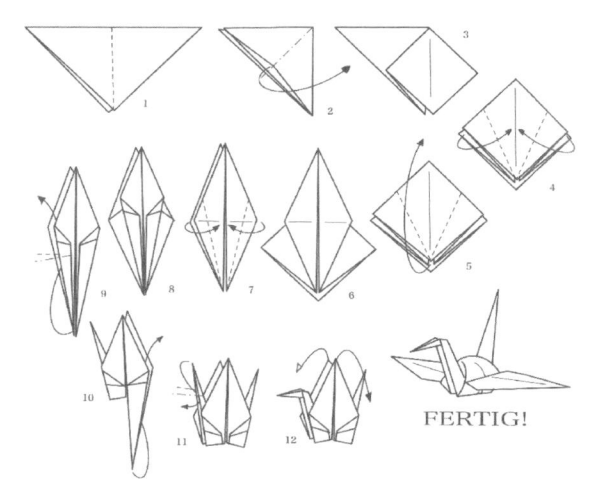

Schnell lässt sich aus einem Blatt Papier ein Kranich falten – passend zur Geschichte. Darin sind die Japaner Meister!

Bei einer Kamishibai-Variante, Butai genannt, wird der Theaterkasten vor der Aufführung geschlossen auf einem oft schwarz verhüllten Tisch aufgebaut. Ist die Gruppe bereit, öffnet der/die meist dunkel und zurückhaltend gekleidete Vorleser/-in die Türflügel der kleinen Bühne und gibt den Blick frei auf die farbigen und stimmungsvollen Bilder einer fernen und für uns exotischen Märchenwelt. Mit ruhiger Stimme liest er/sie die Geschichte zu den Bildern vor und wechselt jeweils mit einer sanften Bewegung zum nachfolgenden Bild.

Die Tatsache, dass Vortragende auf der Rückseite der Kamishibai den Geschichtentext ablesen können (aber natürlich nicht müssen), hat den großen Vorteil, dass jeder, nicht nur geübte Erzähler/-innen, sondern auch weniger geübte Vorleser/-innen, die Zuhörerschaft in den Bann ziehen kann. Das gelingt besonders dadurch, dass Erzähler/-innen und Publikum ständig in Blickkontakt bleiben, anders als bei der üblichen Vorlesesituation mit Buch in der Hand.[1]

Mit weißen Blanko-Kamishibai-Mappen im DIN-A3-Format (und auch in japanischer Originalgröße 38,0 x 26,3 cm) kann man eigene Kamishibai-Geschichten herstellen und die schöne Tradition des Kamishibai-Erzählens fördern.

---

1 Wir kennen diese Technik auch von den Kniebüchern, die sich in den letzten Jahren großer Beliebtheit erfreuen und z. B. gern im Morgenkreis in Kindergärten eingesetzt werden (Anm. der Redaktion).

Puppen, Geschichten, Bücher

Bauplan für ein Kamishibai-Theater

1. Sockel

Alle Angaben in mm, Sperrholzdicke 5 mm

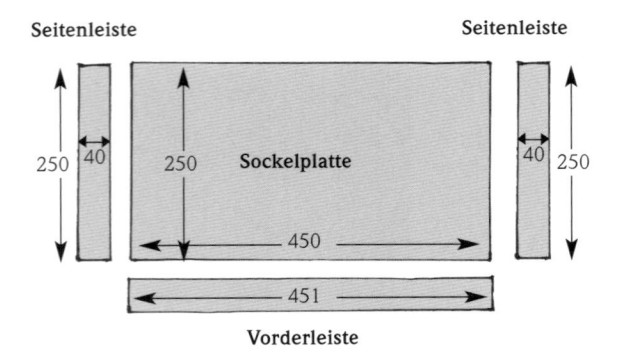

Seitenleiste — Sockelplatte (250 x 450) — Seitenleiste
40 breit, 250 hoch
Vorderleiste: 451

Die Leisten und die Vorderleisten werden mit Vierkanthölzern unter der Sockelplatte versteift.

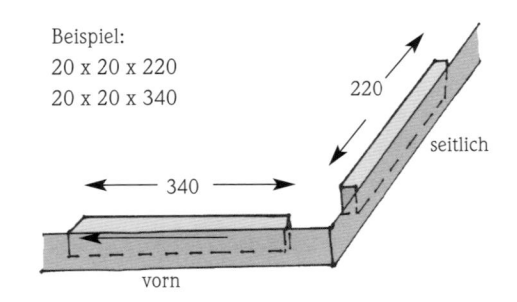

Beispiel:
20 x 20 x 220
20 x 20 x 340

220 seitlich
340 vorn

2. Sichtfenster

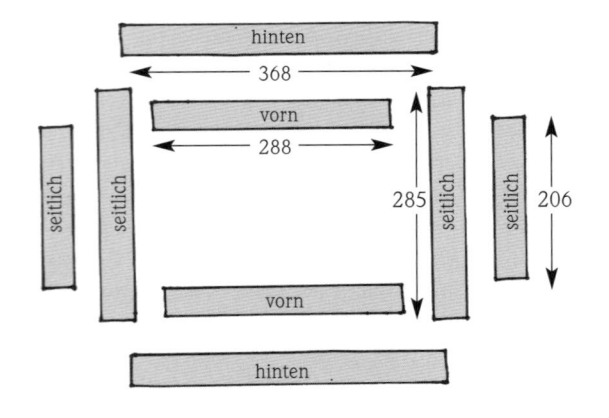

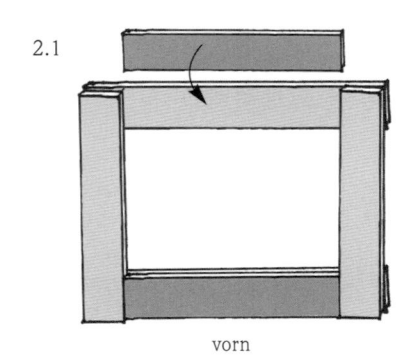

hinten: 368
vorn: 288
seitlich: 285 / 206

2.1 vorn

2.2 hinten

2.3 Ergebnis nach dem Kleben — Sichtfenster

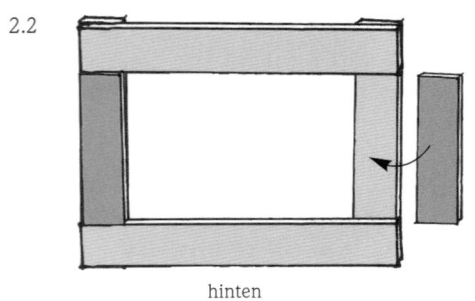

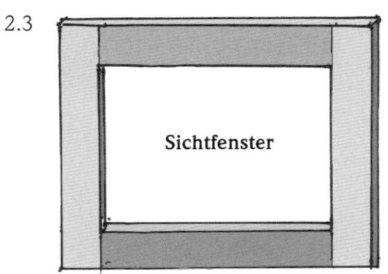

Puppen, Geschichten, Bücher

3. Bühnenaufbau

Holzleiste 20 x 40 x 358 aufkleben

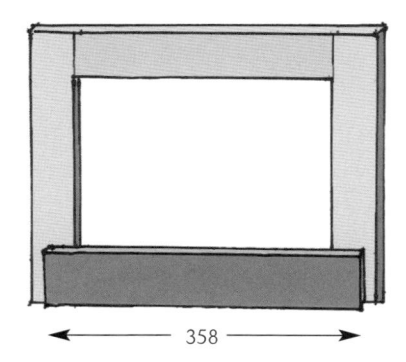

358

Holzleisten 20 x 20 x 185 aufkleben

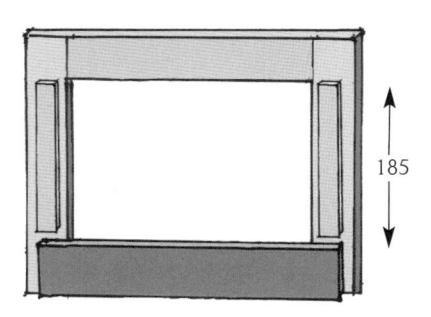

185

Auf die schraffierten Leisten wird die hintere Abdeckplatte geklebt.

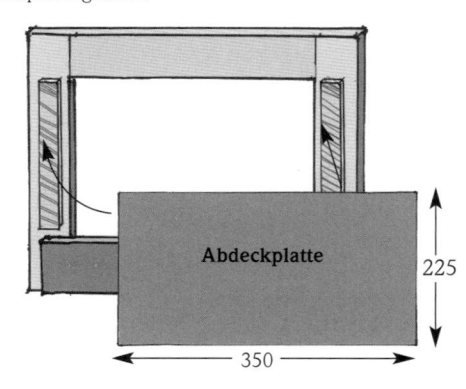

Abdeckplatte
225
350

Seitenansicht

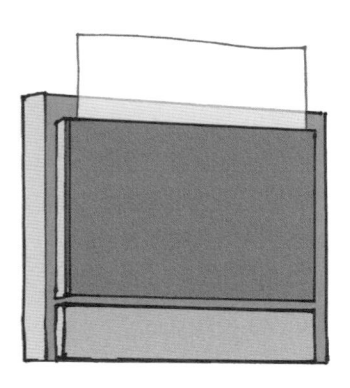

368
170
286
285
45 Sockel
450
250

Ein Kamishibai-Theater in ursprünglicher Form

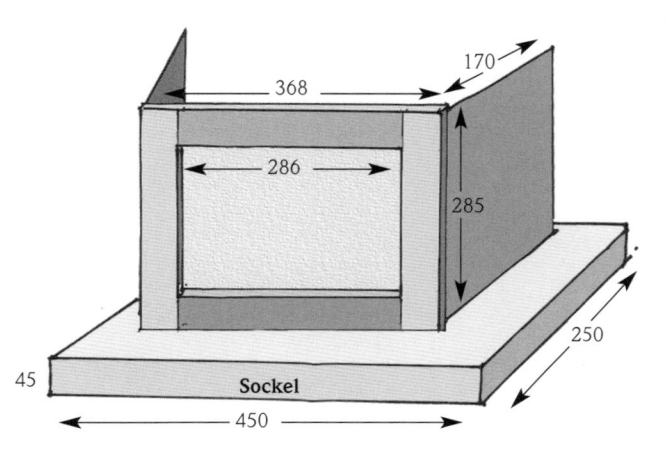

Zeichnung: Birgit van Reemen, © Goethe-Institut

6 Strategien und Methoden

Ernst Endt

Das Lernen lernen – einige Anmerkungen zur Entwicklung lernstrategischer Kompetenzen

Lernen lernen ist ein Begriff, der in den vergangenen Jahren immer stärker die pädagogische und fremdsprachenmethodische Diskussion mitbestimmt. Schulen bieten eigene Kurse dazu an, Bücher mit Titeln wie „Lernen ist lernbar", „Erfolgreich lernen", „Lernen lernen" gehören zum Standardrepertoire vieler auf Bildung spezialisierter Verlage, eine entsprechende Stichwortsuche bei Google ergibt 228 000 Treffer (Stand: 6. Januar 2012). Ein wichtiges Thema also: Es geht nicht nur darum, *dass* gelernt wird, sondern dass Schüler lernstrategische Kompetenzen entwickeln, die ihr Lernen erfolgreicher und wirkungsvoller machen.

Warum *Lernen lernen?*

Es gibt viele Gründe dafür, das *Wie* des Lernens in den Blick zu nehmen. Schüler hatten natürlich schon immer Strategien, sich Lernstoff anzueignen. Allerdings war das Lernen sehr häufig den individuellen Neigungen der Schüler/-innen überlassen; Hausaufgaben wurden gestellt, und die Lehrkräfte erwarteten, dass die Kinder den Stoff „konnten". Wie das geschah, entzog sich häufig dem Blick und wohl auch dem Interesse der Unterrichtenden. Ihnen war die Unterrichtszeit zu kostbar, um sie für die Entwicklung methodischer und lernstrategischer Kompetenzen zu nutzen, die Vermittlung neuer Lerninhalte stand im Vordergrund. Ein fast schon geflügeltes Wort von Michael Schratz, Professor am Institut für Lehrer-/innenbildung und Schulforschung der Universität Innsbruck, bringt es auf den Punkt: „Lehrer sind wie Dealer, sie denken immer nur an den Stoff."[1] Die Fokussierung auf die Wissensvermittlung im Unterricht führte dementsprechend bei Schülern/-innen häufig zu Misserfolgserfahrungen. In Umfragen, die Heinz Klippert in den Jahrgangsstufen 6 bis 10 an verschiedenen Schularten in Rheinland-Pfalz durchgeführt hat, gab die Mehrzahl der Schüler/-innen an, dass es ihnen u. a. „eher schwer" fällt, „den Lernstoff längerfristig zu behalten sowie den eigenen Lernerfolg treffend einzuschätzen", „im Unterricht zielstrebig zu arbeiten sowie etwaige Probleme und Schwierigkeiten beim Lernen zu überwinden", „Klassenarbeiten frühzeitig vorzubereiten sowie den Lernstoff gezielt zu üben und zu wiederholen".[2]

Auch Lehrkräfte erkannten zunehmend das Problem; gleichzeitig wuchs in der Gesellschaft die Erkenntnis, dass Schulen bei Weitem nicht ihr Potenzial ausschöpfen – der sprichwörtliche PISA-Schock zeugt davon. Zudem veränderten sich in den vergangenen Jahren radikal Informationsmengen und -wege, vor allem das Internet mit seiner nicht mehr überschaubaren Fülle an Informationen und Wissensangeboten veränderte die Bildungslandschaft.

Das System Schule war dabei, das Monopol auf Wissensvermittlung zu verlieren.

Von der Wissensvermittlung zur Kompetenzentwicklung

Das oben skizzierte Unbehagen führte und führt zu einer grundsätzlichen Neuorientierung und Veränderung schulischer Arbeit. Aber nicht nur die Unzufriedenheit mit den Leistungen, sondern auch Erkenntnisse der Gehirnforschung und Lernpsychologie führten zu einer Neuorientierung schulischer Arbeit. Nicht mehr die ausschließliche Wissensvermittlung steht im Zentrum des Unterrichts, sondern die Entwicklung von Kompetenzen. Kompetenzen, verstanden als „die bei Individuen verfügbaren oder durch sie erlernbaren kognitiven Fähigkeiten und Fertigkeiten, um bestimmte Probleme zu lösen, sowie die damit verbundenen motivationalen, volitionalen[3] und sozialen Bereitschaften und Fähigkeiten, um die Problemlösungen in variablen Situationen erfolgreich und verantwortungsvoll nutzen zu können"[4], bilden die Basis eines neuen Unterrichtsverständnisses. Zu diesen Kompetenzen gehören:

- Fachkompetenz,
- persönliche Kompetenz,
- Sozialkompetenz und
- Methodenkompetenz.[5]

---

1 Hier zitiert nach: Sommerauer, A., Auf dem Weg zum Global Curriculum. In: Südwind aktuell. Entwicklungspolitische Informationen von Südwind Tirol Nr. 112, März 2011, S. 2.

2 Klippert, Heinz (2010): Methoden-Training. Übungsbausteine für den Unterricht. 19. Auflage. Weinheim,, S. 22/24.

3 *Volition* bezeichnet in der Psychologie den Prozess der Bildung, Aufrechterhaltung und Realisierung von Absichten.

4 Franz E. Weinert (Hrsg.)(2001): Leistungsmessung in Schulen. Weinheim und Basel, S. 27 f.

5 Diese Differenzierung, die sich ursprünglich auf Schlüsselqualifikationen in der Personalwirtschaft bezog, findet sich u. a. bei Klippert, Heinz (2010): Methoden-Training. Übungsbausteine für den Unterricht. 19. Auflage. Weinheim, S. 36.

Kompetenzentwicklung ist allerdings kaum im Kontext herkömmlicher – stark lehrergesteuerter – Unterrichtsarbeit möglich. Die Veränderung pädagogischer Ziele bedingt die Veränderung von Methoden und Unterrichtsformen. Dazu gehören:

- Stationenlernen,
- Freiarbeit,
- Projektunterricht.

Gleichzeitig hat sich das Spektrum unterrichtlicher Aktivitäten auch räumlich erweitert. Der Unterricht muss nicht ausschließlich im Klassenzimmer stattfinden, die Erschließung neuer Lernorte ist ein fester Bestandteil schulischer Arbeit geworden. Diese Innovationen setzen Selbstständigkeit und eine Vielzahl von Methoden und Techniken bei den Lernenden voraus.[6]

Lernen lernen im frühen Fremdsprachenunterricht Deutsch

Die Entwicklung lernstrategischer Kompetenzen ist fächerübergreifend und erstreckt sich über die ganze Schulzeit. Je früher damit begonnen wird, desto routinierter werden Lerner/-innen diese Strategien nutzen. Beim (Fremd-)Sprachenlernen kommt es insbesondere auf die Entwicklung kommunikativer Handlungsfähigkeit an: „Die so verstandene Fremdsprachenkompetenz drückt sich darin aus,

- wie gut man kommunikative Situationen bewältigt (Handeln und Erfahrung),
- wie gut man Texte unterschiedlicher Art versteht (Verstehen) und
- selbst adressatengerecht Texte verfassen kann (Können),
- aber unter anderem auch in der Fähigkeit, grammatische Strukturen korrekt aufzubauen und bei Bedarf zu korrigieren (Fähigkeit und Wissen)
- oder in der Intention und Motivation, sich offen und akzeptierend mit anderen Kulturen auseinanderzusetzen (Motivation)."[7]

Auch der Gemeinsame Europäische Referenzrahmen für Sprachen betont die Bedeutung von lernstrategischen Kompetenzen. U. a. wird auf die Fähigkeit verwiesen, vorhandene Materialien für selbstverantwortliches und selbstständiges Lernen zu organisieren und zu nutzen und die eigenen Strategien und Verfahren den eigenen Persönlichkeitsmerkmalen und Ressourcen entsprechend zu organisieren.[8] Das mag nun alles etwas technisch und auf den Erwachsenenhorizont zugeschnitten klingen, sodass die Frage, ob diese Ziele auch schon im frühen Fremdsprachenunterricht ihren Platz haben, durchaus berechtigt ist. Die Frage muss bejaht werden, vorausgesetzt, die lernstrategischen Kompetenzen sind auf die Bedürfnisse und Interessen der Kinder zugeschnitten. Die Nürnberger Empfehlungen des Goethe-Instituts machen hierzu eine klare Aussage: „Wenn das Kind an möglichst vielfältige Lernstrategien herangeführt wird, kann es seine Vorlieben erkennen und später seinen Lernprozess und Lernrhythmus selbstbestimmt gestalten. Lernstrategien erleichtern den fremdsprachlichen Lernprozess und bewirken offenbar eine positive Einstellung zum Erlernen und Gebrauchen der Fremdsprache. Das Lernen weiterer Fremdsprachen wird unterstützt."[9]

Lernen lernen konkret – die Beiträge in diesem Heft

Wie kann die Entwicklung lernstrategischer Kompetenzen im Unterrichtsalltag aussehen? Das Feld der Entwicklung lernstrategischer Kompetenzen ist riesig. Dazu gehören:

- Motivations- und Konzentrationsübungen,
- Gedächtnistraining,
- Organisation des Arbeitsplatzes in der Schule und zu Hause,
- Organisation der häuslichen Vor- und Nachbereitung,
- Zeitmanagement,
- Test- und Prüfungsvorbereitung,
- konstruktive Fehlerkorrektur,
- Lerntagebücher/Portfolios,
- Erschließung neuer Lernräume.

Zu vielen dieser Bereiche machen die Beiträge in diesem Heft praxiserprobte Vorschläge. Vor allem Lerntipps nehmen eine herausragende Stellung ein. Da beim Fremdsprachenlernen dem Vokabeltraining eine wichtige Rolle zukommt, finden Sie in diesem Heft viele Ideen zur wirkungsvollen Wortschatzarbeit. Die im Titelthema dieses Heftes angesprochenen Eselsbrücken können auf mannigfaltige Weise gebaut werden. Bewährt haben sich Lernspiele, Karteikarten, das Anlegen von Mindmaps oder die systematische Organisation von Wortschatz nach Themenfeldern. Wie Selbstorganisation von Lernern im Unterrichtsalltag konkret aussieht, wird in den Beiträgen zum Stationenlernen sichtbar. Wirkungsvolles und cleveres Lernen hängt auch entscheidend von motivie-

---

6 Vgl. Realschule Enger (2001): Lernkompetenzen II. Bausteine für eigenständiges Lernen 7.–9. Schuljahr. Berlin, S. 11.

7 Klieme, E. et al. (2007): Bildungsforschung Band 1: Zur Entwicklung nationaler Bildungsstandards. Bonn, Berlin: Bundesministerium für Bildung und Forschung, S. 73.

8 Vgl. Trim, J.; North, B.; Coste, D. (2001): Gemeinsamer europäischer Referenzrahmen für Sprachen: Lernen, lehren, beurteilen. München. Hier zitiert nach: Kapitel 5 Die Kompetenzen der Sprachverwendenden/Lernenden: www.goethe.de/z/50/commeuro/5010403.htm.

9 Widlok, B.; Petravic, A.; Org, H.; Romcea, R. (2010): Nürnberger Empfehlungen zum frühen Fremdsprachenlernen. Neubearbeitung. München: Goethe-Institut, S. 27.

renden Lernumgebungen und -situationen ab: Die Beiträge in dieser Rubrik geben interessante und spannende Beispiele. Abschließend beschreiben zwei Aufsätze verschiedene Einsatzmöglichkeiten von Portfolios im Kindergarten und in der Grundschule.

Lesetipps und Webadressen zum Thema „Lernen lernen"

Buzan, T. (1997): Das Mind-Map-Buch. Landsberg.

Endres, W. (Hrsg.) (2004): Die Endres Lernmethodik. Lehrerbegleitmaterial, Folien und Kopiervorlagen zum Lernen lernen. Weinheim.

Frick, R.; Mosimann, W. (^{11}2006): Lernen ist lernbar. Oberentfelden.

Hofmann, E.; Löhle, M. (2004): Erfolgreich lernen. Effiziente Lern- und Arbeitsstrategien für Schule, Studium und Beruf. Göttingen.

Kleinschroth, R. (1992): Sprachen lernen. Der Schlüssel zur richtigen Technik. Hamburg.

Klippert, H. (^{19}2010): Methodentraining. Weinheim.

Leisen, J. (Hrsg. – unter Mitarbeit von Bennung, R.) (1999): Methoden-Handbuch deutschsprachiger Fachunterricht (DFU). Bonn.

Realschule Enger (2001): Lernkompetenz I. Bausteine für eigenständiges Lernen 5./6. Schuljahr. Berlin.

Realschule Enger (2001): Lernkompetenz II. Bausteine für eigenständiges Lernen 7.–9. Schuljahr. Berlin.

Schräder-Naef, R. D. (1996): Schüler lernen Lernen. Weinheim.

Linktipps:

www.lerntipp.at/

www.peraugym.at/links/lernen.htm

www.ego4u.de/de/cram-up/learning

www.studienstrategie.de/lernen

www.helles-koepfchen.de/ratgeber/lerntipps-fuer-die-schule.html

www.schule.at/index.php?url=themen&top_id=210

http://norberto68.wordpress.com/2010/10/18/lerntipps-arbeitstechniken-lerntypen-lernen-lernen/

www.macfunktion.ch/pruefung/lernen/sinnvoll.shtml

http://paedpsych.jk.uni-linz.ac.at/internet/arbeitsblaetterord/arbeitsblaetterlernen.html

www.krref.krefeld.schulen.net/lernen/index.htm

www.lerntippsammlung.de/Lerntipps2.html

http://arbeitsblaetter.stangl-taller.at/LERNEN/Lernstrategien.shtml

Stand: 26. Januar 2012

Angelika Kubanek, Peter Edelenbos

Die Neuinterpretation von Differenzierung

Heutzutage ist Differenzierung ...

ein Vorgehen von Lehrerinnen und Lehrern, um mit Unterschieden zwischen Lernenden in ihren Klassen umzugehen. Sie ist die optimale pädagogische Antwort auf besondere Lernbedürfnisse von jedem Schüler bzw. jeder Gruppe von Schülern. Diese Definition bezieht sich auf „innere" Differenzierung. Hier wird der Lernstoff im Grundsatz beibehalten, und die ganze Klasse bleibt vor Augen. Aber gleichzeitig fördert man den einzelnen Schüler auf seinem eigenen Lernweg.

Alltägliches Vorgehen und systematischer Ansatz

Bei einer Fortbildung sagten drei Lehrkräfte über Differenzierung:

> „Ich biete Gruppenarbeit mit unterschiedlichen Aufgaben an, und einmal im Monat baue ich Lernstationen auf."
>
> „Ich passe mein Tempo intuitiv an."
>
> „Ich habe 32 Kinder in der Klasse, und der Raum ist klein. Manchmal lasse ich die Kinder selbst ein Bilderbuch aussuchen und dazu etwas schreiben."

Für diese Lehrkräfte ist Differenzierung etwas, das ab und zu eingesetzt wird. Im Gegensatz dazu kann Differenzierung auch als systematischer Prozess angesehen werden, der auf vorangegangenen Diagnosen und/oder der Entscheidung des Schulteams basiert. Mehr und mehr wird Differenzierung speziell auch als notwendige Maßnahme betrachtet, weil die Klassen sprachlich und kulturell heterogen sind.

Differenzierung kann innerhalb des deutschen Sprachunterrichts ebenso stattfinden wie im Fachunterricht. Systematische Differenzierung setzt voraus, dass Lehrkräfte die unterschiedlichen Bedürfnisse der Kinder kennen und ein Repertoire an didaktischen Aktivitäten, passend für die jeweiligen Kinder, haben. Lehrkräfte, die differenzieren, kennen unterschiedliche Fördermaterialien und viele unterschiedliche Erklärtechniken. Immer genauer verstehen sie, welche Lernstile ihre Schüler haben und welches Fördermaterial am besten ist. Sie vermitteln den Kindern auch metakognitives Wissen: Was ist überhaupt Lernen? Welches Ziel im frühen Deutsch-als-Fremdsprache-Unterricht sollen die Kinder erreichen? Wie ist der Weg zum Ziel? Sie müssen den Kindern vor allem demonstrieren, was sie tatsächlich schon gelernt haben, egal ob es ein im Durchschnittstempo lernendes Kind, ein Legastheniker, ein mitten im Jahr neu hinzugekommenes Kind oder ein hochbegabter Hyperaktiver ist.

Die Aktualität von Differenzierung

Curricula in vielen Ländern fordern, dass der Unterricht die Lernausgangslage und die Lerndisposition der Schüler berücksichtigen soll. Die Lehrkräfte sollen ferner bedenken, dass die Fremdsprache nicht linear und im gleichen Tempo gelernt wird. Einige Gründe für die Forderung nach Differenzierung sind:

- Ausgleich von sozialer Ungleichheit
- Förderung der Begabten
- Steigerung von Ablauf und Effektivität des Unterrichts
- pädagogische Reaktion auf angeborene und erworbene Unterschiede der Kinder in Sprachvorkenntnissen, Lernstil, Lerntyp
- größere Unterschiede zwischen den Kindern in den Klassen als früher.

Einige Typen von Differenzierung

Wenn man versucht, Differenzierung in einer Schule genauer zu erfassen, kann folgende Unterteilung nützlich sein:

Differenzierende Arbeit – Freie Grundschule Hartau

Strategien und Methoden

Raumänderungen

Ausprägung: 0 | + | ++*	Merkmal
	Teilen der Gruppe nach Leistung
	Kleinere Gruppen, zufällig zusammengesetzt
	Jahrgangsübergreifende Gruppen
	Rauminseln (Lesezelt, PC-Station, Selbstlernecke, Hörstation, Lernstationen)
	Ruhezone
	Lernmöglichkeit auch außerhalb des Klassenzimmers, z. B. im Gang

* Erläuterung: 0 = nicht vorhanden;
  + = leicht ausgeprägt;
  ++ = stark ausgeprägt

Differenzierung als fließender Prozess der Lehrkraft

Ausprägung: 0 | + | ++*	Merkmal
	Tempo des Frontalunterrichts wird variiert
	Tempo für einige Schüler wird variiert (Sonderaufgaben)
	Instruktionssprache wird von Lehrkraft angepasst (anderes Erklären, Code-Switching …)
	Variation durch Stimme und dramatische Techniken
	Aufgabenerklärung wird variiert, z. B. für Schüler anderer Muttersprache

Differenzieren durch Ansprechen von Lernstilen, Lerntypen

Wenn Lehrkräfte z. B. das Modell der multiplen Intelligenzen (Gardner, vgl. dazu den Beitrag von Pawelke, S. 19 f.) berücksichtigen möchten, könnten sie unter anderem eine Aufgabe zu einem Bild folgendermaßen variieren:

Als Vorlage kann hier das Bild eines Fensters dienen.

Sprachliche Intelligenz	Was ist hinter dem Fenster? Schreibe möglichst viel auf.
Musische Intelligenz	Welche Musik passt zu den Menschen hinter diesem Fenster? Beschreibe sie, singe dir leise etwas vor.
Logisch-mathematische Intelligenz	Zähle alle Fenster, miss ihren Umfang …
Interpersonale Intelligenz	Jemand schaut aus dem Fenster, du stehst unten. Ihr redet. Schreibe die Dialoge!
Naturbezogene Intelligenz	Welche Materialien braucht man, wenn man Fenster baut? Welches Material hat welche Vorteile?
Intrapersonale Intelligenz	Stelle dir vor, du schaust sieben Tage immer mittags/immer nachts um 11 Uhr eine halbe Stunde aus dem Fenster. Was würdest du sehen?
Körperlich-kinästhetische Intelligenz	Baue ein Lego-Haus mit mehreren Fenstern. Schreibe in sieben Sätzen, wie du das machst. Ich nehme … Ich …
(Philosophische Intelligenz)	Warum brauchen Häuser/Menschen Fenster? Auf Englisch heißt Fenster window. Das ist ein altes Wort und bedeutete: Wind-Auge. Warum dieser Name?

Differenzieren durch Sozialformen und Organisation

Ausprägung: 0 | + | ++*	Merkmal
	Kooperatives Lernen (vgl. den Beitrag von Höper, S. 28)
	Ältere Schüler oder Eltern oder Assistenten sind eingesetzt
	Kinder dürfen sich selbst in Lerngruppen zusammenfinden oder zeitweise alleine lernen
	Förderband (vgl. den Beitrag von Krisch, S. 35)
	Wochenplan, Lernstationen, projektorientierter Unterricht, Lernwerkstätten

Differenzieren innerhalb der Aufgaben

Ausprägung: 0 | + | ++*	Merkmal
	Einteilen der Aufgaben in leicht, mittel, schwierig
	Einteilen der Aufgaben in Pflicht und Wahl
	Lernzeitvariation möglich
	Visuelle Gestaltung der Aufgabenblätter, z. B. für Legastheniker
	Selbstlernmöglichkeiten mit Angabe von Schwierigkeit oder Selbstkontrolle, auch am PC

Differenzieren nach Interesse

Ausprägung: 0 | + | ++*	Merkmal
	Lehrkraft geht auf Vorwissen ein (beim gemeinsamen Unterrichtsgespräch)
	Aufgabenblätter nach Interesse werden zusätzlich zu den Aufgaben im Lehrbuch angeboten
	Kinder wählen für ihre (ersten) Präsentationen Themen selbst
	Interessen der Kinder werden (einmal, mehrmals im Jahr) systematisch erfasst
	Bei Leistungseinschätzungen können Kinder manchmal mit entscheiden, was als Leistung gelten soll

* Erläuterung: 0 = nicht vorhanden;
+ = leicht ausgeprägt;
++ = stark ausgeprägt

Differenzierung als Prinzip innerhalb von offenen Lernformen

Bei Differenzierung kann einerseits das einzelne Kind der Ausgangspunkt sein, das die Lehrkraft durch Beobachtung und Diagnose gut kennt, um ihm das Richtige anzubieten. Andererseits kann Differenzierung dem Oberbegriff des „offenen Unterrichts" zugeordnet werden – also einer Bewegung weg vom lehrerzentrierten Unterricht (vgl. Jürgens 2009). Merkmale wurden in den 1990er-Jahren von Wallrabenstein genannt:
1. Lernumwelt: Platz für individuelle und differenzierte Lernprozesse
2. Lernorganisation: Phasen, in denen sich Kinder frei bewegen können
3. Lernmethoden: entdeckende Lernformen mit Präsentationen der Ergebnisse
4. Lernatmosphäre: Kinder schätzen die Lernumgebung, kennen die Regeln und unterstützen sich
5. Lerntätigkeit: engagierte Arbeit, Dinge werden erforscht, hergestellt, vorgestellt
6. Lernergebnisse: Sie werden sichtbar zusammengetragen (z. B. Lerntagebuch)

Offene Lernformen tragen dazu bei, dass Kinder durch das selbstständige Bearbeiten von Lehrinhalten ihre Sachkompetenz, Selbstkompetenz und Sozialkompetenz erweitern.

Ausprägungen von Differenzierung im offenen Unterricht

Falko Peschel gründete kürzlich eine eigene Schule, um seine weitgehenden Vorstellungen umzusetzen. Er schreibt (2009, 78): „Offener Unterricht gestattet es dem Schüler, sich unter Freigabe von Raum, Zeit und Sozialform Wissen und Können innerhalb eines ‚offenen Lehrplanes' an selbst gewählten Inhalten auf methodisch individuellem Weg anzueignen." Er schlägt vor, dass Schulen genauer beschreiben sollen, wo sie eigentlich stehen, und zwar im Hinblick auf organisatorische, methodische, inhaltliche, soziale und persönliche Offenheit. In jeder Dimension soll eine Einordnung zwischen 0 und 5 erfolgen (siehe folgendes Beispiel, gekürzt, nach Peschel 2009, 80):

Inhaltliche Offenheit

5	Weitest-gehend	Fast völlig selbstgesteuertes Arbeiten
4	Schwerpunktmäßig	Offene Vorgaben von Rahmenthemen
3	Teils – teils	In Teilbereichen stärkere Öffnung der inhaltlichen Vorgaben.
2	Erste Schritte	Aus einem festen Arrangement dürfen Kinder frei auswählen. Oder: feste Aufgaben, aber freie Wahl des Inhaltes
1	Ansatzweise	Einzelne Alternativen ohne große Abweichung sind erlaubt.
0	Nicht vorhanden	Arbeitsaufgaben und Inhalte sind vom Lehrer/von der Lehrerin oder dem Buch vorgegeben.

Peschel verwendet nicht nur Ziffern von 0–5, sondern auch Pfeile, die für schwächere, mittlere und stärkere Ausprägung von einem Merkmal stehen (S. 90). Bei Lernstationen – oft von Lehrkräften spontan als Beispiel für Öffnung und Differenzierung genannt – geht der Pfeil nach unten: Sie sind für Peschel nur eine schwache Ausprägung von Offenheit. Denn statt lehrerzentriert ist nun der Unterricht materialzentriert. Peschels Darstellungen regen zum Nachdenken an. Für den frühen Fremdsprachenunterricht in Deutsch ist zu fragen, welche Grenzen der Offenheit es gibt, wenn Kinder noch wenig sprachliche Mittel haben. Wenn man sich z. B. vorstellt, dass die Kinder eine Lernmöglichkeit mit Audiomaterial haben, so ist dies einerseits freie Wahl, andererseits läuft auf der CD der Text in festem Tempo ab. Eine Lehrkraft hingegen kann sofort reagieren, verbessern, ihre Redegeschwindigkeit ändern.

Ein anderes Beispiel dafür, dass vieles abgewägt werden muss, ist die Freie Grundschule Hartau an der deutsch-tschechisch-polnischen Grenze. Sie verwirklicht viele Prinzipien offenen Unterrichts. Für den Bereich des Frühbeginns in der Nachbarsprache Tschechisch meinte die Schulleitung jedoch, dass das Angebot in dem Klassenzimmer eher „normal" sei. Offenheit wird hier vor allem räumlich verstanden: Die Kinder gehen jede Woche über die Grenze in die Partnerschule (vgl.: www.schkola.de).

Personalisiertes Lernen

Dieser Begriff wird einerseits allgemein im Hinblick auf Lernen in der Zukunft diskutiert, andererseits im Zusammenhang mit Lernen am Computer. Lebenslanges Lernen setzt voraus, dass jeder sich die Wege (teilweise) selbst wählt. Auf einer Konferenz der OECD wurden verschiedene Aspekte angesprochen, die auch für Frühes-Deutsch-Lehrer bedenkenswert sein können. Wenn ein Bildungssystem stärker personalisiertes Lernen einführt, wird es schwieriger festzustellen, welchen Nutzen der Einzelne hat. Personalisierung, die hilft, Bildungsabschlüsse zu erreichen, wird vielleicht eher akzeptiert als Personalisierung, die die Lerninhalte frei wählen lässt. Welche Inhalte eine Schule/ein Bildungssystem die einzelnen Kinder selbst lernen lässt – also personalisiert –, muss diskutiert werden. Bevor ein Kind ein persönliches Programm erhält, ist es wichtig, seinen gegenwärtigen Lernstand zu kennen und seinen Lernstil. Motivation spielt eine wichtige Rolle, und es ist zu überlegen, wie der Lernzuwachs erfasst wird. Computergestütztes Lernen kann bei Differenzierung und Personalisierung ein guter Weg sein. So bieten manche Schulbuchverlage schon Online-Diagnosen passend zum Lehrbuch an.

Ebenen der Differenzierung

Das Prinzip, jedem Schüler gerecht zu werden, ist fest in der Geschichte der Pädagogik verwurzelt. Nach ihren Möglichkeiten und aus Idealismus versuchen die Lehrkräfte selbst, es umzusetzen (Ebene 1). Differenzierung kann aber auch ein didaktischer Schwerpunkt der Schulkonferenz oder des Fachlehrerteams sein (Ebene 2). Die Schulbehörden ihrerseits können Differenzierung in den Curricula „verstecken" oder aber ausführlich darauf eingehen und dazu Materialien und Fortbildungen anbieten (Ebene 3). Differenzierung steht in der Spannung, dass Schule einerseits gemeinsames Lernen und eine gemeinsame Wissensbasis erreichen soll, andererseits den Einzelnen am besten fördern möchte.

Literatur

Dubs, Rolf (2009): Lehrerverhalten. Stuttgart.

Edelenbos, Peter & Kubanek, Angelika (2009): Gute Praxis im Fremdsprachen-Frühbeginn. Braunschweig.

Jürgens, Eiko (2009): Die „neue" Reformpädagogik und die Bewegung Offener Unterricht. Sankt Augustin.

Peschel, Falko (2009): Offener Unterricht. Schneider Verlag Hohengehren.

OECD (2006): Bildungskonzepte für die Zukunft. Personalisierung der Bildung. Internet-Zusammenfassung in Deutsch. Gelesen am 02.10.2010.

Wallrabenstein, Wulf (1994): Offene Lernsituationen. Braunschweig.

Strategien und Methoden

Angelika Kubanek

Eine Übung zu Monatsnamen – viele Ideen zur Differenzierung

Die Abbildung auf der Mitte der Seite könnte sich in einem beliebigen DaF-für-Kinder-Lehrbuch befinden. Viele Lehrer und Studenten haben dazu schon bei Fortbildungen kurze Kommentare geschrieben, wenn sie diese Abbildung unter dem Gesichtspunkt der Differenzierung betrachteten. Ausgewählte Kommentare sind hier zusammengestellt. Für die Kommentare sollte eine Überschrift für ein Lernproblem aus der Sicht eines Kindes gewählt werden.

Die Blätter hängen nicht gerade!

Manches Kind wird verwirrt, wenn Linien gezackt, schräg oder unterbrochen sind. Auch die beliebten Wortschlangen sind einem solchen Kind keine Freude. Das Kind kann die Wortgrenzen nicht sehen. Für die zukünftige Unterrichtsplanung könnte die Lehrkraft einmal einen Test machen und zwei Stapel von Arbeitsblättern auf den Tisch legen: einmal mit der Abbildung, auf der die Kalenderblätter schräg und überlappend angeordnet sind, und daneben einen Stapel mit der gleichen Aufgabe, aber die Blätter hängen vertikal nebeneinander. Sie kann beobachten, welchen Stapel die Kinder wählen. Alternative: Wenn sie schon weiß, dass bestimmte Kinder Wahrnehmungsprobleme bei Schrift und räumlicher Anordnung haben, kann sie von vornherein zwei Arbeitsblätter gestalten.

Was ist eine Jahreszeit?

Im Hinblick auf Konzeptentwicklung kann die Aufgabe genutzt werden, um über Jahreszeiten zu reden bzw. dieses Konzept erneut zu verankern. Kulturell unterschiedlich hat das Kind Vorerfahrungen mit Jahreszeiten. Schon in deutschen Kindergärten in einer Stadt kann es sein, dass Kinder, auch wenn sie sechs sind, nicht deutlich wissen, was z. B. Herbst ist. In Ländern ohne Jahreszeiten ist es ebenfalls sinnvoll, dies im Unterschied zu Deutschland zu erkären. Insgesamt stellt sich die Frage, ob eine „einfache" Schreibübung genutzt werden soll, um kognitive Aspekte mit aufzugreifen und so differenzierend die Entwicklung zu fördern, oder ob man „nur" eine Schreibübung macht.

Die Schrift kann ich nicht gut lesen

Die Leseforschung bei Kindern hat ergeben, dass manche Schrifttypen für Anfänger besser lesbar sind. Man könnte sagen, dass diese Diskussion über Schreibenlernen in der Muttersprache für Deutsch als Fremdsprache nicht relevant ist. Welcher Schrifttyp für Deutsch als Fremdsprache gewählt wird, sollte von den Lehrbuchautoren bestimmt werden, auch im Hinblick auf Leichtigkeit für die Kinder.

Wieso steht bei August eine 8 und bei Oktober eine 10, warum nicht immer eine 1?

Ein Kind könnte vermuten, dass bei dem Blatt mit 8 und August der 8. August gemeint ist.

Daraus kann man folgern, dass vor dem Abschreiben auch das Abzählen der Monate geübt werden sollte.

Wie hängt das alles zusammen, was ich auf dem Bild sehe?

Wenn die Lehrkraft glaubt, dass manche Kinder an Serien gewöhnt werden müssen, kann sie die Aufgaben so geben: Sortiert die Wörter nach der Anzahl der Buchstaben/Schreib eine Liste:
1. dein Geburtsmonat
2. der Geburtsmonat deiner besten Freundin in der Klasse.
3. der Geburtsmonat des Kindes, das neben dir sitzt.

Ich dachte, ein Kalender hat ein Bild, und unter dem Bild sieht man die Zahlen für alle Tage des Monats. Wer aus unserer Klasse Geburtstag hat, bekommt ein Foto auf die Zahlen geklebt.

Die Abbildung ist für ein sechs- bis siebenjähriges Kind schon sehr abstrakt. Wahrscheinlich hängt ein Kalender mit den Geburtstagen der Kinder in der Klasse, und vielleicht hat das Kind das als Konzept von „Kalender" internalisiert. Demgegenüber ist diese Abbildung so, dass 12 Blätter mit Nummern den Kalender repräsentieren, ohne Bild. Natürlich ist die Aufgabe von der Lehrerkraft erklärbar, aber wahrscheinlich kann man nicht einfach zu den Kindern sagen: Fangt an und macht diese Übung. Dann werden sie die Namen der Monate abschreiben, aber vielleicht keinen Bezug zu dem Konzept Kalender herstellen.

Quelle: Vgl. dazu den Beitrag von Karin Vavatsanidis in Frühes Deutsch 17, S. 40 f.

Strategien und Methoden

Simone Schümmelfeder

Wortschatzarbeit – Vokabellernen so spannend wie eine Schatzsuche!

Wortschatz – in dem Wort steckt schon, was sich für jeden Lernenden als Wahrheit erweist: Wörter sind unser Schatz, wenn es um das Lernen einer Fremdsprache geht. Wie aber können die Lernenden motiviert werden, sich einer Aufgabe zu widmen, die traditionell mit mühevollem Auswendiglernen verbunden ist?

Vokabellernen kann mit wenigen Tricks aus seiner undankbaren Position als lästige Aufgabe vor dem nächsten Test herausgeholt und zu einem angesehenen und wichtigen Bestandteil des gemeinsamen Unterrichts werden.

Der hier vorliegende Beitrag soll ein paar Anregungen und Beispiele zur Gestaltung von Wortschatzarbeit geben. Zuerst geht es dabei um das Einführen und Lernen von neuen Vokabeln, danach wird näher auf Lernangebote für den Unterricht eingegangen. Abschließend wird kurz der Vokabelkasten als mögliche Hilfe für das Lernen zu Hause vorgestellt.

Für schwierige Vokabeln braucht man eine Eselsbrücke, z. B.: **klein** ist das Haus, **kleiner** die Maus, jedoch **am kleinsten** ist die Laus.

Zeichnung: Hariet E. Roth

Neue Vokabeln einführen – Realien, Bilder und Wortfelder

In der Wortschatzarbeit ist das wesentliche Ziel, die neuen Wörter im Gedächtnis zu verankern. Voraussetzung hierfür ist, dass die Bedeutung der Wörter richtig erfasst wird und sie in bereits vorhandenes Wissen eingebunden werden.

Am dankbarsten für das Einführen neuer Vokabeln sind jene Wörter, die reale Gegenstände repräsentieren. Diese Gegenstände können in den Klassenraum mitgebracht und zur Einführung des neuen Wortes verwendet werden. Die Verwendung solcher Realien im Unterricht kann auf unterschiedliche Weise erfolgen. Um es spannend zu gestalten, können die Gegenstände beispielsweise mit einem Tuch abgedeckt und müssen von den Lernenden anhand der Form und durch Abtasten erraten werden (s. Beispiel 1). Eine solche Einführung spricht nicht nur mehrere Sinne an, sie weckt auch das Interesse der Schüler und erleichtert damit die Verankerung des Wortes im Gedächtnis.

Nicht alle Begriffe lassen sich mit realen Gegenständen darstellen, und nicht alle Gegenstände bekommen wir in unseren Klassenraum. Hier bieten sich Bilder oder eigene Zeichnungen an der Tafel gut zur Erklärung der Wörter an. Auch können Tätigkeiten häufig pantomimisch dargestellt werden. All dies trägt dazu bei, dass die Worte anschaulich eingeführt werden und somit einprägsamer sind.

Beispiel 1
Realien im Unterricht

Das Thema der Einheit ist Essen und Lebensmittel. Die Lehrkraft hat vor der Stunde auf einem Tisch Gemüse (Möhren, Kartoffeln, Zwiebeln ...) und Kochgeschirr (Topf, Messer, Löffel, Schöpfkelle ...) aufgebaut und mit einem großen Tuch abgedeckt. Vorerst lässt sie die Lernenden raten, was unter dem Tuch sein könnte, bevor einzelne Schüler nach vorne kommen und Gegenstände ertasten können. Wenn der verdeckte Gegenstand erraten wurde, wird er unter dem Tuch hervorgeholt und der deutsche Begriff dafür eingeführt. Hierbei ist es ratsam, die Klasse das neue Wort mehrmals im Chor wiederholen zu lassen, damit sie sich an den Klang gewöhnt.

Was ist eine Eselbrücke?

„Esel sind sehr wasserscheu und weigern sich beharrlich, auch kleinste Wasserläufe zu durchwaten, auch wenn sie diese physisch leicht bewältigen könnten [...], denn ein Esel kann durch die spiegelnde Wasseroberfläche nicht erkennen, wie tief der Bach ist. Daher baute man ihnen [...] kleine Brücken, die sogenannten ‚Eselsbrücken'". (aus: www.wikipedia.org)

Im übertragenen Sinne nutzen wir diesen Begriff für kleine Merkhilfen, Reime, Bilder oder besonders angeordnete Wörter, über die man sich schwierige Dinge leichter merken kann. Man betreibt einen besonderen Aufwand, um ans Ziel zu kommen, aber trotzdem kommt man schneller ans Ziel!

Strategien und Methoden

> Wortschatz einführen, aber dann auch lernen, am Beispiel von zusammengesetzten Substantiven:

Zusammengesetzte Substantive

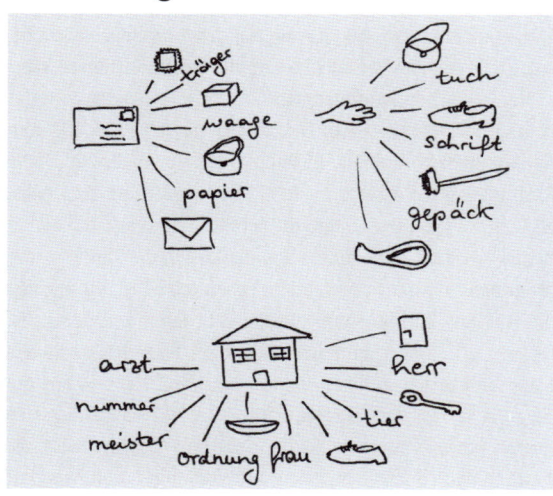

Ein häufiges Problem, das beim Vokabeleinführen und -lernen auftritt, ist, dass die Wörter traditionell in zusammenhanglosen Listen angeboten wurden. Dieses Lernen von Wortlisten erwies sich als wenig effizient, sobald die Worte außerhalb eines Vokabeltests angewendet werden sollten. Es ist effektiver, neue Wörter und Wendungen in einem sinnvollen Kontext zu lernen. Hilfreich hierbei ist das Arbeiten mit Wortfeldern. Unter einem Wortfeld versteht man eine grob zusammengefasste Gruppe von Wörtern der gleichen grammatischen Kategorie (zum Beispiel Verben), die durch ein gemeinsames Bedeutungsmerkmal verbunden sind und aus demselben Bedeutungsbereich kommen (s. Beispiel 2). Innerhalb eines solchen Wortfeldes können die Worte voneinander abgegrenzt und in Beziehung zueinander gestellt werden, um das Lernen zu erleichtern. In dem angewendeten Beispiel zu dem Wortfeld *„Gehen (Fortbewegung zu Fuß)"* wurde innerhalb des Wortfeldes noch einmal zwischen langsamer, normaler und schneller Fortbewegung unterschieden. Eine Aufgabe, die den Lernenden im Zusammenhang mit Wortfeldern aufgetragen werden kann, ist, Beispielsätze mit den einzelnen Wörtern zu formen, um die Worte im Kontext zu verinnerlichen.

Beispiel 2
Wortfeld „Gehen (Fortbewegung zu Fuß)"

bummeln	gehen	rennen
schleichen	spazieren	laufen
schlendern	eilen	sprinten

Lernhilfen im Unterricht

Vokabellernen ist ein sehr individueller und intensiver Lernprozess, der leider oft aus Zeitgründen außerhalb der Schulstunde von den Schülern selbst geleistet werden muss. Welche Möglichkeiten haben wir aber, das Lernen der Worte im Unterricht zu unterstützen? Zwei Handlungsbereiche tun sich hier auf: das Angebot von Lernhilfen und das Schaffen einer Lernumgebung, in der eine beständige Begegnung mit den Vokabeln möglich ist.

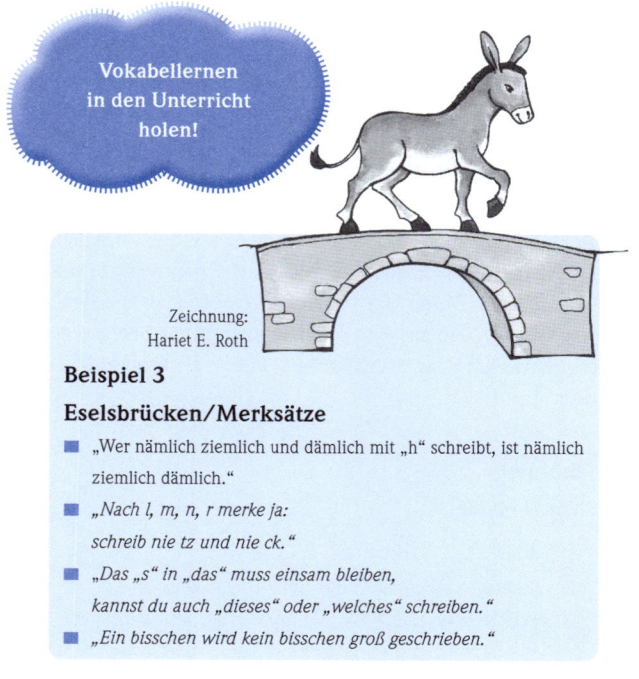

> Vokabellernen in den Unterricht holen!

Zeichnung: Hariet E. Roth

Beispiel 3
Eselsbrücken/Merksätze
- „Wer nämlich ziemlich und dämlich mit „h" schreibt, ist nämlich ziemlich dämlich."
- „Nach l, m, n, r merke ja: schreib nie tz und nie ck."
- „Das „s" in „das" muss einsam bleiben, kannst du auch „dieses" oder „welches" schreiben."
- „Ein bisschen wird kein bisschen groß geschrieben."

Als Hilfen für das Lernen von Vokabeln bieten sich Mnemotechniken an, die den Schülerinnen und Schülern beigebracht werden können. Hierzu gehören vor allem Eselsbrücken und die Verwendung von Zeichnungen. Übliche Eselsbrücken sind Merksprüche, die sich reimen und sich somit gut einprägen. Es gibt einige bekannte, die sich mit den Grammatikregeln der Sprache befassen (s. Beispiel 3). Eselsbrücken können aber auch selbst gebildet werden, indem man sich die Eigenarten der Worte ansieht und versucht, etwas zu finden, was sie einprägsamer macht. Manchmal kann einem hier der Aufbau des Wortes behilflich sein. Bei dem Wort *Handschuh* zum Beispiel ist es einfach, sich einen Schuh für die Hand vorzustellen, um sich das Wort zu merken.

Zeichnungen zu den neuen Wörtern oder Wendungen helfen oft, das Wort im Gedächtnis zu verankern. Am effektivsten ist es hier, die Schüler/-innen selbst kleine Zeichnungen zu den Wörtern entwerfen zu lassen und somit die Auseinandersetzung mit dem einzelnen Wort zu fördern.

Strategien und Methoden

> *-chen und -lein macht alle Dinge klein.*

Genauso wichtig ist es, für einen alltäglichen Umgang mit dem neuen Wortschatz zu sorgen. Im Unterricht kann dies sowohl durch kleine Vokabelspiele als auch durch die Gestaltung des Klassenraumes mit Postern von Wortfeldern geschehen. Natürlich muss dies mit den anderen Lehrkräften abgesprochen und arrangiert werden – es wäre jedoch wünschenswert, wenn einem Klassenraum schon beim Betreten angesehen werden könnte, dass hier eine Sprache gelernt wird.

Ein spielerischer Umgang mit der Aufgabe, Worte zu lernen, ist ebenso wichtig wie die rechtzeitige Vermittlung der Bedeutung, die dieser Aufgabe zukommt. So können zum Beispiel *Wortschatzhüter* gewählt werden, deren Aufgabe es ist, sich um die Poster mit den neuen Worten zu kümmern und Vokabelspiele vorzubereiten und durchzuführen. Es gibt neben dem bekannten Galgenraten (Hangman) einige Vokabelspiele, die 3–5 Minuten in Anspruch nehmen und in den Unterricht integriert werden können (s. Beispiel 4). *Wortschatzhüter/-in* könnte ein Posten sein, der jede Woche an andere Schüler vergeben wird. Ihnen wird somit Verantwortung übertragen, und die Aufgabe des Vokabellernens wird in ein anderes Licht gerückt.

Beispiel 4
Vokabelspiele

Was fehlt?
Bei diesem Spiel werden die neuen Vokabeln an die Tafel geschrieben (kann von den Wortschatzhütern vor der Stunde vorbereitet werden). Den Schülern werden 1,5 Minuten Zeit gegeben, sich die Worte einzuprägen. Dann wird eine/-r ausgewählt, der/die die Klasse verlässt. Während der Schüler/die Schülerin draußen wartet, wird ein Wort weggewischt und muss nun von dem wartenden Kind genannt und wieder hingeschrieben werden. Dann wird der/die nächste Spieler/-in ausgewählt.

Ich packe in meine Wortschatztruhe ...
Angelehnt an das bekannte Spiel „Ich packe in meinen Koffer ..." nennen die Kinder in der Klasse der Reihe nach neue Wörter, die sie in ihre Wortschatztruhe packen, und müssen dabei jene Wörter in der richtigen Reihenfolge wiederholen, welche schon von ihren Klassenkameraden genannt wurden. Wird ein Fehler gemacht, wird die Wortschatztruhe geleert und es wird mit dem nächsten Kind von vorne angefangen. Es bietet sich an, die Klasse in zwei bis drei Gruppen zu teilen, die das Spiel gleichzeitig spielen, um zu garantieren, dass jede/-r einmal an die Reihe kommt.

Vokabellernen zu Hause

Dennoch bleibt es den Schülern und Schülerinnen nicht erspart, sich zu Hause hinzusetzen und systematisch die neuen Wörter zu lernen. Der Vokabelkasten hat sich hier als gute Hilfe erwiesen und lässt sich leicht aus einem alten Schuhkarton selbst herstellen. Alles, was man hierzu braucht, ist eine schmale Schachtel mit vier bis fünf Fächern und einen Stapel Karteikarten. Die Karten werden folgendermaßen beschriftet: Auf die Vorderseite kommt das zu lernende Wort in der jeweiligen Muttersprache. Auf die Rückseite wird das deutsche Wort mit einem Beispielsatz geschrieben. Die Karten wandern vorerst alle in **Fach 1** des Vokabelkastens. Die Karten aus Fach 1 werden jeden Tag genutzt, um sich selbst zu überprüfen. Der Schüler/die Schülerin liest also das zu lernende Wort auf der Vorderseite, denkt sich die Antwort und dreht dann die Karte um, um zu sehen, ob es richtig war. Ist die Antwort korrekt, wird die Karte in **Fach 2** abgelegt, ist sie falsch, wandert die Karte zurück ins Fach 1. Das zweite Fach wird erst bearbeitet, wenn es fast voll ist, was am Anfang bis zu vier Tage dauern kann. Hier wird dann dasselbe Prinzip angewendet: Bei einer richtigen Antwort wird die Karte in **Fach 3** abgelegt, ist die Antwort aber falsch, wandert sie zurück ins erste Fach, welches jeden Tag bearbeitet wird. So füllen sich allmählich die einzelnen Fächer, wobei sie mit Ausnahme von Fach 1 erst dann bearbeitet werden, wenn sie fast voll sind.

Diese Methode erlaubt es den Lernenden, sich selbst zu überprüfen und festzustellen, welche Worte sie wirklich verinnerlicht haben, und erlaubt ihnen auch, eine Vokabel zu vergessen und wieder neu zu lernen. Sie passt sich somit dem individuellen Lerntempo der Schüler und Schülerinnen an und erleichtert das Vokabellernen. Darüber hinaus hilft es, Vokabellernen zu einer täglichen Aufgabe von vielleicht zwanzig Minuten zu machen, und erspart angestrengtes Büffeln von neuen Worten kurz vor dem nächsten Test, die nach dem Test gleich wieder vergessen werden.

Heidi Walz

Reformpädagogik an einer amerikanischen Schule und neue Wege des Deutschlernens

Dieser Beitrag beschreibt das schulische Leben an einer Montessori-Schule im amerikanischen Portland und schildert die Vorzüge eines Austauschprogramms mit einer deutschen Schule. Der Beitrag von Ute Terbeck-Müller (ab Seite 30) schildert die deutschen Erfahrungen mit diesem Austausch.

Von der Stadtmitte vorbei an Vorstadtgebäuden gelangen viele Schüler und Schülerinnen morgens zu ihrer Schule, die sie schon viele Jahre besuchen. Ein großes, aus Holz geschnitztes, farbenfrohes Schild mit der Aufschrift „Franciscan Montessori Earth School" weist auf das Schulgebäude hin, in das jeden Morgen rund 280 Kinder, begleitet von Eltern oder Großeltern, eintreten. Ein herzliches Willkommen, ein Lächeln am Morgen, ein paar liebenswerte Worte und die persönliche Begrüßung in der Eingangshalle durch die Schulleitung sind ein Ritual, das sich jeden Morgen wiederholt und die Willkommensfreude in die Klassen trägt. Die individuelle Begrüßung durch die Klassenlehrer und -lehrerinnen schließt sich an, und als Besucher sieht man dann die jüngeren Lernenden mit den älteren in die Klassen wandern. Die erste bis sechste Klasse begeben sich in ihre Klassenzimmer und die siebte und achte Klasse gehen in das Mittelschulgebäude. Ich beobachte gerne den Enthusiasmus am Morgen.

Die Montessori-Schule betreut Kinder im Alter von drei bis vierzehn Jahren. Auf meinem Gang durch die Flure sehe ich die offenen Türen, gehe an den Klassen und Schülern vorbei, die leise und konzentriert an ihren Physik-Experimenten arbeiten, die „Timeline" der amerikanischen Präsidenten vervollständigen oder völlig vertieft an einer Meditation teilnehmen. Vor einigen Klassen sitzen Eltern und lesen mit Schüler/-innen, und der kleine Hund der Klassenlehrerin ruht neben ihnen und hört zu. Eltern sind immer willkommen in der Schule. Sie nehmen aktiv und engagiert am Schulleben teil: Sie haben ihren Platz im Schulalltag.

In den Klassen herrscht eine Atmosphäre von Lebendigkeit, Bewegung und freiem Handlungsspielraum der Kinder. Kaum eine Lehrerstimme ist zu hören.

Dagegen unterbrechen Vogelstimmen manchmal den Tagesablauf, Tauben gurren, das Meerschweinchen verlangt Futter, und die Schlange verschlingt gerade eine Maus. In jedem Klassenzimmer sehe ich Tiere, die von den Kindern betreut und geliebt werden.

Auch im Mittelschulgebäude ist es ruhig. Verschiedene kleine Schülergruppen diskutieren ein Thema in Biologie. Im Geschichtsunterricht sitzt die Gruppe im Kreis und lauscht den Worten einer Indianerin, die zu Besuch ist und von der Geschichte ihres Stammes erzählt.

Sehr oft werden Spezialisten eingeladen, die zu besonderen Themen ihre Fachkenntnisse einbringen und den Unterricht bereichern.

Ich folge dem Klappern der Töpfe und dem Duft von Kräutern und komme in die Schulküche, wo eine Gruppe von drei Schülerinnen mit einer Lehrerin das Mittagessen für rund 45 Personen vorbereitet. Das Gemüse kommt aus dem Schulgarten, angepflanzt von Kinderhänden mit einem dafür ausgebildeten Lehrer.

In der großen Eingangshalle, „Salon" genannt, wo die Mittelschüler/-innen jeden Tag in einem Kreis den Tag beginnen und beenden, lese ich das „Mission Statement", die Leitlinien der Schule. Die Schule setzt sich zum Ziel, jedem Kind das Werkzeug für schulische Leistungen, Selbstvertrauen und Unabhängigkeit zu geben und das Interesse für lebenslanges Lernen zu entwickeln. Die Schule ist ein Platz, an dem sich Persönlichkeit, Respekt und Gruppenfähigkeit, Toleranz, Verständnis und Akzeptanz für andere und Andersartigkeit entwickeln kann, um selbstverantwortlich und respektvoll die Natur, Umwelt und Welt mitzugestalten.

Kunstprojekt mit Erlaubnis des Künstlerehepaars Christo

Strategien und Methoden

Wer war Maria Montessori?

Maria Montessori war eine italienische Reformpädagogin, Philosophin, Philanthropin und Ärztin (1870–1952). Ihre Pädagogik stellt ganz gezielt die Lernfähigkeit des Kindes in den Vordergrund. Dafür hat sie Materialien entwickelt, die den Lernprozess fördern und das eigenständige Lernen durch Selbstkontrolle ermöglichen. Die Sinneserfahrung spielt dabei eine ganz entscheidende Rolle sowie die Möglichkeit zu eigenen Entdeckungen, die das Interesse des Kindes wecken.

Die folgenden Zitate von Maria Montessori umschreiben die wichtigsten Ziele ihrer Pädagogik sehr treffend:

„Das Leben anzuregen – und es sich dann frei entwickeln zu lassen – hierin liegt die erste Aufgabe des Erziehers."

Maria Montessori sieht das Kind als „Baumeister seines Selbst". Eine der Prämissen in ihrer Pädagogik ist:

„Hilf mir, es selbst zu tun!"

Für diesen Lernschritt ist die vorbereitete Umgebung wichtig. Das folgende Zitat erklärt ihre Theorie:

„Die Aufgabe der Umgebung ist nicht, das Kind zu formen, sondern ihm zu erlauben, sich zu offenbaren."

Die vorbereitete Umgebung mit den Montessori-Materialien ermöglicht das Lernen mit allen Sinnen, ganzheitlich, lebendig und entwicklungsbedingt. Unterrichtseinheiten, Freiarbeit in Einzel- und Gruppenarbeit berücksichtigen das individuelle Lerntempo und fördern Selbstverantwortung für die eigene Arbeit und Leistung. So gibt es z. B. bis zur siebten Klasse keine Noten. Lebendiges Lernen und die vorbereitete Umgebung finden nicht nur innerhalb der Schule statt. Diese Lernformen finden sich auch in vielen außerschulischen Projekten.

Die Mittelschüler/-innen beginnen das Schuljahr zum Beispiel mit einem drei- bis viertägigen „Communication Workshop", der Sozialkompetenz aufbaut, die einzelnen Fächer vorstellt und die Neugierde auf das kommende Schuljahr weckt. Berufspraktika der Mittelschüler/-innen stellen den Kontakt mit der Außen- und der Berufswelt her.

Kulturelle Veranstaltungen in der Schule und außerhalb der Schule gehören zum Jahresprogramm. Selbstverantwortliche, soziale Arbeit in Suppenküchen oder Altersheimen sind Teil des Curriculums von der fünften bis zur achten Klasse.

Wir sind die Anfänger!

Neue Wege für Deutsch als Fremdsprache

Mit einem Sprachprogramm, das einmal wöchentlich nach der Schule mit neun begeisterten acht- bis elfjährigen Kindern stattfindet, begann ich mit einem Deutschangebot an der Franciscan Montessori Earth School. In einer der Stunden unterrichtete ich deutsche Landeskunde durch das Begehen des Landes auf einer eigens dafür hergestellten Deutschlandkarte mit „Pass und Köfferchen". Einer meiner Schüler sagte: „Warum fahren wir nicht nach Deutschland? Dort können wir richtig reisen." Mir kam sofort die Aussage „Hör auf das Kind" von Maria Montessori in den Sinn und ich fragte zurück: „Wollt ihr nach Deutschland?" Das „Ja!" der Kinder war sehr überzeugend und begeistert. Allerdings mussten viele Hürden überwunden werden. Die Befürchtung, dass die Kinder für eine solche Reise zu jung seien, musste ernst genommen werden. Unsere engagierten Eltern schlugen deshalb vor, ihre Kinder auf der Rundreise durch Deutschland zu begleiten. Das deutsch-amerikanische Austauschprogramm GAPP hat das Programm mit jungen Lernerinnen und Lernern befürwortet und uns gut beraten. Ein Jahr später verbrachen acht Schüler/-innen und zehn Erwachsene drei Wochen in Deutschland. Wir besuchten eine Montessori-Schule und reisten neun Tage lang durch das Land.

Hier war die Berliner Mauer.

Diese gemeinsame Erfahrung mit Eltern und Schülerinnen und Schülern und unserer Montessori-Partnerschule war sehr bereichernd. Das Projekt führte dazu, dass sich die Zahl der Deutschlernenden an unserer Schule spürbar erhöhte. Deutsch und Spanisch wurden in den Lehrplan aufgenommen. Heute lernen von 200 Schüler/-innen, die zwischen Deutsch und Spanisch wählen können, beinahe 100 Kinder Deutsch.

Seit vielen Jahren haben wir außerdem ein sogenanntes „Pfingst-Austauschprogramm". Jedes Jahr kommen ein bis zwei Kinder aus Deutschland während der Pfingstferien für drei Wochen in unsere Schule. Diese deutschen Schüler und Schülerinnen reisen dann später auf der zehntägigen Busreise mit uns durch Deutschland. Diese Begegnung trägt sehr stark zum gegenseitigen Kulturverständnis der jungen Menschen bei.

> **Äußerung unseres letzten Gastschülers Jonathan (achte Klasse, deutsches Gymnasium) zum „Pfingstprogramm":**
>
> *„Ich habe die Montessori-Schule in Portland als sehr schön empfunden.*
>
> *Meiner Meinung nach läuft der Schulalltag hier auf einer viel persönlicheren Ebene ab als auf den mir bekannten deutschen Schulen.*
>
> *Eine weitere Erfahrung von mir ist, dass der Schultag in Portland durch viele Aktivitäten gelockert wird. Am Ende des Jahres habe ich noch mal über die Ereignisse im vergangenen Jahr nachgedacht. Das größte und tollste Ereignis war eindeutig die Reise nach Portland und die gemeinsame Reise in Deutschland. Wenn ich mir jetzt im Nachhinein überlege, wie viele neue Erfahrungen ich fürs Leben gesammelt habe, ist das wirklich unglaublich."*

Deutsch hat es nicht leicht im Wettbewerb mit Spanisch, und das Austauschprogramm ist nicht die einzige stabile Säule des Deutschprogramms. Ein vielseitiges Kulturangebot weckt Neugierde an der Sprache und am Land. Außerschulische Projekte, Kiepenkasperl aus Deutschland, der Besuch des Philharmonia Quartetts Berlin, das in Portland ein Konzert gibt, die Oper mit dem Schulprogramm zu Mozarts „Zauberflöte", Zeitzeugen, die über die Vergangenheit erzählen, deutsche Firmen, ein Besuch im Museum und vieles mehr bereichern den Unterricht, das kulturelle Verständnis und das Interesse. Viele dieser Programme werden allen Schülern und Schülerinnen angeboten.

„Hans Hase auf Umweltreise"

Die Mitmach-Projekte „Waldtiere auf Weltreise" und „Hans Hase auf Umweltreise" vom Goethe-Institut hatten in unserer Schule durchschlagenden Erfolg. Daniel, der Dachs, wurde geliebt. Er hatte Geburtstag, er machte Telefondienst in der Lobby, er besuchte die Schulleitung etc. Das Foto zeigt den sehr emotionalen Abschied, den die Kinder vor dem Einpacken in das gelbe Postpaket organisierten. „Erleben" war hier wieder das Motto. Hans Hase begleitete uns während des Schuljahres und war auch Gast auf unserer letzten Reise nach Deutschland.

Kind mit Handpuppe Hans Hase

Daniel der Dachs

Ute Terbeck-Müller

Von Potsdam nach Portland und zurück – ein funktionierendes Austauschprojekt zwischen zwei Montessori-Schulen

Austauschprogramme zwischen Schulen verschiedener Länder sind mittlerweile ein fester Bestandteil schulischer Profilbildung geworden. Wie ein solcher Austausch in der Praxis aussieht, beschreibt folgender Beitrag.

Seit neun Jahren findet an unserer Schule, der Montessori-Oberschule Potsdam, ein Schüleraustausch mit unserer Partnerschule, der Franciscan Montessori Earth School in Portland, Oregon, statt. Unsere Schüler und Schülerinnen fahren zwei Wochen im Herbst (eine Schul- und eine Ferienwoche) in die USA, kurz nach den Osterferien im darauffolgenden Jahr besuchen uns die amerikanischen Schülerinnen und Schüler. Die Freude ist jedes Mal groß, wenn sie sich wiedersehen.

Reisevorbereitungen

Eine wichtige Voraussetzung für diese Freude ist die gute Vorbereitung durch die am Austauschprogramm beteiligten Lehrkräfte in Deutschland und den USA.

Die Kinder unserer Schule in den Jahrgängen sechs und sieben bewerben sich um die Teilnahme an der Reise mit einer Begründung, warum sie mitfahren möchten und wie sie sich vor allem in die Organisation der Reise einbringen können. Hierbei machen sie viele Angaben zu ihrer eigenen Person, ihrer Familie, Schule, Hobbys etc. Die vom GAPP (German American Partnership Program) bereitgestellten Formulare für diesen Austausch ermöglichen, dass die Angaben beider Gruppen vergleichbar sind. Das erleichtert es den begleitenden Lehrkräften, für die jeweiligen Kinder eine passende Familie auszusuchen.

In dieser Phase der Vorbereitung wird viel hin und her telefoniert und geschrieben. Die enge Zusammenarbeit der deutschen und amerikanischen Kollegen und Kolleginnen hat sich an dieser Stelle wirklich bewährt, da in den meisten Fällen die Kinder beider Länder gut zueinandergepasst haben.

Die Eltern helfen mit

Nachdem bis zu einem Stichtag geklärt ist, wer mitfährt, finden mehrere Elternabende statt. Dort wird die Reise inhaltlich gemeinsam geplant, Schüler/-innen und Eltern bringen Ideen ein und übernehmen Aufgaben in der Organisation. So kümmern sich Eltern um die Buchung der Flüge oder um die Finanzierung der Reise. Hierzu werden auch die Kinder in die Pflicht genommen. Beispielsweise haben wir im vergangenen Jahr an vielen Wochentagen selbst gebackenes „Portlandbrot" verkauft und mit dem nicht unerheblichen Betrag von 300 € die Kosten der Reise minimiert.

Erste Kontaktaufnahme

Sobald die Schüler und Schülerinnen die Bewerbungsbögen ihrer jeweiligen Partner bekommen haben, nehmen sie per Internet Kontakt zueinander auf. So werden schon Beziehungen aufgebaut, die das erste Treffen erleichtern.

Die drei Wochen USA-Aufenthalt teilen sich auf in eine Woche Landeskunde und zwei Wochen Besuch in den Gastfamilien. Themen aus dem Bereich Landeskunde werden im Englisch- oder im Deutschunterricht der Gruppen vorbereitet. Darüber hinaus können die Schüler/-innen ein Thema wählen, zu dem sie speziell an Ort und Stelle arbeiten wollen.

Erfahrungen aus dem Vorjahr

Im Herbst 2011 stand die Geschichte Oregons im Vordergrund. Die Schüler/-innen waren in einem kleinen Ort namens Bingen am Columbia River untergebracht. Es fanden sich in der Umgebung viele Hinweise auf deutsche Ursprünge, deren Spuren in verschiedenen Urkunden, Bildern und Geschichten im ortsansässigen Heimatmuseum nachgegangen wurde. Für die Kinder war es teilweise eine neue Erkenntnis, dass so viele deutsche Spuren entlang des Oregon-Trails zu finden waren und es eine enge Verbindung zu unserem Land gibt. Auch in den Gastfamilien stellten sie fest, dass einige Familien deutsche Vorfahren besitzen.

Was die Länder verbindet

Ebenso haben wir mit beiden Schulen kulturell übergreifende Themen erarbeitet, denn Ziel dieser Reisen ist das intensive Kennenlernen der anderen Kultur und ihrer (Fremd-)Sprache. Im vergangenen Jahr galt das Hauptinteresse der Schüler/-innen dem gemeinsamen Kochen und dabei vor allem den speziellen deutsch-amerikanischen Unterschieden und Gemeinsamkeiten.

Strategien und Methoden

In der Montessori Earth School haben die deutschen Kinder ein typisch deutsches Essen für alle amerikanischen Schüler und Schülerinnen dieser Jahrgangsstufe gekocht. In den Gastfamilien haben die deutschen Lernenden typisch amerikanische Rezepte ausprobiert, und viele Rezepte sind in den deutschen Familien nachgekocht worden.

Wir kochen German: Wie viele Zwiebeln brauchen wir? – Welches ist das richtige Gewürz? Wie heißt das eigentlich auf Englisch, was ich suche?

Die Bilder lassen erkennen, dass die Schüler und Schülerinnen sehr viel Spaß dabei hatten! Während solcher gemeinsamer Tätigkeiten kamen die deutschen und amerikanischen Lerner und Lernerinnen sehr ungezwungen ins Gespräch und hatten keine Scheu, ihre Sprachkenntnisse zu erproben.

Motivation schafft hierbei die „echte Situation" und nicht die im Unterricht gestellte, die immer etwas unwirklich ist. Ganz ungezwungen lernten alle durch ihr Tun die für viele Küchenhandgriffe wichtigen Vokabeln, die sie sich im Unterricht mühsamer hätten erarbeiten müssen.

Sport verbindet

Ein wichtiger Programmpunkt ist für beide Lernergruppen der gemeinsame Sport. In Portland wurde zusammen Fußball gespielt. Für die Deutschlernenden war klar, dass sie „mixed" spielen wollten, d. h. deutsche und amerikanische Kinder in jeder Mannschaft. Dies war ein schönes Symbol für das Miteinander beider Kulturen!

Insgesamt ein großer Gewinn

Obwohl ein solcher Austausch große Anstrengungen bei der Planung und Durchführung bedeutet, ist der Gewinn für alle Beteiligten sehr hoch.

Die deutschen und amerikanischen Schüler und Schülerinnen bekräftigten, sich nach dem Austausch viel sicherer in der Fremdsprache zu fühlen und weniger Scheu vor deren Gebrauch zu haben.

Außerdem haben sie einen tieferen Einblick in die jeweilige Lebensart bekommen, was häufig auch mit einem Abbau von Vorurteilen einherging. Durch das Erleben des jeweiligen deutschen oder amerikanischen Alltags entstand mehr Verständnis für die Unterschiede in der jeweiligen Kultur.

Die Möglichkeit, solche Erfahrungen zu machen, daran zu wachsen und so eine gegenseitige Toleranz aufzubauen, ist ein wichtiger Beitrag zur Friedenserziehung. Wir sind dankbar, diese Möglichkeiten zu haben, und freuen uns schon auf den diesjährigen Austausch. Erste Vorbereitungen sind getroffen, es wird schon wieder viel telefoniert und geschrieben.

So viele Kartoffeln! Ob wir das pünktlich schaffen?

Annika Takala

Singend Wortschatz lernen

Deutsche Klassen in der Tammela Schule

In Tampere in Finnland können Kinder schon lange ihren gesamten Schulweg auf Deutsch belegen. In der Tammela Schule werden momentan ca. 70 SchülerInnen in den Klassenstufen 1 bis 6 auf Deutsch unterrichtet. Anschließend können die SchülerInnen in der Sampola Schule die Klassen 7 bis 9 mit dem Schwerpunkt Deutsch besuchen. Die neunjährige Schullaufbahn wird mit dem Abschlusszeugnis der finnischen „Grundschule" abgeschlossen. Unser Unterricht ist auf Kinder mit Finnisch als Muttersprache ausgerichtet, Grundkenntnisse in der deutschen Sprache werden jedoch vorausgesetzt. Diese Kenntnisse können die Kinder in der deutschen Kindergruppe des städtischen Kindergartens „Juhannuskylä" erwerben. Viele unserer SchülerInnen haben im Ausland gelebt oder kommen aus zweisprachigen Familien. Wir befolgen denselben Lehrplan wie alle andere Grundschulen in Tampere, nur im Fach Deutsch haben wir einen eigenen, erweiterten Lehrplan. Die Fächer Finnisch, Religion und Geschichte werden ganz auf Finnisch unterrichtet, in allen anderen Fächern ist die Unterrichtssprache ganz oder teilweise Deutsch. Die tägliche Umgangs- und Kommunikationssprache in- und außerhalb des Klassenraums ist Deutsch. Durch das weite Input wollen wir erreichen, dass unsere SchülerInnen gute Deutschkenntnisse auf allen Sprachebenen (Verstehen, Lesen, Schreiben und Sprechen) haben. Das Erlernen der Sprache wird systematisch ab dem 1. Schuljahr durch DaF-Unterricht (3 Wochenstunden) unterstützt. Die SchülerInnen sollen die Begriffe und Inhalte in allen Fächern auch in ihrer Muttersprache beherrschen, darum ist der Unterricht bilingual. Der Anteil an deutschsprachigem Unterricht ist am größten in den Klassen 1 bis 2 (70–100 %) und geht allmählich in den Klassen 3 bis 6 zurück (er bleibt aber immer bei mindestens 25 %). Wir benutzen finnische und deutsche Materialien für den DaF-Unterricht.

Lernen in einer Fremdsprache – das ist nicht so leicht!

Im Laufe meiner Lehrtätigkeit in den deutschen Klassen wurde mir oft die Frage gestellt, wie das Lernen in einer fremden Sprache überhaupt möglich sei. Folgende fünf Aspekte, die aus meinen Beobachtungen beim Unterrichten in den Klassen 1 bis 2 resultieren, geben vielleicht eine Antwort darauf:

1. Das Lernen in einer fremden Sprache basiert auf dem kontinuierlichen Hören und Verwenden der fremden Sprache (Deutsch) im Schulalltag. Die Lernumgebung in der Schule soll der Umgebung, in der das Kind die Muttersprache erlernt hat, möglichst ähnlich sein. Weil unsere SchülerInnen hauptsächlich nur 3–5 Stunden täglich in der Schule verbringen und ein Teil des Unterrichts immer auf Finnisch gegeben wird, erreichen wir diese idealen Verhältnisse natürlich nicht.

2. Es ist wichtig, dass der Unterricht so geplant und durchgeführt wird, dass alle einzelnen Elemente des Unterrichts, wie die gesprochene Sprache, die visuellen Hilfsmittel (Bilder, Tafelanschrieb) und andere Materialien (Arbeitsblätter, Texte), eine logische Einheit bilden. Dadurch kann das Verstehen der fremden Sprache erleichtert werden. Elemente, die nicht im Zusammenhang mit dem Thema stehen, lenken die Kinder nur ab und verursachen Missverständnisse.

3. Ganzheitliches Lernen und Anschaulichkeit sind wichtig. Um besser verstehen zu können, kombiniert das Kind verschiedene Anregungen. Wenn durch alle Sinne gelernt wird, sind die Lernresultate besser.

4. Routinen sind wichtig. Die Kinder halten viele Situationen aus, in denen sie sehr wenig verstehen, wenn dafür gesorgt wird, dass der Schultag genug Routinen beinhaltet. Durch die gewohnten Abläufe bekommen die Kinder ein Gefühl von Geborgenheit und die Möglichkeit, aktiv am Unterricht teilzunehmen, was wiederum ihr Selbstvertrauen stärkt.

5. Viele Unterrichtsfächer eignen sich gut für CLIL-Unterricht (1), weil die Inhalte das Lernen der fremden Sprache unterstützen. In Mathematik hat man schwierige Fachbegriffe. Das Rechnen ist jedoch möglich, obwohl man die sprachlichen Einzelheiten nicht gleich beherrscht. In Kunst, Musik und Handarbeit liegt der Schwerpunkt auf dem aktiven Handeln. In vielen Fächern ist die Sprache also *ein,* aber nicht *das* Mittel zum Lernen. Das gleichzeitige Lernen von Sachinhalten und Sprache ist möglich, wenn eine entsprechende Ausgewogenheit hergestellt wird.

Sachunterricht in der Fremdsprache – ein hoher Anspruch für kleine Leute

Meiner Erfahrung nach birgt der Sachunterricht in den Klassen 1 bis 2 Probleme, da die oben genannten Punkte sich nicht so leicht umsetzen lassen.

1. Ein Thema wird maximal einen Monat oder kürzer behandelt. Die Sachinhalte erfordern Wortschatz, den die Kinder im alltäglichen Sprachgebrauch nicht hören oder verwenden. Trotzdem wird erwartet, dass sie neue Fachbegriffe schnell erfassen und im Unterricht aktiv verwenden.

2. Wenn sie die Fachsprache nicht beherrschen, stoßen sie permanent auf sprachliche Probleme, und es entstehen gravierende Wissenslücken.

3. Weil viele Themen abstrakt sind, ist es schwierig, den Unterricht anschaulich zu gestalten.

4. Im Sachunterricht kommt es oft vor, dass der Inhalt das Verstehen und Erlernen der Sprache nicht mehr unterstützt, sondern dass die Sprache zum Hauptlernziel wird.

Ich habe verschiedene Arbeitsweisen und Hilfsmittel im Sachunterricht ausprobiert, um die sprachlichen Probleme zu lösen. Als Hilfe bekamen die Kinder Wort-Bild-Listen. Manchmal waren die Begriffe längere Zeit an der Tafel oder an der Wand zu sehen. Im DaF-Unterricht lernten wir die Begriffe vorab als Vorentlastung. Oft führte ich das Thema auf Finnisch ein, um sicher zu sein, dass alle verstehen, worum es geht. Mit den Resultaten war ich aber nicht ganz zufrieden. Für die kleinen SchülerInnen sind diese Arbeitsweisen schwierig, weil sie ja meistens noch nicht lesen und schreiben können. Auf meiner Suche nach guten Möglichkeiten, spielerisch und möglichst natürlich Fachwortschatz zu erlernen, stieß ich auf Musik, vor allem auf Lieder.

Die Rettung: Wie die Lieder beim Erlernen des Wortschatzes helfen

Die Lösung für die sprachlichen Problemen im Sachunterricht war Musik, für mich zwar nicht die erste und natürlichste Wahl, denn meine musikalischen Fähigkeiten beschränken sich auf das Singen in einem Chor als Kind und meine Ausbildung als Klassenlehrerin (Grundkurse in Musik). Ich spiele kein Instrument, singe aber gerne. Dass ich überhaupt dazu gekommen bin, Musik und Lieder systematisch im Sachunterricht als Hilfsmittel auszuprobieren, war dadurch möglich, dass es so viel gutes Material gibt. Fast zu jeder Fibel- und Sprachbuchreihe gibt es inzwischen eine Musik-CD. Für den DaF-Unterricht haben wir Lieder zum Lernen der Grammatik benutzt. Von manchen Verlagen haben wir eigene Reihen für „Lieder für Mathe/Deutsch- und Sachunterricht". Ohne die große Auswahl an guten Materialien wären meine Versuche erfolglos geblieben. In meiner Schule habe ich bemerkt, dass viele meiner KollegInnen seit Jahren in allen Fächern Musik einsetzen und dass Musik ein wichtiges Werkzeug für sie ist. Die folgenden sieben Schritte sind der Grund dafür, dass Musik und Lieder inzwischen auch zu meinem Repertoire gehören.

1. Schritt:
Ohren auf! Unsere SchülerInnen hören täglich kontinuierlich Deutsch. Die fremde Sprache ist für sie nichts Außergewöhnliches. Dass die Kinder zwischendurch abschalten und nicht genau zuhören, ist so normal wie in der Muttersprache. Wenn das Thema sehr schwierig ist und die Kinder kaum etwas verstehen, neigen sie noch mehr dazu, nicht mehr aktiv zuzuhören. Der Lehrer hat die Aufgabe, ihre Aufmerksamkeit zu wecken. Durch Musik kann das eher erreicht werden als z. B. durch eine Geschichte, weil Musik durch Melodie und Rhythmus mehr als nur Redefluss auf Deutsch ist.

2. Schritt:
Ohne Motivation geht es nicht! Wie bei jedem Unterricht wird das Lernen durch Motivation leichter. Am besten geht das mit Musik!

3. Schritt:
Sprich es aus! Wir wollen erreichen, dass unsere SchülerInnen den benötigten Wortschatz bzw. die Fachsprache verstehen und aktiv beim Sprechen benutzen. Das kann nur erreicht werden, wenn das Kind die Wörter nicht nur oft hört, sondern sie mehrere Male spricht. Bei den schweigsamen Finnen ist das manchmal eine schwierige Aufgabe. Spiele ich im Unterricht den Kindern ein tolles Lied vor, beginnen sie meistens nach einer Weile zu klatschen, sich zu bewegen, zu summen oder ja sogar zu singen. Das passiert, obwohl die Kinder nicht unbedingt verstehen, was sie da singen. Hiermit wird ein wichtiger

Strategien und Methoden

Schritt erreicht: Das Kind sagt Wörter und sprachliche Strukturen sozusagen aus „Versehen". Das Mitsingen ist ein wesentliches Hilfsmittel beim Lernen vom neuen Wortschatz.

4. Schritt:
Das Wiederholen ist die Mutter des Lernens (finnisches Sprichwort)! Ziemlich ähnlich wie beim 3. Schritt geht es auch hier um den aktiven Gebrauch der Wörter. Der neue Begriff muss mehrmals wiederholt werden, bevor das Kind ihn nicht nur heute, sondern auch noch für eine längere Zeit behalten kann. Die Lieder haben sehr oft das Element des Wiederholens und funktionieren darum so gut. Bei einem Lied hat das Wiederholen eine sinnvolle Funktion, es gehört zu seiner Struktur dazu.

5. Schritt:
Das Lied, das ich nie vergesse! Im Schuljahr 2000/01 habe ich eine Kombinationsklasse mit einer 1. und 5. Klasse unterrichtet. Als ich den Erstklässlern Lieder beibrachte, bemerkte ich zu meiner Freude, dass die Fünftklässler (die eigentlich gleichzeitig etwas ganz anderes machen sollten) die Lieder mitgesungen haben und vor allem, dass sie diese Lieder immer noch nach drei bis vier Jahren auswendig kannten. Lieder bleiben im Gedächtnis, der Wortschatz kann mit Hilfe eines Liedes noch nach Jahren abgerufen werden. Ein Lied ist auch einfacher zu tranportieren als ein Wörterbuch.

6. Schritt:
Der Inhalt ist wichtig! Es geht um das Vermitteln von Sachinhalten, und der Lehrplan ist der Ausgangspunkt. Auch diesbezüglich können Lieder zu Hilfe gerufen werden. Sie haben wie der übrige Unterricht einen Inhalt. Schließlich geht es nur darum, Lieder zu finden und deren Inhalt dem Thema anzupassen.

7. Schritt:
Kreativ werden! Dass die Kinder ein schönes Lied mitsingen und dabei neuen Wortschatz lernen, ist eine schöne Sache. Wenn sie dazu motiviert werden können, ihre eigenen Schöpfungen zu kreieren, wird noch mehr erreicht. Die Kinder in der 1. bis 2. Klasse schreiben noch wenig Aufsätze, Geschichten oder Berichte. Dass sie aber in ein Lied einen eigenen Satz oder sogar eine Strophe einfügen, kommt schon vor. Lieder haben ein fertiges Muster, das selbstständiges Probieren und Entdecken leichter macht. Manchmal nach der Stunde singen die Kinder beim Anziehen auf dem Flur das Lied, das wir gerade im Unterricht hatten. Es dauert nicht lange, da gibt es schon eigene Variationen. Keine Wörterliste funktioniert auf diese Weise.

(1) CLIL = Content and Language Integrated Learning, d.h., der fremdsprachliche Fachunterricht kann einen wesentlichen Beitrag zu den Sprachlernzielen der EU leisten.

■ www.4teachers.de
Hier muss man sich anmelden und bekommt den Liedtext „Mein Weg zur Schule ist nicht schwer" von Rolf Zuckowski

Tünde Sárvári

Sprache und Bewegung – Dramapädagogik für Sprachanfänger in der Grundschule

In Ungarn sollte mit dem Erlernen der ersten Fremdsprache spätestens in der vierten Klasse der Grundschule angefangen werden[15], wenn aber entsprechende Bedingungen vorhanden sind, darf man auch früher beginnen. An meiner Schule wird in der ersten Klasse der Grundschule die erste Fremdsprache eingeführt. Diese Kinder können im September nicht einmal in der Muttersprache lesen und schreiben, deshalb werden auch in der Deutschstunde ihre primären Fertigkeiten, d. h. Hören und Sprechen, in erster Linie entwickelt. Da wir daran glauben, dass die Quelle alles Guten im Spiel liegt, haben wir eine Konzeption ausgearbeitet, die Ziele und Inhalte des frühen Fremdsprachenlernens mit den Prinzipien der Dramapädagogik vereinigt. Im vorliegenden Beitrag wird an konkreten Unterrichtsbeispielen gezeigt, wie dramapädagogische Spiele als erste Schritte zur Dramapädagogik von Anfang an auch für Sprachanfänger in der Grundschule erfolgreich anzuwenden sind. Er sollte auch anderen Mut machen, dramapädagogische Elemente im eigenen Fremdsprachenunterricht anzuwenden.

Warum Dramapädagogik?

Um eine entsprechende Methodik zu finden, haben wir die Philosophie der Nürnberger Empfehlungen[16] als Leitgedanken benutzt und großen Wert darauf gelegt, dass das Kind im Unterricht in seiner Ganzheit angesprochen und mit Themen, Inhalten und Arbeitsformen in der jeweiligen Fremdsprache bekannt gemacht wird, die an seine Lebens- und Erfahrungswelt anzuknüpfen sind. Für uns war auch von großer Bedeutung, dass die Kinder die Sprache als Kommunikationsmittel erleben und verwenden. Die meisten Lehrkräfte, die an meiner Schule eine Fremdsprache unterrichten, sind auch ausgebildete Dramapädagogen. Sie haben diese Zusatzqualifikation erworben, weil sie davon überzeugt sind, dass Dramapädagogik im Fremdsprachenunterricht ein holistischer und lernerzentrierter Ansatz für die Erarbeitung von Unterrichtsinhalten ist und der gezielte Einsatz von Techniken aus den dramatischen Kunstformen intensive Erfahrungen mit der fremden Sprache ermöglicht.

Bei dramapädagogischer Arbeit dürfen die Kinder in einer fiktiven Welt in unterschiedliche Rollen schlüpfen, die sie beim Ausstieg wieder ablegen. Die fiktive Welt und die Rollen helfen, eine für die dramapädagogische Arbeit besonders wichtige angstfreie, entspannte und vertrauensvolle Atmosphäre zu schaffen, in der kein Bewertungsdruck zu spüren ist. Zu Beginn des Lernens einer Fremdsprache sind meistens überhaupt keine Vorkenntnisse vorhanden, deshalb kommt es oft vor, dass die Kinder, die die neu erworbenen sprachlichen Mittel ausprobieren sollen, schüchtern, nervös oder verlegen sind. Um das fehlende Selbstvertrauen aufzubauen, sind Elemente der Dramapädagogik besonders geeignet, denn dort werden die Fehler erst in einer späteren Reflexionsphase thematisiert und behoben. Dramapädagogik ist aber mit Theaterpädagogik nicht identisch. Sie legt ihren Schwerpunkt eindeutig auf den pädagogischen Nutzen. Es wird in erster Linie nicht für ein Publikum gespielt, sondern auf einen Lerngewinn abgezielt. Im Lernprozess werden unterschiedliche Sinne angesprochen, Körper, Geist und Seele berücksichtigt, was ganzheitliches Lernen ermöglicht.

Phasen eines dramapädagogischen Unterrichts

Der dramapädagogische Unterricht lässt sich in drei Phasen einteilen (vgl. Tselikas 1999):
- Aufwärmphase
- Hauptphase
- abschließende Phase

Die *Aufwärmphase*, wie schon die Bezeichnung verrät, dient dem Aufwärmen, dem Einstellen auf die Arbeit. In dieser Phase werden sowohl körperliche als auch stimmliche Übungen gemacht, die eng mit dem Thema der Hauptphase verbunden sind. Sie tragen dazu bei, dass sich die Kinder auf die Situation vorbereiten. Während dieser Phase soll ein positives Gruppenklima geschaffen und Vertrauen aufgebaut werden.

In der *Hauptphase* steht das Thema im Mittelpunkt, an dem man arbeiten will. An dieser Stelle werden Rollen entwickelt und Szenen etabliert, wobei Standbilder oder Improvisationen auch für Anfänger umsetzbare Techniken sind. Während dieser Phase soll die Lehrkraft in der Lage sein, den „Teacher in Role" zu mimen, d. h. sich eine Rolle auszusuchen, die zu der geplanten Stunde passt.

Die *Ausstiegsphase* ist ein sehr wichtiger Teil, denn (wie schon erwähnt wurde) in dieser Phase legen die Kinder ihre

---
15 Vgl. ungarischer Nationaler Grundlehrplan 2007, 2012.
16 Widlok, Beate u. a. (2010).

eingenommenen Rollen wieder ab. Sie entspannen sich. Es lohnt sich, als Abschluss ein Ritual einzuführen. Zur Ausstiegsphase sollte auch eine Reflexionsrunde gehören, in der Fragen gestellt, Missverständnisse geklärt und Feedback gegeben werden.

Für jede Phase gelten Regeln, die zu Beginn der dramapädagogischen Arbeit besprochen werden sollen. Diese Verhaltens- und Arbeitsregeln können gemeinsam in der Muttersprache formuliert werden, und an diese Regeln, die von allen angenommen wurden, müssen sich alle halten.

Mögliche Umsetzung

Im Folgenden werden einige Unterrichtsbeispiele beschrieben, die auch in der ersten Klasse mit Sprachanfängern benutzt werden können. Die Kinder haben zweimal in der Woche Deutsch. Als Grund der Auswahl diente das Ergebnis einer Umfrage, die ich in meiner ersten Klasse durchgeführt habe. Die Kinder sollten ihre „deutschen" Lieblingsspiele aufzählen. Unsere Top-Ten-Liste mit einigen Bemerkungen von mir:

1 Begrüßungslied
Bei uns hat jede Deutschstunde einen Rahmen: Zwei Varianten desselben Liedes dienen als Einstieg bzw. als Abschluss. Unsere Wahl fiel damals auf das Lied *„Guten Tag, guten Tag, sagen alle Kinder"*[17].

Mit diesem Lied kann nicht nur die Begrüßungsform „Guten Tag" erlernt werden, sondern es lässt sich auch pantomimisch vorspielen. Vier wichtige Adjektive (groß, klein, dick, dünn) kommen im Lied vor, die die Kinder einfach mit Bewegung darstellen können.

2 Bohnensack/Ball werfen
Zur Aufwärmphase gehören auch Wahrnehmungs- und Konzentrationsspiele. Zu einem unserer Lieblingsspiele braucht man einen Bohnensack/Ball. Die Kinder stellen sich in einem Kreis auf. Die Lehrkraft schaut als Spielleiter/-in ein Kind an, dieses Kind muss das wahrnehmen und den Augenkontakt erwidern. Der Spielleiter/die Spielleiterin wirft ihm einen Bohnensack/Ball zu. Das Kind fängt den Bohnensack/Ball, schaut ein anderes Kind an, und wenn es den Blick wahrgenommen und den Augenkontakt erwidert hat, wirft es ihm den Bohnensack/Ball zu. Wer einen Bohnensack/Ball geworfen hat, verschränkt die Arme, damit jeder sehen kann, dass er schon an der Reihe war.

Waren alle an der Reihe und haben die Arme verschränkt, muss der Letzte den Bohnensack/Ball zu demjenigen zurückwerfen, von dem er ihn bekommen hat. Es wird schwieriger, wenn zwei oder mehr Bohnensäcke/Bälle geworfen werden.

In der nächsten Runde nennt der Mitspieler/die Mitspielerin, der/die den Bohnensack/Ball zuwirft, seinen/ihren Namen. Wenn alle an der Reihe waren und der Bohnensack/Ball zurückgeworfen wird, nennen die Mitspieler den Namen der-/desjenigen, zu der/dem sie den Bohnensack/Ball werfen.

Statt Namen können natürlich beliebige Wörter zu einem Thema genannt oder Monate, Wochentage, Zahlen usw. wiederholt werden.

3 Mit Emotionen sprechen
Wiederholung ist sehr wichtig beim Lernen. Sie macht aber selten Spaß und wirkt oft zu monoton. Bekannte Texte (Reime, Gedichte, Lieder etc.) können lustvoll beliebig oft wiederholt werden, wenn Tempo und Lautstärke geändert bzw. mit Emotionen gespielt wird. Derselbe Text kann schnell, langsam, laut, leise, hoch wie eine Maus oder tief wie ein Bär gesprochen werden. Auch mit Emotionen kann gespielt werden: Wir sagen denselben Text traurig, fröhlich, betrunken, wütend, schüchtern, aufgeregt etc. auf.

Diese Übung macht nicht nur Spaß und dient als gute Motivation, sondern schult auch die Aussprache, die oft als Stiefkind des Fremdsprachenunterrichts genannt wird.

17 Vgl. z. B. www.spielstunde.eoldal.hu/img/picture/186/k.Guten-Tag.jpg.

Strategien und Methoden

4 Zeigt zu dritt!

Alle Kinder stellen sich im Kreis auf. Der/die Spielleiter/-in steht in der Mitte des Kreises und erklärt folgende Figuren, die jeweils durch drei Kinder dargestellt werden:

- **Affe:** Der/die Spieler/-in in der Mitte hört nichts (Hände auf die Ohren), der rechts Spielende sieht nichts (Hände auf die Augen) und der links Spielende sagt nichts (Hände auf den Mund).
- **Elefant:** Das Kind in der Mitte stellt den Rüssel dar und die zwei außen Spielenden die wedelnden Ohren des Elefanten.
- **Fisch:** Der mittig Spielende öffnet und schließt ständig stumm den Mund, die anderen beiden bilden mit ihren Händen die Flossen.
- **Mixer:** Die beiden Nachbarn drehen sich um ihre Achse und der Spieler/die Spielerin in der Mitte hält ihnen die Hand auf den Kopf.
- **Toaster:** Der mittig Spielende hüpft auf und ab, und die beiden anderen fassen sich an den Händen.

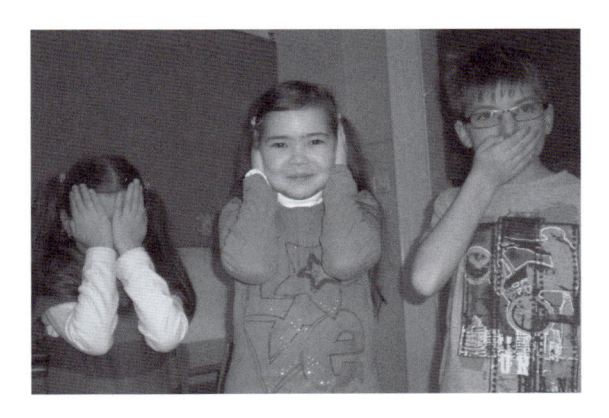

Vor Spielbeginn müssen die „Figuren" von den Kindern geübt werden, bis alle die Positionen verstanden haben. Dann beginnt das Spiel: Die Spielleitung dreht sich mit ausgestrecktem Zeigefinger im Kreis, bleibt vor einem Kind stehen und nennt eine der möglichen Figuren, z. B. Elefant. Das Kind, auf das sie zeigt, stellt den Rüssel dar und seine beiden Nachbarn die wedelnden Ohren des Elefanten. Wer eine falsche Haltung einnimmt oder zu langsam reagiert, steht in der nächsten Runde in der Mitte. Bei dramapädagogischer Arbeit sollte auf Spiele verzichtet werden, in denen ein Mitspieler ausfallen kann. Unser Motto: Wir weinen und lachen zusammen.

5 Obstsalat

Die Kinder setzen sich im Kreis auf die Stühle, jeweils mehrere Kinder bekommen eine bestimmte Obstsorte zugeteilt, z. B. Banane, Apfel, Orange etc. Der Spielleiter/die Spielleiterin ruft nun etwa: „Orange!" Dann müssen alle Kinder, die Orangen sind, aufstehen und die Plätze tauschen. Ruft er/sie „Obstsalat", müssen alle Kinder aufstehen und sich so schnell wie möglich einen anderen Platz suchen.

Als Variante können auch andere Wörter, z. B. Zootiere, Möbelstücke, Kleidungsstücke, Verkehrsmittel, zugeteilt werden. Wenn es möglich ist, sollen die Kinder die zum Tier, Verkehrsmittel etc. passenden Bewegungen oder Geräusche beim Platztausch nachahmen.

6 Standbilder

Standbilder können zu beliebigen Themen in Gruppen entwickelt werden. Die Kinder überlegen, wie sie ein Thema, ein Wort oder die wichtigsten Szenen einer Geschichte darstellen könnten. Wenn sie die richtige Position gefunden haben, frieren sie in dieser Position, d. h., sie bewegen sich nicht und sprechen nicht. Die anderen können raten, was sie dargestellt haben.

7 Improvisationen

Die Improvisationen können aus den Standbildern entwickelt werden, indem zuerst „nur" Bewegungen, später auch Sprache miteinbezogen werden. Da die Sprachanfänger/-innen über einen geringen produktiven Wortschatz verfügen, werden die Improvisationen zuerst ohne Stimme, dann in einer Blabla- oder Zahlensprache durchgeführt.

Die Blabla-Sprache kann mit dem bekannten Spiel „Stille Post" eingeführt werden. Zuerst wird ein für die Kinder bekanntes Wort ins Ohr geflüstert, das sich „unterwegs" in eine Blabla-Sprache entwickeln kann. Wenn die Kinder aber sehr geschickt sind und am Ende kein „Blabla-Wort" als Lösung nennen, kann der Spielleiter selbst ein Blabla-Wort ins Ohr flüstern. Dann sprechen alle im Chor in einer Blabla-Sprache. Als nächster Schritt arbeiten die Kinder in Paaren. Sie denken sich eine Situation aus, die sie in Blabla-Sprache vorspielen. Die anderen versuchen es zu erraten.

Ähnlich läuft es in der Zahlensprache ab, aber dann zählen die Paare bis 20, und so spielen sie den Dialog vor. Hier müssen die Kinder sehr gut aufpassen, um gleichzeitig in der Rolle zu bleiben, der Reihe nach die Zahlen richtig zu nennen und bis 20 die Situation zu beenden.

8 Eine Wetter-Massage

Als Ausstieg sollen Entspannungsspiele durchgeführt werden. Die Kinder spielen in Paaren. Das vordere Kind schließt die Augen. Die Spielleitung erzählt eine Geschichte:

Es tröpfelt: immer ein Finger drückt auf den Rücken
Es regnet: mit je drei Fingern auf den Rücken drücken
Es gießt: mit allen Fingern trommeln
Es blitzt: mit Fingern nachzeichnen
Es donnert: mit den Fäusten trommeln
Es regnet: mit je drei Fingern auf den Rücken drücken
Es tröpfelt: immer ein Finger drückt auf den Rücken
Die Sonne geht auf: Kreis mit Strahlen zeichnen
Die Sonne trocknet: Rücken abstreifen
Die Sonne wärmt: Hände auf den Rücken legen

Dazu führt das Kind auf dem Rücken des Partnerkindes die passenden Bewegungen durch. Dann tauschen sie die Rollen.

9 Bewegungsgeschichte

Jedes Kind ist ein Luftballon. Sie liegen zusammengekauert auf dem Boden. Der Spielleiter bläst sie durch seine geräuschvolle Ausatmung langsam auf. Die Kinder richten sich dadurch allmählich auf, werden immer größer. Wenn sie ganz aufgeblasen sind, betasten sie mit großen Armbewegungen ihren Luftraum. Da kommt der Wind, und die Luftballons werden im Raum bewegt. Am Ende des Spiels zerplatzen alle Luftballons.

10 Abschiedslied

Das Abschiedslied ist die Variante unseres Begrüßungsliedes, aber diesmal sagen die Kinder nicht „Guten Tag!", sondern „Auf Wiedersehen!".

Fazit

Dramapädagogik ist eine ganzheitliche Lern- und Lehrmethode, die ihre Wurzeln im britischen *Drama in Education* hat. Sie kann in jedem Unterricht, so auch im DaF-Unterricht für Sprachanfänger, umgesetzt werden. Bei ihnen werden noch die ersten Schritte gemacht, die ersten Übungen eingeführt, die ermöglichen, dass die Kinder auch in der Fremdsprache improvisieren, Geschichten inszenieren, d. h. die Fremdsprache als Kommunikationsmittel erleben und verwenden.

Die hier aufgeführten Beispiele können auch von Lehrkräften im DaF-Unterricht für Sprachanfänger angewendet werden, die keine Zusatzqualifikation als Dramapädagoge erworben haben. Im Idealfall verfügt die Schule über einen speziellen Raum, der für dramapädagogische Arbeit benutzt werden kann, weil, wie das auch die Beispiele gezeigt haben, das „normale" Klassenzimmer nicht die optimale Grundlage zu dieser Arbeit bietet. Zimmer (2009: 16) weist darauf hin, dass Sprache und Bewegung bei Kindern „wesentliche Mittel der Erkenntnisgewinnung, des Ausdrucks und der Mitteilung" sind. Zur Bewegung braucht man aber viel Platz. Der Raum sollte groß und so neutral wie möglich sein, damit wir in jeder Stunde in eine andere Welt reisen können.

Egal, ob wir in einem speziellen „Dramaraum" oder im „normalen" Klassenraum mit Dramapädagogik experimentieren, sollten wir uns Folgendes vor Augen halten (Tselikas 1999: 21): „Im Vordergrund steht dabei nicht primär das Ergebnis, nämlich die Produktion eines Theaterstücks, sondern der Lernprozess in allen seinen Dimensionen: physisch, ästhetisch (sinnlich), emotional und kognitiv."

Literatur

Tselikas, Elektra I. (1999): Dramapädagogik im Sprachunterricht, Zürich.

Widlok, Beate u. a. (2010): Nürnberger Empfehlungen zum frühen Fremdsprachenlernen – Neubearbeitung, München.

Zimmer, Renate (2009): Handbuch Sprachförderung durch Bewegung, Freiburg (**www.goethe.de/nne**).

Strategien und Methoden

Tünde Sárvári

"Fantasie und Fantadu, schließe deine Augen zu!" – Überlegungen zur Rolle der Fantasiereisen im frühen DaF-Unterricht

Fantasiereisen eignen sich bestens als Einstieg oder als Entspannungsübung im frühen Fremdsprachenunterricht. Sie tragen zum Beispiel zur Förderung des Verstehens und Hörens und zur Festigung und Erweiterung des Wortschatzes bei. Im folgenden Beitrag wird nach einer kurzen theoretischen Einführung an ausgewählten Beispielen gezeigt, wie Fantasiereisen im frühen Deutsch-als-Fremdsprache-Unterricht erfolgreich eingesetzt werden können.

"Fantasie und Fantadu, schließe deine Augen zu!"

"Fantasie und Fantadu, schließe deine Augen zu!" Mit diesem ritualisierten Vers kann die Fantasiereise beginnen. Was ist aber eine Fantasiereise? Bei der Suche nach dem Ursprung dieser Methode können wir Reich (2008) zustimmen, wenn er feststellt, dass ein Ursprung der Fantasiereisen schwer zu finden ist. Als primäre Quellen erwähnt er Jung, die Verhaltenstherapeuten und die Vertreter der humanistischen Psychologie. Im Bereich der Erziehung spielen Fantasiereisen erst seit den 70er-Jahren eine bedeutende Rolle. Denken wir an die Methoden und Techniken der Gestaltpädagogik oder an die der Suggestopädie. In den 80er-Jahren wurden Fantasiereisen als wichtiges Mittel zum ganzheitlichen Lernen anerkannt.[1]

Eine Fantasiereise, die oft auch "gelenkte Tagträume" genannt wird, führt in unsere innere Welt, hilft oft, Stress abzubauen, ein inneres Gleichgewicht herzustellen und Fantasie und Kreativität zu fördern. Wie auch Teml und Teml (1994: 5) bemerken, haben die während der Fantasiereise auftauchenden Bilder, Töne oder Empfindungen zwei Funktionen: Sie

- eröffnen uns neue Sichtweisen und
- geben Perspektiven für das Handeln in der Außenwelt.

[1] Reich 2008.

Strategien und Methoden

Fantasiereisen sind für alle Altersgruppen geeignet, man soll aber bei der Auswahl der Geschichten darauf achten, dass sie an das Alter und die Interessen der jeweiligen Gruppe angepasst werden. Fantasiereisen lassen sich zu beliebigen Themen durchführen, so kann man den Kindern eine angenehme Reise in das Reich der Sinne und der Fantasie anbieten und das holistische, ganzheitliche Lernen ermöglichen. Die Lehrperson nimmt die „Reiseleiterrolle" ein, indem sie eine Geschichte frei erzählt oder vorliest.

Eine Fantasiereise dauert je nach Altersgruppe und Erfahrung 5 bis 15 Minuten. Sie folgt immer einem bestimmten Ablauf (vgl. Reich 2010, Greving/Paradies 1996):
1. Einleitungs- und Entspannungsphase
2. Fantasiereise (Geschichte)
3. Rückholphase/Rückkehr in die Realität

Damit sich die Kinder vollständig entspannen können, sollten sie in der **Einleitungsphase** die Augen schließen und gleichmäßig tief ein- und ausatmen. Dorn, Eckart und Thieme (2002: 211) schlagen vor, dass die Kinder ihren Kopf auf die auf dem Tisch liegenden verschränkten Arme legen und ihre Augen schließen. Wenn die Kinder schon entspannt sind, fängt die **Fantasiereise**, d. h. die Geschichte, an. Die Lehrperson nimmt die Rolle des Reiseführers ein und erzählt mit einer beruhigend und entspannend wirkenden Stimme die Geschichte im Präsens. Die Erzählung kann von einer meditativen Musik begleitet werden. In der Geschichte sollten möglichst alle Sinneskanäle angesprochen werden. Am Ende der Geschichte sollen die Kinder behutsam in die Realität, in ihr Alltagsbewusstsein **zurückkehren,** indem die inneren Bilder langsam ausklingen.

Tipps zur Durchführung

Fantasiereisen benötigen geeignete Rahmenbedingungen, deshalb werden im Folgenden Tipps zur Durchführung formuliert, die eine gute Fantasiereise ermöglichen.
- Die Atmosphäre im Raum sollte stimmungsvoll gestaltet werden (z. B. mit Kerzen, Duftöl oder entspannender Musik).
- Im Idealfall sollte jedes Kind eine weiche Unterlage und genügend Platz haben, um sich gemütlich hinlegen zu können. Wenn es nicht möglich ist, sollte dem Rat von Dorn, Eckart und Thieme (s. o.) gefolgt werden.
- Eine gute Fantasiereise sollte
  - auf freiwilliger Basis durchgeführt werden,
  - in einer ruhigen Atmosphäre ablaufen,
  - kurze Sätze beinhalten,
  - möglichst viele Sinne ansprechen,
  - die Kinder direkt ansprechen,
  - in einer ruhigen Stimme langsam und deutlich moderiert werden,
  - nach jedem Sinnabschnitt eine Pause (eine halbe bis eine Minute) enthalten, damit die „Reisenden" genügend Zeit zum Fantasieren haben.
- Nach der Rückholphase hängen die Kinder noch ihren Gedanken nach. Wenn diese Zeit vorbei ist, können die Kinder ihre Gedanken auf unterschiedliche Art und Weise äußern:
  - aufgrund von Impuls- bzw. Auswertungsfragen *(Wie hat euch die Fantasiereise gefallen? Was hast du gesehen und erlebt? Was ist dir leicht/schwer gefallen? Wie fühlst du dich jetzt nach der Reise?),*
  - im Rahmen eines geleiteten Gesprächs oder Kleingruppengesprächs,
  - mit Kreativarbeit (z. B. malen, zeichnen, Collagen oder Standbilder erstellen).

Nach diesem Anschluss steigen die Kinder inhaltlich in ein bestimmtes Thema ein (vgl. Reich 2012, Seyffert 2010, Dorn/Eckart/Thieme 2002, Greving/Paradies 1996).

Seyffert (2010: 11) empfiehlt Kindern, die bisher noch keine Erfahrungen mit Fantasiereisen gemacht haben, sogenannte Entspannungsrätsel, die „einen sanften und einfühlsamen Einstieg" bieten, kurz sind und die Kinder motivieren, still zuzuhören, weil sie sonst die Lösung des Rätsels nicht erkennen können. Entspannungsrätsel werden genauso durchgeführt wie Fantasiereisen.

Tipps zur allerersten Fantasiereise

Es gibt immer ein erstes Mal, und wie wir wissen: Aller Anfang ist schwer. Trotzdem lohnt es sich, die Kinder mit dieser Methode bekannt zu machen. Als Einstieg können wir das Spiel „Stille Post" wählen. Die Kinder sitzen im Kreis und die Lehrperson flüstert das Wort „Reisen" ins Ohr des ersten Kindes, das es weiterflüstert. Das letzte Kind spricht das Gehörte laut aus. (Es ist kein Problem, wenn sich das Wort unterwegs verändert hat.)

Dann besprechen wir, wer gerne in der Gruppe reist. Kinder ahmen nach, womit wir reisen können: mit dem Auto, mit dem Zug, mit dem Flugzeug usw. Sie können auch Lieder singen und vorspielen, in denen Verkehrsmittel vorkommen: z. B. *„Ri, ra, rutsch"* oder *„Eisenbahn von nah und fern":*

Der Text dieser Lieder ist einfach, deshalb können ihn auch Sprachanfänger/-innen schnell erlernen und mitspielen. Das erste Lied ist ein Tanzlied: Die Kinder stellen sich paarweise nebeneinander auf und fassen sich über Kreuz an den Händen. Nun gehen sie im Kreis herum. Bei „Kutsch" drehen sie sich herum, ohne ihren Griff zu lösen, und tanzen im zweiten Teil in die andere Richtung. Bei „Rutsch" drehen sie sich wieder, und das Lied fängt von vorne an. Beim zweiten Lied

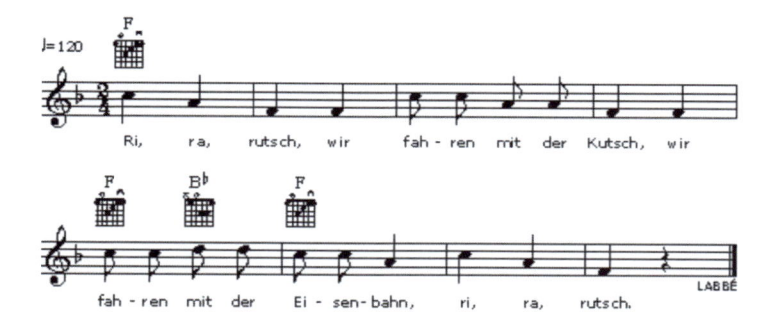

♩=120

Ri, ra, rutsch, wir fah-ren mit der Kutsch, wir fah-ren mit der Ei-sen-bahn, ri, ra, rutsch.

http://www.labbe.de/liederbaum/index.asp?themaid=30&titelid=672

♩=100

Ei-sen-bahn von nah und fern ha-ben al-le Kin-der gern, nimm mich mit, nimm mich mit, nimm mich mit!

http://www.labbe.de/liederbaum/index.asp?themaid=14&titelid=281

stellen sich einige Kinder hintereinander und fassen sich an den Schultern. Nun fährt der Zug los. Bei „nimm mich mit" werden andere Kinder berührt und dürfen sich am Zugende anhängen.

Bevor wir abfahren, packen wir noch den Koffer ein. Mit dem altbekannten „Kofferpacken" können der Wortschatz (Kleidungsstücke, Spielzeuge usw.) wiederholt und vertieft sowie das Gedächtnis und die Konzentrationsfähigkeit der Kinder entwickelt werden.

Jetzt erfahren die Kinder, dass wir heute eine ganz besondere Reise machen. Dafür brauchen wir keine Verkehrsmittel, keinen Koffer. Sie müssen nur ganz leise sein und der Lehrperson genau zuhören. Wir machen nämlich eine Reise mit unserer Fantasie. Am besten geht es mit geschlossenen Augen, deshalb lernen wir einen kleinen Spruch: *„Fantasie und Fantadu, schließe deine Augen zu!"* Statt des Spruches kann man mit einem Schlag auf eine Triangel oder mit einem

anderen melodischen Geräusch auf die Reise gehen. Eine meditative Musik kann eventuell im Hintergrund laufen. Und nun fängt die Reise an: Stell dir vor, du bist …

Eine Fantasiereise kann offen oder geschlossen gestaltet werden. Am Anfang lohnt es sich, die geschlossene Form (eine geleitete Reise) zu wählen, wo die Kinder die Vorstellungsbilder, d. h. den Weg, praktisch vorgegeben bekommen.

Am Ende der Reise kehren wir mit unserer Fantasie wieder in den Raum zurück, und nach einer kurzen Zeit besprechen wir zuerst noch in der Muttersprache, wie den Kindern die Fantasiereise gefallen hat, was sie gesehen und erlebt haben. Es besteht aber die Möglichkeit, mit den Erlebnissen kreativ umzugehen: Die Kinder malen oder zeichnen, was sie gesehen und erlebt haben. Bei einer geleiteten Fantasiereise können die Kinder einzelne Szenen der Geschichte als Standbild darstellen.

„Stell dir vor, …" – ein konkretes Beispiel als Anregung

Im Internet stehen uns viele „fertige" Fantasiereisen zur Verfügung, die wir nur für unsere Gruppe verkürzen bzw. vereinfachen müssen. Im Folgenden wird ein Bespiel aufgeführt, das ich bei meinen Gruppen mit Erfolg angewendet habe.

Die Idee der Fantasiereise „Der Apfelbaum" stammt von Jörn Hilbert. Den Text (**www.planetsenior.de/apfelbaum/**) habe ich verkürzt und vereinfacht sowie mit einem Einstieg und einem Anschluss ergänzt.

1. Einstieg
Die Kinder sitzen im Kreis. Ich gebe einen „Zaubersack" herum, in dem etwas versteckt ist. Die Kinder dürfen nicht in den Sack hineingucken, nur mit den Händen tasten, was das ist. Wenn jeder schon getastet hat, sagen sie ihre Ideen. Im Sack ist ein Apfel. Wir besprechen, wer Äpfel mag, wie Äpfel sind, wo sie wachsen. Ich sage den Kindern, dass wir heute eine Fantasiereise zu einem hohen Apfelbaum machen. Wir sagen den schon bekannten Spruch „Fantasie und Fantadu, schließe deine Augen zu!" zusammen auf, dann fange ich an, die Geschichte zu erzählen.

2. Fantasiereise
Stell dir vor, du siehst einen hohen Apfelbaum.
Du kletterst auf den Baum.
Du sitzt hoch oben im höchsten Ast des Baumes.
Von da aus kannst du alles sehen, was du willst.

Es ist Sommer. Die Sonne scheint.
Es ist warm.
Fühlst du die Sonnenstrahlen?

Du blickst dich um.
Oh, das ist wunderschön!

Du pflückst einen roten Apfel.
Hmmm, wie süß er doch schmeckt.

Genau so süß sind die zwei Hasen, die im Gras herumhoppeln.
Sieh da drüben, ganz viele andere Tiere, die miteinander spielen.
Kannst du sie sehen?

Der Wind schaukelt den Apfelbaum sanft
von links nach rechts, von links nach rechts …
Es ist ein angenehmes Gefühl.

Da – ein Regenbogen am Horizont.
So viele Farben, so bunt!

Du bist müde.
Du suchst dir ein bequemes Plätzchen in einer Astgabel und schläfst ein.

3. Rückholphase
(Leise) Hallo, guten Morgen! Du wachst wieder auf. Du bist frisch und munter.
Lasse deine Augen noch geschlossen und genieße die Ruhe um dich herum.
Atme tief durch, einmal, zweimal, dreimal.
Recke nun die Arme.
Strecke dich, wenn du willst.
Mach nun langsam deine Augen auf.
Du bist wieder hier im Raum.

4. Anschluss – weiterführende Aktivitäten
Die Kinder besprechen in der Muttersprache in Kleingruppen, was sie gesehen und erlebt haben. Sie wählen Szenen aus der Geschichte aus und stellen sie als Standbild dar. Die anderen raten, welche Szene das war. Anschließend lernen wir ein kleines Fingerspiel über einen Apfelbaum (Hofbauer/Antoni 2004: 61):

Apfelbaum schütteln

Wir gehen in den Garten,
Da steht ein Apfelbaum.

Wir schütteln ihn,
Wir rütteln ihn –

Halt schnell die Schürze auf!
Plumps, da ist der Apfel.

Spielbeschreibung:

Text	Bewegung
Wir gehen in den Garten,	Zwei Finger der einen Hand wandern in den Garten.
Da steht ein Apfelbaum.	Die andere Hand wird als Apfelbaum in die Höhe gereckt.
Wir schütteln ihn, Wir rütteln ihn –	Die Apfel-Hand packt die Baum-Hand am Daumen und rüttelt daran.
Halt schnell die Schürze auf!	Darauf verwandelt sie sich schnell (nach oben geöffnet) in die Schürze
Plumps, da ist der Apfel.	und fängt den Apfel (die nun zur Faust geballte Apfelbaumhand) auf.

Zum Schluss basteln oder zeichnen wir einen Apfelbaum. Aus den Apfelbäumen kann ein Garten erstellt werden.

Zusammenfassung

Fantasiereisen sind in erster Linie Entspannungsübungen, mit deren Hilfe die Kinder lernen abzuschalten, auszuruhen und neue Kraft zu finden. Sie fördern die Fantasie, die Kreativität und die Konzentrationsfähigkeit. Wie Seyffert (2010: 17) beschreibt, nehmen diese Geschichten die Kinder „mit ins bunte Land der Fantasie, öffnen einen Koffer voller Träume und schenken den Zuhörern darüber hinaus Ruhe, Frieden und Geborgenheit". Diese Eigenschaften sind auch beim Lernen einer fremden Sprache von großer Bedeutung. Im Fremdsprachenunterricht tragen aber diese Geschichten auch dazu bei, dass die Kinder ihren Wortschatz vertiefen und ihr Hörverstehen entwickeln.

„Fantasie und Fantadu, schließen Sie Ihre Augen zu!" Stellen Sie sich vor, Sie gehen ins Klassenzimmer und bieten Ihren Lernenden eine besondere Reise ohne Auto, ohne Flugzeug, nur mit ihrer Fantasie an. Gute Reise!

Literatur

Dorn, Matthias/Eckart, Mirjam/Thieme, Alfred (2002): Lernmethodik in der Grundschule, Weinheim und Basel.

Greving, Johannes/Paradies, Liane (1996): Unterrichts-Einstiege. Ein Studien- und Praxisbuch, Berlin.

Hofbauer, Friedl/Antoni, Birgit (2004): Minitheater. Fingerspiele – Spielgedichte für Kindergarten, Schule und zu Hause, Wien, S. 61.

Reich, Kersten (Hg.) (2010): Methodenpool, in: http://methodenpool.uni-koeln.de (2012).

Seyffert, Sabine (2010): Von Frühlingstanz bis Schneeflockenmassage. Bewegen und entspannen in Kindergarten, Hort und Grundschule, Berlin.

Teml, Helga/Teml, Hubert (1994): Komm mit zum Regenbogen – Phantasiereisen für Kinder und Jugendliche. Entspannung, Lernförderung, Persönlichkeitsentwicklung, Linz.

7 Sachfachunterricht: Sprachlernen und Sachkunde verbinden – CLIL

Ernst Endt

CLIL – einige Anmerkungen zum Gewinn integrierten Sprach- und Sachfachlernen

Kinder stürzen sich in mathematische Abenteuer, beschäftigen sich mit den Zusammenhängen zwischen Biologie und Technik, setzen sich mit physikalischen Fragen und Problemen auseinander, untersuchen das Klima ihrer Klasse, schärfen ihren Blick für Welt und Umwelt in ihrem Alltag – *und* lernen dadurch Deutsch. Die Beiträge dieses Heftes liefern Beispiele, wie erfolgreich integriertes Sprach- und Sachfachlernen in der Praxis sein kann, die Formel lautet *CLIL – Content and Language Integrated Learning*.

Nun war früher Fremdsprachenunterricht Deutsch im Idealfall schon immer themenorientiert. Kinder (und auch Erwachsene) lernen eine neue Sprache am besten, wenn das Lernen in authentische Situationen eingebettet und durch realistische Interaktion und Kommunikation geprägt ist. Grammatisches Regelpauken und isoliertes Wortschatzlernen führen nicht im gleichen Maß zum Erfolg; sie erzeugen Frustration und lassen die Sprachlernmotivation auf null sinken. Die Beiträge der Zeitschrift *Frühes Deutsch* haben in den vergangenen Jahren sehr überzeugend diese Erkenntnis reflektiert. Die Hefte waren voll mit Beispielen, wie durch Märchen, durch Experimentieren, durch Musik, bildende Kunst und Theater, durch außerschulische Lernorte Kinder motiviert Kompetenzen im Deutschen entwickeln. Am deutlichsten wird dieser Ansatz aber im CLIL-Prinzip, das überzeugend und wirksam Sprache und fachliche Inhalte zusammenbringt und die Sprache nicht ausschließlich als Lerngegenstand begreift, sondern zum Medium, zum Vehikel der Kommunikation werden lässt. Bereits 2007 hatte diese Zeitschrift einen Themenschwerpunkt CLIL (Heft 11/2007); seither hat sich der Siegeszug dieses methodischen Ansatzes fortgesetzt. Das ist Anlass, Ihnen ein zweites Themenheft CLIL vorzulegen, dieses Mal mit Beispielen aus dem MINT-Bereich: Mathematik-Informatik-Naturwissenschaften-Technik.

Der Begriff CLIL

Für die Vermittlung von und Auseinandersetzung mit Sachfachinhalten in fremdsprachlichen Lernsituationen hat sich seit einigen Jahren die Abkürzung CLIL etabliert. Der Begriff – 1994 von David Marsh und Anne Maljers geprägt[1] – ersetzt und ergänzt bisher gängige Bezeichnungen wie bilingualer Unterricht, Immersion, *content-based language instruction* (in englischsprachigen Ländern). Im CLIL-Unterricht wird der Lehrstoff in einer anderen Sprache als der gewöhnlichen Schul- oder Umgebungssprache vermittelt. Die Fremdsprache ist Arbeitssprache, d. h. nicht die Sprache (Grammatik, Rechtschreibung etc.) steht im Vordergrund, sondern die Inhalte und Themen des Sachfachs. Es handelt sich also nicht um Fremdsprachenunterricht und auch keinesfalls um Förder- oder Nachhilfeunterricht.

Der sogenannte bilinguale Unterricht hat eine lange Geschichte.[2] Vor allem die Immersionsprogramme in Kanada waren wegweisend für diesen Ansatz. Auch in anderen Ländern gibt es bereits seit vielen Jahren ähnliche Angebote in den Schulen. Diesen Programmen gemeinsam war der ausschließliche Fokus auf die Sachinhalte in der Annahme, dass durch den stetigen Gebrauch und das Eintauchen in die Fremdsprache („Sprachbad") die Zweit- bzw. Fremdsprachenkenntnisse sich wie von selbst entwickeln würden. Der Verzicht auf jegliche sprachliche Unterstützung, wie sie im Fremdsprachenunterricht üblich ist, war durch die Befürchtung begründet, dass der Sachunterricht in der fremden Sprache sich allmählich wieder zu einem heimlichen Sprachunterricht wandeln könnte. Der Nachteil war, dass eventuelle sprachliche Probleme der Schüler ausgeblendet und ignoriert wurden.

Hier setzt nun CLIL an:

> „CLIL versucht, Fertigkeiten sowohl im nicht sprachlichen (Sach-)Fach als auch in der Sprache, in der es unterrichtet wird, zu entwickeln, indem beiden Bereichen die gleiche Bedeutung zukommt. ... um dieses zweifache Ziel zu erreichen, benötigt man einen besonderen Lehransatz, bei dem das Sachfach nicht *in* der fremden Sprache, sondern *mit* und *durch* eine fremde Sprache unterrichtet wird."[3]

---

1 Marsh, D., Maljers, A., Hartiala, A-K. (2001): Profiling European CLIL Classrooms, Jyväskylä: University of Jyväskylä
2 Vgl. Haataja, K. (2007): Der Ansatz des integrierten Sprach- und Fachlernens (CLIL) und die Förderung des schulischen „Mehrsprachenerwerbs". In: Goethe-Institut (Hrsg.): Frühes Deutsch, Heft 11, 16. Jahrgang, August 2007, Seite 5. Bielefeld: W. Bertelsmann Verlag
3 Eurydice (2006): Content and Language Integrated Learning (CLIL) at School in Europe. Brussels: Eurydice, S. 7
(www.indire.it/lucabas/lkmw_file/eurydice/CLIL_EN.pdf)

Wichtige Ziele

Diesem zweifachen Ansatz liegen folgende Ziele zugrunde:
- Erhöhung der Sprachkompetenz: Es ist fast schon banal, auf den sprachlichen Mehrwert dieser Unterrichtsmethode hinzuweisen. Natürlich sind die Sprachkenntnisse von Schülern besser, die in der fremden Sprache unterrichtet werden. Dies ergibt sich aus den quantitativ höheren und qualitativ intensiveren Kontaktmöglichkeiten mit der fremden Sprache. Wenn die Sprache als Mittel der Verständigung und Interaktion verwendet wird, wird Sprache als lebendig und relevant für die Gegenwart und Zukunft wahrgenommen. Aus fremdsprachlicher Sicht geht es u. a. um die Förderung der mündlichen Kommunikations- und Ausdrucksfähigkeit, die Entwicklung von Selbstvertrauen im Umgang mit der Fremdsprache, sach- und inhaltsorientierte Verwendung der Fremdsprache.[4]
- Entwicklung der Sachfachkompetenz: Dies mag auf den ersten Blick als große Herausforderung erscheinen, aber auch hier ergeben sich positive Effekte, denn durch die erhöhte Konzentration auf den Sachinhalt und die Relevanz des unterrichteten Stoffs entsteht eine größere Fokussierung auf das Gelernte. Dies hängt auch mit Befunden aus der Bilingualismusforschung zusammen, die nachhaltige kognitive Entwicklung bei Kindern feststellen konnte, die zweisprachig aufwachsen bzw. erzogen werden.
- Entwicklung interkultureller Kompetenz: CLIL kann sehr viel zu interkulturellem Verständnis beitragen, wenn dieser Unterricht den Lernern die Gelegenheit gibt, Beziehungen zwischen sich selbst, ihren eigenen kulturellen Ansichten, Haltungen, wie sie sich in einer fremden Sprache äußern, und den Ansichten ihres kulturellen Gegenübers zu erkennen und zu handhaben (siehe S. Schatz, W. Linder in diesem Heft).[5]

Scaffolding: Wie CLIL gelingen kann

Auch wenn es faszinierend und Erfolg versprechend ist, im Unterricht die Brücke zwischen Sprachlernen und Sprachanwendung zu schlagen und die Anwendungsbezogenheit des Sprachlernens unmittelbar erfahrbar zu machen: Es bedarf einer überlegten und flexiblen Methodik, diese beiden Ebenen miteinander zu verknüpfen. Die Gleichzeitigkeit von Sprachlernen und Sprachanwendung bedeutet auch, dass Lerner ihre begrenzten sprachlichen Ressourcen und Fähigkeiten zielgerichtet anwenden und Verstehensstrategien entwickeln müssen. Schülerinnen und Schüler können eben nicht immer das, was sie von der Sache her verstanden haben, sprachlich zum Ausdruck bringen. Es geht also um die Überwindung der Kluft zwischen sprachlichen und inhaltlich-kognitiven Herausforderungen.

Deshalb sollte sich der CLIL-Unterricht um Strategien bemühen, die diese Kluft verringern helfen. Eines der wichtigsten methodischen Elemente ist hier das Scaffolding-Prinzip:

> „Scaffolding ist die zeitweilige Stütze, die ein Gebäude umgibt, das gerade gebaut wird. Der Begriff wird im übertragenen Sinn verwendet, um die zeitweilige Unterstützung der Interaktion zu beschreiben, die Lernern gegeben wird, während ihr Sprachsystem noch eine ‚Baustelle' ist. Es ist diese Unterstützung – von Lehrern, Eltern oder anderen, die es ‚besser' können –, die sie befähigt, eine Aufgabe auf einem Niveau zu bewältigen, das über ihrem derzeitigen Niveau liegt."[6]

Scaffolding ist auch immer schon ein wichtiges Prinzip des Spracherwerbs gewesen. Ursprünglich geht der Begriff auf Jerome Bruner zurück, der damit wichtige Strategien beschrieb, wie sie beim Muttersprachenerwerb von Kleinkindern zu beobachten sind. In der Fremdsprachenmethodik ist der Begriff v. a. durch Pauline Gibbons bekannt geworden.[7]

Übertragen auf den CLIL-Unterricht bezeichnet „Scaffolding im pädagogisch-psychologischen Kontext als Metapher die Unterstützung des Lernprozesses durch die Bereitstellung einer zunächst vollständigen Orientierungsgrundlage in Form von Anleitungen, Denkanstößen und anderen Hilfestellungen. [...] Scaffolding ist die dem bilingualen Fachunterricht angemessene Technik, sprachliches Handeln so zu unterstützen, dass die von der jeweiligen Aufgabe gestellten kognitiven und metakognitiven Operationen für die Schülerinnen und Schüler leistbar sind."[8]

Entscheidend ist, dass die Scaffolding-Strategien Sprache, Inhalte und Methoden miteinander verknüpfen. Schüler haben nicht nur sprachliche Hürden zu überwinden, sondern müssen sich auch neue, anspruchsvolle Inhalte erarbeiten, was auch die Bereitstellung verschiedener Methoden voraussetzt.

Für den CLIL-Unterricht bedeutet das, dass die Lehrkraft
- auf dem vorhandenen Wissen, den vorhandenen Kompetenzen, Haltungen, Interessen und Erfahrungen der Schüler aufbaut,
- den Stoff benutzerfreundlich verpackt,

---

4 Ministerium für Kultus, Jugend und Sport Baden-Württemberg (Hrsg.) (2006): Bilingualer Unterricht. Lernen für Europa. Stuttgart, S. 7
5 Vgl. Byram, M. (1997): Teaching and Assessing Intercultural Communicative Competence. Clevedon: Multilingual Matters, S. 12
6 Thornbury, S. (2006): An A–Z of ELT: A dictionary of terms and concepts used in English Language Teaching. London: Macmillan Books for Teachers, S. 201
7 Gibbons, P. (2002): Scaffolding Language, Scaffolding Learning. Teaching Second Language Learners in the Mainstream Classroom. Portsmouth NH: Heinemann
8 E. Thürmann in: Doff, S. (Hrsg.) (2010): Bilingualer Sachfachunterricht in der Sekundarstufe, Tübingen: Narr, S. 144

- auf verschiedene Lernstile eingeht,
- kreatives und kritisches Denken fördert,
- Schüler anregt und auffordert, den nächsten Schritt nach vorne zu tun und sich nicht mit dem Vorhandenen zufriedenzugeben.[9]

Wie kann das in der Praxis aussehen?

Die Aufgaben kleinschrittig gestalten[10]

CLIL-Unterricht benötigt mehr Zeit, da die Er- und Verarbeitung von Unterrichtsstoff sorgfältiger und in klaren, überschaubaren Schritten erfolgen sollte. Das ‚Aufbrechen' von Lern- und Lehrprozessen dient der Lehrkraft als Kontrolle, ob und wie die Schülerinnen und Schüler den Stoff verarbeiten. Dies gilt insbesondere für inhaltlich anspruchsvolle Themen (siehe Wendlandt, H., Klasse Klima im Klassenraum – Naturwissenschaften anwenden, Seite 18).

Vor, während und nach den Aufgaben Unterstützung anbieten

Die Unterstützung korrespondiert mit der Einsicht, dass die Themen das Interesse der Schüler finden müssen und kindgerecht verpackt werden müssen. *Visual* und *advance organisers,* d. h., Methoden und Materialien, die das Vorwissen der Schülerinnen und Schüler aktivieren und abrufen, können hier helfen. (Die Beiträge in diesem Heft bieten viele eindrückliche Belege.)

Visuelle Elemente und Realia verwenden

Erfolgreiches Lehren setzt voraus, dass Lerner die Lerngegenstände im wahrsten Sinne des Wortes „begreifen". Das bedeutet, dass CLIL-Unterricht noch viel stärker auf visuelle Stützen (Bilder, Karten, Diagramme) und Realia setzt als herkömmlicher Unterricht. Es geht schließlich auch um die Verbindung der Sachen mit Sprache (siehe vor allem die Beiträge von A. Kubanek, B. Müller-Karpe und E. Beck und A.-T. Markovic).

Aufgaben demonstrieren und handlungs- und aufgabenorientiert arbeiten

Modelle im engeren und weiteren Sinn sind wichtige Scaffolding-Elemente. Gerade der naturwissenschaftliche Unterricht, der in diesem Heft im Mittelpunkt steht, bietet eine Fülle von Möglichkeiten, komplexe Sachverhalte zu veranschaulichen. Genauso wichtig ist es, dass Schülerinnen und Schüler Dinge selbst ausprobieren. Die unmittelbare Erfahrung ist durch nichts zu ersetzen! Dazu gehören Experimentieren, Beobachten, Malen, Basteln und das Einbeziehen der Lebenswirklichkeit der Lerner usw.[11] (siehe u. a. G. Goraca-Sawczyk, L. Ciepielewska-Kaczmarek, H. Retzlaff, J. Volkmann und S. Schatz, W. Linder).

Sprachliche Hilfen geben

Die Sprache im CLIL-Unterricht ist das zentrale Element, weil sie sowohl Medium als auch Lerngegenstand ist. Um Sprache zugänglich zu machen, bedarf es intelligenter Stützmaßnahmen. Wenn Schülerinnen und Schüler gute Lernfortschritte machen sollen, muss die Sprache entsprechend reichhaltig sein, gleichzeitig aber genügend „Anker" bieten, damit Schüler produktiv und rezeptiv mit ihr umgehen können. Ein problematischer Weg wäre es deshalb, die Sprache so zu vereinfachen, dass die Schülerinnen und Schüler zwar besser mitkommen, aber langfristig nicht genug profitieren. Vielmehr können Lehrkräfte die Sprache zugänglich machen, indem sie das Sprechtempo anpassen und Paraphrasierungen verwenden. Gestik und Mimik sind immer hilfreiche Stütztechniken.[12] Glossare und sogenannte „text frames" (Textstützen) unterstützen auch das Verstehen. Es empfiehlt sich, Modelltexte für die Sprachproduktion zu verwenden (siehe Wendlandt).

Konstruktive Rückmeldung geben

Um den Lernprozess flexibel zu begleiten, bedarf es der durchgängigen Rückmeldung. Dazu gehört, dass Lehrkräfte überprüfen, ob die Lerner auch verstanden haben, was im Unterricht passiert. Und dazu gehört auch, auf sprachliche und inhaltliche Fehler zu reagieren. Dies geschieht am besten, indem fehlerhafte Äußerungen von Schülerinnen und Schülern korrekt von der Lehrkraft gespiegelt bzw. durch Nachfragen geklärt werden.

---

9 Mehisto, P., Marsh, D., Frigols, M. J. (2008): Uncovering CLIL. Oxford: Macmillan Education, S. 29

10 Diese methodischen Empfehlungen basieren auf Hinweisen aus: Bentley K. (2010): The TKT Course – CLIL Module. Cambridge: Cambridge University Press, S. 69

11 Vgl. Massler, U., Ionannou-Georgiou, S., Best practice: How CLIL works, S. 71. In: Massler, U., Burmeister, P. (Hrsg.) (2010): CLIL und Immersion. Fremdsprachlicher Sachfachunterricht in der Grundschule. Braunschweig: Westermann Verlag

12 Vgl. Massler, U., Ionannou-Georgiou, S., Best practice: How CLIL works, S. 63 ff. In: Massler, U., Burmeister, P. (Hrsg.) (2010): CLIL und Immersion. Fremdsprachlicher Sachfachunterricht in der Grundschule. Braunschweig: Westermann Verlag

Sachfachunterricht

Beate Müller-Karpe

Fächerübergreifend lernen – Ideen, wie Sachfächer den Deutschunterricht beim Thema Kleidung bereichern können

Welches Thema im Deutsch-als-Fremdsprache-Unterricht auch gerade behandelt wird – leicht lassen sich Bezüge zu anderen Unterrichtsfächern herstellen, zu Kunst und Musik ebenso wie zu den naturwissenschaftlichen oder den gesellschaftswissenschaftlichen Fächern. In diesem Beitrag sollen solche Bezüge am Thema Kleidung anschaulich gemacht werden. Im Deutschunterricht geht es dabei abhängig vom Sprachniveau nicht nur um die Vermittlung des thematischen Wortschatzes, sondern auch um literarische oder Sachtexte, und schon werden Themen berührt, die mit Sachfächern zu tun haben, wie z. B. Farben, Materialien oder Berufe. Oft liegen die Möglichkeiten, fächerübergreifend zu arbeiten, klar auf der Hand, und die Lehrkräfte können ihre Stunden gemeinsam planen. Auch, wenn es institutionelle Hindernisse und curriculare Vorgaben gibt, die eine solche Zusammenarbeit erschweren, sie nützt beiden Seiten, der Fremdsprachenunterricht wird inhaltlich interessanter, und die Sachfächer werden sprachlich unterstützt.

Schon im Anfangsunterricht lassen sich mit Bildern von Kleidungsstücken zahlreiche Spiele, wie Kimspiele, Personenraten, Modenschau, Bingo, Quartett oder Domino, spielen. Das wichtigste zusätzliche Vokabular sind dann die Farben.

Solche Kleidungsstücke können die Kinder auch gut selbst zeichnen.
Zeichnung Margret Bernard © Goethe-Institut

Naturwissenschaften und DaF

Rot ist nicht gleich Rot und Grün nicht gleich Grün. Man kann die Farben von Kleidungsstücken vergleichen und in der Natur Blumen und Blätter sammeln – die Farbtöne sind sehr unterschiedlich. Um herauszufinden, wie Farben entstehen, folgender Versuch, der sprachlich begleitet werden sollte:

- Es werden vier Gläser mit Wasser gefüllt und eine größere Anzahl Reagenzgläser und Pipetten bereitgestellt. Außerdem brauchen wir Krepppapier in den Farben Rot, Blau, Gelb und Grün. Zunächst wird in jedes Wasserglas ein Stück Krepppapier gehalten: Die Kinder können beobachten, dass das Wasser sich in der entsprechenden Farbe färbt und die Farbe des Papiers blasser wird. Anschließend werden mit der Pipette Tropfen des gefärbten Wassers entnommen und in Reagenzgläsern gemischt. Diese Farben werden verglichen: Wie ist die Mischung entstanden? Wenn man die Gläser gegen das Licht hält, wirken die Farben noch schöner.
- Welche Farben entstehen durch welche Mischung? Das kann man auch mit Wasserfarben ausprobieren:

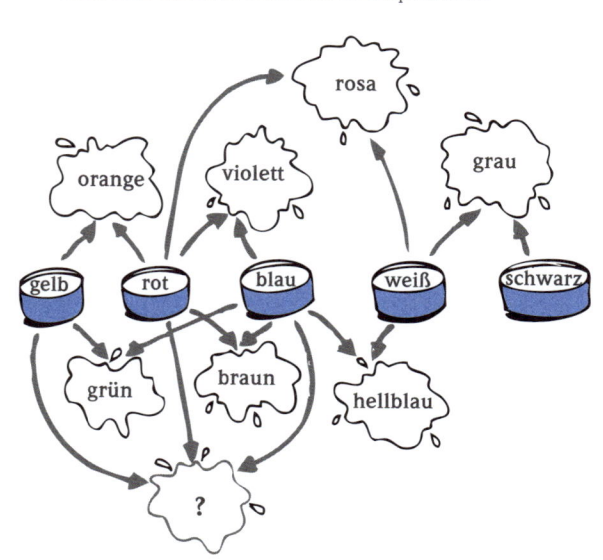

- Viele unterschiedliche Farbtöne der **Naturfarben** können aus Pflanzen selbst hergestellt werden.

Beispiele:
- Gelb: Löwenzahnblüten, Karotten, Currypulver
- Hellbraun: Zwiebelschalen
- Rot: Rote Bete, Hagebutten, Paprika, Rosenblätter
- Blau/Violett: Rotkohlblätter, Blau- und Brombeeren, Holunderbeeren
- Sandfarben: Birkenrinde
- Braun bis Schwarz: schwarzer Tee, starker Kaffe, Kakaopulver
- Grün: Blätter, Petersilie, Spinat …

- Die Pflanzenteile werden zerkleinert, mit etwas Wasser zu einem Brei verarbeitet und dann mit Mehl angedickt. Danach können sie verdünnt und auf Papier oder Stoffe gemalt werden. Wenn man die zerkleinerten Pflanzenteile trocknet, sind jederzeit wieder „frische" Farben herzustellen.
  Interessant ist auch zu beobachten, wie Farben sich verändern: Rotkohlsaft ist z. B. lila und wird bei Zugabe von Essig oder Zitronensaft (= Säure) rot, bei Zugabe von Seife (= Lauge) blau.

- Farben färben Stoffe – aber auch ohne dass man es will, und dann nennt man es **Flecken.** Doch wie bekommt man Flecken wieder aus dem Stoff? Auch das kann man mit einem chemischen Versuch ausprobieren:
  Stoffreste mit Flecken versehen, z. B. mit Ketchup, Senf, Gras, Marmelade, Erde oder Farbstift. Dann Marmeladengläser mit verschiedenen Flüssigkeiten füllen: Wasser, Wasser und Seife, Wasser und Spülmittel, Wasser und Waschmittel, Zitronensaft, Fleckensalz. Die Stoffreste mit den Flecken in die verschiedenen Gläser geben und kräftig schütteln. Anschließend in einer Tabelle festhalten, ob und wie die Flecken sich verändern.

- Auch physikalische Versuche passen zum Thema, z. B. die Frage: Warum wärmt Kleidung? Zwei Flaschen werden mit heißem Wasser gefüllt. Die eine Flasche wird dann mit einem Schal umhüllt. Beide Flaschen bleiben eine halbe Stunde stehen. Dann kann man die Wassertemperatur messen, den Unterschied feststellen und eine Erklärung dafür finden.

Kunst und DaF

Mit **Kartoffeldruck** lassen sich einfache Kleidungsstücke schnell kreativ gestalten:
Hier können dann parallel Wortschatz und Strukturen zum Thema Kleidung sowie zu den verwendeten Materialien und Techniken gelernt werden:
1. Zeitungspapier auf den Tisch legen.
2. Farben und Pinsel bereitlegen.
3. Eine feste Pappe in das T-Shirt legen, an die Stelle, die bedruckt werden soll.
4. Eine dicke Kartoffel in der Mitte durchschneiden.
5. Mit einem Messer oder einer Ausstechform eine Figur hineinschneiden und so einen Stempel herstellen.
6. Den Stempel mit Farbe bestreichen und auf den Stoff drücken.

Im Kunstunterricht können auch historische Kleidungsstücke auf Gemälden studiert, beschrieben oder abgemalt werden. Der Geschichtsunterricht beschäftigt sich mit den Fragen: „Warum haben sich die Menschen so gekleidet? Wie haben sie gelebt?" Die Frage „Wie kleiden sich heute die Menschen in anderen Ländern, anderen Erdteilen unter anderen klimatischen Bedingungen und warum?" stellt die Verbindung zur Geografie her.

Sozialwissenschaften, Musik und DaF

Farben haben auch einen interessanten interkulturellen Aspekt, der es wert ist, im Unterricht thematisiert zu werden: In verschiedenen Kulturen haben sie unterschiedliche Bedeutungen. In Deutschland trägt man Weiß bei der Hochzeit und Schwarz bei Trauer. Und die Mode ändert in jeder Saison die Farben, die gerade „in" sind. Auch Berufskleidung hat bestimmte Farben. Der Bäcker oder Müller trägt Weiß, damit Mehl keine Flecken macht, und der Schornsteinfeger aus vergleichbaren Gründen Schwarz.

Vgl. hierzu das Lied: **Grün, grün, grün sind alle meine Kleider.** Noten und Text finden Sie im Internet:

www.lieder-archiv.de/gruen_gruen_gruen_sind_alle_ meine_kleider-notenblatt_300372.html.

Mit dem Lied lassen sich Kreisspiele machen und sprachliche Strukturen üben und festigen.

Welche Berufe haben mit Kleidung zu tun?

Interessant sind dann weiterführende Fragen zur Bedeutung von Farben z. B. bei der Berufskleidung: Woran erkennt man Polizisten, Soldaten, Ärzte, Gärtner, Feuerwehrleute? Uniformen und Berufskleidung zeigen auf den ersten Blick, welchen Beruf die Frau oder der Mann hat. Bilder von Uniformen und Berufskleidung können auf Karteikarten gemalt und jeweils auf eine zweite Karteikarte ein kurzer Text zum jeweiligen Beruf geschrieben werden. Damit lassen sich dann diverse Spiele herstellen wie Memory oder Domino.

Sachfachunterricht

Foto: JFK-Schule, Berlin – auch ein Pirat hat bestimmte Erkennungsmerkmale, die man an der Kleidung festmachen kann ...

Auch dazu passt ein bekanntes Spiellied: **Wer will fleißige Handwerker seh'n,** bei dem die Kinder zu jeder Strophe die zum Beruf typischen Handbewegungen machen und so das jeweilige Berufsbild etwas näher nachempfinden können. Vgl. auch hierzu das oben genannte Liederarchiv.

Zu den verschiedenen **Materialien,** aus denen Kleidung hergestellt werden kann, können die Schülerinnen und Schüler die Informationen von den Etiketten ihrer Kleidungsstücke notieren und vorstellen:

- In welchem Land wurde es hergestellt?
- Aus welchen Materialien besteht es hauptsächlich (z. B. Baumwolle, Polyester, Leder ...)?
- Aus welchen Materialien besteht es außerdem und zu wie viel Prozent (z. B. 95 % Baumwolle und 5 % Viskose)?
- Wie kann man es waschen (bei 30°C oder 60°C) oder muss man es chemisch reinigen?

Woraus besteht Kleidung?

Sprachlich und inhaltlich wesentlich anspruchsvoller ist dann die Beschäftigung mit den Materialien, aus denen Kleidung besteht, und die Frage nach einer nachhaltigen, umweltverträglichen und für den Menschen sinnvollen Verwendung:

Die folgenden Materialien können dabei thematisiert werden, sie haben Vorteile (+) und Nachteile (–):

Naturfasern	Kunstfasern
1. Baumwolle aus der Baumwollpflanze + nimmt Feuchtigkeit auf, hautfreundlich, kratzt und verfilzt nicht – große Monokulturen, hoher Wasserverbrauch, Umweltbelastung durch Düngemittel und Pestizide	**1. Acryl/Polyacryl** aus Erdöl + weich und wärmend ähnlich wie Wolle, formbeständig, pflegeleicht, trocknet schnell – lädt sich elektrostatisch auf (Haare fliegen)
2. Wolle von Schafen + hält gut warm, ist elastisch und formbeständig, nimmt Feuchtigkeit auf, knittert wenig – verfilzt beim Waschen, mottenanfällig	**2. Modal** aus Zellulose aus Buchenholz + sehr fest, strapazierfähig, knittert wenig – leicht entflammbar
3. Mohair von Angoraziegen + leicht und elastisch, glänzend, filzt nicht – wenig strapazierfähig	**3. Viskose/Rayon** aus Zellulose aus dem Holz von Buchen, Fichten, Eukalyptus und Pinien + weich, nimmt Feuchtigkeit auf – knittert stark, nicht formbeständig, leicht entflammbar
4. Kaschmir von Kaschmirziegen + sehr fein, weich, besonders leicht – wertvoll und teuer	**4. Polyester** aus Erdöl + reißfest, formbeständig, elastisch, knittert nicht, säurefest, licht- und wetterbeständig – nimmt wenig Feuchtigkeit auf
5. Leinen aus der Flachspflanze + nimmt Feuchtigkeit auf, hitzebeständig, kühlend, leitet Körperwärme ab – knittert stark	**5. Fleece** aus Erdöl + weich, warm, isolierend, atmungsaktiv, pflegeleicht – nicht wasserdicht
6. Seide aus dem Kokon der Schmetterlingsraupe des Seidenspinners, Faden bis 3.000 Meter + sehr dünn, reißfest, elastisch, knittert wenig, nimmt Feuchtigkeit gut auf, kühlt bei Hitze, wärmt bei Kälte – sehr empfindlich, bekommt leicht Flecken, schonende Pflege nötig	**6. Nylon** aus Erdöl + leicht, reißfest, formbeständig – vergilbt **7. Elastan** aus Erdöl + elastisch, unempfindlich gegen Flecken – vergilbt, vergraut

Sachfachunterricht

Mathematik, Erdkunde und DaF

Viele Menschen sind an der Herstellung von Kleidung beteiligt. Wie und wo entsteht Kleidung überhaupt? Woher kommen deine Jeans, dein T-Shirt?

Interessant ist die Reise, die ein Kleidungsstück zurücklegt, bis es von uns getragen wird. Wie viele Kilometer hat z. B. ein T-Shirt auf seiner Reise um die Welt zurückgelegt? Bei vielen Kleidungsstücken kommen, nimmt man alle dafür notwendigen Produktionsprozesse unter die Lupe, 50.000 km und mehr zusammen, mehr als der Erdumfang umfasst. Die Reise kann in eine Weltkarte eingezeichnet werden.

Jedes Kind kann sein Lieblingskleidungsstück mitbringen und seine Reise aufzeichnen. Dazu werden in Erdkunde die Länder vorgestellt (Bilder, Flaggen ...). Weitere Fragen ergeben sich, z. B.: Wo wächst Baumwolle? Welche Probleme sind mit ihrem Anbau verbunden? (Baumwolle braucht extrem viel Wasser!)

Warum wird die Baumwolle nicht gleich an Ort und Stelle zu Kleidung verarbeitet?

Einige Beispielzahlen zum T-Shirt – zum Rechnen und als Diskussionsgrundlage:
- 12 Stunden pro Tag arbeiten in den USA die Baumwollpflückmaschinen.
- Sie pflücken am Tag so viel, wie 300 Menschen pflücken könnten.
- Das Material für ein T-Shirt kostet (inkl. Transport) deshalb nur ca. 45 Cent.
- In Asien arbeiten Näherinnen 12 Stunden pro Tag und verdienen damit nur ca. 30–40 Euro pro Monat – zu wenig, um eine Familie zu ernähren.
- In der Fabrik werden pro Stunde 250 T-Shirts genäht, 12 Stunden am Tag und an 7 Tagen in der Woche.
- Die Fabrik verdient an einem T-Shirt ca. 95 Cent.
- Containerschiffe transportieren die T-Shirts nach Europa, 34.000 Stück passen in einen Container, der Transport kostet nur ca. 6 Cent pro T-Shirt.
- Bis zu seiner Ankunft in Europa hat also ein T-Shirt nur 1,46 Euro gekostet.

Die übrigen Kosten entstehen durch den Transport in Europa, die Löhne, die Miete für Geschäftsräume, Werbung und Steuern.

Auch Transportmöglichkeiten können verglichen und die Kosten errechnet werden, natürlich bleibt die Sprache immer im Blick des Lehrenden. Es ist zu bedenken, welche Strukturen die Kinder schon beherrschen ist, was neu hinzugelernt werden soll, und es ist mit dem Fachlehrer zu besprechen, in welchen Schritten die Kinder welche Sachkenntnisse beim Rechnen oder beim Recherchieren der geografischen Hintergründe hinzugewinnen sollen.

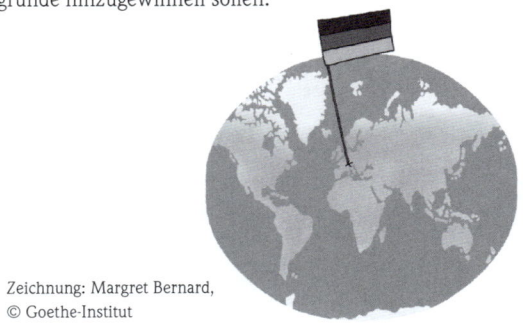

Zeichnung: Margret Bernard,
© Goethe-Institut

Bei einer Jeans kann die zu untersuchende Reise so aussehen:
1. Kasachstan: Baumwollanbau
2. China: Spinnen des Garns
3. Philippinen: Färben des Garns
4. Polen: Weben des Stoffs
5. Frankreich: Herstellung des Labels
6. Philippinen: Zusammennähen des Stoffs
7. Griechenland: Stonewash mit Lavasteinen aus der Türkei
8. Deutschland: Verkauf
9. Niederlande: Sortieren der Altkleider
10. Ghana: Secondhand-Verkauf

Ein Blick auf die Verteilung der Kosten zeigt:
- Gewinn: 50 %
- Markenname, Werbung und Verwaltung: 25 %
- Transport, Steuern, Import: 11 %
- Materialkosten, Gewinn der herstellenden Fabrik: 13 %
- Die Näherin bekommt 1 %

Es ist nun Aufgabe der beteiligten Lehrkräfte, die jeweiligen Lernziele zu formulieren und gemeinsam zu überlegen, in welchen Schritten vorgegangen werden könnte. Günstigenfalls können die jeweiligen Stunden (DaF und Sachfach) zusammengelegt und gemeinsam unterrichtet werden, damit der Lernerfolg für alle nachvollziehbar und gewährleistet ist. Sicher ist die Motivation der Kinder groß, Sprachkenntnisse zu erwerben, wenn sie gleichzeitig mit Herausforderungen auf sachlicher Ebene konfrontiert werden.

Stefan Johann Schatz, Wilhelm Linder

Interkulturell Umweltschutz erfahren – eine Sommerschule arbeitet über drei Ländergrenzen hinweg zusammen

Über 35 Schüler aus drei Ländern, aus Georgien, Aserbaidschan und Armenien, setzten sich im Sommer 2014 zehn Tage lang in Tskneti bei Tbilissi intensiv mit ihrer Umwelt auseinander. Diese Sommerschule verfolgte zwei große Leitziele: Zum einen wollte sie die gemeinsame Verständigung von Schülern aus Armenien, Georgien und Aserbaidschan ermöglichen, zum anderen das umweltpädagogische Bewusstsein der Schüler fördern. Möglich wurde dieser doppelte Ansatz durch die Zusammenarbeit des Goethe-Instituts Georgien mit der Hochschule für Agrar- und Umweltpädagogik Wien. Die Teilnehmer waren Schülerinnen und Schüler im Alter von 10 bis 17 Jahren aus mehreren PASCH-Schulen.

Der landeskundliche Hintergrund

Die politische Situation der drei Länder ist hochkomplex und bis heute von verschiedenen territorialen Konflikten geprägt. Insbesondere der Nagorny-Karabach-Konflikt zwischen Armenien und Aserbaidschan ist außerordentlich präsent, sowohl politisch als auch medial und emotional. Vor über 20 Jahren entbrannte zwischen Aserbaidschan und Armenien ein Konflikt um die nationale Zugehörigkeit dieser von Aserbaidschanern und Armeniern bewohnten Region, in dessen Folge es zu einem blutigen Krieg kam, der erst 1994 endete. Als Konsequenz entstand die de facto unabhängige Republik Nagorny-Karabach auf völkerrechtlich aserbaidschanischem Boden. Die aserbaidschanische Bevölkerung Nagorny-Karabachs wurde infolge des Krieges vertrieben. Bis heute fallen an der aserbaidschanisch-armenischen Waffenstillstandslinie Schüsse – und Aserbaidschan untersagt seinen Staatsbürgern bei Strafe, Kontakt zu Armeniern aufzunehmen. So kam als Ort für diese Sommerschule nur Georgien infrage.

Konsequenzen für die Sommerschule

In dieser schwierigen, hoch komplizierten und emotional geprägten zwischenstaatlichen Konstellation ist die gegenseitige Begegnung der aserbaidschanischen, georgischen und armenischen Schülerinnen und Schüler Ausgangspunkt aller didaktischen Überlegungen in der pädagogischen Planung der Sommerschule. Die Sommerschule bot den Teilnehmern aus Aserbaidschan und Armenien die einmalige Möglichkeit, sich trotz der Krisensituation in der Region zu begegnen. Die trinationale Zimmereinteilung wie auch die konsequent trinationale Einteilung aller Gruppen beförderte das gemeinsame Kennenlernen tatsächlich schnell – bereits nach wenigen Tagen waren Sprachhürden und Ländergrenzen überwunden. Die gemeinsame Verständigungssprache der Schüler war dabei Deutsch, was auch dem Umstand geschuldet war, dass die georgischen Schüler in der Schule Deutsch und Englisch, die aserbaidschanischen und armenischen Schüler hingegen Russisch und Deutsch lernen.

Südkaukasus

Unter der geografischen Bezeichnung *Südkaukasus* werden die drei Länder Georgien, Armenien und Aserbaidschan zusammengefasst.

Der *Südkaukasus* ist zwar nicht besonders groß (186.100 km² Fläche; im Vergleich: Deutschland 357.168 km²), aber mit 15 Millionen Einwohnern im weltweiten Vergleich relativ dicht besiedelt.

Die Bevölkerung ist ethnisch unterschiedlichsten Volksgruppen zugehörig (neben Armeniern, Aserbaidschanern und Georgiern zum Beispiel auch Mingrelen, Lasen, Lesgier, Osseten und Kurden). So wie die Bevölkerung ist auch die physische Topografie äußerst vielgestaltig, auf geografisch engem Raum sind beinahe alle Klimazonen der Welt zu finden, darunter Steppen, Hochgebirge, Regen- und Mischwälder.

Methodische Vorüberlegungen für eine transkaukasische Sommerschule

Der Ansatz des integrierten Sprachen- und Sachfachlernens (CLIL, vgl. hierzu auch den Beitrag von Ernst Endt in diesem Heft) bildete die methodische Basis für unsere Sommerschule. Dieser Ansatz versucht, unter Verwendung einer Fremdsprache die Inhalte eines Sachfaches zu unterrichten, und bemüht sich damit zugleich um die Vermittlung von Fachwissen und Sprachwissen. Als fachlichen Bezugspunkt dabei die Umwelt aufzugreifen liegt im offensichtlichen Gegensatz zwischen der kaukasischen Umweltliebe und der tatsächlichen eklatanten Umweltverschmutzung des Kaukasus begründet. Mit dem Ziel, das Umweltbewusstsein der Schüler zu fördern, wurden seit 2013 unterschiedlichste Umweltprojekte mit georgischen Partnerschulen durchgeführt. Zentral war bei allen Projekten, dass die Begegnung unmittelbar erfolgen sollte. So wurden als

Lernumgebungen authentische Orte in der freien Natur, zum Beispiel Nationalparks und botanische Gärten, gewählt.

Auch die Sommerschule war mit ihrer Lage direkt am Waldesrand geradezu ideal für umweltpädagogische Aktivitäten. Die unmittelbare Begegnung mit den Lerninhalten erleichterte die fachliche Vermittlung trotz mancher Sprachhürden erheblich. Zudem wurde die Lernerautonomie konsequent gefördert, die eigenständige Arbeit in Kleingruppen erhöhte die Motivation der Schülerinnen und Schüler enorm. Die Teilnehmer auch mit fachspezifischen Sprechhandlungen auszustatten und wichtige Vokabeln zu erläutern war Ziel des begleitenden Deutschunterrichts, welcher binnendifferenziert in drei Gruppen am Vormittag stattfand.

Orientierung am Konzept der Gestaltungspädagogik

Im Rahmen des Konzepts der „Grünen Pädagogik" orientieren sich die pädagogischen Konzepte der Hochschule für Agrar- und Umweltpädagogik an den Leitlinien und Prinzipien der Bildung für nachhaltige Entwicklung. Dabei ist die Auseinandersetzung mit Fragen des Umweltschutzes und der Ressourcenschonung eingebettet in ein Gesamtprogramm. Dieses umfasst Aspekte und Fragen der sozialen Gerechtigkeit, der Ressourcenschonung und der wirtschaftlichen Nachhaltigkeit.

Das Programm

Die große Heterogenität der Teilnehmenden erforderte einen klaren organisatorischen Rahmen. Jeder Tag hatte einen spezifischen Umweltschwerpunkt und begann mit einer gemeinsamen Einführung in das Thema. Die Arbeit erfolgte in Kleingruppen, dabei wurden drei unterschiedliche Zugänge gewählt:

- Lernen durch Entdecken und Forschen, z. B. Analyse der Wasserqualität eines Baches anhand von Kleinstlebewesen oder handwerkliche Aufgaben wie der Bau eines Insektenhotels oder das Pflanzen von Obstbäumen.
- Kunsttherapie, z. B. wurde bei der Erstellung eines Naturkunstwerks eine persönliche, kreative Auseinandersetzung angeboten, die das Lernen mit allen Sinnen ermöglichte.
- Den Abschluss bildete eine gemeinsame Aktion aller Kleingruppen, bei der die Themen des Tages reflektiert und in Form eines Leporellos aufgearbeitet wurden.

Durch diese methodische Vielfalt konnten sich die Jugendlichen in unterschiedlicher Weise einbringen, der Wechsel zwischen unterschiedlichen Tätigkeiten trug auch maßgeblich zur aktiven Anwendung der deutschen Sprache bei. Bei den praktischen Übungen redeten auch Jugendliche mit, die es im Lehrsaal kaum wagten, sich zu Wort zu melden.

„Gestaltungskompetenzen für eine nachhaltige Entwicklung"

Der Erziehungswissenschaftler Gerhard de Haan (Freie Universität Berlin) hat mit dem Konzept der Gestaltungskompetenzen die Zielsetzungen der Bildung für nachhaltige Entwicklung definiert. Gestaltungskompetenz will die Lernenden dazu befähigen, die Welt zukunftsgerecht zu gestalten.

Zu den dafür erforderlichen Teilkompetenzen zählt die Fähigkeit, interdisziplinär und weltoffen zu denken, Vorstellungen von Gerechtigkeit als Grundlage eigenen Handelns zu entwickeln, Risiken und Gefahren erkennen oder gemeinsam planen und entscheiden zu können (Programm Transfer-21 der Freien Universität Berlin: **www.transfer-21.de**).

Die Kompetenz zu kooperieren, d. h. gemeinsame Lösungen auch bei unterschiedlichen Interessenlagen zu finden sowie mit Widersprüchen umzugehen, rückt damit ins Zentrum der Bildung für nachhaltige Entwicklung.

Der Ablauf

Am Beginn standen positive Naturzugänge unter dem Thema „Vielfalt und Nutzen". Hier wurde einerseits der Kaukasus als eine Region außerordentlich großer natürlicher Vielfalt vorgestellt, andererseits die historische Nutzung insbesondere durch Obstanbau thematisiert. Der zweite Tag stand unter dem Motto „Vielfalt der Wahrnehmungen". Der Blick richtete sich von der äußeren Natur auf die individuellen, persönlichen Zugänge, die der eigenen Wahrnehmung: Der Geruch von Wildkräutern oder die Herstellung von Musikinstrumenten aus Naturmaterialien waren hierfür Themen.

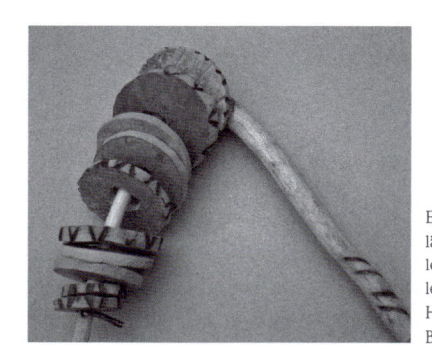

Ein Musikinstrument lässt sich mit Fantasie leicht selbst herstellen, z. B. wie hier aus Holzscheiben. Foto: Beate Müller-Karpe.

Mit diesem selbst gebauten Musikinstrument lassen sich erstaunliche Geräusche hervorzaubern.

Diese Tage waren Grundlage und Motivation für die Auseinandersetzung mit konkreten Umweltfragen, etwa der Abfallproblematik oder der Gewässerreinhaltung. Den Abschluss bildete schließlich ein *Land Art Projekt*, bei dem die Kinder und Jugendlichen aus vergänglichen Naturmaterialien ein gemeinsames Kunstwerk gestalteten. An einem Wunschbaum – gemäß einem in der Region verbreiteten Brauch – konnten sie schließlich ihre Wünsche an die Zukunft in Form von bunten Spruchbändern hinterlassen.

> **Ein Textbeispiel:**
>
> Wasser wird nicht nur im Haushalt gebraucht: Wir benötigen Wasser z. B. auch zur Produktion von Nahrungsmitteln oder zur Gewinnung von Energie. Der größte Verbraucher an Wasser weltweit ist die Landwirtschaft. In Regionen mit viel Regen ist das kein Problem, aber in Trockengebieten schon. Die Kaffeebohnen, die für eine Tasse Kaffee notwendig sind, brauchen 140 Liter Wasser! Für die Produktion eines T-Shirts sind sogar 15.000 Liter nötig. (Eigentext)

Konkrete Beispiele aus der Praxis:

I Das Wasser und ich – eine Lernsequenz in drei Phasen

A Einführung

Zu Beginn werden den Schülern Texte zum Thema der Lernsequenz – Wasser – gegeben. Wasser wird darin als lebensnotwendiges, aber knappes Gut vorgestellt. Daneben werden die Ursachen für den Wasserverbrauch angesprochen.

Bedingt durch die große Heterogenität der Schülerinnen und Schüler erfolgt die Textarbeit binnendifferenziert – die Inhalte wurden vorab in verschiedenen Sprachniveaus aufbereitet und werden je nach Schwierigkeitsgrad in unterschiedlichen Kleingruppen bearbeitet. Dabei werden die Schülerinnen und Schüler angehalten, die Textinhalte zu diskutieren und ihre Diskussionsergebnisse der gesamten Lerngruppe vorzustellen. Dadurch soll zum einen das Fachvokabular (Verbrauch, Bilanz, Fußabdruck, Trinkwasser, Abwasser, Fluss, Bach) erarbeitet, zum anderen aber auch das Interesse der Schülerinnen und Schüler geweckt werden.

Mindmapping – Was fällt dir zum Thema „Wasser" ein?

B Persönlicher Bezug durch Naturerlebnisse

Um eine persönliche Begegnung und eine Konkretisierung der Lerninhalte zu ermöglichen, wird nach Begründung der globalen Dimension (Wasserverbrauch weltweit) nun ein realer Lernort aufgesucht – ein Bach in der Nähe des Sommerschulgeländes. Aufgabe ist es, die im Bach lebenden Wassertiere zu finden, um mittels dieser die Wasserqualität des Baches zu bestimmen. Die Schülerinnen und Schüler sollen dabei einen persönlichen, emotionalen Bezug zum Lebensraum Wasser erfahren. Die hierfür notwendigen Materialien sind: flache Kunststoffwannen in der Größe eines kleinen Papierblattes und für jede Schülerin und jeden Schüler ein Pinsel, eine Lupe sowie ein Blatt mit Abbildungen verbreiteter Wasserlebewesen, welches zum Beispiel als Kopie aus einem Schulbuch entnommen werden kann.

Die Schülerinnen und Schüler entnehmen Steine aus dem Gewässer und geben sie in die vorab mit Wasser gefüllte Wanne. Mit dem Pinsel entfernen sie den Schmutz von den Steinen. Nach kurzer Zeit sind zahlreiche Lebewesen wie Eintagsfliegen, Köcherfliegen oder Bachflohkrebse sichtbar. Die genaue Bestimmung der Tiere steht dabei nicht im Vordergrund; Tier- und Pflanzenbezeichnungen werden stattdessen spielerisch erarbeitet. Eine Beispielaussage eines Schülers: „Das ist ein Wasserskorpion. Man erkennt den langen Stachel. Es ist aber kein Skorpion, sondern ein Insekt. Es ist leicht zu erkennen an seinen sechs Beinen." Die Jugendlichen sind dabei angehalten, sich die Vokabeln zu notieren und kleine Zeichnungen der gefundenen Tierchen anzufertigen. Vielfach übersetzen sie auch selbstständig die Begriffe in ihre Muttersprache zurück (etwa mittels Recherche am Smartphone), da ihnen die Namen der Tiere in ihrer eigenen Sprache bisher nicht bekannt waren.

C Reflexion

In Arbeitsgruppen werden Maßnahmen erarbeitet, wie der Lebensraum für die gerade beobachteten Tiere geschützt und Wasser als Lebensmittel bewahrt werden kann. Hierzu werden Plakate gestaltet, für deren individuelle Gestaltung viel Platz eingeräumt wird. Somit wird ein konzentrierter Abschluss ermöglicht, der auch Jugendliche mit einem geringeren Wortschatz gut einbindet.

Dauer der Lernsequenz: vier Zeitstunden.

Beim Zirkusabend werden die Tücher geschwungen.

II Anleitung zur Herstellung eines Insektenhotels

Die Teilnehmer sammeln leere Kunststoffbecher (z. B. Joghurtbecher) sowie trockene Schilf- und Grashalme. Die Becher werden gereinigt, die Halme werden zu Bündeln zusammengeschnürt und auf die Länge des Bechers zugeschnitten. In den Boden des Bechers wird etwa 2 cm Ton gegeben, anschließend wird ein Bündel Halme in den Becher gepresst. Abschließend wird der Becher an einer Schnur aufgehängt und das Insektenhotel an einem geschützten, aber frei zugänglichen Platz montiert.

Dieses Insektenhotel ist nicht aus einem Joghurtbecher gefertigt, es ist etwa 15 x 15 cm groß und in Deutschland z. B. in Zoohandlungen erhältlich. Foto: Beate Widlok

Insektenhotel aus Joghurtbechern.

Besucht werden diese Hotels vor allem von Nützlingen, also Insekten, die sich von pflanzenschädigenden Insekten ernähren. Ihre Ansiedlung ist somit auch eine Maßnahme des biologischen Pflanzenschutzes. Ob ein Hotel tatsächlich besiedelt ist, lässt sich leicht erkennen – die Halmöffnungen sind verschlossen.

Die Kommentare der Jugendlichen waren am Beginn skeptisch bis ablehnend: „Wespen sind gefährlich, wir wollen nicht gestochen werden." „Insekten sind doch schädlich." Doch die Meinungen änderten sich schnell. An ihre Stelle trat Neugier: „Sehen Sie, da hat sich was verändert, bitte schnell!" „Ich habe einen Käfer gefangen, darf ich ihn in mein Hotel bringen?" „Da sind ja auch Vögel, die fressen die Insekten. Sollen wir nicht ein Netz darüber tun?"

Herausforderungen

Die größte Herausforderung stellte der einfühlsame Umgang mit den Erfahrungen der Lernenden und mit ihrem kulturellen Umfeld dar. Dank eines umfassenden zweitägigen Briefings über die aktuellen gesellschaftlichen und politischen Entwicklungen der Region war das Team vorab sehr gut vorbereitet worden.

Die Heterogenität der Sprachkompetenzen sowie die unterschiedliche Altersstruktur waren dagegen kein Problem, sie waren eher hilfreich für die Kommunikation: Über die kulturellen Grenzen hinweg haben die Älteren den Jüngeren geholfen oder Gleichaltrige gemeinsam gearbeitet.

Fazit

Die Kombination aus Sprachunterricht und der praktischen Arbeit an konkreten Umweltthemen hat sich auch aus der Perspektive der Entwicklung der Sprachkompetenzen sehr bewährt. Dabei ist aber auch eine möglichst enge Verknüpfung – etwa durch die Reflexion der Praxis im Sprachunterricht oder durch die Vorbereitung des Projektthemas im Sprachunterricht – notwendig.

Mit Naturmaterialien bedrucken Kinder Stofftaschen.

Plastikflaschen recycelt: Unsere Kresse ist aufgegangen!

- Der vielfältige Methodenwechsel war den Teilnehmerinnen und Teilnehmern nicht vertraut. Nach einer anfänglichen Phase der Unsicherheit war die Begeisterung jedoch groß. Es ist gelungen, einen Spannungsbogen aufzubauen, Neugierde zu wecken – der weltoffene Aufbau neuen Wissens gelang.
- Die Herstellung von Verbindungen zum Alltagshandeln konnte insbesondere im Bereich Abfall beobachtet werden: Immer wieder wurden wir gefragt, wie Speisereste oder Verpackungen entsorgt werden können. Die Kinder und Jugendlichen ermutigten sich auch gegenseitig, aktiv zu werden.
- Die Lernerinnen und Lerner waren nach wenigen Tagen in der Lage, über Ländergrenzen hinweg zu kooperieren. Gegenseitige Wertschätzung ließ sich an vielen einzelnen Handlungen wie Höflichkeitsgesten, Rücksichtnahme, konkreten Hilfeleistungen bei Aufgaben festmachen.

Um die nationalen „Schranken im Kopf" zu überwinden, verlangt es ein gemeinsames, verbindendes Thema. Umweltfragen verknüpfen die globale Dimension mit lokalen Handlungsmöglichkeiten und eignen sich daher besonders gut hierfür. Von großer Bedeutung ist es, dass den Jugendlichen auch eine Vielfalt unterschiedlichster Zugänge angeboten wird. Ohne oftmaligen Perspektivwechsel – Umweltfragen wurden aus sozialer, naturwissenschaftlicher und kreativer Perspektive betrachtet – besteht das Risiko, in Unterschieden zu verharren – anstatt gemeinsame Erlebnisse und gemeinsame Sichtweisen zu suchen.

In Erinnerung bleiben viele berührende Momente. Die Neugierde der Jugendlichen, die jeden Tag nachschauten, ob denn schon Insekten in die von ihnen gebauten Insektenhotels eingezogen waren, die Sorgfalt, mit der viele am Ende jedes Tages ihre Leporello-Seite gestalteten, die 15-jährige Jugendliche, die im Wald staunend stehen blieb und sagte: „Es ist so schön hier, das kenne ich nur aus Filmen."

Sachfachunterricht

Holger Wendlandt

Wie viel größer ist eine Giraffe als ein Mensch? Mit Themenkarten Wissen und Sprache fördern

Fragt man Kinder nach ihren Lieblingstieren, so stehen Hund und Katze ganz oben auf der Beliebtheitsliste. Dann werden aber auch schnell „exotische" Tiere genannt, wie Löwe, Elefant, Affe oder Delfin. Die kennt man vorwiegend aus Büchern, Zeitschriften oder Filmen. Manche Tiere sind sogar „berühmt": Der Elefant Benjamin Blümchen, der Löwenkönig Simba oder die Giraffe Melman (Film: Madagaskar). Zootiere sind beliebt und interessant.

Das Wissen über solche Tiere ist jedoch meist nicht sehr tief. „Eine Giraffe ist ziemlich groß und frisst Blätter." – Das weiß jeder. Aber: Wie viel größer als ein Mensch ist eine Giraffe? Oder: Wie greift eine Giraffe die Blätter, die sie frisst? Solche Fragen fordern zum Nachdenken, Nachforschen und Entdecken auf. Aus dem vermeintlich „bekannten" Tier wird dadurch ein „besonderes" Tier mit sehr speziellen Eigenschaften.

Wie kann man im Unterricht die Interessen der Schülerinnen aufgreifen und gleichzeitig deren Kenntnisse erweitern und vertiefen? Das ist keine leichte Aufgabe, weil parallel auch noch die Sprache gelehrt und gelernt werden muss. Als methodisches Hilfsmittel werden in diesem Beitrag Themenkarten für „Zootiere" vorgestellt. Sie verbinden Sprach- und Sachlernen auf verschiedenen Niveaustufen.

Die Themenkarten „Giraffe" und „Löwe" zeigen beispielhaft den Aufbau der Karten (für ungarische Lerner). Am Anfang steht immer ein Sachtext über das Tier, verbunden mit einem Bild. Auf der Rückseite gibt es Aussagen bzw. Fragen sowie einen Steckbrief mit weiteren Daten. (Hinweis: Die Blätter im A4-Format werden in der Mitte gefaltet, sodass ein A5-Blatt mit Vorder- und Rückseite entsteht.)

Die Themenkarten bieten durchgängig zwei Aufgabenformate an. Das Aufgabenformat „Richtig/Falsch" verlangt zunächst nur eine Ja-Nein-Entscheidung. Es fordert nur rezeptive Fähigkeiten und ist dadurch sprachlich einfacher.

Das Aufgabenformat „Beantworte die Fragen" verlangt eine produktive Sprachleistung. Die nötigen Informationen sind entweder direkt dem Text zu entnehmen („Wie lang ist der Hals einer Giraffe?") oder müssen geschlussfolgert werden („Kannst du mit einem Fahrrad eine Giraffe überholen?"). Dazu wird auch Alltags- oder Weltwissen benötigt. Die jeweils letzte Frage („Vergleiche die Größe mit einem Lebewesen oder Gegenstand aus deiner Umgebung") ermöglicht vielfältige und kreative Lösungen. Möglich sind z. B. Skizzen, die das jeweilige Tier mit einem Menschen vergleichen. Hat man eine Tapetenrolle zur Hand, kann man Skizzen in Originalgröße anfertigen lassen – das erhöht auch den Spaßfaktor.

Probieren Sie die Karten einfach einmal in Ihrem Unterricht aus. Weitere Themenkarten sowie grundlegende Gedanken zum Thema „Sach- und Sprachlernen" werden in der folgenden Ausgabe von Frühes Deutsch vorgestellt.

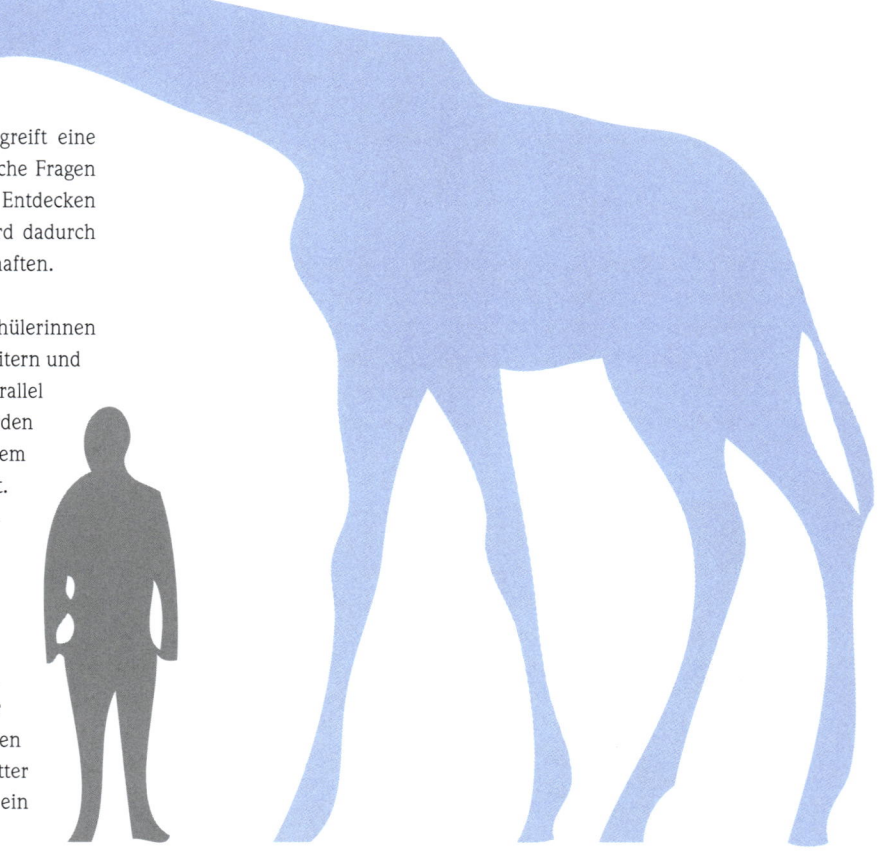

Sachfachunterricht

Die Giraffe lebt in Afrika. Sie wird bis zu 6 Meter hoch. Sie ist das höchste Tier auf der Erde. Der Hals ist ungefähr 2 m lang, hat aber nur sieben Halswirbel. So viele Halswirbel hat auch ein Mensch.

Die Beine der Giraffe sind über 2 m lang. Vorne sind die Beine länger als hinten. Der Schwanz ist ungefähr 1 m lang. Auf dem Kopf hat die Giraffe kleine Hörner.

Die Zunge der Giraffe ist blau und fast einen halben Meter lang. Mit der Zunge kann sie Blätter greifen.

Giraffen schlafen nur wenig, höchstens 30 Minuten pro Tag. Eine Giraffe bringt ihre Babys im Stehen zur Welt. Die Babys wiegen bei der Geburt ca. 60 kg.

---

der Halswirbel: nyakcsigolya[1]
der Schwanz, die Schwänze: farok
das Horn, die Hörner: szarv
greifen: megragad, megfog
die Geburt, -en: születés

Richtig oder falsch?

- Es gibt höhere Tiere als die Giraffe.
- Eine Giraffe hat so viele Halswirbel wie ein Mensch.
- Alle Beine der Giraffe sind gleich lang.
- Der Schwanz ist so lang wie die Beine.
- Giraffen schlafen sehr viel.

Beantworte die Fragen:

a) Wie lang ist der Hals einer Giraffe? Wie lang ist der Hals eines Menschen?
b) Wie viele Stunden schläft die Giraffe in einer Woche?
c) Vergleiche die Zunge einer Giraffe mit deiner Zunge.
d) Vergleiche das Gewicht eines Giraffenbabys mit dem Gewicht eines Menschenbabys.
e) Vergleiche die Größe einer Giraffe mit einem Lebewesen oder einem Gegenstand aus deiner Umgebung.

Steckbrief

Höhe:	m: 4,50–5,50 m | w: 3,90–4,50 m
Gewicht	m: 800–1.900 kg | w: 500–1.200 kg
Alter:	bis 25 Jahre
Geschwindigkeit:	bis 60 km/h
Nahrung:	Blätter, Gräser
Junge pro Wurf:	1 (selten 2)
Geburtsgewicht:	50–70 kg
Lebensraum:	Ost- und Südafrika

---

[1] Dies ist die ungarische Übersetzung. Die Übersetzungen einzelner Fachbegriffe oder schwieriger Wörter müssen in der jeweiligen Muttersprache eingefügt werden.

Sachfachunterricht

Die Löwen leben in Rudeln. In einem Rudel leben ca. 10 Weibchen, die Jungtiere und noch 2 oder 3 erwachsene Männchen.

Eine Löwin bringt meistens 2 bis 4 Junge zur Welt. Die ersten 6 Wochen trägt die Löwin ihre Jungen von Höhle zu Höhle. Nach 2 oder 3 Jahren müssen sich die männlichen Löwen ein eigenes Rudel suchen.

Löwen schlafen ca. 20 Stunden am Tag. Die Löwen jagen in der Nacht. Wenn ein Löwe z. B. ein Zebra erbeutet hat, dann ruft er die anderen Tiere des Rudels. Er kann so laut brüllen, dass man es bis zu 8 km weit hört.

Ein erwachsener Löwe braucht 7 bis 10 kg Fleisch pro Tag. Eine Löwin braucht 5 bis 8 kg pro Tag.

---

das Rudel, -: falka
das Weibchen, -: nőstény (állat)
das Männchen, -: hím (állat)
die Höhle, -en: barlang
jagen: vadászik
erbeuten: zsákmányol

Foto: colourbox.com

Richtig oder falsch?
Löwen leben meistens allein.
In einem Rudel gibt es mehr Löwinnen als Löwen.
Die meiste Zeit schläft ein Löwe.
Ein Löwe brüllt so laut, dass man es mehr als 1.000 m entfernt hören kann.
Eine Löwin braucht mehr Fleisch als ein Löwe.

Beantworte die Fragen:
Wie viele Tage trägt die Löwin ihre Jungen von Höhle zu Höhle?
Aus wie vielen Tieren besteht ein Rudel?
Wie viele Stunden am Tag sind die Tiere aktiv?
Wie viel kg Fleisch braucht ein Rudel pro Tag?
Vergleiche die Größe eines Löwen mit einem Lebewesen oder einem Gegenstand aus deiner Umgebung.

STECKBRIEF

Länge:	m: 1,70 bis 1,90 m | w: 1,20 bis 1,75 m
Gewicht:	m: 150–250 kg | w: 120–180 kg
Alter:	15 bis 20 Jahre
Geschwindigkeit:	bis 65 km/h
Nahrung:	Zebras, Antilopen, Giraffen
Junge pro Wurf:	2–4 (selten bis 7)
Geburtsgewicht:	1,5 kg
Lebensraum:	Afrika und Indien

Roma Schultz

Inspiration Landkarte – Geografie erfahrbar machen

Reisen – Verreisen – Urlaubsreise – Urlaubsort – Ortskenntnisse – Landeskunde – Landkarte

Beim Thema Reisen einen Blick auf die Landkarte zu werfen, ist eigentlich keine große Sache. Aber schauen wir wirklich noch auf Karten oder verlassen wir uns allzu oft auf Navigationssysteme?

Vorstellungskraft, Orientierungsvermögen und das Einschätzen von Entfernungen und Zeiten, wenn man sich von A nach B bewegen möchte, sind wichtige, in manchen Fällen sogar überlebenswichtige Fähigkeiten. Kein Navigationssystem kann sie ersetzen. Aber Eltern nutzen heute überwiegend GPS, um Zeit zu sparen. In den seltensten Fällen schauen sie gemeinsam mit ihren Kindern auf eine Landkarte. Der Anteil der Kartenarbeit ist auch im Fach Geografie gering und in manchen Ländern ist Geografie gar ein Wahlfach. Hier kann der Sprachunterricht ansetzen, dabei wertvolle, anderswo vernachlässigte Fertigkeiten vermitteln und den Spaß am Arbeiten mit Landkarten ins Klassenzimmer holen. Drei Beispiele für Landeskunde vertiefende Übungen sollen hier vorgestellt werden.

Beispiel 1: Städtenamen-Rallye

Das Spiel kann als Ausspracheübung und zum Erweitern des Wortschatzes genutzt werden und fördert zudem das interkulturelle Wissen und die geografischen Kenntnisse über das Zielland. Es bietet sich an, das Spiel im Vorfeld von international bekannten Veranstaltungen durchzuführen, z. B. im Zusammenhang mit einer Fußballweltmeisterschaft (Austragungsorte), einem Umweltprojekt (Landschaften in Deutschland) oder einem Geschichtsprojekt (UNESCO-Weltkulturerbe-Orte).

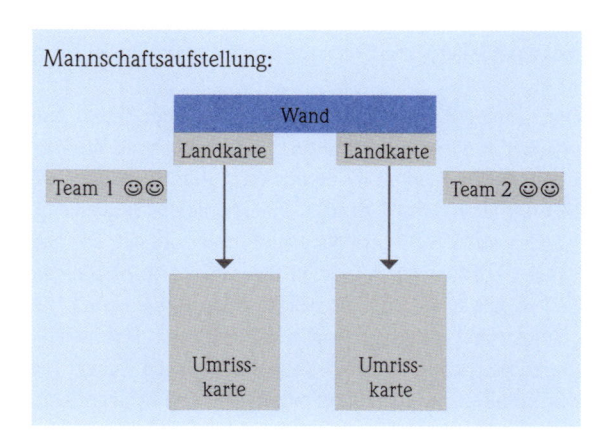

In der unteren Spielbeschreibung wurden elf Städte gewählt, die die Deutsche Zentrale für Tourismus (DZT) auf ihrer Website als die „Elf magischen Städte Deutschlands" bezeichnet. Da zu jeder Stadt auch ein Video online verfügbar ist, kann man nach diesem Spiel zum Einordnen der Orte in die Landkarte visuell weiterarbeiten.

Es werden zwei Landkarten und zwei Umrisskarten von Deutschland benötigt. Außerdem müssen zwei identische Sätze von Kärtchen mit Städtenamen bereitliegen. Die Anzahl der Teams, Landkarten und Kärtchen kann erhöht werden, je nachdem, wie viele Schüler beteiligt werden sollen.

In Vorbereitung auf den Wettbewerb suchen die Schüler die Städte auf der Landkarte auf und erhalten dabei Hilfestellungen, wie z. B. „Augsburg liegt im Süden im Bundesland Bayern nicht weit von München", „Frankfurt/Main liegt im Westen Deutschlands, im Rhein-Main-Gebiet" …, sodass die Städte zunächst einmal lokalisiert sind und Wortschatz zur Lagebeschreibung eingeführt ist. Diese Angaben können beim Spiel später auch als „Spicker" für das Finden der Städte neben den Karten bereitgestellt werden. Die Mannschaften dürfen die Angaben nutzen, falls jemand vergessen hat, wo der jeweilige Ort liegt.

Landkarten hängen an der Wand. Die Umrisse liegen auf dem Boden in einiger Entfernung und zeigen Deutschland mit der Hauptstadt und den Grenzen der Bundesländer. Die Schüler/-innen stellen sich in Teams auf. Die ersten beiden Kinder jeder Mannschaft erhalten den Namen einer Stadt in Deutschland. Ihre Aufgabe ist es, diese Stadt auf der Landkarte zu suchen. Sie rennen dann zum leeren Umriss. Das Kärtchen mit dem Stadtnamen wird dort abgelegt, wo die Stadt sein sollte. Nachdem die ersten Karten auf der Umrisskarte abgelegt wurden, rennen die Schüler zurück und die nachfolgende Person versucht, die nächste Stadt einzuordnen. Die Reihenfolge der Kärtchen kann gemischt sein, sodass zum Beispiel Mannschaft 1 zuerst Berlin sucht und Mannschaft 2 zuerst Köln. Am Ende muss jede Mannschaft elf Städte finden. Für Schnelligkeit gibt es einige Punkte, aber auch für Korrektheit. Preisrichter sollten gemeinsam bewerten und Punkte festlegen. Wenn z. B. eine Stadt zu weit weg vom tatsächlichen Ort platziert wurde, kann ein Punkt abgezogen werden. Das Spiel kann wiederholt werden, und dabei sollten sich die Durchlaufzeiten verringern, denn der Merkeffekt sollte sich verstärken.

Spicker

Stadt	Lage
Hamburg	ist die größte norddeutsche Stadt. Sie liegt am Fluss Elbe.
Berlin	liegt im Nordosten Deutschlands. Es ist die größte Stadt Deutschlands.
Düsseldorf	liegt im Westen Deutschlands. Es gibt viele große Städte in der Nähe. Das Gebiet heißt Rheinland.
Dresden	ist eine Stadt in Sachsen. Sie liegt im Osten nahe der Grenze zur Tschechischen Republik.
Hannover	liegt ungefähr in der Mitte Deutschlands, exakt westlich von Berlin.
Nürnberg	liegt in Bayern, ca. 170 km nördlich von München.
Leipzig	liegt in Sachsen, ca. 100 km nordwestlich von Dresden.
München	ist die größte Stadt in Bayern und befindet sich im Süden von Deutschland.
Frankfurt/M.	liegt in Hessen und befindet sich leicht südwestlich vom Mittelpunkt Deutschlands.
Stuttgart	befindet sich im Südwesten Deutschlands, ungefähr 220 km nordwestlich von München.
Köln	ist eine Stadt im Westen Deutschlands, im Ruhrgebiet. Sie liegt zwischen Düsseldorf und Bonn.

Beispiel 2: Schatzkarte

Mit dem Spiel Schatzkarte lassen sich Lagebeschreibungen hervorragend vertiefen. Orte in Deutschland erhalten einen Platz auf der Landkarte wie auch in der Gedächtnislandschaft. Voraussetzung für das Spiel ist, dass der Imperativ im Kontext von Arbeitsanweisungen wie „nimm", „benutze", „beachte" oder „finde" den Schülern und Schülerinnen bekannt ist.

Für diese Aufgabe benötigen die Schülerteams neben einer Deutschlandkarte ein Lineal und müssen Kilometerangaben in cm kennen. Die Aufgabenstellung könnte so aussehen: *Schau auf die Schatzkarte. Miss die Entfernungen und suche die Städte. Beachte den Maßstab. Fülle die Leerzeichen unten mit den benannten Buchstaben der Städte. Die Lösung sagt dir, wo du deinen Schatz finden kannst.*

- *Zu Beginn bist du in der Hauptstadt Deutschlands. Du brauchst die Buchstaben fünf und sechs dieser Stadt.*
- *Fahre ca. 200 km nach Süden. Die Stadt liegt in Sachsen und endet mit n. Du brauchst die Buchstaben eins und drei.*
- *Fahre ca. 300 km nach Südwesten. Die Stadt liegt in Bayern und beginnt mit N. Der letzte Buchstabe ist ein g. Du brauchst den Buchstaben drei.*
- *Fahre ca. 80 km nach Westen. Die Stadt endet auf -burg. Du brauchst die Buchstaben eins, zwei, drei, fünf und sechs.*
- *Fahre ca. 100 km südwestlich. Die Stadt liegt in Baden-Württemberg, beginnt mit S und endet auf t. Du brauchst die Buchstaben zwei und sieben.*
- *Fahre ca. 200 km nach Südosten. Diese bayrische Stadt ist sehr groß und beginnt mit M. Du brauchst die Buchstaben vier, fünf und sechs.*

__ __ __ __ __ __ __ __ __ __ __ S __ __ __ __

Der Schatz wartet dort auf dich. Hole ihn dir.

Die Lösung „in der roten Tasche" setzt voraus, dass die Lehrerin oder der Lehrer eine rote Tasche im Klassenzimmer oder vor der Tür deponiert hat. Schüler/-innen können ihren „Schatz" dort abholen, wenn sie das Rätsel gelöst haben.

Danach könnte man mit einem Wettbewerb zum Schätzen von Entfernungen fortsetzen (Zahlen- und Denktraining) oder die Schüler/-innen fragen, welcher Ortsname auf der Deutschlandkarte ihnen am besten gefällt und warum. Sie könnten einen eigenen Ortsnamen erfinden und begründen, warum sie ihn gewählt haben. Bedeutungen von Namen wie „Regensburg" oder „Königssee" könnten zu Beginn dieser Kreativaufgabe erklärt werden. Vergleiche zu Städtenamen des eigenen Landes sind erwünscht.

Beispiel 3: Ich bin eine Stadt

Mit diesem Spiel können Kinder Zahlen üben, vertiefen, wie man Vergleiche ausdrückt, oder lernen, wie man im Team agiert. Zunächst werden Teams von sechs bis acht Schülern/Schülerinnen gebildet. Die Teams erhalten jeweils einen Satz Karten mit deutschen Städtenamen.

Zur Vorbereitung ziehen die Kinder ihre Stadt aus dem Kartensatz. Auf der Karte fehlen aber noch einige Angaben.

Die Schüler/-innen müssen die Merkmale einer Tabelle entnehmen und ihre Spielkarte vorbereiten, indem sie die Zahlen eintragen. Merkmale sind in diesem Fall: Höhe über dem Meeresspiegel, Einwohnerzahl, Bundesland und Postleitzahl. Ist alles vorbereitet, wird die erste Aufgabe gestellt. Die Lernenden müssen sich so schnell wie möglich in bestimmter Reihenfolge aufstellen. Zum Beispiel sagt der/die Lehrer/-in: „Ordnet euch nach der Einwohnerzahl." Die Mannschaft, die zuerst richtig geordnet steht, erhält einen Punkt. Die Schüler/-innen werden dabei angehalten, ihre Zahlen jeweils auf Deutsch zu nennen und in der Gruppe auszuhandeln, wer wo stehen muss. Teambuilding ist eben auch ein gewünschter Nebeneffekt.

Danach wird eine andere „Ordnungsform" verlangt. Beim Bundesland oder Stadtnamen geht es einfach um die alphabetische Ordnung. Die letzte Aufgabe könnte darin bestehen, dass die Schüler/-innen ihre Stadt an der richtigen Stelle in einer Landkarte ablegen, also zeigen, dass sie gelernt haben, wo sich die Stadt geografisch befindet.

Dieses Teamspiel erinnert an Kartenspiele, bei denen Kinder bestimmte Merkmale ihrer Autos, Dinosaurier oder magischer Figuren vergleichen. Im Unterschied dazu kann aber niemand der alleinige Verlierer sein.

Nürnberg	
Einwohner	
Höhe über dem Meer	
Postleitzahl im Stadtzentrum	
Bundesland	

Was die Schüler/-innen beim Heraussuchen der Angaben sehen oder lernen könnten, ist die Zunahme an Höhe, je weiter man sich vom Meer oder von großen Seen weg und auf Gebirge zubewegt, welche Städte welche Einwohnerzahlen haben und wie sich das mit Städten ihres eigenen Landes vergleichen lässt (z. B. könnte man erkennen, dass Deutschland nur vier Millionenstädte hat). Außerdem könnte man feststellen, dass z. B. deutsche Postleitzahlen fünfstellig sind und keine Buchstaben enthalten, oder man kommt ins Gespräch über die 16 Bundesländer, die manchmal auch Städte sind. Eine Menge Landeswissen, das bei der Vorbereitung ins Unterrichtsgespräch einfließen kann.

Vollständige Karten könnten so aussehen:

Nürnberg	
Einwohner	circa 510.000
Höhe über dem Meer	309 m
Postleitzahl im Stadtzentrum	90403
Bundesland	Bayern

Was Schüler zu ihren Angaben sagen könnten:
Nürnberg hat circa 510.000 Einwohner.
Nürnberg liegt circa 309 Meter über dem Meer.
Die Postleitzahl von Nürnberg ist 90403.

Nürnberg liegt in Bayern.

Falls mit dem Thema Vergleiche auch sprachlich weitergearbeitet werden soll, sind die Karten die beste Voraussetzung, um Begriffe wie „höher", „größer", „kleiner", „südlicher" o. Ä. anzuwenden.

Städte im Vergleich

Stadt	Einwohnerzahl	Höhe über dem Meer	Postleitzahl im Stadtzentrum
Hamburg	1,8 Millionen	6 m	20095
Berlin	3,5 Millionen	115 m	10178
Düsseldorf	588.000	38 m	40213
Dresden	523.000	113 m	01067
Hannover	522.000	56 m	30159
Nürnberg	506.000	309 m	90403
Leipzig	523.000	113 m	04109
München	1,6 Millionen	519 m	81241
Frankfurt/M.	680.000	111 m	60311
Stuttgart	606.000	245 m	70173
Köln	1,1 Millionen	53 m	50667

8 Medien für Kinder

Stephanie Müller

Chancen und Potenziale der Neuen Medien

Mit Medien unsere Kinder fordern und fördern

Landauf, landab werden die Wirkungen des Medieneinsatzes – und damit ist in unserer Zeit vor allem der Einsatz der Neuen Medien gemeint – heiß diskutiert. Allen bekannt sind negative Auswirkungen exzessiven Medienkonsums. Eltern, pädagogischen Fachkräften und Lehrkräften fallen da im Nu die Fälle von Emsdetten im November 2006, von Erfurt oder aus Bad Reichenhall ein. In zahlreichen berichterstattenden und kritischen TV-Sendungen werden immer wieder die Auswirkungen der neuen Mediennutzung ausführlich diskutiert; vor allem dann, wenn wieder ein kriminologisch interessanter Fall stattgefunden hat, der negative Meinungen belegt. Doch bereits hier ist es interessant, wie Medien über Medien berichten; lassen Sie mich Ihnen ein Beispiel aufzeigen:

In einer kritischen und aufklärerischen Fernsehsendung, die im Abendprogramm läuft, wird in einem Beitrag eine 24-jährige alleinerziehende Mutter eines achtjährigen Jungen, der im Hintergrund am PC spielt, interviewt. Rechnen Sie bitte: 24-jährige Mutter eines achtjährigen Jungen ... Der Junge ist übergewichtig und erkennbar sehr in seine PC-Anwendung vertieft. Auf die Frage an die Mutter, wie oft ihr Sohn denn im Schnitt täglich am PC sitze und spiele, antwortet sie: „So in etwa drei bis vier Stunden täglich ..." Muss da noch etwas hinzugefügt werden zu dem, dass sie schildert, wie schwer es für sie sei, mit ihrem Sohn auszukommen?
Interessant ist dann, was als folgender Beitrag gewählt wurde: Ein Kinderarzt wird über die Problematik der Übergewichtig- oder Fettleibigkeit interviewt. In seinen Erläuterungen wird auch benannt, dass die PC-Nutzung die Übergewichtigkeit sehr unterstütze, etc.

Als Medienpädagogin finde ich Beiträge kritischer Natur zum Mediengebrauch sehr wichtig; vor allem, wenn sie sich an die Eltern und nicht mehr nur an die pädagogischen Fachkräfte wenden. Alle, sowohl Eltern, Pädagogen in verschiedenen schulischen und außerschulischen Bildungseinrichtungen als auch Therapeuten und Politiker sind angesprochen. Es darf nicht dabei bleiben, dass „die Gesellschaft" etwas tun muss. „Die Gesellschaft" bleibt anonym und nicht greifbar. Insbesondere Grundschullehrkräfte müssen sich verstärkt an eine konstruktive und aktive Mediennutzung heranwagen. Die (Neuen) Medien bestimmen die Welt unserer Kinder, damit MÜSSEN auch wir arbeiten, lehren, lernen, bilden und erziehen.

Wer hat die Verantwortung für die Mediennutzung?

Medienmeinungen über Medien sind und werden breit diskutiert – viele sind sich darin einig, dass Computer- und Videospiele unsere Kinder aggressiv, gewalttätig, übergewichtig und isoliert machen. Doch ist das eine gerechte Diskussion? Sowohl im Privaten wie in der Schule sind die Neuen Medien präsent, im privaten Raum noch stärker als im Bildungsraum Schule. Und wenn man die seit 1999 jährlich stattfindende Untersuchung KIM zur Mediennutzung von Kindern und JIM zur Mediennutzung von Jugendlichen betrachtet, so wird deutlich, dass Kinder und Jugendliche die Neuen Medien nicht mehr nur zum Spielen und Konsumieren nutzen, sondern inzwischen nutzen 46% der Grundschüler den PC für das Erledigen ihrer Hausaufgaben oder die Vorbereitung schulischer Aufgaben.

Übermäßiger PC-Konsum kann vielleicht „dick und dumm" machen. Mit gezielter Anleitung an den Geräten lernen Kinder nicht nur das Spiel selbst kennen, sondern sie eignen sich Medienkompetenz an.

Medien für Kinder

Warum ist Medienkompetenz ein wichtiges Lernziel?

Kinder, die in die Grundschule kommen, haben schon eine eigene Medienbiografie, die sie in Hinblick auf ihre weitere Lernbiografie prägt. Das bedeutet: Mit welchen Vorerfahrungen, Einstellungen und mit welchem selbst erfahrenen oder vorgelebten Mediengebrauch sie in die Grundschule kommen, entscheidet maßgeblich über ihren weiteren Lernweg. Medienkompetenz ist **vierte Kulturtechnik;** das heißt, neben Lesen, Schreiben und Rechnen ist ein versierter Umgang mit Medien eine wesentliche Technik, um heute im gesellschaftlichen und beruflichen Leben zu bestehen.

> **Tipp**
> Sammeln Sie mit Ihren Kindern Situationen, in denen wir Menschen Medien anwenden können müssen; sie auf verschiedene Weise beherrschen müssen, um ans Ziel zu kommen.
> Das ist ein guter Ausgangspunkt für die Beschäftigung mit dem Thema „Medienarbeit" mit Grundschülern. Kommunikationsmuseen oder Technikmuseen sind dafür eine ergiebige Quelle.

Ein toller Start: der kostenlose Maustrainer von Terzio

Einzelne Kompetenzen als Lehr- und Lernziele:

Medienkompetenz in Unterrichtsinhalte umzusetzen bedeutet Anwendung von Projektideen, wie sie zum Beispiel in diesem Heft vorgestellt werden.

Dabei kennen wir verschiedene Kompetenzen, die Lehrende und Lernende beachten sollten:

- **Medien-Handlungskompetenz**
  Hierbei geht es um das sachgemäße richtige Bedienen von Medien. Das beinhaltet die Bedienung der PC-Maus und anderer Eingabegeräte sowie die korrekte Handhabung aller auf die Bedienung von Medien bezogenen Fertigkeiten.

- **Medienliteralität**
  Kinder lernen, Medienaussagen zu verstehen: Was will uns diese Werbebotschaft sagen, zu welchem Verhalten will sie uns animieren? Was verursacht der bestimmte Bildausschnitt, und warum ist er nicht anders gewählt? Welche (Bild-)Sprache, welche Farben werden für die Botschaften verwendet, und was erzeugt das bei uns? Entsprechen die Abbildungen der Wirklichkeit, oder können wir einen Unterschied zur Realität erkennen – was erzeugt das in uns?

- **Medienkunde**
  Kinder gewinnen einen Ein- und Überblick zur Entwicklung der Medien. Präsentieren Sie heute Grundschülern ein Telefon mit Wählscheibe, so werden nur wenige wissen, wie sie zu handhaben ist. Für unsere Kinder ist es sehr interessant zu erkennen, dass die Welt vor ihnen ganz andere Medien nutzte und dass Medien besonders seit den letzten 30 Jahren einem immensen Wandel unterliegen und mit ihnen sich auch die Welt stets wandeln muss.

- **Mediennutzung**
  Kinder lernen, Medien selbstbestimmt zu nutzen, sich bestimmte Abläufe über die Verwendung von Medien zu erleichtern, etwas zu veranschaulichen oder zu trainieren. Sie lernen, sich nicht durch die Medien ihren Tagesablauf bestimmen zu lassen. (Dies betrifft u.a. das intensive und zum Teil zwanghafte Chatten und Fernsehen.)

- **Mediengestaltung**
  Kinder lernen, dass sie über Medien selbst gestalterisch tätig werden können, und erleben, dass sie, z.B. über einen Beitrag in der regionalen Tageszeitung, eine eigene Schülerzeitung, ein Bilderbuch, einen Kalender, eine eigene Schulpräsenz im Internet Einfluss auf Öffentlichkeit nehmen können.

- **Medienpädagogische Elternarbeit**
  Eltern und Erzieher bzw. Lehrer und Lehrerinnen brauchen Information und Beratung, denn dieser Generation, die nicht mit Medien groß geworden ist, fällt es bisweilen noch schwer, der nachwachsenden Generation mit den neuen medialen Möglichkeiten einen guten Weg aufzuzeigen und Lernmodelle anzubieten. Aber die jetzigen Schüler sind die künftigen Eltern, sie werden ihre Erfahrungen an ihre Kinder weitergeben.

Weitere Förder- und Trainingsressourcen:

- **Symbolverständnis**
  Der Gebrauch von Neuen Medien beruht sehr stark auf einem Symbolverständnis:
  Um eine Datei auszudrucken, müssen kleine Druck*symbole* in der *Symbol*leiste angeklickt werden. Weitere Aktionen werden ausgelöst: Die Daten werden z.B. an den Drucker gesandt und dort ausgedruckt. Alle Programme

mit grafischen Oberflächen werden mit Symbolen bedient, d.h., Kinder müssen lernen, welche komplexen Abläufe und Möglichkeiten sich dahinter verbergen. Unsere Welt funktioniert ebenfalls mit sehr viel Symbolanwendungen: Verkehrsschilder, Hinweise, Farben …, ja auch geschriebene Sprache, also Schriftzeichen, sind Symbole dafür, wie wir die Zunge, den Kehlkopf, den Atem steuern, um bestimmte Lautabfolgen zu erzeugen. So gesehen können also Symbole und ihr Verständnis über Medien trainiert werden.

■ Abstraktion/Vorstellungsvermögen

Um die Neuen Medien zu nutzen, brauchen wir Menschen auch unser Vorstellungsvermögen. Das beginnt im Zusammenhang damit, dass die Funktionsweise Neuer Medien im wahrsten Sinne des Wortes nicht *begriffen* werden kann: Ein reales Regal mit Ordnern und (Datei-)Blättern können wir *begreifen* und somit auch mit den *Begriffen* erlernen. Die Funktionsweise der Neuen Medien bedingt ein eigenes Vorstellungsvermögen darüber, wie dies funktioniert, ohne dass wir es wirklich anfassen können – das ist die technische Seite des Abstraktionsvermögens. Konkret findet es in den Anfängen und im steten Gebrauch statt, da wir z.B. die PC-Maus als konkretes Eingabe- oder Bediengerät nutzen, sie aber indirekt steuern. Das heißt: Bis zur Verwendung der Neuen Medien haben wir immer eine direkte Auge-Hand-Koordination ausgeführt, die uns die Kontrolle von Geschriebenem, Gemaltem, beim Reißen, Kneten, Schneiden ermöglichte. Jetzt ist es so, dass wir uns ein inneres Bild von unserer PC-Maussteuerung machen müssen, wie wir die PC-Maus bedienen wollen, damit wir den gewünschten Effekt am PC erhalten. Dasselbe gilt in der Regel auch für die Tastatur und andere Eingabegeräte.

■ Logik

Neue Medien sind wahre Kausalketten: *„Wenn ich auf die Wolke klicke, dann regnet es"*, *„wenn ich auf das Druckersymbol klicke, dann wird eine Datei ausgedruckt …"* Beim Nutzen der Neuen Medien unterliegen wir stets dem Ursache-Wirkungs-Prinzip. Das schult darin, klaren Anweisungen in definierten Räumen zu folgen. Aber es bewahrt auch vor Unübersichtlichkeit und hilft insofern lernschwachen Kindern.

■ Gedächtnis- und Erinnerungsfähigkeit

Um die Medien zu nutzen, müssen sich die Kinder an die Tastenbelegungen und die Bedienmöglichkeiten erinnern. Dadurch wird das Gedächtnis trainiert. Ideal ist es daher, wenn immer wieder auch verschiedene Programme mit unterschiedlichen Navigationsstrukturen angeboten werden.

■ Motorik und Koordination

Dass Auge und Hand zusammen agieren, muss für die PC-Nutzung trainiert werden. Die oben beschriebene typische indirekte Handhabung stellt ja zunächst eine zusätzliche Koordination dar, die parallel zur direkten erfolgen muss. Weiterhin kommt dazu, dass die Ebenen gekippt sind: Sofern die PC-Maus richtig gehalten wird, sind links und rechts in der Bewegung analog; die Bewegung nach vorne (von sich weg) entspricht am Bildschirm der Bewegung nach oben, die Bewegung nach hinten (auf sich zu) entspricht am Bildschirm der Bewegung nach unten. Wendet man die PC-Maus schon länger an, ist sie in Fleisch und Blut übergegangen; für PC-Anfänger ist dies aber immer wieder eine Hürde, die trainiert werden muss.

> **Tipp**
> Ein ideales Programm, um das PC-Maushandling zu erlernen, ist der kleine Maustrainer von Terzio, den Sie kostenlos über unsere Seite downloaden können: www.mediastep-institut.de
> Das Programm dauert gerade einmal drei bis vier Minuten und ist didaktisch gut gestaltet. Nach der spätestens zweiten Anwendung ist das Kind schon recht geübt im Umgang mit der PC-Maus.

Schnelligkeit, Aktion – Reaktion

Wenn Kinder PC-Spiele spielen, trainieren sie wesentliche Fähigkeiten, die für die Aufnahme von Informationen wichtig sind: Die Situation muss wahrgenommen und verarbeitet werden, und relativ schnell ist eine Reaktion darauf gefordert, damit die Anwendung vorangeht. Eine rasche Informationsaufnahme, deren Verarbeitung – also ihr Verstehen – sowie eine konstruktive Reaktion darauf sind in allen Bildungs- und Lernprozessen notwendig.

Fazit: Training wichtiger Fähigkeiten und Fertigkeiten (Schlüsselqualifikationen) im Umgang mit dem Computer

Die aufgezählten Fähig- und Fertigkeiten können durch einige Schlüsselqualifikationen (soft skills) ergänzt werden, die Kinder bei einer angemessenen Mediennutzung trainieren und lernen:

- Kommunikationsfähigkeit – weil sie sich auch mit anderen sehr viel über die Medienanwendung austauschen wollen oder müssen, Fragen dazu stellen werden oder Hilfe benötigen und Erklärungen erbitten. Medien sind ein wesentlicher Gesprächsinhalt unserer Kinder. Auch Erwachsene können und sollten darüber mit ihnen kommunizieren.

- Sprachkompetenz: Um die Fragen, ihre Antworten und Inhalte auszutauschen, sind Sprache und ihre kompetente Anwendung (z.B. auch die Kenntnis von bestimmten Fachbegriffen, Anleitungen) erforderlich.

- Teamfähigkeit und Kooperationsfähigkeit: In der Regel nutzen Kinder gemeinsam Medien; vor allem in der Schule sitzen sie zu mehreren vor dem PC; alleinige Lösungen sind nicht empfehlenswert. Sie können und sollen Computeraufgaben gemeinsam lösen und erkennen, dass sie auf diesem Weg besser an ihr Ziel gelangen.

Wichtig zu wissen ist, dass Sprache nie mit einem Computerprogramm erlernt werden kann. Kinder benötigen den interpersonalen Austausch, Sprachmodelle und angewandte lebendige Sprache. Lediglich, wenn bereits eine Sprachstruktur zugrunde liegt, kann mit einem Multimediaprogramm daran angeknüpft werden.

- Frustrationstoleranz – sie wird trainiert: In keinem anderen Bereich wird so selbstverständlich akzeptiert, dass wieder einmal etwas nicht gleich funktioniert, wie es soll.

- Wissenserwerb auch ohne Lesen: Bereits Erstklässler können sich am PC in der Freiarbeit oder im Freizeitbereich mit geeigneten guten Programmen Wissen aneignen, ohne lesen und schreiben zu können.

Literatur:

Brockhaus multimedial 2007: Mannheim: Bibliographisches Institut & F. A. Brockhaus AG. (Multimediales Lexikon auf CD-ROM mit zahlreichen Videos, Animationen, Tondokumenten und weiterführenden Internet-Links)

Der Maustrainer, München: Terzio Verlag (kostenloses Programm zum spielerischen Üben des Umgangs mit der Computermaus)

KIM 2006: Basisuntersuchung zum Medienumgang 6- bis 13-Jähriger des Medienpädagogischen Forschungsverbunds Südwest, Stuttgart

Lehrplan für die bayerische Grundschule: Hrsg. Bayerisches Staatsministerium für Unterricht und Kultus, München, 2002

Müller, S. 2005: Computerspaß in der Kita. Praxisbuch für die sinnvolle Computerbildung und -erziehung in der Kindertagesstätte. München: Don Bosco Verlag.

Müller, S. 2001: Kind + Computer. Ein Ratgeber für Erzieher und Eltern, Nürnberg: BW Bildung und Wissen.

Sacher, W. 2000: Schulische Medienarbeit im Computerzeitalter. Grundlagen, Konzepte und Perspektiven. Bad Heilbrunn: Klinkhardt.

Medien für Kinder

Ernst Endt

Jeopardy – Deutschlandquiz für Kinder

Wie man mit PowerPoint Computerrätsel für den Unterricht erstellt

In einem Heft voller Spielideen für den frühen Deutschunterricht sollten auch Möglichkeiten vorgestellt werden, wie man mithilfe des Computers und entsprechender Software pfiffige und motivierende Spiele gestalten kann.

Vor allem PowerPoint ist ein Programm, mit dem man weit mehr machen kann, als Präsentationen zu fertigen. So lassen sich damit verschiedene Übungen (z. B. Multiple-Choice-Aufgaben) und vom Fernsehen bekannte Quiz-Formate wie *Jeopardy* und *Wer wird Millionär?* erstellen, die sich vor allem für Wiederholungs- und Festigungsphasen im Unterricht eignen und viel Spaß machen.

PowerPoint – eine Software mit vielen Einsatzmöglichkeiten

PowerPoint der Firma Microsoft – den meisten bekannt als Präsentationssoftware – bietet auch eine Fülle von Möglichkeiten, verschiedene Frage-und-Antwort-Spiele und Rätsel zu entwerfen. Sehr häufig muss man nicht einmal die Gestaltung und Verknüpfung der Folien (so nennt man die einzelnen Seiten einer PowerPoint-Präsentation) selbst übernehmen, denn mittlerweile gibt es im Internet eine Reihe von Webseiten, die fertige Vorlagen (*templates*) kostenlos bereitstellen, sodass man in der Regel nur die Fragen und Aufgaben austauschen muss, bevor man die PowerPoint-Präsentation im Unterricht verwenden kann (siehe *Webseiten mit Vorlagen und Hinweisen zur Erstellung*). Die PowerPoint-Versionen 2007 und 2010 enthalten bereits einige dieser Vorlagen (z. B. *Quizshow*, eine Vorlage für Richtig/Falsch-Aussagen). Weitere Vorlagen kann man direkt aus dem Programm heraus von Microsoft herunterladen. Nutzer älterer PowerPoint-Versionen können sich diese Vorlagen von folgender Internet-Seite holen: **www.office.microsoft.com/de-ch/templates/CT010143531.aspx**. Für den Einstieg sind solche Vorlagen sehr nützlich; man muss lediglich die Fragen und Aufgaben ändern. Man kann solche Vorlagen aber auch selbst erstellen. Wie man das macht, wird in diesem Beitrag beschrieben.

Beispiel Jeopardy – Deutschlandquiz für Kinder

Jeopardy ist ein Quiz, bei dem ursprünglich „Teilnehmern Antworten aus verschiedenen Kategorien präsentiert werden. Aufgabe der Teilnehmer ist es, schneller als ihre Mitspieler eine passende Frage auf die vorgegebene Antwort zu formulieren. Eine Schwierigkeit des Spiels liegt also neben dem erforderlichen Sachwissen auch noch in einer angemessenen Kontrolle des Impulses, die vermeintliche Antwort einfach als Stichwort hervorzustoßen."[1] Der jeweilige Punktegewinn ist abhängig vom Schwierigkeitsgrad der Aufgabe. Man kann dieses Spiel natürlich auch klassisch als Frage-Antwort-Quiz anlegen, sodass Fragen gestellt werden und die richtigen Antworten zur Kontrolle angeklickt werden. Die Klasse wird in Gruppen eingeteilt, die gegeneinander spielen. Die Gruppen kommen der Reihe nach dran und entscheiden sich für eine Frage einer Kategorie, wobei das strategische Geschick sich in der Wahl des jeweiligen Schwierigkeitsgrads zeigt: Entscheidet sich eine Gruppe für einfache Fragen, ist die Chance des Punktesammelns zwar höher, aber die Punktezahl bleibt niedrig. Wenn alle Fragen durch sind, gewinnt die Gruppe mit der höchsten Punktzahl.

Als Beispiel dient ein Deutschlandquiz für Kinder.[2]

In jeder Kategorie können sieben Fragen mit unterschiedlichem Schwierigkeitsgrad beantwortet werden. Die richtigen Antworten werden mit der jeweiligen Punktzahl belohnt:

---

1 http://de.wikipedia.org/wiki/Jeopardy (abgerufen am 24. Mai 2011)
2 Die Fragen und Kategorien können natürlich für die eigenen Unterrichtsbedürfnisse ergänzt und ausgetauscht werden.

Medien für Kinder

Punkte	Stadt, Land, Fluss	Essen & Trinken	Feste & Feiertage	Spiel & Sport
100	Wie heißt die deutsche Hauptstadt? (Berlin)	Wie heißt diese Essensbeilage? (Abb. Sauerkraut)	Was siehst du hier? (Abb. Weihnachtsbaum)	Ergänze diesen Abzählreim: Ene, mene, muh, und raus bist ... (du)
200	Welche deutsche Stadt hat dieses Autokennzeichen? (Abbildung eines Frankfurter Autokennzeichens)	Dieses Gemüse heißt in Deutschland Möhre, Gelbe Rübe oder ...? (Karotte)	Wie heißt das größte Volksfest der Welt? (Oktoberfest)	Wie heißt der erfolgreichste deutsche Rennfahrer in der Formel 1? (Michael Schumacher)
300	Welches Land grenzt nicht an Deutschland: Frankreich, Schweiz, Italien? (Italien)	Wie heißt das Mischgetränk aus Apfelsaft und Mineralwasser? (Schorle)	An welchem Tag bringt der Nikolaus Geschenke? (6. Dezember)	Wie heißt dieses Spiel? (Abb.: Kinder spielen Blindekuh)
400	Welche deutsche Stadt ist unter dem Namen Elbflorenz bekannt? (Dresden)	Wie heißen Frikadellen im Nordosten Deutschlands? (Buletten)	Wann ist in Deutschland Muttertag? (Am zweiten Sonntag im Mai)	Wie viele Spieler können bei Mensch ärgere dich nicht höchstens mitspielen? (Vier)
500	In welcher Stadt steht dieser Turm? (Abb.: Michel in Hamburg)	Was findet man immer auf einer Pizza Hawaii? (Eine Scheibe Ananas)	In welchem Bundesland sind die Sommerferien später als in allen anderen Bundesländern? (In Bayern)	Wie alt war Boris Becker, als er das Turnier von Wimbledon zum ersten Mal gewann? (17 Jahre)
600	Aus welcher Stadt kommen diese Figuren? (Abb.: Mainzelmännchen) (Mainz)	Wie heißt diese Torte? (Abb. Schwarzwälder Kirschtorte)	Wann wird das Johannisfeuer angezündet? (24. Juni)	Wann fand zum ersten Mal eine Fußballweltmeisterschaft in Deutschland statt? (1974)
700	Wie heißt der Fluss links im Bild? (Abb. Passau mit den Flüssen Inn, Donau und Ilz) (Inn)	Was ist ein kalter Hund? (Eine Süßspeise aus Keksen und Schokoladencreme)	In welcher deutschen Stadt findet die Kinderzeche statt? (Dinkelsbühl)	Wie heißt das erste Schwimmabzeichen, das Kinder machen können? (Seepferdchen)

Medien für Kinder

Ausgangsfolie ist die Tafel mit den Kategorien in verschiedenen Schwierigkeitsgraden. Hier ist ein Beispiel (Abbildung 1)[3]:

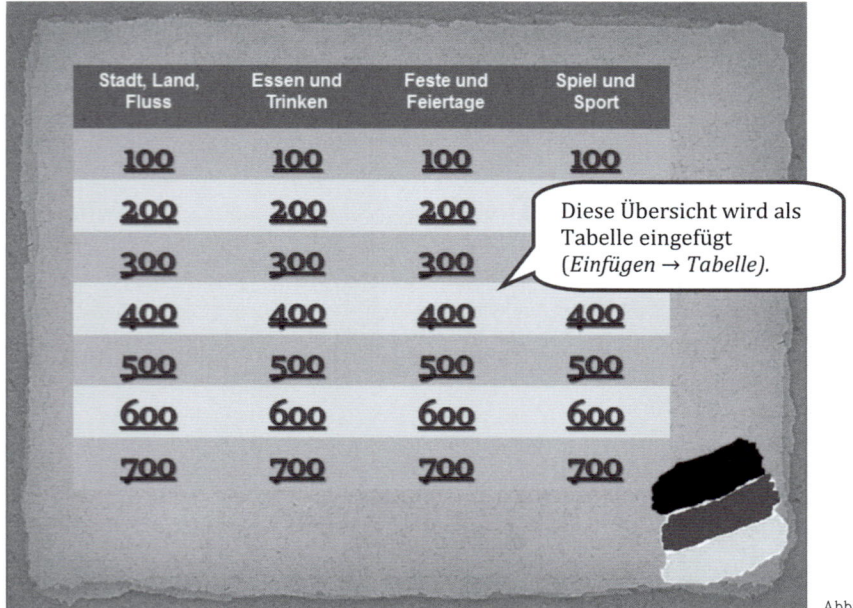

Abbildung 1

Nach Öffnen einer neuen Datei kann man eine Designvorlage wählen (über den Reiter *Entwurf* kommt man zu diversen Entwurfsvorlagen – man kann auch einen schlichten Hintergrund über den Befehl *Hintergrundformate* einrichten). Anschließend fügt man die Übersicht über die einzelnen Kategorien (*Stadt, Land, Fluss* usw.) und die verschiedenen Schwierigkeitsgrade (*100, 200* usw.) als Tabelle ein.

Einfügen der Folien mit den Fragen und Antworten (Schritt 2)

Als Nächstes benötigt man die Folien mit den Fragen und Antworten. Wir haben vier Kategorien mit jeweils sieben Schwierigkeitsgraden. Das ergibt 28 Folien für die Fragen und 28 Folien für die Antworten. Ein Frage-Antwort-Paar sieht so aus (Abbildungen 2 und 3):

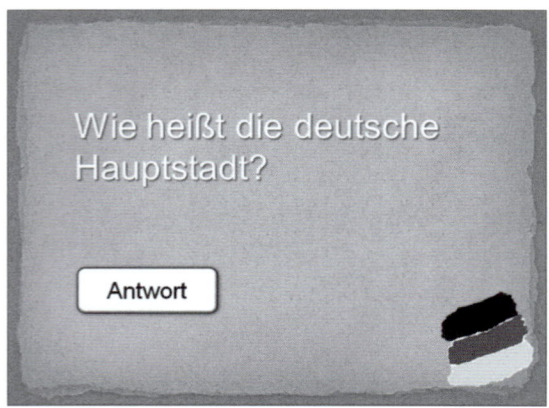

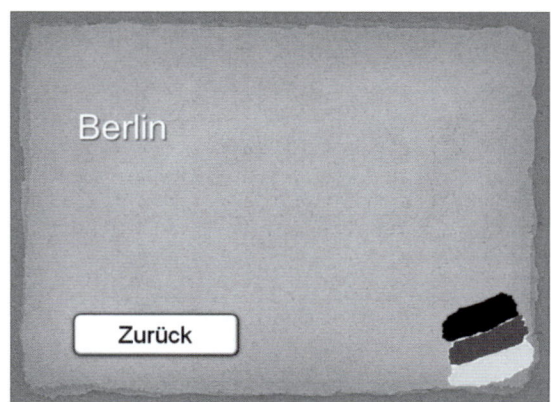

Abbildung 2

Abbildung 3

[3] Die vollständige PowerPoint-Präsentation „Deutschlandquiz für Kinder" kann von der Seite des Goethe-Instituts heruntergeladen werden: (**www.goethe.de/fruehes-deutsch**).

Medien für Kinder

Abbildung 4

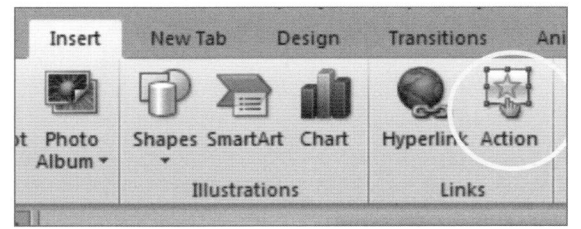

Abbildung 5

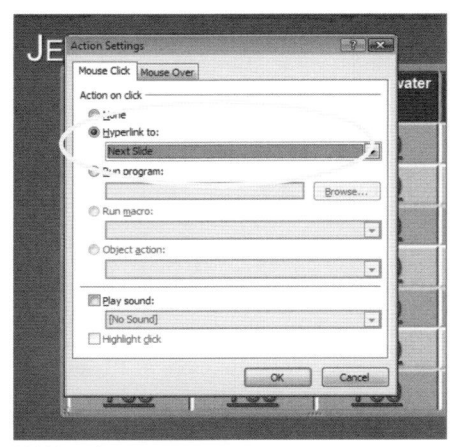

Abbildung 6

Abbildung 7   Abbildung 8

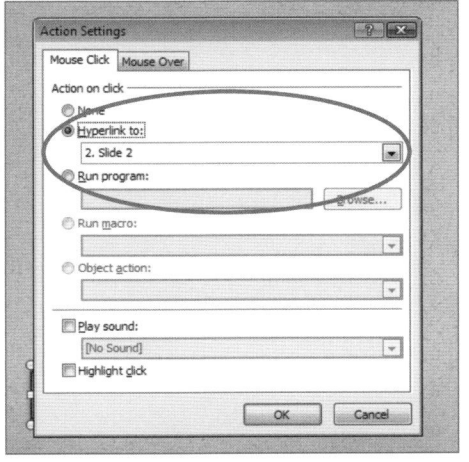

Abbildung 9

Verknüpfung der Folien (Schritte 3 bis 5)

Jetzt muss man die Folien so miteinander verknüpfen, dass man von den Punktezahlen der Ausgangsfolie zu den jeweiligen Fragen, von den Fragen zu den Antworten und von den Antwortfolien zurück zur Tabelle mit den Kategorien und Punkten kommt.

Das geht ganz einfach. Man markiert die erste Zahl in der ersten Kategorie – siehe Abbildung 4 – (Schritt 3).

Dann klickt man auf *Einfügen* und anschließend auf *Aktion* – siehe Abbildung 5: *Insert – Action* – (Schritt 4).

Daraufhin öffnet sich ein neues Fenster (Abbildung 6):

Hier kann man nun bestimmen, was geschehen soll. Man kann durch Mausklick eine andere Anwendung starten oder einen Hyperlink zu einer anderen oder der nächsten Folie setzen.

Wir setzen einen Hyperlink zur nächsten Folie (Schritt 5).

Das Gleiche machen wir auf der nächsten Folie, die die Frage enthält (Abbildung 7). Dort markieren wir das zuvor eingefügte Feld *Answer* und wiederholen die Schritte 3 bis 5.

Durch die eben beschriebene Verlinkung kommt man auf diese Seite. Entscheidend ist nun, dass man von hier wieder zurück zur Ausgangsseite mit der Zahlentabelle kommt. Die durchzuführenden Schritte sind ähnlich. Man fügt ein Textfeld Zurück ein, markiert dieses, klickt auf *Einfügen* und anschließend auf *Aktion*.

Allerdings muss hier jetzt auf die Folie mit der Tabelle verlinkt werden (Abbildung 9), da man ja an den Anfang zurück will.

Für die anderen 27 Fragen und Antworten wiederholt sich das Ganze. Nun muss man darauf achten, dass die Zahlen aus der Tabelle mit den dazugehörigen Fragen verlinkt werden.

Die folgende Tabelle (Beispiel *Stadt, Land, Fluss*) enthält die entsprechenden Hyperlinks (die Zahlen bezeichnen die Folien)[4]:

Schwierigkeitsgrad	Frage	Antwort/Zurück	Tabelle
100 →	3 →	4 →	2
200 →	5 →	6 →	2
300 →	7 →	8 →	2
400 →	9 →	10 →	2
500 →	11 →	12 →	2
600 →	13 →	14 →	2
700 →	15 →	16 →	2

Bei den anderen Kategorien muss einfach weitergezählt werden (100 → 17 → 18 → 2, 200 → 19 → 20 → 2 usw.)
Wenn alles verlinkt ist, kann die Präsentation im Unterricht gezeigt werden.

Folgende Webseiten enthalten eine Fülle von Vorlagen und Hinweise zur Erstellung von Quizformaten:

http://presentationsoft.about.com/od/classrooms/ss/mc_quiz_templ.htm
http://teach.fcps.net/trt10/PowerPoint.htm
http://jc-schools.net/tutorials/ppt-games/
www.jmu.edu/madison/teacher/jeopardy/jeopardy.htm
www.elainefitzgerald.com/jeopardy.htm
www.vickiblackwell.com/ppttemplates.html
www.pppst.com/templates.html
www.classroom20.com/forum/topics/looking-for-realistic-jeopardy
www.techteachers.com/jeopardytemplates.htm
www.superteachertools.com/jeopardy/
www.edtechnetwork.com/powerpoint.html
http://web3.holyfamily.edu/bmacgibeny/JeopardyPowerPointInstructions.htm
www.internet4classrooms.com/technology_tutorials/powerpoint_game_templates_technology_tutorials.htm
www.hardin.k12.ky.us/res_techn/countyjeopardygames.htm
www.speedofcreativity.org/2010/09/08/lessons-learned-using-powerpoint-jeopardy-template-game/
www.presentation-power-tips.com/jeopardy-powerpoint-template.html
www.thepowerpointtemplates.info/jeopardy-template-powerpoint/

---

[4] Die Tabellenfolie ist in diesem Fall die Folie 2, da die Datei noch eine Titelfolie hat. Wenn man diese weglässt, verringern sich die entsprechenden Zahlen um einen Wert, d. h., die Tabellenfolie wird Folie 1, die erste Fragefolie wird zur zweiten Folie, die dazugehörige Antwortfolie zur dritten usw.

Michael Priesteroth

Spielen an interaktiven Whiteboards

Grundschüler im Jahre 2011 sind „digital natives". Die Zeiten des Game Boy sind längst vorbei: Mini-Playstations, Wii-Konsolen, aber auch PCs mit Lernsoftware sind gängige Weihnachtsgeschenke und füllen einen nicht unerheblichen Teil der Freizeitgestaltung unserer Schüler aus.

Der pädagogische Alltag kommt dieser Entwicklung eher schleppend nach. Interaktive Whiteboards (IWBs) halten allerdings immer häufiger Einzug in Klassenzimmer und bereichern den Unterricht durch multimediale Einheiten. Ein interaktives Whiteboard ist eine große, weiße Tafel, auf die der Bildschirminhalt des angeschlossenen Computers mittels eines Beamers projiziert wird. Das Besondere aber ist die Interaktivität, die dieses neue Medium ermöglicht: Die Tafeln funktionieren wie ein gigantischer Touchscreen, der Finger ersetzt also die Maus und Objekte können an der Tafel selbst bewegt werden. Neben Bildern, Videos und Texten kann man auch Töne darbieten, speichern und später weiternutzen.

Die pädagogischen Einsatzmöglichkeiten sind mannigfaltig. Der vorliegende Artikel beschränkt sich, entsprechend dem Leitthema dieser Ausgabe, auf das Thema „Spielen an interaktiven Whiteboards."

Online-Übungen im DaF-Bereich

Eine Internetseite[1] aus Australien ist ein ausgesprochen gutes Beispiel für die Anwendung von Online-Spielen an der interaktiven Tafel. Sie ist eine wahre „Schatzkiste" für den DaF-Lehrer im Primarbereich. Die gängigen Themen des Grundschulvokabulars (Tiere, Zahlen, Transportmittel, Farben ...) werden behandelt und multimedial mit Ton und Flashanimationen dargeboten. Die Kinder nehmen diese Übungen sehr gut an und üben spielerisch Hörverstehen und Rechtschreibung.

Das Spiel „Der Roboter in der Waschmaschine" ist erfahrungsgemäß ein echter Hingucker: Durch Drücken der Playtaste wird der arme Roboter kräftig im Schleudergang gedreht – erst durch Drücken der Pausetaste wird er von seinem Schicksal erlöst. Es gilt nun, an der interaktiven Tafel die einzelnen Körperteile zu berühren, sofort ertönt der deutsche Name des Körperteils. Jetzt nur noch das Wort richtig schreiben – geschafft! Und weiter im Schleudergang – so macht Hörverstehen, Wortschatzarbeit und Orthografietraining spielerisch großen Spaß.

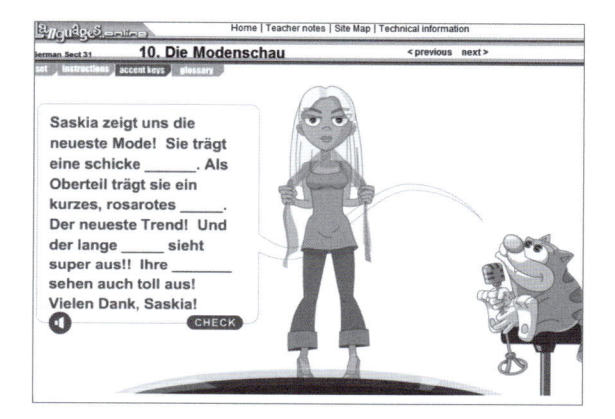

„Die Modenschau" ist ebenfalls ein Spiel, das immer gut ankommt. Das in allen DaF-Büchern behandelte Thema Kleidung kommt hier peppig als mit Musik und Scheinwerfern bestückte Flashanimation daher: Der Lückentext kann durch Druck auf den Lautsprecher beliebig oft gehört werden und an der digitalen Tafel gleich ausgefüllt werden.

Weitere empfehlenswerte Seiten für unseren Kontext – Spielen an der digitalen Tafel im DaF-Bereich – sind: Hennings Haus[2] und Voyage Kids[3].

Spiele von Lehrern/-innen für Kinder

Die Deutsche Schule Sevilla ist mit 14 IWBs ausgestattet. Diese funktionieren mit der Software „Notebook 10.7". Die leicht zu erlernende Anwendung hat diverse Spielvorlagen: das Lesson Activity Toolkit. Es handelt sich hierbei um Spiele, Quizvorlagen oder Sortieraufgaben. Hier sehen wir eine typische Wortschatzarbeit. Es geht um Obst und Gemüse. Die Kinder kommen an die Tafel und verschieben die Wörter entsprechend. Diese Vorlage mit den Drehscheiben kann mit beliebigen Inhalten gefüllt werden und ist Bestandteil des Lesson Activity Toolkits.

1 www.education.vic.gov.au/languagesonline/german/german.htm
2 www.ltscotland.org.uk/c4modernlanguages/henning/main/german_main_menu.asp
3 www.ukgermanconnection.org/?location_id=868

Das Torwandschießen trainiert Wortschatz, Rechtschreibung und Konzentration auf spielerische Weise. Auch hier bietet das Lesson Activity Toolkit eine vorgefertigte Spielvorlage. Die Inhalte (hier Thema „Tiere") werden vom Bediener (Lehrer oder Schüler) definiert. Man kann nun also auf die Buchstaben drücken und zuschauen, ob der Ball ins Tor oder ins Leere geht. Kleine Tipps können auf den Bildschirm gezogen werden (siehe unten).

Spiele von Kindern für Kinder, oder:

„Die Arbeit mit Whiteboards muss nicht lehrerzentriert sein"

Interaktiven Whiteboards wird – nicht zu Unrecht – der Rückfall zum lehrerzentrierten Unterricht vorgeworfen. Eine Lösungsmöglichkeit ist sicher die adäquate Ausbildung des Lehrpersonals nicht nur im technischen, sondern besonders im didaktisch-pädagogischen Umgang mit der Software. Eine weitere Lösung besteht aber ganz sicher darin, die Kinder wieder zum Protagonisten des Unterrichts zu machen: Es versteht sich von selbst, dass die Spiele von den Kindern bedient und moderiert werden und der Lehrer in den hinteren Reihen Platz nimmt.

Möchte man seinen Schülern Medienkompetenz und handlungsorientierten Unterricht anbieten, so ist eine Möglichkeit, die Kinder Spiele mittels der SMART Notebook Software und des Lesson Activity Toolkits erstellen zu lassen.

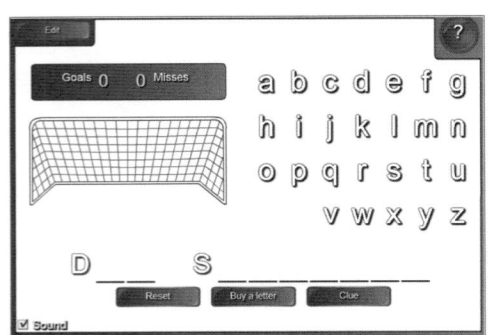

Ein Kind löst die Aufgaben seines Mitschülers

Zum Schluss möchte ich noch einige Spiele kurz kommentieren, die Schüler der vierten Klasse der Deutschen Schule Sevilla selbstständig entworfen haben. Es handelt sich hier um das pädagogische „Sahnehäubchen", da die Schüler hier handlungs- und themenorientiert tätig werden. Das Lehrwerk Tamburin 3 sieht in Kapitel fünf die Arbeit mit Präpositionen vor. Sie werden natürlich in kleinen Szenen praktisch erlernt, gleichzeitig bieten die IWBs durch das leichte Verschieben von Objekten eine gute Möglichkeit, die deutschen Präpositionen einzuüben. In einer zweistündigen Einheit hatten die Schüler nun Zeit, für ihre Mitschüler Tafelbilder zu entwerfen, die die Präpositionen plastisch zeigen. So entstanden motivierende und auch witzige Tafelbilder, die in einer dritten Stunde den Mitschülern als spielerisches Quiz an der IWB vorgestellt wurden. Oben sehen wir einen Schüler bei der Lösung der Aufgabe „Der Tiger ist hinter dem Tisch". Auf dem zweiten Foto ist ein Schüler zu sehen, der in der Vorbereitungsphase eine Aufgabe mit dem Titel: „Alejandro steht neben der Eisenbahn" erstellt. Eindeutig wird hier autonomes Lernen gefördert, da Schüler selbst schriftlich tätig werden und Lehraktivitäten in der Präsentationsphase übernehmen.

Die Arbeit mit IWBs enthält viele spielerische Elemente. Besonders im Grundschulbereich ist die Motivation der Schüler, mit diesem Medium zu arbeiten, extrem hoch. Wenn wir es schaffen, dabei unsere Schüler und Schülerinnen zu Protagonisten zu machen, sind wir auch pädagogisch auf einem guten Weg zu einem sinnvollen Einsatz der neuen Technologien im schulischen Kontext.

Erstellen von Aufgaben im Computerraum

Thomas Röhlinger

Kinderrechte on air und online – weltweit

RADIJOJO
world children's radio network

Radijojo ist das erste internationale Kinderradio – werbefrei, edukativ, partizipativ. Kinder aus hundert Ländern haben das Programm schon mitgestaltet: von Afghanistan bis Chile, von Kanada bis Australien, von Namibia bis Kamtschatka (**www.world-childrens-radio.net**, **www.global-radio-kids.org**). Wichtigste Arbeitssprachen sind Deutsch und Englisch – auf den Websites per Knopfdruck wählbar.

Unser Auftrag besteht darin, medienbasiertes globales Lernen, Kulturaustausch, Sprachförderung zu ermöglichen und zu unterstützen. Schirmherren sind Bundeskanzlerin Merkel und Daniel Barenboim. Auszeichnungen gab es schon von der Bundesregierung, der EU, dem Internationalen Journalistenverband und UNICEF New York.

Kinder interviewen Bundeskanzlerin Angela Merkel

Kinderrechte spielen bei Radijojo weltweit eine zentrale Rolle. Und das gleich unter mehreren Aspekten, die wir im Folgenden erläutern, bevor wir Sie zur Mitarbeit einladen möchten.

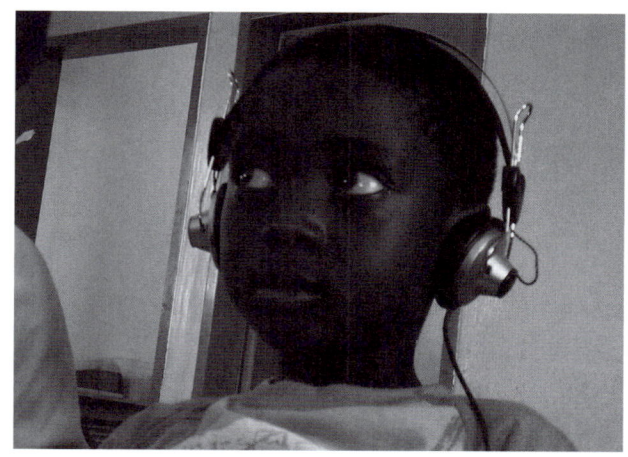

Kinder sind mit großem Ernst bei der Sache

1. Kinderrechte als Thema eigener Projekte

„Werdet ihr in Deutschland auch geschlagen, wenn ihr etwas falsch gemacht habt?", fragen Waisenkinder aus Uganda in ihrer Reportage. Kinder mit Migrationshintergrund, die auf eine Kreuzberger Schule in Berlin gehen, sind der Meinung: „Na klar, wenn wir was ausgefressen haben ..." Erst durch eine Recherche auf den Kinderrechtsseiten von UNICEF stellen sie fest: „Unsere Eltern dürfen uns ja gar nicht hauen. Das wussten wir gar nicht. Das müssen wir unbedingt den anderen sagen!" – So oder ähnlich verlaufen viele Radijojo-Projekte: Kinder nutzen Medien als Instrumente gemeinsamen Lernens weltweit, als Mittel im Kampf für ihre Kinderrechte.

Kinder aus den USA, Kanada und Deutschland haben im Rahmen unseres transatlantischen Kinderradios „Across the Ocean" (**www.across-the-ocean.org**) ein eigenes Online-Modul: „Einmischen/Fight for your right", in dem sie selbst Kinderrechte und Partizipationsprojekte thematisieren können.

Bei „Wir entdecken die Welt: Asien" tauschen sich Kinder aus Kirgisistan, Indien, Thailand und Deutschland aus – und Kinderrechte sind natürlich ein zentrales Element dieses vom BMZ geförderten Projekts.

Kinder aus Nepal

"Kämpfe für dein Recht", singen die Kids vom Kinderzentrum Berlin-Mitte, und die Schüler der Siphiwe Montessori School im südafrikanischen Pretoria präsentieren ihren Song "Children of Afrika are fighting for their rights" – praktische Kinderrechtspädagogik mit Musik, über Kontinente hinweg.

Ein anderes Beispiel: Mit Partnern aus Südafrika, der Ukraine und den USA haben wir uns auch 2009 wieder an der "Global Education Campaign" beteiligt – mehr als 10 Millionen Kinder weltweit setzen sich dabei gemeinsam mit großen Kinderhilfsorganisationen für das Recht auf Bildung ein. Viele Schulen und Eltern in Deutschland haben selbst von solchen globalen Großprojekten noch nie gehört – eine Folge gewaltiger Defizite im Bereich internationaler Medienkompetenz auch bei Lehrern und Erziehern.

Schule in Pretoria

2. Radijojo als Best-Practice-Plattform für Kinderrechtsprojekte

Herbst 2008, John-F.-Kennedy-Schule, Berlin: 800 Kinder und Jugendliche aus 20 Ländern der Welt formulieren gemeinsam eine selbst entwickelte Resolution zum Thema "Stärkung der Rechte von Frauen und Mädchen" – druckreif formuliert, durch mehrere Abstimmungsgänge demokratisch legitimiert. Der Rahmen: die Berlin Model United Nations, unterstützt von UNO, Berliner Senat und Amerikanischer Botschaft. Tagelang haben die Kids für diese Resolution gearbeitet, internationale Experten (u. a. von Human Rights Watch, Berater der UN in New York) angehört und über Kultur- und Sprachbarrieren hinweg ein Kinderrechtsprojekt auf allerhöchstem Niveau realisiert. Die Schüler suchen Antworten auf die Stigmatisierung von Mädchen mit HIV/Aids, setzen sich gegen Folter und Misshandlung von Frauen in Kriegsgebieten ein, diskutieren leidenschaftlich über das Kopftuchtragen muslimischer Mädchen in Asien, Europa und Amerika. Das Medienecho im In- und Ausland? Fehlanzeige! Der Grund: Kinderrechtsprojekte an einer Schule – das könnte ein Quotenkiller sein ...! Und genau dagegen richtet sich unsere Arbeit: Wir geben solchen Projekten die passende internationale Plattform und tragen sie so mit hinein in die öffentliche Diskussion.

Radiojojo-Kids

3. Kinderrechte als Auftrag: Kampf für edukative, nicht kommerzielle Kindermedien weltweit

Kinder haben das Recht auf Information und freie Meinungsäußerung. Kinder haben das Recht auf eigene edukative Medien – frei von kommerziellen und ideologischen Interessen. Dieses Recht wird in vielen Ländern der Erde mit Füßen getreten. Aber auch in Deutschland ist Kinderradio als Bildungsträger ein Randthema – und genau deswegen gibt es Radijojo. Wir helfen nicht kommerziellen Community Radios, Schulen und Kindermediengruppen im In- und Ausland, selbst Kinderradio und Websites zu gestalten Damit setzen wir auch entsprechende Empfehlungen von UNESCO, UNICEF, World Radio Forum und EU-Parlament um, die sowohl in Deutschland als auch international noch oft ignoriert werden. Diese Forderung werden wir auch beim Kindermedienkongress der Bundeszentrale für politische Bildung im Dezember 2009 offensiv vertreten – genauso, wie wir es gegenüber Jugend-, Kultur- und Medienpolitik immer wieder tun (u. a. Kinderkommission des Bundestages, Gespräche mit Jan Figel, EU-Kommissar für Jugend und Kultur sowie Vladimir Spidla, EU-Kommissar für Beschäftigung, soziale Angelegenheiten und Chancengleichheit).

4. Kinderrechte als praktisches Handlungsfeld

Weltkongress für Kinder und Medien, Oktober 2009: Im thailändischen Chiang Mai beraten Experten aus aller Welt über Medien, Konfliktprävention und Kinderrechte. Radijojo stellt seine Arbeit als Best-Practice vor und nimmt parallel an einem wundervollen praktischen Projekt teil: Kinder aus aller Welt haben Tücher gestaltet, auf denen sie ein Kinderrecht, ihren Namen und ihr Herkunftsland verewigt haben. Kinder mit Migrationshintergrund aus dem „Haus der Jugend" im Berliner Wedding haben – unterstützt von Radijojo – ebenfalls Tücher gestaltet und nach Thailand geschickt. Damit sind sie auf einmal Teil einer weltweiten Kinderrechts-Community – ein authentisches Erlebnis globalen Lernens, das ihnen das deutsche Bildungssystem bis heute leider noch zu selten bietet.

Ausblick

Und auch in Zukunft gibt Radijojo sein Know-how im Bereich Medien und Kinderrechte weiter:

- Radijojo unterstützt ab 2010 den Studiengang „European Master of Children's Rights" an der Freien Universität Berlin.
- Radijojo trainiert Pädagogen und Medienmacher aus ganz Europa in EU-finanzierten Workshops im Rahmen unseres European Children's Radio EUCHIRA (www.euchira.eu).
- Mit Veranstaltungen beim World Congress on Media for Children and Youth in Schweden 2010 lädt Radijojo Interessierte aus aller Welt ein, sich für die Rechte der Kinder einzusetzen – mit den Mitteln und der Macht der Medien.

Sie möchten mit Ihrer Schule, Ihrem Institut, Ihrer Kinder- oder Kindereinrichtung mitmachen? Vielleicht einen Kinderrechtssong ihrer Schulband präsentieren oder lernen, eigene Kinderrechts-Podcasts zu produzieren?

Jederzeit – Mail genügt: redaktion@radijojo.de

Wir freuen uns auf gemeinsame Kinderrechtsprojekte mit Ihnen – natürlich herzlich gern in deutscher Sprache!

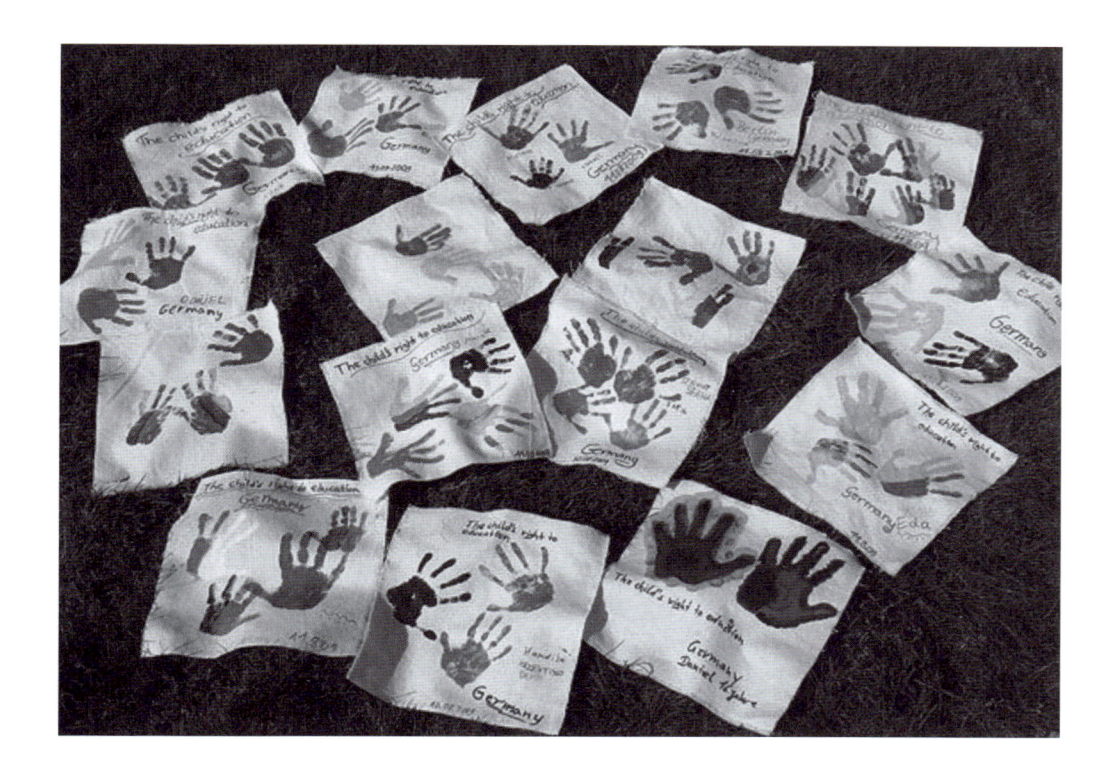

Andreas Kotz

Planetenreise – ein Online-Spiel für Kinder

Es gibt nicht viele Multimedia-Angebote für den DaF-Unterricht in der Primarstufe. Die Planetreise versucht, diese Lücke zu schließen. In diesem Online-Spiel erstellen Kinder ihren eigenen Avatar, lösen auf verschiedenen Planeten Aufgaben und lernen dabei nebenher Deutsch.

Szuflada, materac, cukier, tort – ohne dass Sie es wussten, kennen Sie schon ein paar polnische Wörter! Umgekehrt verstehen polnische Kinder ebenso leicht Schublade, Matratze, Zucker und Torte. Es gibt noch mehr von diesen „transparenten Wörtern", die sich von ihren polnischen Entsprechungen nur durch die Rechtschreibung unterscheiden. Diese Wortverwandtschaften zwischen dem Deutschen und Polnischen haben wir für das Projekt „Ich kenne 100 deutsche Wörter" genutzt, einer Serie von sechs Plakaten, die von einer bekannten Krakauer Kinderbuchautorin illustriert wurden.

Plakat mit dem Thema „Stadt" als Anregung für das Planeten-Projekt

Die Beliebtheit der Plakatserie vor allem in polnischen Grundschulen hat uns dazu angeregt, über eine Fortsetzung nachzudenken. Das Ergebnis ist die *Planetenreise*, die wir Ihnen heute vorstellen möchten. Sie ist kein Sprachkurs und auch kein kommerzielles Videospiel, sondern ein kostenloses Online-Spiel für acht- bis elfjährige Kinder mit ersten Deutschkenntnissen, das vor allem Spaß machen und dabei für die deutsche Sprache werben soll. Aus diesem Grund haben wir uns auch nicht für eine Progression entschieden, sondern versucht, möglichst viele authentische sprachliche und nicht

Medien für Kinder

sprachliche Aktivitäten am Computer anzubieten. Grundlage dafür sind typische Themen und Wortschatzfelder aus dem Grundschulbereich wie Länder, Schule, Familie, Freizeit usw.

Schauen wir uns einmal an, was es in diesem Universum zu entdecken gibt!

Weltall mit den Planeten und Raumschiff

Als Erstes müssen wir unseren Raumfahrer kreieren, d. h. ein Mädchen oder einen Jungen auswählen, seine Haar- und Augenfarbe bestimmen, entsprechende Kleidung auswählen und uns einen Namen ausdenken.

Avatar mit Kleiderschrank

Fertig? Dann kann die Reise losgehen! Zunächst landen wir auf dem Planeten STADT. Hier müssen wir im Frühling, Sommer, Herbst und Winter verschiedene Aufgaben lösen, Dialoge ordnen oder in einem Geschäft etwas einkaufen, das später vielleicht von Bedeutung ist:

Bettler, der um etwas zu essen bittet

Wenn ich vorher statt Brot nur Spielzeug und Bonbons eingekauft habe, muss ich wieder zurück ins Geschäft und neu einkaufen. Sollte ich dabei vielleicht auch den Hundeknochen mitnehmen, weil ich ihn später gebrauchen kann? Wir werden sehen. Jetzt machen wir erst einmal einen Sprung zum Planeten SCHULE, wo schon die Deutschstunde angefangen hat: Hier muss ich mit der Maus alle Tiere auf die Arche bringen. Aber Vorsicht: Wenn sie nicht in der richtigen alphabethischen Reihenfolge stehen, also z. B. der *Bär* vor dem *Alligator*, streiten sich die Tiere und fallen wieder herunter!

Deutschstunde/Arche

So, das war anstrengender, als wir gedacht hatten, und deshalb gönnen wir uns jetzt einen Ausflug auf den Planeten ZIRKUS. Nachdem wir an der Kasse mit der Kassiererin gesprochen und eine Eintrittskarte gekauft haben, spielen wir Luftballons zerstechen:

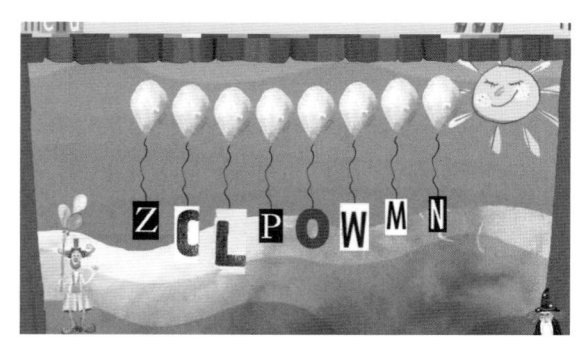

Clown mit Buchstaben-Luftballons

Nun haben wir uns etwas erholt und können auf dem Planeten HAUS die Großmutter suchen, die seit gestern verschwunden ist. Zwischendurch müssen wir wieder verschiedene Aufgaben lösen, z. B. Möbel anmalen und an die richtige Position im Zimmer stellen:

Zimmer mit Möbeln

Medien für Kinder

Manchmal passiert es, dass man nicht weiterweiß. Aber dann gibt es zum Glück „Zet", den Zauberer, den ich anklicken kann und der mir dann einen Tipp gibt, was ich tun soll. Von „Zet" bekommt man auch am Ende jeder Spieletappe ein Passwort, in dem der Spielstand und die Avatar-Figur gespeichert sind. So kann man die Planetenreise an einem Computer beginnen und an einem anderen fortsetzen, ohne jedes Mal von vorne anzufangen.

Wir brechen unsere Reise an dieser Stelle ab, denn wir wollen ja nicht zu viel verraten! Nur so viel sei gesagt: Schulkindern macht diese Form des Umgangs mit der deutschen Sprache Spaß. Unsere Erfahrungen mit Pilotgruppen der Klassen 3, 5 und 6 haben gezeigt, dass auch Kinder mit geringen Deutschkenntnissen ohne Schwierigkeiten mit dem Spiel zurechtkommen. Für sie stellt die Planetenreise eine willkommene Abwechslung zur traditionellen Arbeit mit dem Lehr- und Arbeitsbuch dar.

Bei der Entwicklung der Planetenreise war es uns wichtig, „Hintertüren in den Unterricht" mitzudenken, damit neben dem individuellen Spielen und Lernen am Computer auch soziale Aktivitäten im Klassenraum möglich sind. So gibt es ein ausgebautes Punktesystem, das die Schülerinnen und Schüler dazu animieren soll, ihre „Highscores" untereinander zu vergleichen und das Spiel mehrmals zu spielen. Auf den Planeten selbst gibt es immer wieder Szenen, die aus dem Spiel herausführen: so in der STADT das Kino, in dem die interaktive Aufgabe fehlt. Stattdessen wird der/die Spieler/-in hier aufgefordert, Arbeitsblätter mit Figuren zum Ausmalen auszudrucken, daraus mit Holzstäbchen Stabfiguren zu basteln und sich sein/ihr eigenes Drehbuch auszudenken – alles Aktivitäten, die sich sehr gut für den Unterricht eignen. Für den Fall, dass der/die Deutschlehrer/-in eine bestimmte Stelle des Spiels in der Klasse zeigen möchte, gibt es einen Lehrer-Login mit direktem Zugang zu den Szenen auf den jeweiligen Planeten. Wir empfehlen allerdings nicht, das Spiel im Unterricht durch Übungen o. Ä. vorzuentlasten und den Kindern damit den Spaß zu nehmen. Was sich dagegen anbietet, sind Spiele und Übungen für die *Nachbereitung* im Unterricht. In unserem Lehrerhandbuch stellen wir eine ganze Reihe solcher Zusatzaufgaben vor, hier eine Kostprobe:

So weit unser kurzer Überblick über die Planetenreise. Wir hoffen, dass wir Ihnen mit diesem Aperitif Lust auf mehr gemacht haben!

Das Spiel geht mit der IDT 2013 online und ist dann unter der Adresse **www.goethe.de/planetenreise** öffentlich zugänglich. Wir freuen uns auf Ihren Besuch!

Planet	Stadt		
	Sternstunde C		
Thema: Im Geschäft	**Ziel:** einkaufen gehen	**Sozialformen:** Plenum, PA **Zeit:** 45	**Materialien:** Set mit Bildern (Gegenstände, Preisschilder, Geld)
Unterrichtsaktivitäten			Sprachmaterial/ Redemittel
L hilft den **S** einen Stand zu bauen, legt darauf ein Set von Bildern (zuerst nur die Gegenstände) und erklärt die Aufgabe. **L** gibt die Arbeitsanweisung, z.B.: • *Du möchtest Fußballspielen./ Es ist Winter. Was kaufst du?* **S** geht an den Stand heran, sieht sich die Bilder an, wählt eins aus und antwortet, z.B.: ○ *Den Fußball./ Ich kaufe den Fußball.* ○ *Den Schal./ Ich kaufe den Schal.* Dann legt **S** das Bild auf den Stand zurück. **L** legt die Preisschilder neben jede „Ware", verteilt das Spielgeld unter den **S** und erklärt die nächste Aktivität. **S** wählen eine Verkäuferin/ einen Verkäufer und spielen die Szene im Geschäft, z.B.: • *Guten Tag?* ○ *Ich möchte …* • *Bitte!* ○ *Was kostet der/ die/ das……*			*Du möchtest spielen.* *Du möchtest zeichnen.* *Du möchtest lesen.* *Du möchtest Fußball spielen.* *Du hast Hunger.* *Es ist Winter. Es ist Sommer.* *Was kaufst du?* *Was möchtest du?* *Was kostet das?* *Ich möchte…* *Ich kaufe…* *die Bauklötze, die Jacke,* *der Schal, das Brot, das Bonbon,* *die Puppe, der Knochen, die Cola,* *die Pizza, der Teddybär,*

Unterrichtsentwurf

Victoria Voll

Ich bin so bunt wie die Welt!
Ein Stop-Motion-Film als Unterrichtsprojekt in einer mehrsprachigen Lernergruppe

Erfahrene Fremdsprachenlehrerinnen und -lehrer wissen, wie schwierig es ist, eine Lernumgebung zu schaffen, in der sich Schüler ganz selbstverständlich der Sprache bedienen, die sie lernen wollen oder müssen. Authentische Kommunikation setzt authentische Situationen voraus. Die „Echtheit" dieser Situationen bezieht sich u. a. auf die Notwendigkeit, die zu lernende Sprache zu verwenden, und auf stimulierende Aufgaben, die nahe an der Lernerwirklichkeit sind und sich loslösen von rein formalen Aspekten des Fremdsprachenlernens. Wenn sich Lerner aus verschiedenen Ländern mit verschiedenen Muttersprachen im Unterricht treffen, sind sie in der Regel „gezwungen", die Zielsprache als Kommunikationsmittel einzusetzen. Wenn eine spannende Projektidee hinzukommt, ergibt sich die Lernmotivation fast schon von selbst.

Ein solches Projekt wird in folgendem Beitrag beschrieben:

„Ich bin so bunt wie die Welt!" – so lautete der selbst gewählte Titel eines Kurzfilms, den vierzehn Schüler/-innen im Rahmen eines PASCH-Kurses am Goethe-Institut Freiburg produzierten. Die Idee war, mit den Schüler/-innen auf dem Sprachniveau A2 einen Stop-Motion-Film zu erstellen, bei dem sie sich gemeinsam in der Fremdsprache Deutsch kreativ ausdrücken können.

In den Absprachen über die Arbeitsvorgänge, dem Verfassen von Materiallisten und der Schöpfung eines Filmtitels verständigten sich die Kinder viel auf Deutsch. Dabei gewannen sie Selbstvertrauen, die Sprache ungehemmt in der Gruppe zu verwenden. Auch die selbstständige Arbeit hat die Schüler/-innen bestärkt, dass sie in der Gruppe sehr kreativ und leistungsfähig sein können. Eine Erkenntnis, die sich positiv auf den folgenden Unterricht auswirken kann.

Um die Schüler/-innen auf die Produktion eines eigenen Stop-Motion-Films einzustimmen, näherten wir uns von zwei Seiten dem Klassenprojekt an: Zum einen wollte ich das Thema des Films vorentlasten, zum anderen sollten die Lernenden die künstlerischen Möglichkeiten und die technische Umsetzung eines Stop-Motion-Films kennenlernen.

Das Thema des Films sollte „Eine Reise" sein. Dazu erhielten Kinder in Partnerarbeit eine Karte mit einer Frage zum Thema und die Aufgabe, eine Mindmap mit Antworten zu erstellen:

- Was braucht man für eine Reise?
- Wohin kann man reisen?
- Womit reist die Person?
- Wer macht die Reise?/Mit wem macht die Person die Reise?
- Welche Probleme kann es während der Reise geben?
- Was kann Schönes auf der Reise passieren?

Anhand der Frage „Was braucht man für eine Reise?" wurde gemeinsam an der Tafel eine erste Mindmap erstellt, um die Aufgabe für alle zu verdeutlichen. Die verwendeten Fragewörter waren vorab immer wieder Bestandteil des Unterrichts, sodass vorausgesetzt werden konnte, dass die Schüler/-innen die Fragen verstehen. Dadurch konnten die Paare eigenständig an ihrer Mindmap arbeiten und sich auf die Suche nach passendem oder interessantem Wortschatz begeben.

Die fertigen Mindmaps wurden von den Paaren kurz präsentiert und anschließend zusammen mit den Fragekarten an die Tafel gehängt, um für alle im Verlauf der Arbeit sichtbar zu sein.

Als Nächstes sollten die künstlerische Herangehensweise und der technische Ablauf eines Stop-Motion-Films in den Vordergrund gerückt werden. Dazu schauten wir uns vier verschiedene Stop-Motion-Filme auf YouTube[1] an. Die Filme waren in ihrer Art sehr unterschiedlich: Der erste Stop-Motion-Film ist ein professionell gemachter Film, der sehr fantasievoll mit dem Material Papier umgeht. Der zweite Film ist von einem Schüler gedreht worden, der selbst im Abspann auftritt. Dieser Film soll die Hemmschwelle vor so einem Filmprojekt ein wenig senken und zeigen, dass auch Gleichaltrige mit Papier und Kamera eine Geschichte verfilmen können. Im dritten Film wird das Material Knete verwendet, das auf vielfältige und schnelle Weise seine Form verändern kann. Der vierte Film ist eine Anleitung, wie Bewegung bei einem Stop-Motion-Film mit Lego-Figuren dargestellt wird. Dabei wird auch die Technik eines Stop-Motion-Films anschaulich vorgeführt:

---

[1] Merk, Michael: Film „Hier und weg. Ein Film aus Papier", ecosign, Akademie für Gestaltung, 2011, www.youtube.com/watch?v=wTlb7XLWAg4.
Wintenso: Film „Paper Love Story", www.youtube.com/watch?v=vrpXomMjrqE.
Guldies: Film „Clamation, stop motion animation, Heratbeats", 2010, www.youtube.com/watch?v=PzDJQoUdTuk.
MrTrav71: Film „Beschleunigung, Strecke, Verzögerung bei Stop Motion mit Lego", 2011, www.youtube.com/watch?v=evm3drJMp-o.

Medien für Kinder

> Mit einer Fotokamera wird ein Motiv aus der immer gleichen Entfernung fotografiert. Zwischen den einzelnen Fotos wird die Figur oder die Kulisse ein klein wenig bewegt. Mit einer entsprechenden Filmsoftware werden die Fotos später in schneller Abfolge abgespielt, und ein Film mit bewegten Bildern entsteht.

Nach der Auseinandersetzung mit den vier kurzen Filmen wurde die Klasse gebeten, sich für ihr Wunschmaterial zu entscheiden: Die Wahl fiel auf Knete und Lego-Figuren.

Der nächste Schritt sollte das Entwickeln einer Idee für die Geschichte sein. Dazu bekamen die Schüler/-innen die Aufgabe, in Partnerarbeit die erste Szene ihres Films in zwei bis drei Sätzen aufzuschreiben. Als Inspirationsquelle wurde noch einmal auf die fertigen Mindmaps an der Tafel verwiesen.

Nach der Vorstellung verschiedener Ideen für die Handlung des Films einigten sich die Kinder sehr schnell auf folgende Geschichte:[2]

> Knete hat einen Traum. Er möchte nach Deutschland reisen. Aber Deutschland ist ein buntes Land. Knete kann nach Deutschland reisen, aber er muss noch in andere Länder fahren, weil er Farben braucht.

Dosen mit Knetmasse

Der Hauptcharakter wurde kurzerhand nach dem für die Figur verwendeten Material „Knete" getauft.

Zwei Schüler hatten die Idee, die Reise von „Knete" auf einer großen Weltkarte nachzustellen. Als Stationen der Reise sollten die Heimatländer der Schüler/-innen dieser Klasse besucht werden. Dazu wollten sie ein Foto auswählen, auf dem eine charakteristische Landschaft ihres Heimatlandes zu sehen ist. Außerdem sollte für jedes Land eine typische Sehenswürdigkeit, ein typisches Gericht oder Getränk, eine wichtige Sportart oder ein heimisches Tier festgelegt werden. Diese Gegenstände sollte die Figur „Knete" als Souvenirs in seinem großen Reisekoffer mitnehmen.

In jedem Land sollten der Koffer und „Knete" einen neuen Klecks Farbe erhalten, sodass die Figur am Ende kunterbunt in Deutschland ankommen würde.

Um die Arbeitsprozesse möglichst in Eigenregie der Schüler/-innen ablaufen zu lassen, wurde darauf verzichtet, feste Arbeitsgruppen vorzugeben. Stattdessen wurde mit einem Tafelbild dazu angeregt, insgesamt vier animierte Teile für den Stop-Motion-Film zu entwickeln:

der Titel	ein kurzer Text als Einleitung	die gespielte Geschichte	der Abspann

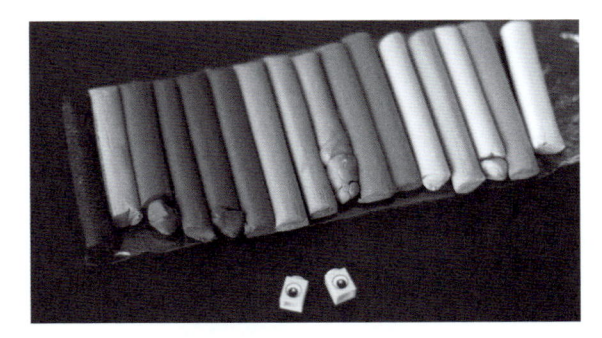

Dann wurden die Fotokameras ausgepackt, die Weltkarte ausgerollt und Material (Knete, Lego-Figuren, Papier und Stifte) verteilt. Es bildeten sich relativ schnell Interessengruppen,

---

2 Sollten sich zwei oder drei tragfähige Geschichten in der Klasse entwickeln, können auch mehrere Filme parallel erarbeitet werden. Alternativ kann man überlegen, ob sich die Geschichten als verschiedene Szenen oder Handlungsstränge zusammenführen lassen.

Medien für Kinder

die motiviert mit der Arbeit begannen. Einige Schüler/-innen wussten nicht gleich, was ihre Aufgabe sein könnte. Es gelang ganz gut, sie mit einer noch fehlenden Arbeit zu beauftragen oder den Vorschlag zu machen, bei einer der arbeitsintensiven Gruppen mitzumachen. Es mussten beispielsweise Fotos mit Landschaften herausgesucht, Ideen für die länderspezifischen „Souvenirs" entwickelt und Buchstaben für den Titel gemalt und ausgeschnitten werden. Die ländertypischen Dinge (ein Lama, ein Fußballplatz, ein Mate-Tee, die Osterinseln, die Puente de las Américas etc.) wurden aus Knete oder Lego hergestellt und der fotografierenden Gruppe zur Verfügung gestellt.

Nach und nach entwickelten die Schüler/-innen so die verschiedenen Abschnitte des Films. Bei der Zusammenarbeit entstand eine tolle Arbeitsatmosphäre. Durch die Beschäftigung mit den verschiedenen Ländern wuchs auch das Interesse an den Muttersprachen der anderen Schüler/-innen, sodass sie spontan die Filmgeschichte von Knete auch auf Spanisch, Portugiesisch und Indonesisch übersetzten.

Bei etwas älteren Schüler/-innen ist es sinnvoll, vor dem Filmprojekt in der Klasse darum zu bitten, eigene Kameras mit Übertragungskabel mit in den Unterricht zu bringen, damit die Kleingruppen parallel arbeiten und fotografieren können. Am Nachmittag wurde der Film mit einer Kleingruppe von Schüler/-innen am Laptop zusammengesetzt.[3] Das lief natürlich nicht ohne technische Pannen ab, aber die Lerner/-innen bewiesen großes Durchhaltevermögen und technisches Geschick. Das Ergebnis von 4 UE Arbeit[4] im Klassenraum (die inhaltliche Vorbereitung und das Fotografieren der Geschichte) und etwa drei Stunden Arbeit am Nachmittag (Zusammenführen der Fotos am Laptop) konnte sich sehen lassen und wurde am Abschlussabend des PASCH-Kurses unter dem Applaus der anderen Schüler/-innen und des Teams gezeigt.

Die Arbeit an dem Stop-Motion-Film hat ein ehrliches Interesse der Schüler/-innen an den jeweils anderen Herkunftsländern gefördert. Das zeigte sich bei der gemeinsamen Suche nach dem deutschen Wort „Osterinsel" (Chile). Ein anderer Schüler wiederum erklärte seiner Mitschülerin, was Mate ist und wie das Getränk genau zubereitet wird.

„Knete" auf Reisen

In den Absprachen über die Arbeitsvorgänge, beim Verfassen von Materiallisten und der Schöpfung eines Filmtitels verständigten sich die Kinder viel auf Deutsch. Dabei gewannen sie Selbstvertrauen, die Sprache ungehemmt in der Gruppe zu verwenden. Auch die selbstständige Arbeit hat die Schüler/-innen darin bestärkt, dass sie in der Gruppe sehr kreativ und leistungsfähig sein können. Eine Erkenntnis, die sich sehr positiv auf den nachfolgenden Unterricht auswirken kann.

Der entstandene Film kann unter vimeo (**http://vimeo.com/58472790**) angesehen werden.

---

3   Als gängigste Software können iMovie (Apple) und Moviemaker (Microsoft) genannt werden. Dort werden die Fotos unter einem neuen Projektnamen hochgeladen. Dann kann die Ablaufgeschwindigkeit der Fotos auf 0,15 Sekunden pro Bild reduziert werden, um die Bilder zum Laufen zu bringen. Es lohnt sich, für den Titel, die Einleitung oder den Abspann einzelne Bilder mit einer Ablaufzeit von etwa 2 Sekunden zu versehen, damit sie vom/von der Zuschauer/-in auch gelesen werden können. Zum Schluss wird mit dem Befehl „Film fertig stellen" der Stop-Motion-Film gespeichert.

4   Aufgrund der Kürze der Zeit wurde auf den Einsatz von Ton- oder Musikunterlegung verzichtet. Gerade bei Schüler/-innen, die noch keine schriftlichen Texte in der Fremdsprache Deutsch verfassen können, bietet es sich aber an, die Geschichte oder die Dialoge mündlich erzählen zu lassen, mit einem Audiorekorder (z. B. Audacity) aufzunehmen und zum fertigen Film hinzuzufügen.

Medien für Kinder

Beate Widlok

Die Sendung mit dem Elefanten lädt zum Mitmachen ein – Kurzfilme im frühen Fremdsprachenunterricht

Die „Sendung mit der Maus" – die kennt ja inzwischen fast jeder. Sie hat gerade ihren 40. Geburtstag gefeiert. Die vielen Online-Materialien und die Sachgeschichten daraus eignen sich gut für den Einsatz im Fremdsprachenunterricht. Der kleine Bruder der Maus – sozusagen – ist der Elefant aus der „Sendung mit dem Elefanten": eine Fernsehproduktion für Kindergartenkinder und für alle anderen, die Spaß am kleinen blauen Elefanten haben.

Der blauer Elefant begleitet die Kinder durch die Sendung.
© F.Streich/Trickstudio Lutterbeck GmbH/WDR

Der Westdeutsche Rundfunk (WDR) strahlt diese Sendung regelmäßig aus und ist als öffentlich-rechtliche Rundfunkanstalt daran interessiert, dass auch Kinder im Ausland diese Mitmachsendungen kennen- und lieben lernen. So sind über das Goethe-Institut inzwischen drei Staffeln von Kurzfilmen in unterschiedlichen Sprachniveaus entstanden, die über eine DVD (www.goethe.de/shop) erhältlich sind oder über den Zugriff bei www.pasch-net.de/elefantastisch im Unterricht einsetzbar sind. In diesem Beitrag soll anhand von Beispielen gezeigt werden, wie Kurzfilme didaktisiert und im Unterricht genutzt werden können.

Die Filme aus der „Sendung mit dem „Elefanten" – im frühen Fremdsprachenunterricht

Jede Woche werden in der „Sendung mit dem Elefanten" etliche neue Filme vorgestellt, die dann ein paar Wochen auch im Internet anzuschauen sind. Darunter befinden sich auch Filme fürs erste Englischlernen und Filme, die sich auch hinsichtlich des Sprachlichen an ein muttersprachliches

Screenshot aus dem Film „Froschturm", der sich zum Zählenlernen eignet, © WDR

Publikum richten. Mit einer gezielten Auswahl aus dem gesamten Filmangebot, die das Goethe-Institut getroffen hat und über die drei oben genannten DVDs vorstellt, werden Lernende unterschiedlicher Niveaustufen angesprochen: Einfache Trickfilme, die mit wenig Sprache auskommen, sind schon auf A1-Niveau für die Einführung in überschaubare Themen, wie Farben und Zahlen, einfache grammatische Strukturen, wie Präpositionen, oder für die Vorentlastung von Wortschatz geeignet.

Dagegen gibt es auch sprachlich und inhaltlich anspruchsvollere Filme. Sie dauern etwas länger (fünf bis sechs Minuten), enthalten sachkundliche Informationen und sind unter fremdsprachlichen Gesichtspunkten schon eine Herausforderung für Kinder und Lehrkräfte. Häufig handelt es sich dabei um Tier- oder Naturfilme, die sich gut in die Lehrpläne einbinden lassen und Kinder im Grundschulalter genauso ansprechen wie auch jüngere Kinder.

Das Bilderbuch „Knacks, der kleine Waschbär", das sich als Vorbereitung auf die vier Waschbärfilme aus der ersten Staffel eignet (vgl. Anm. 1) © Goethe-Institut

Für diese sprachlich z. B. auf B1-Niveau des Referenzrahmens anzusiedelnden Filme bedarf es natürlich einer gründlichen Vorbereitung auf Thema und Wortschatz und einer entsprechenden Vorentlastung im Unterricht. Die Kinder müssen komplexere Sätze aufnehmen und daraus wichtige Informationen herausfiltern. Bestimmter Wortschatz ist dem Fachwortschatz zuzuordnen: Wenn die Kinder verstehen sollen, was ein Waschbär frisst, wie er aussieht, welche Lebensgewohnheiten er hat etc., müssen passende Wörter und Strukturen sukzessive und behutsam, z. B. über Bilder, Lieder und Spiele, eingeführt werden, bevor man sich mit dem Film beschäftigen kann[1].

Viele Filme für ein Thema

Das Angebot der vom WDR zur Verfügung gestellten Filme aus der „Sendung mit dem Elefanten" ist groß, aber nicht unerschöpflich. Bewusst wurden die Filme so ausgewählt, dass es mehrere Angebote zu einem bestimmten Thema gibt, sodass sich vielleicht über einen längeren Zeitraum spiralförmig thematisch mit Filmen arbeiten lässt und sich nach und nach Wortschatz und Strukturen dadurch einführen lassen.

So haben sich Gruppierungen herausgebildet, die vom Trick- zum Naturkunde- oder Dokumentarfilm, von A1- bis B1-Niveau, von Fantasie und Nonsens bis hin zu sehr ernsthaften Inhalten reichen. Da werden Kreativität und Sozialverhalten, Motorik, Musikalität oder Kooperation gefordert und gefördert. Im Prinzip ist für alle Lerntypen und für alle Kinder der Primarstufe etwas Passendes dabei.

Die Filmauswahl

Das Spektrum der Themen ist breit und an die Anforderungen in den internationalen Lehrplänen von Primarschulen angepasst:

Alphabet:

Es werden folgende Buchstaben über Trickbilder vorgestellt, die jeweils eine Figur mit dem entsprechenden Anfangsbuchstaben zeigt und sich dann fortlaufend in andere Figuren verwandelt, z. B. zeigt der Film für B einen Ballon, der sich in ein Boot etc. verändert. Es gibt Filme zu den Buchstaben B, C, D, E, F, G, H, I, K, L, R, T.

Zwei Abbildungen zu einem Buchstaben – um welchen geht es hier wohl?
© WDR

---

[1] Zum Thema „Waschbär" – hierzu gibt es in der ersten Elefantenstaffel vier sehr ansprechende Filme – bietet das Goethe-Institut spielerisches Zusatzmaterial zur Vorentlastung an, vgl. das Lern-Bilderbuch „Knacks, der kleine Waschbär", die Musik-CD mit Mitmachliedern „Knacks und Co." von und mit Robert Metcalf und den Reflektor für Kinder unter: **www.goethe.de/kinder**

Medien für Kinder

Tiere:

Es gibt Filme zu folgenden Tieren: Frosch, Schwan, Storch, Flamingo, Seehund, Elefant, Murmeltier, Hummel, Siebenschläfer, Erdmännchen, Delfin, Katze, Waschbär.

Zu den Filmen „Siebenschläfer", „Erdmännchen" und „Waschbär 1–4" gibt es tolle Mitmachlieder von Robert Metcalf, über die man sich in die Filme einstimmen kann. © Goethe-Institut

Die meisten dieser Filme sind reine Sachkundefilme, einige wenige sind als Trickfilme eher für einen kleinen Unterrichtsspaß gedacht. Manche haben auch einen sozialkundlichen Aspekt. Sie enthalten in der Regel Fachwortschatz, sodass die Filmskripte vorher genau angeschaut und auf ihren unterrichtspraktischen Gehalt analysiert werden müssen.[2]

Lebensmittel:

Exotische Früchte, Apfel, Mandarine, Apfelsine, Obstsalat; zwei Trickfilme „Abenteuerreise Kirsche und Erdbeere".

Zeichnung zum Film „Farbdusche" aus Staffel 1[17]. Zeichnung: Hariet E. Roth, © Goethe-Institut

[2] Die Skripte sind unter **www.pasch-net.de/elefantastisch** erhältlich. Wer auf diese Seiten keinen Zugriff hat, kann ein bestimmtes Skript bei der Autorin per E-Mail anfordern: widlok@goethe.de

[3] Viele Zeichnungen, die zur ersten Staffel entstanden sind, finden Sie zum Gratisdownload farbig und in Schwarz-Weiß unter **www.goethe.de/kinder**

Diese Filme – bis auf die Trickfilme – eignen sich gut zur praktischen Umsetzung und zum Nachahmen im Unterricht. Der Film zur Orange in der dritten Staffel ist eine schöne Ergänzung zum Mandarinenfilm in der zweiten Staffel: Zuerst untersucht ein Kind, wie viele Scheiben eine Mandarine hat, anschließend untersucht ein sachkundlicher Film den Pflanzenwuchs der Orange und ergänzt die Erkenntnisse aus dem ersten Film.

Eine Mandarine und ihre Scheiben.
Wie viele hat deine? ...
Zeichnungen: Hariet E. Roth, © Goethe-Institut

Sozialkundliche Filme:

Waldkindergarten, Besuch bei der Nachbarin, im Supermarkt, Kinderquartett. Diese, aber auch einige der anderen Filme, können sehr eng thematisch genutzt werden oder auch das soziale Miteinander, z. B. innerhalb von verschiedenen Generationen, bei der Frage von kleinen Aufgaben in der Familie, bei der Gestaltung von Freizeit und Hobbys o. Ä. eingesetzt werden.

Musik:

Klatschübungen, Lautmalereien, kurze Lieder mit Robert Metcalf, Instrumente, Trompete. Auch einige der englischsprachigen Filme von „David and Red" haben einen klanglichen oder musikalischen Aspekt, der zum Mitmachen und Nachmachen oder Weiterentwickeln anregt. Der Film „picke-packe-pocke" zeigt sehr schön den Mitmachcharakter der Elefantenfilme: Er fordert förmlich die Zuschauer dazu heraus, selbst Analogien zu bilden wie sicke, sacke, socke, ... Das Spiel lässt sich dann gut auf andere Laute adaptieren.

Mein Körper:

Nasen, Ohren, Größe, Geschicklichkeit – Bockspringen, Seilspringen und Jonglieren –, Gesichter, auf Dosenstelzen laufen. Ob man sein Spiegelbild im Wasser betrachtet oder gemeinsam mit einer Freundin – dabei kann man lernen, genau zu beobachten und zu beschreiben, auch in der Fremd-

Medien für Kinder

sprache. Ideal als Partnerübung oder um bei einer kleinen Exkursion ans Wasser vorzuentlasten oder auch im Anschluss an den Film zu erproben. Über kleine Handyfilme oder Fotos lässt sich das Thema beliebig erweitern.

Experimente:
Kreide selber machen oder Bohnen beim Wachsen beobachten, Experimente mit Büroklammern. Auch hier gibt es wieder Filme von David und Red, die Experimente zeigen. Diese Filme gehen – wie auch die naturkundlichen Filme – in Richtung eines sachfachorientierten Fremdsprachenunterrichts, in dem es mehr um das Verstehen des Experiments, um seine Durchführung und das Erlernen fester Chunks geht. Die sollte sich die Lehrkraft genau überlegen, indem sie die Abläufe des Experiments in klare Schritte einteilt und dazu den passenden Wortschatz vorbereitet: passiven, der zum Verstehen notwendig ist, und aktiven, den die Kinder benötigen, wenn sie das Experiment nachmachen und versprachlichen sollen.

Aus Bohnen werden ganz schnell Bohnenpflanzen, versucht es mal! © WDR

Englischsprachige Filme:
Sieben kurze Filme mit David und der Sockenpuppe Red
Diese kleinen Filme haben ein sehr einfaches Prinzip: David spricht Englisch und Red kann nur sehr wenig Englisch. Darum wiederholt David alles ständig und Red greift das Angebot sehr rudimentär auf, so wie Kinder es im Fremdsprachenunterricht und beim Sprachenlernen überhaupt machen. Die Filme kann man auch ohne Ton anschauen und dann auf Deutsch probieren. Oder – und das ist das Neueste, was wir jetzt versuchen: Wir erfinden neue Filme mit „Peter und Blau" – auf Deutsch eben (s. Umschlagseite).

Arbeiten mit einer Filmreihe:
Das Filmangebot eröffnet viele Wege für den Unterricht – Beispiel „Obst".

Hierzu bietet die erste Staffel neun Filme an, mit denen auf unterschiedliche Weise gearbeitet werden kann:

1. Im Trickfilm „Farbdusche" geht es um den ersten Kontakt mit Sprache. Musikalisch untermalt und von einem Kind mit sehr wenig Sprache begleitet werden einzelne Früchte und deren Farbe langsam und nacheinander vorgestellt. Der Film lässt sich anhalten, es kann geraten werden, das Mitmachen der zuschauenden Kinder ist vorprogrammiert. Es lässt sich auch alles ohne Ton anschauen und von Kindern versprachlichen, wenn mit den zur Verfügung stehenden Screenshots oder Zeichnungen vorgearbeitet wird.

2. Zwei Trickfilme zeigen Castingshows mit der Figur „Knöpfchen", von Kindern sprachlich begleitet. Über diese Shows werden langsam und mit begrenztem, sich wiederholendem Wortschatz Formen und Farben einerseits (viereckig und orange) und Geschmacksrichtungen und Farben andererseits (süß, gelb) eingeführt und bildlich veranschaulicht. Obwohl das Thema äußerst simpel ist, ist der Wettbewerbscharakter der Castingshow spannend und sehr kindgerecht. Die Lerner raten mit. Sie sind „Knöpfchen" aber sicherlich überlegen und fühlen sich stark. Der sprachliche Aspekt tritt in den Hintergrund. Der einfache Aufbau des Begleittextes lässt eigene neue Varianten zu, z. B. zu Haarfarben, Kleidungsstücken, Lebensmitteln o. Ä. Der Showcharakter lädt zu Inszenierungen und szenischem Nachspielen ein. Sprache lernt sich so wie von selbst.

David und Red – haben Sie schon mal mit einer Sockenpuppe gespielt? © WDR

Medien für Kinder

Screenshots aus dem Film „Farbdusche", über den man Obstsorten und die passenden Farben kennenlernt. © WDR

Was ist viereckig und orange? Das kann doch nicht so schwer sein! © WDR

3. Zwei Trickfilme zeigen – ohne Worte – die abenteuerliche Reise einer Erdbeere und einer Kirsche. Hier ist natürlich von sprachlicher Seite die Unterstützung der Lehrerin gefragt. Und sie kann – je nach Lernniveau – mehr oder weniger Material einführen, üben, festigen. Screenshots und/oder Zeichnungen helfen bei der Vorbereitung; wenn sie nicht zur Verfügung stehen, kann der Film gestoppt werden, und die Kinder stellen Vermutungen über den weiteren Verlauf der Reise an. Dabei wird jeweils Wortschatz eingeführt und beim weiteren und/oder wiederholten Sehen gesichert und gefestigt. Bei besonders klarer Aufgabenstellung können hiermit auch Wechselpräpositionen mit Akkusativ („Wohin fliegt die Erdbeere?") oder mit Dativ („Wo ist die Erdbeere?") eingeführt werden. Aber Vorsicht, denn natürlich muss hier auch Unsinn erlaubt sein, und gleichzeitig dürfen keine Unsicherheiten beim Gebrauch der Präpositionen entstehen: „Die Erdbeere ist im Himmel, auf der Wolke, zwischen den beiden Engeln ..."

Die Erdbeere fällt vom Strauch, kullert den Berg hinunter, und die Abenteuerreise beginnt ... Wer darf sie wohl am Ende essen? Einer der beiden Engel etwa? Zeichnungen: Hariet E. Roth, © Goethe-Institut. Screenshot: © WDR

In der zweiten Staffel gibt es übrigens eine weitere Abenteuerreise mit einem Ball, sodass das spielerische Thema immer noch einmal aufgegriffen werden kann, ohne an Spannung zu verlieren.

4. Schließlich gibt es vier sachkundliche Filme zum Thema „Obst", die sich sehr stark voneinander unterscheiden:

   ### a. Wie viele Scheiben hat eine Mandarine?
   Ein Kind schält eine Mandarine, zählt die Scheiben von insgesamt drei Mandarinen und stellt fest, dass die Anzahl ein wenig variieren kann.
   Dieser kleine Film wird von dem kleinen Kind sprachlich begleitet, das Kind spricht sehr undeutlich und für Lernanfänger vermutlich unverständlich, aber authentisch. Was es sagt, lässt sich aus dem Bild leicht erschließen, sodass es auch von Lernanfängern selbst verfasst/ergänzt/korrigiert werden kann. Das Ganze lässt sich als Experiment leicht nachspielen und in Partnerarbeit sprachlich begleiten. Als Ergänzung gibt es in der dritten Staffel einen Naturkundefilm zur Orange, in dem dem Wachstum dieser „Scheiben" nachgegangen wird.

   ### b. Melena macht Obstsalat
   Ein Mädchen (Primarstufenalter) bereitet einen Obstsalat zu und begleitet ihre Handlungen sprachlich. Der Film lässt sich gut in Sequenzen behandeln und leicht nachspielen. Das Kind spricht deutlich und langsam, sodass die Vertonung sinnvoll eingesetzt werden kann.

   ### c. Exotische Früchte
   Hier geht es um Früchte, die in Deutschland eher selten zu Hause sind und deshalb bei uns als „exotische Früchte" empfunden werden; in anderen Regionen der Welt verhält sich das vermutlich nicht so. Darum ist der Film auch aus interkultureller Sicht interessant. Was bedeutet „exotisch"? Die einzelnen Früchte werden, bevor sie im Film aufgeschnitten werden, gezeigt, und die Kinder sollen raten, wie sie wohl von innen aussehen. Zwei Erwachsene führen das Ganze vor, das durchaus nachgespielt werden kann. Anstatt Abbildungen zu benutzen, wäre es in diesem Fall ratsam, mit realen Früchten vorzugehen und die Kinder sozusagen hautnah mit dem Thema arbeiten zu lassen. Sie können das Obst am Ende auch mit verbundenen Augen probieren – ob sie Geschmack und Bezeichnung dann wohl zusammenbringen oder sich an die richtige Farbe des Obststücks erinnern?

Eine Frucht – von innen und von außen – was ist es? Ist sie exotisch für Sie?
Zeichnungen: Hariet E. Roth, © Goethe-Institut

   ### d. Wie entsteht ein Apfel?
   Hier wird ein Apfel in seiner gesamten Entstehung gezeigt. Momentaufnahmen eignen sich zum Nachzeichnen. Es ist zu überlegen, zu welcher Jahreszeit man sich mit diesem Thema befasst und ob es nicht möglich ist, mit den Kindern einen Ausflug zu machen und Apfelbäume vor Ort anzuschauen und genauer zu beschreiben.

Naturkundefilme finden Kinder immer spannend, denn sie sind inhaltlich anspruchsvoll und fordern die Kinder. Sie müssen jedoch sprachlich sorgfältig vorbereitet werden. Das Skript muss genau analysiert und sprachlich vorentlastet werden, bevor die Kinder damit konfrontiert werden. Man könnte sich einzelne Teile anschauen und zu einem späteren Zeitpunkt, wenn der Apfel auch in der Umgebung jahreszeitlich bedingt weiter gereift ist, den Film weiter anschauen. Wenn Zeit für ein längerfristiges Projekt ist, kann natürlich auch etwas angebaut und das Wachstum beobachtet werden.

Medien für Kinder

Wie geht das mit den Filmen?
Einige grundsätzliche Empfehlungen

Ein Film soll nicht willkürlich sozusagen als Belohnung und nur, weil man Kinder mit Filmen leicht begeistern kann, eingesetzt werden. Der Lehrer sollte den einzelnen Film und das jeweilige Skript genau kennen und wissen, welcher Wortschatz neu ist bzw. an welche Inhalte er mit dem Film anknüpfen könnte. Wenn das Bildmaterial über www.pasch-net.de/elefantastisch und über www.goethe.de/kinder nicht verfügbar ist[4], kann mit eigenen Bildern und Realia in das Thema eingeführt und auf den Wortschatz vorbereitet werden.

Filme lassen sich gut ohne Ton, in Sequenzen und mit offenem Ende anschauen. So lassen sich Kinder meistens bereitwillig motivieren, eigene Ideen einzubringen und die Handlung kreativ umzugestalten. Filme sind nicht Selbstzweck, sie sollen den Lernprozess unterstützen, Spaß machen und das Lernen bereichern.

Wozu Film?
- Zum Einstieg in ein Thema
- Zur Erzeugung von Motivation, Spaß und/oder Spannung
- Als Informationsquelle
- Handlungsorientiert als Mitmachaktion
- Als sprachlich und landeskundlich authentisches Vorbild

Welcher Film passt?
- Filme, die einen inhaltlichen Lernzuwachs ermöglichen und zum Unterrichtsthema passen,
- Filme, über die bestimmte Sprachkenntnisse (Wortschatz, Grammatik) vermittelt, geübt oder gefestigt, werden können,
- Filme, über die auch andere als sprachliche Kompetenzen (Motorik, Musikalität, Kreativität, Sozialverhalten, Selbstwertgefühl, achtsamer Umgang mit der Umwelt etc.) gefördert werden können.

Welche Methoden sind sinnvoll?
- Vorentlasten über Bilder, Gespräche, Realia
- Anknüpfen an Bekanntes vor dem Anschauen des Films
- Betrachten des Films in Schritten – jeweils mit konkretem Arbeitsauftrag
- Differenzierung von Hör- und Seherlebnis – d. h. ggf. auch Anschauen des Films ohne Ton oder mit offenem Ende
- Mehrmaliges Anschauen des Films
- Film ist ein Zusatzmedium und sollte nicht den gesamten Unterricht beherrschen.

Was kommt nach dem Film?
- Üben, festigen, vertiefen (z. B. über Arbeitsblätter, Aufgreifen des Themas in einem anderen Kontext, Beschriftung von Bildern etc.)
- Erkennen neuer Systeme, z. B. über Experimente, Projekte, Erkennen neuer Systeme und Strukturen

---

[4] Screenshots und Didaktisierungen mit Abbildungen aus den Filmen sind aus rechtlichen Gründen auf www.pasch-net.de/elefantastisch nur im geschützten Modus verfügbar und nur für PaSch-Schulen gedacht. Zeichnungen zur ersten Staffel finden Sie unter www.goethe.de/kinder. Die DVD ist dagegen frei verkäuflich unter www.goethe.de/shop.

9 Projekte weltweit

Herbert Gudjons

Projektunterricht – was ist das? Wie macht man das?

Projektunterricht ist hochaktuell. Er hat sich sehr stark verbreitet. Andererseits droht gegenwärtig eine Verflachung und begriffliche Verwirrung (jeder Kochkurs und jeder Besuch beim Bauern wird schon „Projekt" genannt). Darum muss geklärt werden, was grundsätzlich (mit Bezug zum Sprachunterricht) überhaupt ein Projekt ist. Genauso wichtig ist ein praktischer Ablaufplan eines Projektes. Dabei werden zehn Merkmale entwickelt, die als „Checkliste" für die Planung, Durchführung und Auswertung eines Projektes unmittelbar anwendbar sind.

Was ist überhaupt ein Projekt?

„Der Unterricht fällt aus – wir haben Projektwoche!" So lautete vor Kurzem eine Überschrift im Lokalteil einer großen Tageszeitung. Da staunen Sie sicher: Projekte – kein Unterricht? Oder jedenfalls kein „richtiger"? Klärung ist nötig. Meine folgende Definition stützt sich theoretisch auf John Dewey (der als wissenschaftlicher Vater des Projektgedankens gilt) und ergibt sich praktisch aus der Analyse mehrerer hundert praktischer Projektbeispiele:

„*Projektunterricht ist eine Unterrichtsform, bei der Lehrer (-innen) und Schüler(-innen) gemeinsam*
1. *eine problemhaltige Sachlage auswählen,*
2. *eine Planung zur Bearbeitung erstellen,*
3. *das Vorhaben handlungsorientiert durchführen,*
4. *das Ergebnis/Produkt nutzen oder anderen vermitteln und den Gesamtverlauf abschließend reflektieren."*

Nach dieser Definition enthält ein Projekt in seinem Ablauf klar benennbare Schritte. Diese lassen sich durch Merkmale näher bestimmen. Dadurch kann man feststellen, ob eine geplante oder abgelaufene Unterrichtseinheit überhaupt „Projekt" genannt werden kann – oder nicht. Eine solche „Checkliste" kann man wie eine Folie über ein geplantes Projekt oder über ein durchgeführtes Unterrichtsbeispiel legen. Man erkennt dann, wo der Unterricht dem Projektgedanken nicht oder nur mangelhaft gerecht wurde und wo Verbesserungsmöglichkeiten liegen. Eine ausführlichere theoretische Untermauerung dieses Projektkonzeptes findet sich in Gudjons (2008).

Wie „funktioniert" also Projektunterricht?

Vorbereitung eines Projektes

Neben der sehr verbreiteten Projektwoche können Projekte unterschiedlich lang sein: für kurze Zeit angelegt, z. B. 4-Stunden-Kurzprojekt: Besuch eines Supermarktes in Kleingruppen zum Erstellen einer Einkaufsliste mit deutschen Begriffen für bestimmte Artikel und anschließender Vorstellung in der Klasse – oder ein 20 Stunden umfassendes Befragungsprojekt zum Rauchen der Mitschüler an der Schule, Auswertung und öffentliche Ergebnispräsentation in Form einer Ausstellung. Ein Projekt – ganz gleich, wie lange es dauern soll – muss sorgfältig vorbereitet werden. Dazu gehört am Anfang eine *Projektskizze* der Lehrkraft, die sie am Schreibtisch zu Hause entwirft. (Anleitung bei Gudjons 2008, S. 93 ff.) Eine solche Projektskizze enthält in Kurzform u. a. folgende Angaben:

- geplante *Zeit*, *Lerngruppe* oder *Klasse*, Bezug zum *Lehrplan*
- *Thema* und *Grobziel* des Projektes (die Mühe differenzierter Lernziele können Sie sich sparen!)
- *inhaltliche Ideen* der Lehrkraft zum Thema, zu möglichen *Handlungsformen* (Erkundungen, Befragungen, Herstellen, Bauen, Ausstellen, Präsentationsform usw.)
- einen kurzen *organisatorischen Ablaufplan*, einschließlich *Projektauswertung*

Eine Stunde Schreibtischarbeit erspart manche Stunde des Leerlaufes und der Frustration in der Projektdurchführung. Natürlich muss die eigene Projektskizze genug Raum für die Mitbeteiligung der Schüler und Schülerinnen in der Planung lassen.

Günstig für ein Projekt ist es, wenn die Kinder Vorerfahrungen mit selbstständigen Arbeitsformen haben, z. B. Freiarbeit, Wochenplan, Stationenlernen, Gruppenarbeit. Wenn man zum ersten Mal ein Projekt plant, ist es unbedingt nötig, die Kollegen, die Schulleitung und wenn nötig auch die Eltern vorher zu informieren. Andernfalls könnten auch Ihre Kinder (wie oben zitiert) sagen: „Der Unterricht fällt aus – wir haben Projekt!" Um ein solches Missverständnis zu vermeiden, erklärt die Lehrkraft vor dem Projektbeginn allen Beteiligten kurz die Grundsätze der Projektarbeit (s. die folgenden Schritte und Merkmale) und hängt sie als Wandzeitung im Klassenraum auf.

Wie macht man ein Projekt?

Projektschritt 1: eine für den Erwerb von Kompetenzen geeignete problemhaltige Sachlage auswählen

Dieser Projektschritt lässt sich durch folgende *Merkmale* näher bestimmen.

1. Merkmal: eine wirkliche Aufgabe, ein echtes Problem

Am Anfang der Projektarbeit steht eine offene Frage, eine Aufgabe, ein interessantes Problem. Ein Projekt kann durchaus in einem Fach (z. B. im Sprachunterricht) angesiedelt sein, aber es wird Fragestellungen und Aspekte einschließen, die über das Fach im engeren Sinne hinausgehen. Bei einem echten „Problem" hängen die Dinge so zusammen, wie sie in der Wirklichkeit vorkommen, in alltäglichen Situationen und nicht in der künstlichen Ordnung von wissenschaftlicher Systematik oder einer Einteilung in Fächer. Das Pflanzen eines Baumes wird nicht eingeteilt in biologische, rechtliche, chemische, ökonomische oder religiöse Aspekte – von ganz allein werden beim Baumpflanzen unterschiedliche Fragen auftreten und sind zu bearbeiten.
In einem Projekt werden Erfahrungen gemacht, es wird nicht nur über etwas geredet. (Schulkrankheit: „Darüberitis"!) Der Sinn eines Projektes ist es, durch Erfahrungen und deren Aufarbeitung wichtige Kompetenzen zu erwerben. Diese Kompetenzen werden aber nicht durch einen kopflastigen Tafel-und-Kreide-Unterricht vermittelt, ohne Bezug zur Wirklichkeit und zum realen Leben. Es kommt im Projektunterricht vielmehr darauf an, das Leben wieder am Leben zu lernen.

2. Merkmal: Orientierung an den Interessen der Beteiligten

Grundsätzlich ist das Aushandeln von Interessen ein zentrales Merkmal des Projektunterrichts. Das kann Zeit kosten und ist ein kritischer Punkt. Allerdings sind Interessen nicht mit einem Schlag da. Interessen müssen bei Kindern oft erst geweckt werden, z. B. durch erste angeleitete Handlungserfahrungen (etwas ausprobieren, stutzen, nicht weiter wissen), durch Filme, Austausch von Erfahrungen, Rollenspiele, Besichtigungen u. a. m. Es ist ein fataler Irrtum zu meinen, alle Projektvorschläge dürften nur von den Kindern kommen. Auch ist wichtig zu sehen, dass sich Interessen während des Projektprozesses verändern können. Aber: Eignet sich jedes „Interesse", jedes Thema als Projekt?

3. Merkmal: gesellschaftliche Praxisrelevanz

Projektunterricht darf nicht zur Hobbypflege verkommen. Ein Projektthema muss eine gesellschaftliche Bedeutung haben, die sich aus dem Anspruch der Projektmethode ergibt, etwas Praktisches zur „Höherentwicklung" des Einzelnen und der Gesellschaft beizutragen (Dewey). Ein Projekt knüpft deshalb so weit wie möglich an reale, gesellschaftlich relevante Probleme und Bedürfnisse an. Projekte haben deshalb einen anderen „Ernstcharakter".

Projektschritt 2: gemeinsam einen Plan zur Problemlösung entwickeln

Folgende Merkmale charakterisieren diesen Schritt.

4. Merkmal: zielgerichtete Projektplanung

Im Projektunterricht wird sorgfältig auf Ziele hin geplant: Was wollen wir erreichen? (Oft ist es hilfreich, das Projektthema als Frage zu formulieren!) Festgelegt werden die Abfolge von Arbeitsschritten, die einzelnen Tätigkeiten, die Verteilung von Aufgaben, die Zeit, die Erstellung von Endprodukten – und: die Auswertung des Projektunterrichts! Bereits die Planung muss auch „Fixpunkte" vorsehen, an denen während des Projektprozesses ein Zwischenresümee gezogen wird. Hier können sich auch die Gruppen über den Stand der Arbeit austauschen.
Meistens ist es sinnvoll, gleichsam von hinten nach vorne zu planen: Man organisiert vom erhofften Produkt her den Ablauf der notwendigen Arbeitsschritte. Trotzdem: Manches ist nicht planbar, Informationslücken tun sich auf, Organisationspannen machen das Arbeiten schwer usw. – Aber ein guter Plan ist die Triebfeder des Projektes, seine organisierende Mitte! Sehr gut bewährt hat sich die „kooperative Projektplanung" mit Kindern: Sammlung von Ideen auf großen Karteikarten, Auswahl und Bündelung durch den Lehrer, daraus abgeleitete Arbeitsvorschläge für 4–6 Gruppen auf Wandzeitungen, Zuordnung der Lernenden zu einer der Gruppen, Anfertigung eines Planes durch die Kinder mit Unterstützung des Lehrers. Wie man dieses im Einzelnen plant, habe ich ausführlich und leicht lesbar an anderer Stelle beschrieben (Gudjons 2008, S. 95 ff.).

5. Merkmal: Selbstorganisation und Selbstverantwortung

Die Planung wird nicht wie im traditionellen Unterricht von der Lehrerin oder vom Lehrer komplett vorgegeben. Vielmehr ermutigt die Lehrkraft die Schüler und Schülerinnen zur Selbstorganisation und Selbstverantwortung, wo immer es möglich ist. Dabei behält die Lehrkraft aber die Verantwortung für die „Planung der Selbstplanung" der Lernenden!
Gerade im Grundschulbereich muss die Lehrkraft anfangs verstärkt Vorschläge für sinnvolles Arbeiten machen und unfruchtbare Fehlentwicklungen rechtzeitig stoppen. Selbstorganisation muss langsam eingeübt werden. Ihr Gestaltungsspielraum muss dem Alter angemessen sein und schrittweise

erweitert werden. Wer gleich zu Anfang des ersten Projektes einer Lerngruppe volle Selbstverantwortung erwartet, wird eine Bauchlandung erleben …

Projektschritt 3: das Problem handlungsorientiert bearbeiten

Folgende Merkmale kennzeichnen diesen Schritt näher.

6. Merkmal: Einbeziehen vieler Sinne

Nun kommt es darauf an, eine handlungsbezogene Auseinandersetzung mit dem Thema zu verwirklichen. Im Projektunterricht wird gemeinsam etwas getan, wird praktiziert, gearbeitet unter Einbeziehung des Kopfes, des Gefühls, der Hände, Füße, Augen, Ohren, der Nase, des Mundes und der Zunge – also möglichst vieler Sinne.
Die Palette der Handlungsformen ist unerschöpflich. Statt der üblichen Formen wie Lesen, Schreiben, Lehrervortrag, gelenktes Gespräch usw. werden Gegenstände hergestellt, szenische Darstellungen entwickelt, Dokumentationen erstellt, Videos und Filme gedreht, Menschen, Probleme, Meinungen zu sprachunterrichtlichen Themen erkundet, öffentliche Aktionen wie Vorführung, Ausstellung, Fest etc. inszeniert, Aktionen veranstaltet u. v. a. Geistige, sprachliche und körperliche Arbeit wird „wiedervereinigt", Lernen und Arbeiten, Theorie und Praxis rücken wieder zusammen.
Die handelnde Auseinandersetzung mit dem Projektthema sollte sich möglichst eng an der vorherigen Planung orientieren. Darum ist es zweckmäßig, die Gruppenarbeitspläne oder den Gesamtplan während der Projektarbeit für alle sichtbar in der Klasse auszuhängen. So kann man immer wieder sehen, wo man in der praktischen Arbeit steht und ob etwas geändert werden muss.

7. Merkmal: soziales Lernen

In der gesamten Projektarbeit verstärken sich soziale Lernprozesse: Zusammenarbeit in Gruppen, Koordination der Gruppenarbeiten zu einem Ganzen, gegenseitige Rücksichtnahme, Interessenausgleich usw. Interaktionen werden nicht mehr durch die Kommandos vom Lehrerpult gesteuert. *Voneinander und miteinander* wird gelernt. Damit ist die Lehrkraft vor die Aufgabe gestellt, *demokratische Verkehrsformen* anstelle von traditionellen Unterrichtsritualen für den Projektunterricht zu ermöglichen und langsam einzuüben (z. B. sich an Beschlüsse zu halten, Feedback zu geben und anzunehmen, ein Gespräch zu leiten, Arbeitsregeln einzuhalten, Ergebnisse zu präsentieren, Verantwortung und Eigeninitiative zu zeigen u. a. m.).

Projektschritt 4: das Projektergebnis anderen mitteilen oder es nutzen. Auswerten der Projektarbeit

Zur näheren Erläuterung folgende Merkmale.

8. Merkmal: Produktorientierung

Im Vordergrund steht nicht die Note, sondern das Gelingen des Produktes, der Einsatz für das Vorhaben, der Erfolg der Gruppe, die Herausforderung der Präsentation. Die Problembearbeitung führt in der Regel zu einem anderen Ergebnis als im traditionellen Unterricht, der Kinderköpfe mit Wissen anfüllt. Am Ende eines Projektes stehen Ergebnisse, die wertvoll, nützlich, wichtig sind, für den Einzelnen wie für die Lerngruppe. Sie haben *Mitteilungs- oder Gebrauchswert*.
Mitteilungswert bedeutet: Wesentlich für den Projektunterricht ist es, dass seine Ergebnisse öffentlich gemacht, d. h. der Kenntnisnahme, Beurteilung und Kritik anderer zugänglich gemacht werden. Bewährt haben sich z. B. Präsentationen der Gruppenergebnisse in der eigenen Klasse, aber auch kleine Ausstellungen mit den Projektergebnissen, zu denen man die Parallelklasse, die Eltern oder die ganze Schule im Pausenhof o. Ä. einlädt.
Gebrauchswert bedeutet: Wir wenden unsere Projektergebnisse praktisch an. Sind unsere deutschsprachigen Bio-Rezepte (die wir im Projekt entwickelt und ausprobiert haben) für andere nützlich? Findet unsere Vokabelhilfe Abnehmer? Ist unser Einkaufsleitfaden in deutscher Sprache für fremdländische Märkte brauchbar?
Auswertung bedeutet: Das Projekt ist erst dann zu Ende, wenn es reflektiert worden ist! Dazu kann die Lehrkraft eine eigene Schreibtisch-Reflexion machen, mit den Kindern eine strukturierte Auswertungsdiskussion führen oder die Ergebnisse mit Kollegen diskutieren. Leitfragen dazu sind: Haben wir unser Ziel erreicht, haben wir unsere Ausgangsfrage beantwortet, konnten wir anderen diese Ergebnisse angemessen vermitteln? Aber auch: War unsere Problembearbeitung sinnvoller und befriedigender als der „normale Unterricht"? Projektunterricht zielt eben auch auf eine längerfristige Veränderung der Institution Schule. Denn eine solche kritische abschließende Reflexion gibt Auskunft über Erfolge und Misserfolge, über inhaltliche Anschlussmöglichkeiten und weiterführende Ideen. All das kann den anschließenden Unterricht maßgeblich beeinflussen, ja verändern!

9. Merkmal: Interdisziplinarität

Wir haben bereits gesehen: Projektunterricht überschreitet Fächergrenzen, obwohl er auch im Fachunterricht möglich ist. Es geht beim interdisziplinären Arbeiten aber darum, ein Problem, eine Aufgabe in ihrem komplexen Lebenszusammenhang zu begreifen und sie sich im *Schnittpunkt verschiedener Fachdisziplinen* vorzustellen.

10. Merkmal: Grenzen des Projektunterrichts

Der Projektunterricht hat dort seine Grenzen, wo andere Unterrichtsformen ihren berechtigten Stellenwert haben. Im Projektunterricht ist grundsätzlich die *Ergänzung durch Elemente des Lehrgangs* sinnvoll, um eigene Erfahrungen in systematische Zusammenhänge einzuordnen. Wir müssen auch den Anschluss an den vom Lehrplan vorgesehenen Kanon von Fachinhalten schaffen: Wo zeigen sich Grenzen unserer Ergebnisse, wo sind weitere Kenntnisse wichtig, die unsere Erfahrungen korrigieren, was uns selbst vorher gar nicht bewusst war?

Die moderne Kognitions- und Lernpsychologie zeigt: Handeln und Denken, Tun und Wissenskonstruktion, Praxis und Theorie gehören zusammen. Natürlich entsteht auch im Projekt Wissen. Dennoch sollte man ein Projekt getrost inhaltlich erweitern durch anschließende thematische Unterrichtseinheiten, Lehrgangselemente und Frontalunterricht. Aber auch Üben, Wiederholen und Fertigkeitstraining behalten ihren Stellenwert. Schließlich sind nicht alle Inhalte eines Curriculums in Projektform vermittelbar. Zu betonen ist: „Instruktion" und „Selbststeuerung" sind beim Lernen notwendig aufeinander angewiesen, Projektarbeit und Frontalunterricht sind integrierbar! (Gudjons 2007)

Dennoch: Jedes Projekt ist ein Wagnis. Aber es lohnt sich!

Literatur

Abendroth-Timmler, D. u. a. (Hg.): Handlungsorientierung im Fokus. Impulse uns Perspektiven für den Fremdsprachenunterricht im 21. Jahrhundert. Frankfurt/M. u. a. 2009

Gudjons, H.: Handlungsorientiert lehren und lernen. Schüleraktivierung, Selbsttätigkeit, Projektarbeit. Bad Heilbrunn 2008, 7. Aufl.

Gudjons, H.: Frontalunterricht – neu entdeckt. Integration in offene Unterrichtsformen. Bad Heilbrunn 2007, 2. Aufl.

Hänsel, D. (Hg.): Handbuch Projektunterricht. Weinheim 1997

Stefania Kosmidou

Mehrsprachigkeit in der Klasse durch Kurzprojekte fördern

Am Gymnasium von Livadochori auf der Insel Limnos in Griechenland fanden zwei Kurzprojekte statt, die außer Spaß auch einen Beitrag zur interkulturellen Erziehung schufen.

„Fischers Fritz fischt frische Fische" – Zungenbrecher

Spaß am Lernen weckt und erhöht die Motivation und trägt zu einem effektiveren Lernerfolg bei. Aus diesem Grund ermöglichen Sprachspiele den spielerischen und kreativen Umgang mit Sprache und bringen auch Abwechslung in den Unterricht.
Zungenbrecher sind Sprüche, die sich für das Training der Aussprache eignen und gleichzeitig mit enormem Spaß verbunden sind. Die einzelnen Wörter sind eigentlich einfach, aber das in einem schnellen Tempo richtige Aussprechen ist schon ein Kunststück! Und wenn man sich verspricht, dann wird es besonders lustig.

Und so ging es los ...
An einem Tag, an dem wir den Zungenbrecher „Fischers Fritz fischt frische Fische" für die Aussprache des „sch" geübt haben, hatten 15 Schüler der achten Klasse des Gymnasiums die Idee, griechische und weitere deutsche Zungenbrecher im Internet zu suchen, diese im Unterricht zu übersetzen und dann im Klassenraum auszusprechen. So entstand ein Kurzprojekt, das in vier Unterrichtsstunden durchgeführt wurde.
Die sprachliche und kulturelle Vielfalt innerhalb der Schule gehört seit vielen Jahren auch zur griechischen Schulwirklichkeit. Der starke Wunsch der Migrationsschüler, von den anderen akzeptiert zu werden, entmutigt sie, an ihrer eigenen kulturellen und sprachlichen Identität festzuhalten.
Wenn wir als Lehrer und Mitschüler allerdings die Sprache und Kultur eines Schülers nicht akzeptieren, dann akzeptieren wir den Schüler insgesamt nicht, und diese Einstellung ist für das Miteinander in der Schule kontraproduktiv. Man sollte aktiv durch verschiedene Initiativen und immer in Zusammenarbeit mit den anderen Schülern die kulturelle und sprachliche Vielfalt wertschätzen und unterstützen.

Die Lerner sortieren Versatzstücke von Zungenbrechern

Aus diesem Grund machten die Klasse und ich unseren mehrsprachigen Schülern aus Albanien und Skopje den Vorschlag, Zungenbrecher in ihrer Muttersprache mitzubringen, sie zu übersetzen und sie uns beizubringen. Die Schüler waren von dieser Idee begeistert. Ganz schnell kam der Vorschlag, auch Zungenbrecher aus anderen Ländern zu sammeln.

Zungenbrecherfieber in den Schulfluren ...
Eine Woche lang herrschte in den Fluren der Schule das Zungenbrecherfieber. Man hörte in jeder Pause, wie Schüler Zungenbrecher in verschiedenen Sprachen vor sich hinsprachen.

griechischer Zungenbrecher	
„Μια πάπια , μα ποιά πάπια, μια πάπια με παπιά" (ausgesprochen „mia papia, ma pia papia, mia papia me papia")	Eine Ente, aber welche Ente, eine Ente mit Entchen
albanischer Zungenbrecher	
„Kupa me kapak, kupa pa kapak"	Ein Kaffeebecher mit Deckel, ein Kaffeebecher ohne Deckel
slowenischer Zungenbrecher	
„Klop pod klopjio"	Die Bank unter einer Bank
englischer Zungenbrecher	
„If two witches would watch two Swatch watches which witch would watch which Swatch watch?"	Wenn sich zwei Hexen zwei Swatch-Uhren anschauen würden, dann würde sich welche Hexe welche Swatch-Uhr anschauen?
französischer Zungenbrecher	
„Un chasseur sachant chasser sans son chien est un bon chasseur"	Ein Jäger, der ohne seinen Hund zu jagen versteht, ist ein guter Jäger.

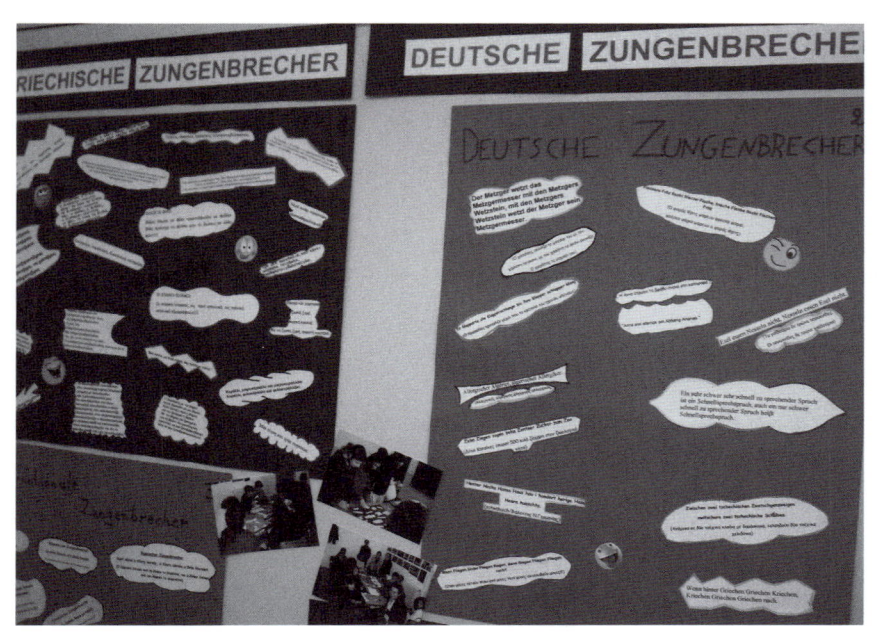

Ein mehrsprachiges Tafelbild

In jeder Ecke wurde etwas in einer unbekannten Sprache ausgesprochen, und überall hörte man das Lachen der Schüler. Die Zungenbrecher wurden in den Computer eingegeben, ausgedruckt, ausgeschnitten, bemalt, mithilfe von Wörterbüchern, Eltern und mehrsprachigen Freunden übersetzt und dann auf Plakate geklebt.

Lachen ist gesund

Wir haben in einer der folgenden Stunden alle zusammen deutsche, albanische, englische, französische, spanische und noch andere Zungenbrecher ausgesprochen und beim Versprechen viel gelacht. Viele Schüler wurden zu unseren Lehrern, die uns die richtige Aussprache beizubringen versuchten.
Es stellte sich heraus, dass uns spanische und albanische Zungenbrecher leichter fielen als französische und deutsche, und das lag an der Ähnlichkeit oder der Verschiedenheit der Laute jeder Sprache.
Zungenbrecher können Hemmungen und Vorurteile gegenüber fremden Lauten abbauen und eine positive Einstellung zu anderen Kulturen entwickeln. Durch Zungenbrecher kann man spielerisch alle in der Klasse gesprochenen Sprachen nutzen und sie dadurch näher kennenlernen.
Das Interessante an diesem Kurzprojekt war, dass innerhalb nur weniger Stunden Schüler aus fremden Kulturkreisen die Möglichkeit erhielten, ihre Muttersprache auf spielerische Weise zu präsentieren und anderen kleine Sequenzen daraus beizubringen. Dies war ein wichtiger Beitrag zur interkulturellen Erziehung unserer kleinen multikulturellen Schulgesellschaft.

„Nicht für die Schule, sondern fürs Leben lernen wir"

Diese verdrehte Version des Seneca-Zitats wurde als ein Kunstkurzprojekt an zwei Sonntagen durchgeführt.
„Non vitae, sed scholae discimus" („Nicht für das Leben, sondern für die Schule lernen wir") hieß das Zitat von Seneca (epistulae morales ad Lucilium 106, 12), der den überflüssigen und oft unnötigen schulischen Stoff beklagte, der zu einer Atmosphäre von Langeweile und Unlust führt. Damals schon hatte er recht, und heute im 21. Jahrhundert hat sich offenbar nicht viel im Schulsystem geändert ...
Wir versuchten durch ein Kunstkurzprojekt zu belegen, dass man in der Schule doch etwas Wichtiges für das Leben lernen kann und dass das sogar Spaß machen könnte.

Der Kunstunterricht ist ein erziehender Unterricht, der wie kein anderer den Schülern und ihrer Kreativität freien Lauf lässt, ihre Fantasie beflügelt und zum Wohlbefinden im Klassenraum beiträgt.
Unter Berücksichtigung dieser Ziele wurde von zehn Schülern im Alter von 15 Jahren und fachübergreifend in Zusammenarbeit mit der Kunstlehrerin der Schule das verdrehte Zitat von Seneca auf Hartschaumplatten (Styrodur) angefertigt.

Erst mal zeichnen und ausschneiden ...

Zunächst haben die Schüler mithilfe der Kunstlehrerin die Buchstaben des Zitats auf weißem Fotokarton spiegelverkehrt aufgezeichnet und dann nach Vorlage auf gelber und roter Wellpappe befestigt und ausgeschnitten.

Projekte weltweit

Schneiden, kleben, pinseln ...

Bei der Farbauswahl haben sie auf die Wichtigkeit der Wörter Rücksicht genommen, d. h. für „Leben", „Schule" und „lernen" haben sie die rote Farbe gewählt und für die restlichen die gelbe Farbe. Dieser künstlerische Umgang mit den Buchstaben hat sie begeistert.

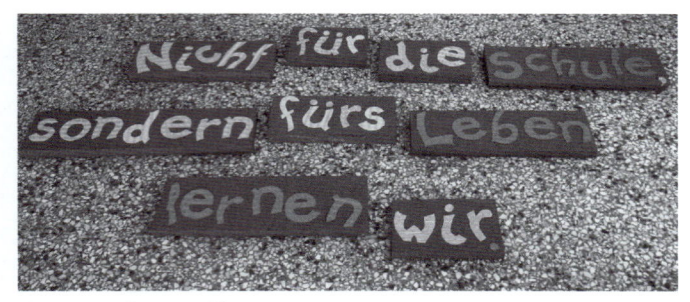

Ein wahres Wort!

Dann das Isoliermaterial zuschneiden und streichen ...

Nachdem alle Buchstaben ausgeschnitten waren, haben die Schüler das Isoliermaterial in großen plattenförmigen Stücken, in einer Höhe von 20 cm und in verschiedener Länge, zugeschnitten und mit grauer Acrylfarbe angestrichen.
Sobald die Farbe ausreichend getrocknet war, wurden die Buchstaben jedes Wortes vorsichtig auf jeder Hartschaumplatte (Styrodur) aufgeklebt. Fertig war das Kunstwerk! Es wurde dann im zentralen Flur der Schule aufgehängt.

Und was sagen unsere Schüler dazu?

Das Interessante an der Durchführung war, dass die Schüler Lust hatten, über den Sinn des Zitats zu sprechen. Sie fingen spontan und ohne unsere Aufforderung an, über den nutzlosen Stoff und den Zustand in den Schulen zu diskutieren, warum die Schüler keine Lust auf die Schule haben, warum sie sich mit den Lehrern nicht verstehen und was sie sich von der Schule wünschen würden.

Sprachen mit allen Sinnen lernen

Für sie tragen kurze Projekte zu einem engeren Miteinander im Schulleben bei. Projektarbeit beeinflusst positiv die Beziehungen zwischen Schülern und Lehrern und stärkt das Gefühl von Autonomie unter den Schülern, was im täglichen Unterricht selten stattfindet.

Sie hatten sogar die Idee, das Zitat in verschiedenen Sprachen im Internet zu suchen, dann Plakate zu erstellen und diese im Deutsch-Raum aufzuhängen. Auf diese Weise entstanden dann in noch zwei Unterrichtsstunden Plakate mit dem Zitat in verschiedenen Sprachen, zum Beispiel

> „Not for life, but for school do we learn"
> (englisch)
>
> „Aprendemos más por la escuela que por la vida"
> (spanisch)
>
> „Μαθαίνουμε για το σχολείο και όχι για τη ζωή"
> (griechisch)

Bemerkenswert ist die Aussage eines Schülers: „In wenigen Stunden habe ich ein deutsches Zitat gelernt, dasselbe Zitat in anderen Sprachen ausgesprochen, Buchstaben gezeichnet, Isoliermaterial zugeschnitten und angemalt, habe etwas Kreatives mit meinen Mitschülern und Lehrern unternommen, Meinungen mit ihnen über ein wichtiges Thema in einem angenehmen Arbeitsklima ausgetauscht, zwei Sonntage dafür „geopfert" und sogar großen Spaß daran gehabt. Könnte nicht jeder Schultag so ablaufen?"
Tja, kein Kommentar ...

Ewa Andrzejewska

Vom Bayreuth des Nordens zum Drachenfels – eine musikalische Reise mit den Helden der Nibelungensage

Eine Reise kann recht unterschiedlich sein, etwa hinsichtlich der Ziele, der Route, des Zeitpunkts und Orts des Beginns, der Dauer, der Begleitung, des Wetters, des Transportmittels und der Attraktivität, um nur die offensichtlichsten Aspekte zu nennen. Man plant eine Reise, man macht sich auf die Reise, man ist unterwegs, und dies kommt kaum ohne sprachliches Handeln zustande. Wenn sich *Deutsch als Fremdsprache lernende Grundschüler/ -innen* auf eine Reise begeben, dann scheint es angebracht zu sein, die Kinder neben dem gewohnten *„verreist zu sein"* auch die ihnen recht unvertrauten zeitlichen, räumlichen und thematischen Entfernungen entdecken zu lassen. Dafür bietet es sich an, eine musikalische Reise mit den Helden der Nibelungen zu unternehmen. Es ist eine Reise, die von Ort und Zeit ausgeht: Der Ort ist die Zoppoter Waldoper und der zeitliche Anlass ist der 200. Geburtstag Richard Wagners.

Das Nordische Bayreuth – hier beginnt die Reise

Zoppot (Sopot) liegt bei Danzig (Gdańsk) und gehört als Badeort an der Ostsee zu den Alltagserlebnissen der in Danzig lebenden Kinder. Jedoch hat die Stadt viel mehr zu bieten, das im frühen Deutschunterricht genutzt werden könnte, wie z. B. die weltberühmte Waldoper. Sie wurde 1909 gegründet. Seit der besonders erfolgreichen Siegfried-Aufführung im Jahr 1922 wurde sie ehrenvoll „Bayreuth des Nordens" genannt. Dort wurden die Wagnerfestspiele veranstaltet, die durch die ergreifende Magie des Ortes, die fantastische Akustik der Freilichtoper und auch durch die musikalische Qualität der Festspiele einen internationalen Ruf erlangten. Dass der Waldoper eine wichtige Rolle im Stadtleben zugeschrieben war, belegten das Zug-Signalverbot und die Änderungen der Einflugschneise für Flugzeuge während der Aufführungen, um alle Störungen zu unterbinden. 2009 feierte man das 100. Jubiläum der Waldoper in Zoppot mit einer Aufführung der Wagneroper *„Rheingold"*. Im Jahr 2012 wurde die inzwischen umgebaute und restaurierte Oper wiedereröffnet.

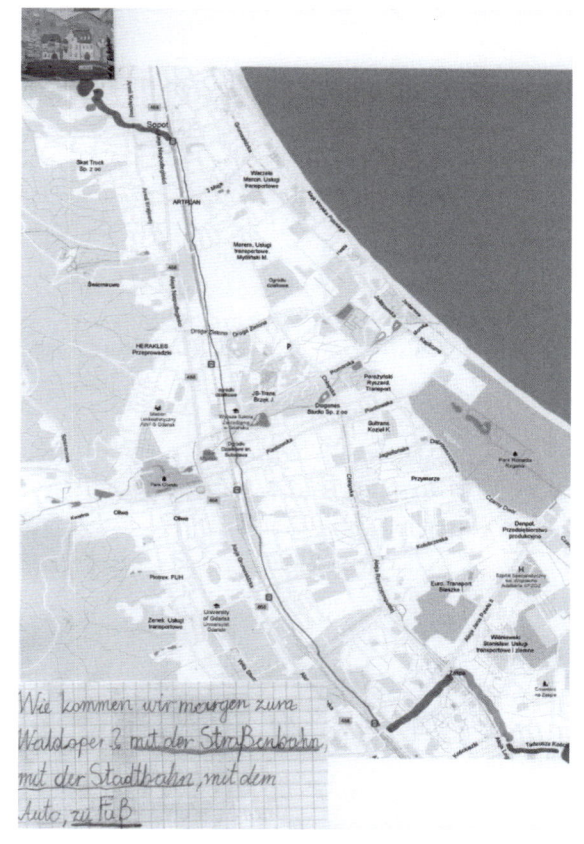

Wie komme ich zur Waldoper? Das ist schnell auf dem Stadtplan markiert!

Schon immer gut besucht: ein altes Foto von der Zoppoter Waldoper.

Unterricht

Die im Folgenden dargestellten Lernaktivitäten versuchen, unterschiedliche Reisekonzepte anzusprechen und den differenten Bedeutungsbereichen vom *Unterwegssein* Rechnung zu tragen. Im abschließenden Resümee werden die Aufgaben diesbezüglich reflektiert.

- Die Kinder basteln ein Modell der Freilichtoper in Zoppot (nach dem Vorbild aus den 20er-Jahren des 20. Jahrhunderts). Sie wählen Bäume zum Ausschneiden und Bemalen und kleben sie in das Modell ein. Dabei lernen sie einige Blattformen und auch die Namen von Bäumen kennen, die in der Umgebung der Freilichtoper wachsen.
- Auf dem Stadtplan (interaktive Tafel als Medium) suchen und markieren sie die Lage der Zoppoter Waldoper.
- Wenn das Waldoper-Modell fertig ist und die Kinder die Waldoper auf dem Stadtplan lokalisiert haben, wird die Bühne enthüllt und mit Helden der Siegfriedsage besetzt. Die Kinder begeben sich auf eine musikalische Reise, sie hören Auszüge aus der Wagneroper *„Ring der Nibelungen"* (Siegfried). Wie klingt die Musik: bedrohlich, zauberhaft oder lieblich? Aus der durch die Musik Wagners vermittelten Stimmung heraus nähern sich die Kinder der Stimmung der Siegfriedsage an.
- Die Lehrerin erzählt die Geschichte vom jungen Siegfried, wie er in die weite Welt geschickt wurde und was er dort erlebt, gesehen und gelernt hat. Hier wird nach dem narrativen Ansatz gearbeitet, das Hörverstehen steht im Mittelpunkt.

Ruhe, bitte! Oder wie heißt es auf dem Bahnhof?

Die Einführung in die Nibelungensage erfolgt durch die Geschichte vom jungen Siegfried

(nacherzählt nach: „Eine wunderschöne Historie von dem gehörnten Siegfried, in: Deutsche Volksbücher in drei Bänden, Bd. 1, Peter Suchsland, Berlin, Weimar 1979, S. 241–288)

Vor langer, langer Zeit lebten am Hof zu Xanten König Siegmud und Königin Sieglinde. Sie hatten einen Sohn, der Siegfried hieß. Siegfried war sehr stark, jedoch auch recht ungehorsam und stur. Deswegen beschlossen der König und die Königin, ihren Sohn in die weite Welt zu schicken.

„Juhu" – rief vor Freude der junge Siegfried. Er ging in die weite schöne Welt und sah grüne Bäume, bunte Blumen und blaue Bäche. Er ging tiefer und tiefer in den Wald und kam endlich an ein Haus. Dort wohnte ein Schmied. Dieser kam vor das Haus und fragte: „Du bist ein starker Junge, willst bei mir arbeiten?" „Ja, das mache ich", antwortete Siegfried und freute sich auf seine Belohnung, auf das Essen und Trinken.

Der Königssohn wohnte bei dem Schmied und lernte das Schmiede-Handwerk. Siegfried war aber so ungeheuer stark, dass der Schmied Angst vor ihm hatte. Er wollte Siegfried für immer loswerden: „Geh in den Wald, bringe mir einen Sack voller Kohle! Die Kohle findest du bei der größten Linde", sagte der Schmied zu Siegfried. Aber dass es dort sehr gefährlich war, das sagte er dem Siegfried nicht.

Als Siegfried bei der größten Linde ankam, sah er einen bösen Drachen. Der Drache spie Feuer und wollte Siegfried verschlingen.

Zuerst kämpfte Siegfried mit dem großen Schwert, das er geschmiedet hatte. Er konnte aber den Drachen nicht besiegen. Dann riss er einen Baum aus der Erde aus und warf ihn gegen den Drachen. Dann den nächsten Baum und den nächsten, bis der Drache ganz in die Äste der Bäume verwickelt war. Dann zündete er die Äste an und der Drache zerplatzte im Feuer.

Das Blut des Drachen spritzte auf Siegfrieds Hand und wurde dort zu einem festen Schutzpanzer. Als Siegfried das bemerkte, badete er im Blut des Drachen. Dadurch wurde er unverwundbar. Bis auf eine kleine Stelle auf seiner linken Schulter. Dort klebte nämlich ein Lindenblatt und diese Stelle wurde nicht vom Drachenblut berührt.

Der junge Königssohn Siegfried war sehr stolz auf seinen Sieg über den Drachen und kehrte nicht mehr zum Schmied zurück. Er ging weiter in die weite Welt, um neue Abenteuer zu suchen.

- Was kann alles auf einer Reise passieren, wenn man zu Fuß unterwegs (zu Siegfrieds Zeiten) ist, reflektieren die Kinder, indem sie weitere Abenteuer Siegfrieds zeichnen.
- In einer Opernaufführung ist Ruhe angesagt. Um dies zu verinnerlichen, spielen die Kinder das Spiel „Ruhe, bitte! – Aufführung". Dabei werden die authentischen Regelungen aus den Wagnerfestspielen in den 20er-Jahren des 20. Jahrhunderts spielerisch nachgeahmt. Zuerst verlosen die Kinder Eintrittskarten, Flugzeugtickets und Bahntickets. Dann, als Wettbewerb, legen sie diese in den im Klassenzimmer inszenierten Ecken (Waldoper, Flughafen, Bahnhof) als Silbenpuzzel zu den Ausdrücken zusammen: Ruhe, bitte – Aufführung, Kein Zugsignal, Flugstrecken-Änderung.
- Waldopernbesuch planen: Wenn man eine Reise plant, muss man eine Reihe von Entscheidungen treffen, darunter auch: Wie komme ich zum Ziel, wie lange werde ich unterwegs sein? Auf dem Stadtplan finden die Kinder unterschiedliche Zufahrtsmöglichkeiten und markieren sie in verschiedenen Farben; jeweils eine Farbe für eine Fortbewegungsart, d. h. mit der Straßenbahn, mit der S-Bahn, zu Fuß, mit dem Auto. Die Zeit, die gebraucht wird, um ans Ziel zu kommen, wird anhand von Fahrplänen errechnet (eine recht schwierige Aufgabe für die Kinder: Zahlen, Uhrzeiten, Zeitgefühl).
- In der Waldoper: Nachdem die Kinder ihr Waldopernmodell gebastelt, die Musik Wagners gehört und die Geschichte vom jungen Siegfried kennengelernt haben, folgt jetzt die Möglichkeit, die Freilichtoper fühlbar zu erleben. Die Technik der Bühnen- und Szeneneinrichtungen fasziniert die Kinder genauso wie die Kostüme aus der „Rheingold"-Aufführung 2009.
- Um der Siegfried-Geschichte auf die Spur zu kommen, wird der Drachenfels im Internet gesucht und mit den Fotos aus dem Opernbesuch, den Zeichnungen der Kinder und Texten als eine große Postkarte von den „reisenden" Kindern an Wagnerfans geschickt (d. h. im Schulkorridor für alle sichtbar an einer wichtigen Stelle ausgehängt).

Es war einmal eine Reise ...

Die sprachlichen Mittel, die in diesem Projekt verwendet wurden, betreffen das Wortfeld *Reise*. Die Kinder
- nennen Verkehrsmittel.
- beschreiben Wege.
- unterscheiden Tickets.
- geben Gefühle wieder.
- reflektieren das Zu-Fuß-Gehen.
- bestimmen Entfernungen und Zeitangaben.
- fragen nach dem Weg.
- geben Eigenschaften einer Reise an.
- drücken Bewegungen durch bestimmte Verben aus.

Die Nibelungensage in Bildern erzählt. Zeichnungen von Magda Buda.

Diese sprachlichen Mittel werden beim Hörverstehen, beim Spielen und beim sprachlichen Handeln in einem nicht alltäglichen und bisher recht ungewohnten Kontext verwendet.

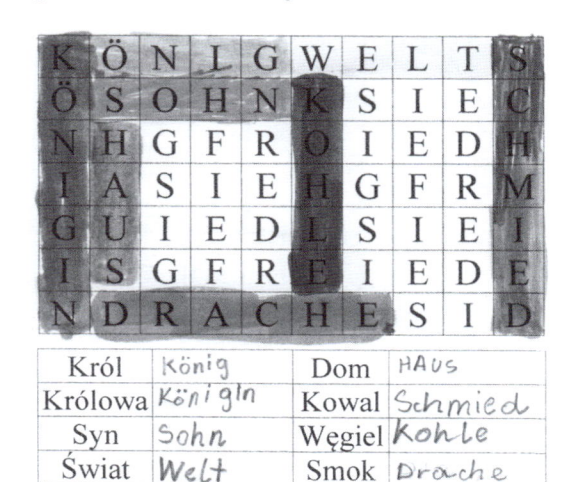

Król	König	Dom	Haus
Królowa	Königin	Kowal	Schmied
Syn	Sohn	Węgiel	Kohle
Świat	Welt	Smok	Drache

Damit geht es um einen breiten Reisebegriff, der zu dem wichtigen kindlichen *Unterwegssein*-Erlebnis gehört:
- Reise als Begegnung mit Fremden: Die Opernmusik ist den Kindern gänzlich unvertraut.
- Reise als Perspektivenwechsel: Kinder nehmen die eigene Schulklasse und den/die Lehrer/-in in einer neuen Umgebung wahr (die Waldoper).
- Zeitreise als Gefühl dafür, dass sich die Welt ändert: die alte und neue umgebaute Waldoper

Projekte weltweit

Aus dem Reiseerlebnis haben die Kinder ihre Eindrücke zeichnerisch festgehalten.

- alte und neue Eintrittskarten, Bahn- und Flugzeugtickets damals und heute
- Ahnung von Weiträumigkeiten: wie weit, Landkarte und Stadtplan lesen lernen
- Reise als Lernen: Erfahrungen sammeln, mündig werden (Siegfriedsage)
- Reise und Umwelt: Bahn und Flugzeug erzeugen Lärm und Abgase
- Reise und neue Orte: ihre Stimmung, ihr Zauber (Oper und Wald)
- die Welt zu Fuß kennenlernen: Welche Vorteile und Nachteile kann es haben, wenn man die Welt zu Fuß „erforscht" (im Polnischen gibt es ein Sprichwort, demzufolge nur das, was man „begeht", im Herzen und im Gedächtnis bleibt. Hier ist der Bezug nahe, dass Kinder früher die Welt „zu Fuß" entdeckten und sich später daran gern erinnern können.

„Wenn einer eine Reise tut, so kann er was erzählen" (M. Claudius)

Dadurch, dass die Kinder über ihre Reise erzählen, indem sie eine riesige Postkarte von der Reise an die „Zuhausegebliebenen" senden, berichten sie über etwas Ungewöhnliches, was nicht alle Kinder (und Erwachsenen) jeden Tag erleben. Obwohl die Waldoper in Zoppot für jeden zugänglich ist, gibt es nur wenige Kinder, die sie so nahe und intensiv erlebt haben. Sie können Erwachsenen erzählen, was sie auf der Reise gesehen und erlebt haben, was sicher für die am Projekt teilnehmenden Kinder motivierend ist. Dabei geht es nicht nur um Faktenwissen über die Waldoper und darüber, wie man zur Oper im Wald in Zoppot gelangen kann, sondern auch um eine Begegnung mit der Musik. Diese Begegnung war für die Kinder etwas völlig Neues und Ungewöhnliches. Dabei griffen die Musik, die Siegfriedsage und die Faszination des Ortes ineinander und ergänzten sich gegenseitig.

Inna Culebeachina

Ein Thema für viele Lernanlässe – Kinder entfalten ihre Fantasie

Egal, ob Kinder ab der zweiten Klasse oder erst ab der fünften Klasse mit der deutschen Sprache beginnen, meiner Erfahrung nach haben sie immer großes Interesse an dem neuen Fach. Sie behalten ganz schnell die neuen Wörter und erledigen ihre Hausaufgaben ohne Probleme. Aber natürlich hängt das vom Thema ab, das im Unterricht behandelt wird.

Warum also nicht ein Lieblingsthema wählen und anhand dieses Themas ganz viel unterschiedlichen Stoff einführen?

Das Lieblingsthema meiner Schülerinnen und Schüler war und ist das Thema „Tiere". Dieses Thema besprechen sie besonders gern und am liebsten immer wieder. Sogar die Kinder, denen Deutsch nicht so leichtfällt, machen immer gern mit, wenn es um Tiere geht.

Natürlich beginnen wir mit der Einführung der Lexik. Das ist ganz einfach zu machen, weil man hier viele Bilder finden kann. Das geht weit über die Einführung der Tiernamen hinaus. Man kann auch Farben, Adjektive (Eigenschaften der Tiere) und Verben (Bewegungen, die die Tiere machen können) lernen. Und so bereiten wir uns Schritt für Schritt auf die Beschreibung der Lieblinge vor. Wir können Interviews über die Lieblingstiere der Kinder führen, oder die Schülerinnen und Schüler stellen sich vor, dass sie Besitzer eines Bauernhofs wären oder Direktor eines Zoos. Solch eine Rolle zu übernehmen macht ihnen Spaß.

Es gibt eine Menge Aufgaben, in denen man die Lexik, die sie durchgenommen haben, vertiefend verwenden kann. Wir erfinden „Elfchen": Gedichte aus elf Wörtern, in denen in der ersten Zeile ein Wort steht, in der zweiten Zeile zwei Wörter, in der dritten Zeile drei Wörter und in der vierten Zeile vier Wörter. In der letzten Zeile steht wieder nur ein Wort.

Den Kindern macht diese Aufgabe viel Spaß. Unsere Kinder gehören zu der Generation der SMS und der Kurzberichte. Passend dazu beschreiben sie bei dieser Aufgabe ganz kurz ein Tier, als ob sie eine SMS schreiben würden.

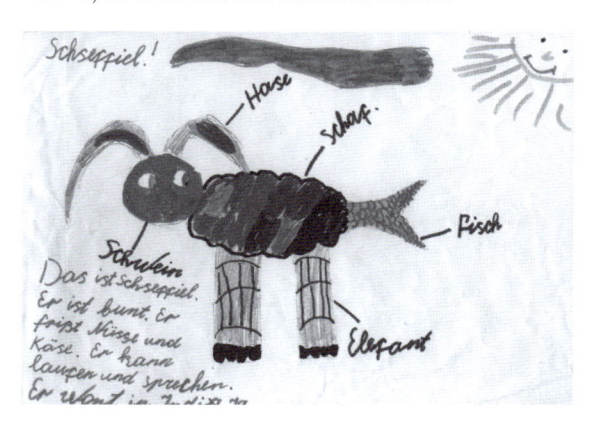

Beispiele für „Elfchen"		
Katze	Papagei	Kuh
fängt Mäuse	ist bunt	frisst Gras
frisst gern Fisch	frisst gern Äpfel	gibt uns Milch
kann klettern und springen	kann sprechen und fliegen	wohnt auf einem Bauernhof
toll	super	gut

Projekte weltweit

Tiere und was Kinder im Zusammenhang mit diesem Thema zustande bringen

Sehr gern gestalten die Kinder auch Rätsel zu diesem Thema. Gewöhnlich machen wir vorab eine Gliederung, und sie gestalten dann nach dieser Gliederung ihre Rätsel.

Solch eine Gliederung könnte in Form von Fragen entwickelt werden, z. B.:
1. Wo wohnt das Tier?
2. Welche Farbe hat es?
3. Was kannst du zu Größe und Form sagen? (lange Ohren oder kurzer Schwanz)
4. Was frisst das Tier?
5. Welche Bewegungen kann das Tier machen?
6. Was gibt uns das Tier?
7. Welche besonderen Eigenschaften hat das Tier?

Man kann daraus Rätsel entwickeln und auch Wettbewerbe gestalten. Jede Gruppe überlegt sich ein Rätsel, und die anderen Gruppen müssen es lösen. Man schätzt nicht nur die richtigen Antworten, sondern auch die Gestaltung der Rätsel. Dafür gibt es natürlich kleine Preise.

Aber wie ich schon bemerkt habe, machen die Kinder besonders gern Aufgaben, in denen sie ihre Kreativität und Fantasie frei entfalten können. Dazu eignet sich folgende Aufgabe:

Die Kinder müssen ein ungewöhnliches Tier, ein Fantasietier, erfinden. Wir lassen dieselben Punkte so wie in einem Rätsel. Aber jetzt können sie alles, was sie wollen, über ihr Tier erzählen. Sie stellen sich vor, dass sie eine Reise durch den Dschungel oder durch andere unbekannte Länder machen. Während der Reise haben sie ein neues Tier entdeckt. Für dieses Tier erfinden sie einen Namen und beschreiben es. Gewöhnlich stellen sie ein Tier dar, das Körperteile von anderen schon bekannten Tieren hat (z. B. den Hals von einer Giraffe, die Beine von einer Ziege, den Kopf von einer Maus, den Schwanz von einem Hasen etc.). Und sie bilden den Namen aus den ersten Silben der genannten Tiere (z. B. das Tier heißt Giziemaha – **Gi**raffe, **Zie**ge, **Ma**us, **Ha**se). Dabei lernen wir auch die Begriffe der verschiedenen Körperteile kennen. Die Kinder stellen sich vor, dass sie Wissenschaftler sind und dieses Tier erforschen müssen. Anschließend sagen sie, dass dieses besondere Tier die Ohren eines Elefanten, den Bauch einer Kuh usw. hat.

Das Thema „Tiere" eröffnet eine große Anzahl von Möglichkeiten, sowohl den Wortschatz als auch den grammatischen Stoff zu erlernen. Dieses Thema macht immer Spaß und lässt viel Raum für Fantasie.

Und was für ein Tier ist das?

Elke Drosson

Wettbewerbe machen Spaß und beleben den Deutschunterricht

Wettbewerbe im Deutschunterricht sind etwas Besonderes für jedes Kind und werden an der ALEV Grundschule in Istanbul innerhalb eines Zusatzangebots in der „Deutschsprachigen Literaturwerkstatt" ausgerichtet. Sie sollen die Kinder vor allem zum Deutschlernen motivieren. Die Finalisten bekommen eine Urkunde und die Gewinner eine Medallie, die ihnen vor der gesamten Schülerschaft bei der Zusammenkunft am Freitagnachmittag[11] feierlich überreicht wird.

Es gibt Einzel-, Partner- und Gruppenwettbewerbe, die die sprachlichen und sozialen Kompetenzen der kleinen Teilnehmer/-innen fördern sollen. Dabei können sie lesen üben, ihre Phonetik verbessern, deutschsprachige Feste mit den dazugehörigen Bräuchen kennenlernen oder einfach nur die deutsche Sprache gebrauchen, ohne benotet zu werden.

Vor allem sollen die Wettbewerbe aber Spaß machen und die Lust an der deutschen Sprache wecken.

Die Wettbewerbe werden immer pro Jahrgangsstufe ausgeschrieben, danach bereiten sich die Kinder in der Literaturwerkstatt darauf vor. In jeder der Parallelklassen wird schließlich die Vorentscheidung darüber getroffen, wer ins Finale kommt. Das können, je nach Leistung, zwischen fünf, zehn oder sogar fünfzehn Schüler/-innen pro Klasse sein. Wir achten auch darauf, schwächeren Lernenden, die sich angestrengt haben, durch eine Teilnahme am Finale ein Erfolgserlebnis zu ermöglichen.

Nachdem alle Finalisten ermittelt sind, treten die Schüler und Schülerinnen vor eine dreiköpfigen Jury, die meistens aus Deutschlehrkräften der Oberstufe besteht. Wir achten stets darauf, dass die Jurymitglieder die teilnehmenden Kinder nie selbst unterrichtet haben oder persönlich kennen.

Die Jury bekommt vorab die Namensliste der Finalisten und die Bewertungskriterien, die natürlich bei jedem Wettbewerb anders sind. Beim Lesewettbewerb werden z. B. Wortfluss, Aussprache, Satzmelodie und allgemeiner Eindruck bewertet. Beim Rapwettbewerb sind es Aussprache, Orginalität, Gruppendynamik und künstlerische Gestaltung.

Die Kinder stellen sich der Jury einzeln vor, und das Finale kann beginnen. Während die Schüler und Schülerinnen einer Klasse ihr Können präsentieren, wird schon die nächste Gruppe vorbereitet. So dauert das Finale für die Kinder meistens nur zehn Minuten, und es entsteht kein allzu großer Unterrichtsausfall.

Das Ziel der Wettbewerbe und der Aufbau sollte für alle, Kinder und Lehrkräfte, ganz klar sein, damit alle verstehen, worauf sie dann bei den einzelnen Wettbewerben achten müssen.

Neben dem „klassischen" Deutschunterricht möchten wir den Kindern an der ALEV Schule Istanbul auch auf anderen Wegen „Deutsch" näherbringen. Hocus & Lotus-Stunden (**www.hocus-lotus.edu**), Deutsch-Theater, Computer auf Deutsch, Lesestunden, Deutsche Literaturwerkstatt und Deutsch-Naturwissenschaften werden in verschiedenen Klassenstufen angeboten.

Zur Arbeitsweise in der Werkstatt und im integrierten Sprechklub

In den zweiten, dritten und vierten Klassen gibt es, integriert in die acht bis zehn Wochenstunden „normalen" Deutschunterricht, in zwei Wochenstunden eine Literaturwerkstatt. In diesen zwei Stunden komme ich zusätzlich zur Deutschlehrerin mit in die Klasse. In der Werkstatt steht das Sprechen im Vordergrund, es wird sehr praktisch und handlungsorientiert ohne Benotung gearbeitet. Die Themen werden zu Beginn des Jahres von den Deutschlehrkräften, der Deutsch-Koordinatorin und mir festgelegt. In der Werkstatt versuchen wir, das gerade aktuelle Thema auf andere Weise zu vermitteln, sodass die Kinder entweder den Stoff wiederholen oder vertiefen. Oft nehmen wir ein Bilderbuch oder eine Geschichte zum Einstieg. Doch der Werkstattunterricht deckt auch Bereiche wie deutschsprachige Musik, deutschsprachige Kultur und deutschsprachige Landeskunde (z. B. Essen) ab. Wir möchten in der Werkstatt „Sprache erleben", also Inhalte in der Fremdsprache ganz nah an die Kinder heranführen.

In der Werkstatt sollen sich auch bei schwächeren Lernenden (besonders Kinder mit Schreibschwächen) Erfolgserlebnisse einstellen, Ehrgeiz geweckt werden und der Spaß an der Sprache und am Lernen erhalten bleiben. Deswegen arbeiten die Kinder oft in Gruppen, machen eigene Projekte, die sie dem Klassenverband vorstellen, und nehmen so auch an Einzel- und Gruppenwettbewerben teil.

---

11 In der Türkei versammeln sich alle Schüler/-innen und Lehrkräfte zu Beginn der Schulwoche am Montagmorgen und zum Abschluss der Schulwoche am Freitagnachmittag auf dem Schulhof und singen die Nationalhymne. Es werden dann auch wichtige Neuigkeiten mitgeteilt.

Projekte weltweit

Die verschiedenen Wettbewerbe der letzten drei Jahre

- In den zweiten Klassen gibt es nur einen Wettbewerb, den Reimwettbewerb.
- In den dritten Klassen gibt es schon zwei Wettbewerbe, den Lese- und den Volkstanzwettbewerb.
- In den vierten Klassen gibt es über das Schuljahr verteilt drei Wettbewerbe: den Lese-, den Gedicht-Rap- und den Malwettbewerb zum Thema „Feste".
- Der Orientierungslaufwettbewerb findet in der letzten Schulwoche für die vierten Klassen statt. Es ist mehr eine Abschlussaktivität im Wettbewerbsstil, deswegen gibt es dort auch keine Medaillen.

Der Gedicht-Rap-Wettbewerb der vierten Klassen

Wir (Irmela Brender)[12]

Ich bin ich und du bist du.
Wenn ich rede, hörst du zu.
Wenn du sprichst, dann bin ich still,
weil ich dich verstehen will.
Wenn du fällst, helf ich dir auf,
und du fängst mich, wenn ich lauf.
Wenn du kickst, steh ich im Tor,
pfeif ich Angriff, schießt du vor.

Spielst du pong, dann spiel ich ping,
und du trommelst, wenn ich sing.
Allein kann keiner diese Sachen,
zusammen können wir viel machen.
Ich mit dir und du mit mir –
das sind wir.

Als Einstieg haben die Schülerinnen und Schüler das Gedicht „Wir" von Irmela Brender gelesen und in Gruppen versucht, die Bedeutung zu verstehen.

Dann haben sie in Einzelarbeit zu Hause überlegt, wie sie sich selbst darstellen könnten, und später die Ergebnisse der Klasse vorgestellt.

Für den Wettbewerb sollte das Gedicht in einer Gruppe auswendig vortragen werden, und zwar als Lied, Rap oder als Theaterstück.

Bei dieser offenen Arbeitsaufgabe in einer Gruppe sind die Kinder aktiv und kreativ, sie lernen Problemlösungsstrategien und selbstständig zu arbeiten.

Die Kinder rappen vor der dreiköpfigen Jury.

Nach der Ausschreibung in der Literaturwerkstatt wurde fleißig geübt. Oft sah man Kinder auch in den Pausen proben, manche kamen zu mir, um über Schwierigkeiten zu berichten. Für mich ist es aber wichtig, dass sie selbst eine Lösung in der Gruppe finden. Eine Woche später war es dann so weit: Nach einer kurzen letzten Probe wurden die Arbeitsergebnisse in der Literaturwerkstatt präsentiert.

Die Ergebnisse des Wettbewerbs

Ob Einzelvortrag oder Gruppenpräsentation – die Ergebnisse waren sehr unterschiedlich. Es gab Tanzvorführungen, Beatboxing[13], oder der Inhalt eines Gedichtes wurde dramaturgisch dargestellt. Andere haben sich nur aufs Rappen konzentriert. Es gab Gruppen mit Kostümen; eine Gruppe hatte beim Auftritt ihre Kapuzen so tief ins Gesicht gezogen, dass man die Kinder kaum noch erkennen konnte. Jede Lösung ist in Ordnung. Es war wichtig, sich in der Gruppe für einen Weg zu entscheiden, Aufgaben zu verteilen und als Team zu arbeiten.

Dazu erkläre ich den Kindern immer Folgendes: „Ob du später Doktor, Koch, Anwalt, Fußballspieler oder sonst etwas wirst – immer wirst du in einem Team arbeiten. Du musst dich manchmal durchsetzen und ein anderes Mal Kompromisse schließen; das Wichtige ist das Ergebnis. Ein gutes Ergebnis zu präsentieren, Lob und Applaus für seine Mühe zu bekommen, macht richtig Spaß, auch wenn man nicht gewinnt!"

---

12 Vgl. www.realschuleplus-hahnstaetten.de/wir_____irmela_brender.htm, Arbeitsblätter dazu unter: www.bildungsverlag-lemberger.at/pdf_muster/978-3-85221-139-8_M.pdf.

13 Instrumente und andere Klänge mit dem Mund, der Nase und dem Rachen imitiert.

Die Kinder sind vor dem Auftritt vor der Jury sehr aufgeregt.

Orientierungslauf auf dem Schulgelände
(vierte Klassen)

Der Orientierungslauf ist eine Laufsportart. Im Gelände werden mehrere Kontrollpunkte festgelegt, die mithilfe von Landkarte und Kompass gefunden werden müssen. Dafür hat unsere Schule spezielle Karten erstellen lassen. Die Kinder wählen die für sie optimale Route selbst. Im Sprechklub haben wir vorab schon mehrmals Deutsch und Orientierungslauf miteinander verbunden. Wir haben einen Parcours auf dem Schulgelände abgesteckt und an den Steckfahnen für jede Gruppe allgemeine Fragen auf Deutsch befestigt:
„Was machst du am Wochenende?"
„Wie heißt die Hauptstadt von Österreich?"
„Was isst du gerne?"
„Wie ist das Wetter heute?"

Volkstanzwettbewerb (dritte Klassen)

Auch beim Volkstanzwettbewerb „Zillertaler Hochzeitsmarsch" geht es um das Zusammenwirken als Gruppe.

Nach einer vorgegebenen Choreografie wurden die besten Gruppen, bestehend aus sechs bis acht Schülerinnen und Schülern, von Sport- und Tanzlehrkräften zu den Kriterien Synchronisation, Rhythmus, Gruppendynamik und allgemeiner Eindruck bewertet.

Alle Gruppen durften den Tanz dann noch mal beim Kinderfest vor den Eltern aufführen.

Die Vorentscheidung, wer ins Finale kommt, findet in der Klasse statt.

Projekte weltweit

Lesewettbewerb (dritte und vierte Klassen)

Die dritten und vierten Klassen lesen in den Ferien – sozusagen als „Ferienhausübung" – oft sprachlich vereinfachte Leseheftchen. Wir Lehrerinnen und Lehrer haben nach den Ferien die Heftchen bearbeitet und damit einen Lesewettbewerb veranstaltet. Bevor die Kinder mit dem Vorlesen begannen, haben wir sie auf Fehler, die immer wieder gemacht werden (Aussprache von ä, z oder nach dem Punkt warten etc.), aufmerksam gemacht. Beim Vorlesen sollten die Kinder dann im ersten Schritt die Fehler der anderen notieren. Am Ende des Unterrichts haben wir alle Fehler gemeinsam besprochen.

Es ist mir wichtig, dass diese Art der gemeinsamen Fehlerkontrolle allgemein stattfindet und nicht Kinder einzeln kiritisiert werden – nach dem Motto: „Ali hat dieses oder jenes nicht richtig ausgesprochen." So kann die Fehlerkorrektur als Hilfestellung gesehen werden und nicht als Kritik. Bis zur nächsten Woche dürfen die Schülerinnen und Schüler sich auf den Lesewettbewerb vorbereiten. Auch hier gilt wieder: Es gibt keine Benotung, nur eines ist wichtig: Alle müssen allen vorlesen. Die Besten der Klasse kommen ins Finale und konkurrieren dort mit den Besten der Parallelklassen. Alle Finalisten bekommen ein Zertifikat und die drei Besten des Jahrgangs eine Medaille.

Die Kinder sind sehr stolz auf ihre Medaillen.

Preisverleihung der vierten Klasse bei der Fahnenfeier am Freitagnachmittag

Der Abzählreim-Wettbewerb (zweite Klassen)

Die Zweitklässler lernten zum Thema „Spiele" die folgenden vier Abzählreime auswendig.

Eins, zwei, drei und was kommt dann?
Vier, fünf, sechs und du bist dran!

Paul, Pauline,
Apfelsine, Apfelkuchen,
du musst suchen.

Ich und du,
Müllers Kuh,
Müllers Esel,
der bist du.

Eckstein
Eins, zwei, drei, vier.
Eckstein, Eckstein,
alles muss versteckt sein.
Eins, zwei, drei, vier, fünf,
sechs, sieben, acht, neun, zehn.
Augen auf, ich komme!
Augen auf, ich komme!
Augen auf, ich komme!
Aufgepasst, ich komme!
Zeig dich nicht!

Das anfängliche Ziel war, dass die Kinder auch im alltäglichen Spiel – z. B. beim Versteckenspielen – die deutschsprachigen Reime gebrauchen. Dann hat sich das Aufsagen jedoch zu einer prima Phonetikübung entwickelt, aus der der Wettbewerb entstand. Zuerst glaubten wir, ein Wettbewerb für Siebenjährige sei unangebracht, doch die Kinder zeigten so viel Freude daran, dass der Wettbewerb zu einem festen Bestandteil in unserem Jahresplan der zweiten Klasse wurde.

Mein Fazit zum Thema „Wettbewerbe im Deutschunterricht": Sie sind eine Möglichkeit für die Schülerinnen und Schüler, ihr Können ohne Notendruck zu zeigen, allerdings sollte nicht aus allem ein Wettbewerb gemacht werden. Es gilt: Jedes Kind und jedes Team, das an sich arbeitet, hat eine Chance, zu gewinnen oder zumindest ins Finale zu kommen. Eine Finalteilnahmeurkunde kann auch für schwache Lernerinnen und Lerner sehr motivierend sein. Und: Der Wettbewerb sollte auf jeden Fall immer Spaß machen.

Ralf Gotsche

Viel Getue rund ums Ei – physikalische Experimente mit Alltagsgegenständen

Ein Buch ohne Worte – damit begann eine Kindergarten-Veranstaltungsreihe zum Thema „Ei".
„Die Henne und das Ei" von Iela und Enzo Mari erschien 1971 im Ellermann-Verlag und wird nicht mehr aufgelegt. Leider – es ist ein schönes, ruhiges, gemaltes Buch mit klarem Aufbau: Eine Henne rupft sich Federn aus, um ein Nest vorzubereiten; sie legt ein Ei und brütet geduldig. Zwischen den Seiten sind Querschnitte durch das Ei gezeichnet, und die Kinder erkennen, wie der Embryo wächst, als Küken schlüpft und erwachsen wird.
Während die Kinder das Buch ansahen und entsprechende Malvorlagen illustrierten, tauschten sie ihre Kenntnisse über Hühner, Eier und Küken aus. Ihr Interesse forderte uns heraus, auf das Thema Ei umfassender einzugehen. Ziel war, ihre Gesamtentwicklung durch verschiedene Reize und Aufgabenstellungen zu fördern. Parallel sollte ein Basiswissen zum Thema Ei vermittelt werden, das im Besonderen die Migrantenkinder sprachlich aktiv nutzen lernen sollten.

Aus dem folgenden Angebot an Spielen und Lernideen kann ein Lehrer oder eine Erzieherin je nach Lernstand der Kinder das passende Material auswählen. Besonders die Experimente eignen sich gut, um sowohl Sachwissen als auch fremdsprachliche Elemente zu lernen.

Folgende **thematische Inhalte** fassten wir für die Arbeit mit den vier- bis sechsjährigen Kindern ins Auge:
a) Bezeichnungen der Hühner-Familienmitglieder
b) Bestandteile eines Eies
c) Elementares Fachwissen zu physikalischen Eigenschaften des Eies
d) Verwendungsmöglichkeiten und Zubereitungsarten in der Küche
e) Was geschieht, „wenn die Henne auf dem Ei sitzen bleibt?" – bzw. wie entwickelt sich ein Hühnerembryo?

Basiswortschatz:

- Ei, Eischale, Eigelb, Dotter, Eiweiß, Eiklar;
- roh, flüssig, weich, hart, gekocht;
- Frühstücksei – Ei kochen; Spiegelei – Ei aufschlagen; Rührei – Eier verrühren; Kuchen – backen;
- Topf; Pfanne; Schüssel;
- Hahn – krähen, wecken; Huhn/Henne – gackern, Ei legen, brüten; Embryo – wachsen; Küken – piepen, (aus)schlüpfen, hüpfen, Körner picken;
- im Ei: dunkel, kein Licht, eng;
- Federn, Schnabel, Krallen;
- Eier bemalen, Osterhase, Eier verstecken, Eier finden

Um den Sprachdefiziten der Migrantenkinder in der Einrichtung gerecht zu werden, überlegten wir, wie wir die Lerninhalte methodisch effektiv vermitteln könnten. Vor allem wollten wir die Lerninhalte über verschiedene Sinnenerfahrungen verständlich machen, deren Einsatz nachfolgend chronologisch zusammengefasst ist:

1. **Visuelle Anreize** waren durch das Buch zunächst vorgegeben – einige ältere Kinder konnten die Figuren und Vorgänge im Buch weitgehend verstehen und teilweise erklären.
2. **Malvorlagen,** die wir in Anlehnung an die Buchinhalte anfertigten, unterstützten einerseits das Verstehen über die visuelle Schiene, andererseits stärkten die Kinder ihr Wissen durch eigene produktive Malleistungen.
3. **Lied:** Anhand der Malvorlagen hörten die Kinder ein Lied (Abb. S. 44), in dem mit einfachen Wörtern besungen wird, wie die Henne sich auf ein Ei setzt und was danach mit dem Ei geschieht. Durch die einfachen Wiederholungsverse im Lied und die visuelle Unterstützung der gemalten Bilder sensibilisierten wir nicht nur das passive Verstehen der Migrantenkinder, sondern „ließen sie Lerninhalte singen".
4. **Szenisches Spiel:** Der Hühnerfamilie wurden einfache Aufgaben und Stimmen zugeordnet (vgl. S. 46). Bei diesen szenischen Darstellungen spielten alle Kinder „alles": Es gab keine einzeln aufgeteilten Rollen, sondern entsprechend dem Verlauf der Erzählung spielte die Erzieherin die Szenen und Figuren mit Gestik, Geräuschen und Wörtern vor und animierte die Kinder zur Nachahmung. – Das Spiel endet, indem alle ein imaginäres Ei legen. Als Übergang zum nächsten Unterrichtsschritt „zaubert" die Erzieherin noch ein echtes Ei hervor, legt es „heimlich" unter sich hin und spielt erstaunt, weil sie ein echtes Ei gelegt habe. Sie lädt die Kinder ein, dieses Ei mit ihr zu untersuchen.
5. **Experimente und Sachinformationen:** Bei den nachfolgenden Experimenten waren wir uns bewusst, einige Migrantenkinder vom verbalen Verstehen her zu überfordern.

Aber die Phänomene, die während der Versuche entstanden, regten ihre Aufmerksamkeit an und erhöhten die Lernbereitschaft.

a) **Trägheit:** Das o.g. echte Ei, das die Erzieherin hervorzauberte, war gekocht. Sie ließ es vor den Augen der Kinder auf dem Boden um die eigene Achse kreisen. Die Kinder stellten fest, dass es sich ganz schnell dreht. Dann holte die Erzieherin ein rohes Ei hinzu und ließ es sich auch um die eigene Achse drehen. Dabei entdeckten die Kinder, dass sich dieses Ei nur sehr träge dreht – „es wackelt so komisch!". Der Unterschied zum gekochten Ei liegt darin, dass das Dotter im rohen Ei beim Drehen hin und her schwappt und dadurch die Drehung bremst.

b) **Frische:** Das rohe Ei wird einfach in ein Glas kaltes Wasser gelegt. Bleibt es am Boden liegen, ist es frisch. Stellt es sich aber leicht schräg, ist es schon ein paar Tage alt. Wenn es an der Oberfläche schwimmt, ist es uralt, und man sollte es besser nicht mehr essen. (Dazu hat die Erzieherin noch unterschiedlich alte Eier hinzugeholt.)

c) **Schale löst sich auf:** Ein Ei wurde für zwei Tage in ein Glas mit Essig gelegt. Die Kalkschale löste sich auf, und das Ei wurde nur noch von der Eihaut/Schalenhaut (Oberhäutchen) zusammengehalten. Da diese durchsichtig ist, konnte man in das Ei hineinsehen und sogar das Dotter erkennen. (Effektvoll: in einem abgedunkelten Raum mit der Taschenlampe das Ei durchleuchten.)

d) **Ei aufschlagen:** Als „Trockenübung" schlugen Erzieherin und Kinder mit einem imaginären Messer ein imaginäres Ei auf, ebenso klopften sie gestisch ein gekochtes Ei auf. Die Erzieherin schlug dann wirklich ein rohes und gekochtes Ei auf. Das gekochte Ei wurde in der Mitte durchgeschnitten. Nach dem Entdecken und Benennen der Unterschiede wurden einzelne Begriffe (entsprechend Skizze – s.u.) eingeführt bzw. vertieft:

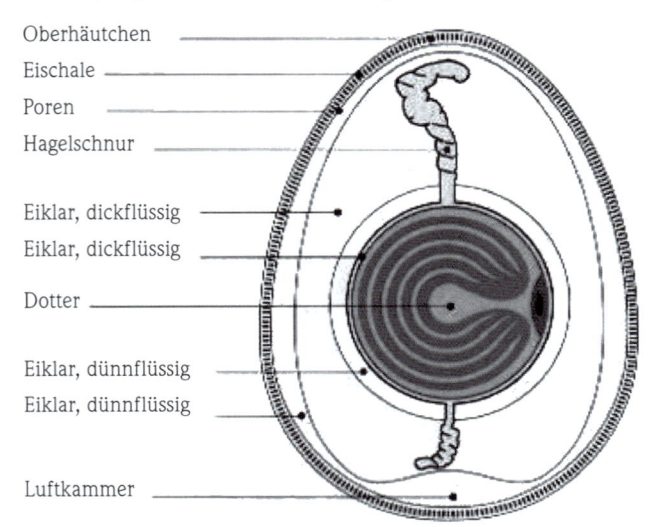

Oberhäutchen
Eischale
Poren
Hagelschnur
Eiklar, dickflüssig
Eiklar, dickflüssig
Dotter
Eiklar, dünnflüssig
Eiklar, dünnflüssig
Luftkammer

e) **Wissenswerte Sachinformationen:**
- Die Henne muss befruchtet sein, damit ein Küken aus dem Ei entstehen kann.
- Je älter eine Henne ist, desto größere Eier legt sie.
- Eier können eine weiße oder hellbraune bis mittelbraune Schale haben, manche braunen Eier haben sogar zusätzlich Sprenkel. Je nach Rasse legen Hühner ihr ganzes Leben lang entweder weiße oder braune Eier.
- Welche Farbe die Eier eines Huhns haben werden, erkennt man an der Farbe des kleinen Hautlappens am Ohr des Tieres, der sogenannten Ohrscheibe. Tiere mit einer weißen Ohrscheibe legen weiße Eier, Hühner mit einer roten Ohrscheibe braune. Die Eierfarbe hat keinen Einfluss darauf, wie ein Ei schmeckt.
- Die Hagelschnüre sorgen dafür, dass das Dotter in der Mitte des Eies „aufgehängt" bleibt.
- Ein Huhn kann jährlich ca. 350 Eier legen.
- Der Embryo im Ei ernährt sich von dem Dotter und dem Eiweiß – und atmet durch die Schale.
- Die Luftkammer ist ebenfalls zur Atmung des Kükens da. Bei einem frischen Ei ist die Luftkammer klein. Je älter das Ei ist, desto mehr Wasser verdunstet, und die Luftkammer wird größer.
- Die Brutzeit bei vielen Hühnerarten dauert im Durchschnitt etwas länger als drei Wochen.
- Kurz vorm Ausschlüpfen beginnt das Küken im Ei zu piepen.

6. **Praktische und kreative Verwendungsmöglichkeiten:** Die Erzieherin animierte die Fantasie der Kinder und fragte, was mit Eiern gemacht werden könne. Neben gängigen Zubereitungsarten und österlichen Gebrauchstraditionen nannten die Kinder auch ungewöhnliche Verwendungsmöglichkeiten, die wir teilweise später aufgreifen werden.

7. **Nahrungszubereitung und Essen:** Mitgebrachte Eier der Kinder wurden als gekochte Eier, Spiegeleier oder Rühreier zubereitet und beim gemeinsamen Frühstück gegessen. Während der Zubereitung wurden die Kinder animiert, die erlernten Fachbegriffe zu wiederholen. Nebenbei wurden neue Begriffe (Herd, Salz, Schneebesen u.a.) eingeführt.

8. **Kombination aus Lied und Buch:** Nach dem Essen wollten wir die Kenntnisse über das Wachstum eines Hühnerembryos festigen und verbanden das Lied (S. 44) mit dem Bilderbuch. Zu den einzelnen Strophen bieten sich folgende Bildkombinationen an: 1. Strophe = Bilder 4 + 6; 2. Strophe = Bilder 5 + 7; 3. Strophe = Bilder 9 + 10; 4. Strophe = Bilder 10–12.

9. **Bilderratespiel:** Aus den populärsten Verwendungsmöglichkeiten für Eier und über Stadien der Hühnerembryonalentwicklung ließen wir ein Bilderratespiel (vgl. S. 45) anfertigen. Während des Spiels achteten wir darauf, dass die Kinder die Geschehnisse auf den Karten benannten.
10. **Eier-Gedichte:** Auf den Rückseiten des 2-fach vergrößerten Ratespiels klebten wir kleine zweizeilige Reimsprüche (vgl. Abb. S. 45). – Die Erzieherin zeigte der Gruppe einzeln diese Karten, sprach den zugehörigen Reim einmal komplett vor – wiederholte dann den ersten Vers des Reimes und animierte die Kinder, den zweiten Vers so selbstständig wie möglich nachzusprechen.
11. **Pantomimisches Ratespiel:** Anhand der großen Bildkarten spielte eine Erzieherin die Reimmotive nacheinander vor und ließ die Kinder die Handlung erraten (vgl. S. 46). Danach wählten die Kinder aus den umgedrehten Bildern eine Karte aus und spielten die Motive selbst vor. Dabei war es sowohl erfreulich, dass manche Kinder den Vorgang mit freier Wortwahl umschreiben konnten, andere hingegen den Reimspruch nutzten.
12. **Mobile:** Entsprechend der Bastelvorlage (Abb. S. 45) fertigten Erzieherinnen und Kinder gemeinsam Eier-Mobile. Damit wurde das Wissen der Kinder von der Entwicklung eines Kükens auch durch die feinmotorische Fertigkeit der Kinder ergänzt.
13. **Weiterführende Gespräche entstanden zu den Fragen:**
    a) Legen alle Hühner Eier? („Auweia, auweia! Der Hahn legt keine Eier!")
    b) Warum schlüpfen aus manchen Eiern Küken und aus anderen nicht?
    c) Wann spricht man von Huhn und wann von Henne?
14. **Weitere geplante Aktionen:**
    a) aus gestückelten Eierschalen Bilder gestalten
    b) einen Hühnerbesitzer samt Huhn einladen bzw. ihn besuchen
    c) in einem nahe gelegenen Seniorenstift eine Vorführung zum Thema anbieten:
       - Lied
       - Szenisches Spiel, pantomimische Darstellungen in Verbindung mit den Eier-Gedichten

Lied

Ein Ei, ein Ei ...
Ein Küken entsteht

Moderate ♩ = 105

1. V:	Ein	Ei,	ein	Ei –	ganz	weiß	und	leis'.	V/A Da
									V/A Gag-
2. V:	Im	Ei,	im	Ei –	wird's	warm,	ganz	warm.	V/A Und
3. V:	Im	Ei	wird's	eng	und	's ist	kein	Licht.	V/A Das
4. V:	Pick – pick,	klopf – klopf!	Erst	kommt	der	Kopf!	V/A Dann
									V/A Piep-

1a. V/A	setz – te	sich ein	Huhn da – rauf und	ga – cker – te	ganz	laut!
b. V/A	gag – gag – gag – gag	gag – gag – gag – gag	gag – gag – gag –	gag	gag!
2. V/A	lang – sam	wächst ein	Kü – ken drin, noch	klein und	auch	sehr	zart.
3. V/A	Kü – ken	will jetzt	le – ben	und da –	rum die	Scha –	le	bricht.
4a. V/A	kommt das gan – ze	Kü – ken	raus! Hur –	ra jetzt ist	es	da!
b. V/A	piep – piep – piep. Piep –	piep – piep – piep	Piep – piep – piep – piep –	piep.	Piep!

Bei den Strophen 1 und 4 werden zwei verschiedene Refrains wiederholt.

Projekte weltweit

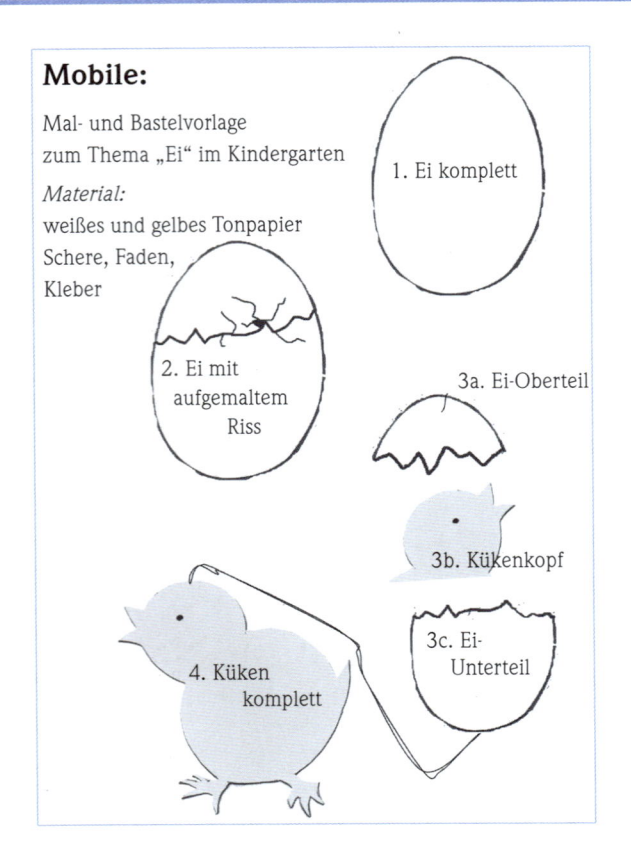

Mobile:

Mal- und Bastelvorlage zum Thema „Ei" im Kindergarten

Material:
weißes und gelbes Tonpapier
Schere, Faden,
Kleber

1. Ei komplett
2. Ei mit aufgemaltem Riss
3a. Ei-Oberteil
3b. Kükenkopf
3c. Ei-Unterteil
4. Küken komplett

Bildkarten

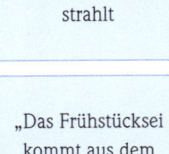

„Dieses Ei wird grad bemalt – die Henne staunt und strahlt"

„Dieses Ei will nun der Has' verstecken – er legt es hinter grüne Hecken!"

„Das Spiegelei liegt nicht sehr lange – in der heißen, heißen Pfanne!"

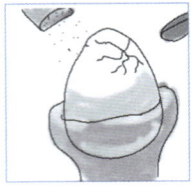

„Das Frühstücksei kommt aus dem Topf – der Löffel macht klopf-klopf!"

„Dieses Ei wird jetzt verrührt – und dann in die Pfann' gerührt!"

„Dieses Ei kommt in den Kuchen – mmhh, den möcht ich gern versuchen."

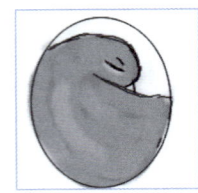

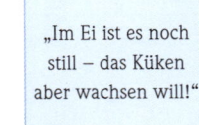

„Im Ei ist es noch still – das Küken aber wachsen will!"

„Die Henne möchte Eier legen – und ein kleines Küken pflegen!"

„Die Henne muss nun brüten – und die Eier hüten!"

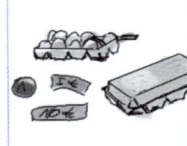

„Jetzt muss das Küken schlüpfen – dann kann es endlich hüpfen!"

„Diese Eier kann man kaufen – aber vorsichtig nach Hause laufen!"

„Dieses Ei liegt etwas krumm – auf dem Kopf des Clowns herum!"

Zeichnungen: Franziska Bergmann